U0536155

商务馆对外汉语教学专题研究书系(第二辑)
总主编 赵金铭
审 订 世界汉语教学学会

汉语作为第二语言教学的教学理论研究

主编 李 泉

商务印书馆
2019年·北京

总主编 赵金铭
主　编 李　泉
编　者 陈天琦　张雪燕　关　蕾　李　泉
作　者（按音序排列）

陈　平　　崔永华　　冯胜利　　郭　熙

郝丽霞　　江　新　　靳洪刚　　李　泉

李宇明　　吕玉兰　　施春宏　　石旭登

史有为　　王洪君　　王若江　　王晓钧

温晓虹　　吴勇毅　　邢志群　　印京华

赵金铭　　郑艳群

目 录

总　序 …………………………………………………………… 1
综　述 …………………………………………………………… 1

第一章　教学理论研究：回顾与展望 ………………………… 1
　第一节　对外汉语教学法回视与再认识 …………………… 1
　第二节　后方法时代的汉语教学理论建设 ………………… 24
　第三节　海外华语教学研究的现状与展望 ………………… 31

第二章　教学理论研究：新视角与新观念 …………………… 52
　第一节　论对外汉语教学理念 ……………………………… 52
　第二节　国际汉语教学理念与策略探讨 …………………… 64
　第三节　关于"大华语"的教学思考 ……………………… 85
　第四节　"字本位"与汉语二语教学 ……………………… 96
　第五节　对外汉语教学本位观的理论蕴涵及其现实问题 … 115
　第六节　语言习得和语言教学中的"初始过渡语" ……… 150

第三章　教学理论专题研究：新思考与新认识 …………… 168
　第一节　对外汉语课堂教学实践研究 ……………………… 168

第二节	对外汉语教师实践性知识的个案研究	179
第三节	论汉语书面正式语体的特征与教学	201
第四节	论汉语语言、文化的教学体系	218
第五节	课堂教学非预设事件及其教学资源价值	238
第六节	论专门用途汉语教学	253
第七节	现代语言教学的十大原则	267

第四章 海外汉语教学研究：新探索与新进展 ……………308
- 第一节 美国中文教学的理论与实践 ……………………308
- 第二节 探寻美国汉语教学的新路：分进合击 …………318
- 第三节 美国中文教学面临的挑战与对应策略 …………328
- 第四节 美国汉语教学的现状与进展分析 ………………355
- 第五节 关于华文教学当地化的若干问题 ………………380
- 第六节 对海外华文教学的多样性及其对策的新思考……397
- 第七节 政治、经济、社会与海外汉语教学 ……………409

第五章 国际汉语教学发展趋势 …………………………………435
- 第一节 教育技术发展趋势对汉语教学的启示 …………435
- 第二节 孔子学院语言教育策略 …………………………455

后　记 ……………………………………………………………469

语教学实际的有效的教学方法。与此同时，近年来任务型教学模式风行一时，各种各样的教法也各展风采。后方法论被介绍进来后，已不再追求最佳教学法与最有效教学模式，教学法与教学模式研究呈现多样化与多元性发展态势。

进入新世纪后，对外汉语教学学科理论研究的一个重要进展是开拓了第二语言习得理论与实际问题的研究，从重视研究教师怎样教汉语，转向研究学习者如何学习汉语，这是一种研究理念的改变，这种研究近10年来呈现上升趋势。研究除了《汉语第二语言学习者语言系统研究》《汉语作为第二语言的学习者研究》，本书系基于研究领域的扩大，增设了《基于认知视角的汉语第二语言习得研究》和《多视角的汉语第二语言习得研究》，从多个角度开辟了汉语学习研究的新局面。

教育部在2012年取消原本科专业目录里的"对外汉语"，设"汉语国际教育"二级学科。此后，"汉语国际教育"作为在世界范围内开展汉语作为第二语言教学的名称被广泛使用，学科名称的变化，为对外汉语教学带来了无限的机遇与巨大的挑战。随着海外汉语学习者人数的与日俱增，大量汉语教师和汉语教学志愿教师被派往海外，新的矛盾暴露，新的问题随之产生。缺少适应海外汉语教学需求的合格的汉语教师，缺乏适合海外汉语学习者使用的汉语教材，原有的汉语教学方法又难以适应海外汉语教学实际，这三者成为制约提高对外汉语教学质量、提升对外汉语教学水平的瓶颈。

面对世界汉语教学呈现出来的这些现象，在进行深入研究、寻求解决办法的同时，也产生了一种急于求成的情绪，急于解决当前的问题。故而研究所谓"三教"问题,一时成为热门话题。围绕教师、教材和教法问题,结合实际情况,出现一大批对具体问题进行研究的论文。与此同时,在主管部门的导引下,轻视理论研究,淡化学科建设,舍本逐末,视基础理论研究为多余,成为一时倾向。由于没有在根本问题上做深入的理论探讨,将过多的精力用于技法的提升,以至于在社会上对汉语作为一个学科产生了不同认识,某种程度上干扰了学科建设。本书系《汉语作为第二语言教学的学科理论研究》和《汉语作为第二语言教学的教学理论研究》两册集中反映了学科建设与教学理论问题,显示学界对基本理论建设的重视。

2007年国务院学位办设立"汉语国际教育硕士专业学位",目前已有200余所高等院校招收和培养汉语国际教育专业硕士。10多年来,数千名汉语教师和志愿者在世界各地教授汉语、传播中国文化,这支师资队伍正在共同为向世界推广汉语做出贡献。

一种倾向掩盖着另一种倾向。社会上看轻汉语作为第二语言教学的观点,依然存在。这就是将教授外国人汉语看成一种轻而易举的事,这是一种带有普遍性的错误认知。这种认知导致对汉语作为第二语言教学科学性认识不足。一些人单凭一股热情和使命感,进入了汉语国际教育的教师队伍。一些人在知识储备和教学技能方面并未做好充分的准备,便匆匆走向教坛。故而如何对来自不同专业、知识结构多层次、语言文化背景多有差别的学习者,进行汉语作为第二语言教学的专业培养和培训,如何安排课程内容,将其培养成一个合格的汉语教师,就成为当前迫切需要解决的问题。本书系增设的《汉语作为第二语言教学的教师发展研究》《汉语作为第二语言标准与大纲研究》以及《汉语作为第二语言教学的课程研究》，都专门探讨这些有关问题。

自1985年以来，实行近20年的汉语水平考试（HSK），已构成了一个水平由低到高的较为完整的系统，汉语水平考试（HSK）的实施大大促进了汉语教学的科学化和规范化。废除HSK后研发的"新HSK"，目前正在改进与完善之中。有关考试研究，最近10年来，虽然关于测试理论和技术等方面的研究仍然有一些成果出现，但和以往相比，研究成果的数量有所下降，理论和技术方面尚缺乏明显的突破。汉语测试的新进展主要表现在新测验的开发、新技术的应用和对重大理论问题的探讨等方面。《汉语作为第二语言测试研究》体现了汉语测试的研究现状与新进展。

十几年来，汉语作为第二语言教学史的研究越来越多，也越来越深入。既有宏观的综合性研究，又有微观的个案考察。宏观研究中，从学科建设的角度探讨汉语教学史的研究。重视对外汉语教学历史的发掘与研究，因为这是对外汉语教学学科建设中不可缺少的一部分。宏观研究还包括对某一历史阶段和某一国家或地区汉语教学历史的回顾与描述。微观研究则更关注具体国家和地区的汉语教学历史、现状与发展。为此本书系增设《汉语作为第二语言教学史研究》，以飨读者。

本书系在汉语本体及其教学研究、汉语技能教学研究、文化教学与跨文化交际研究、教育技术研究和教育资源研究等方面，也都将近10年的成果进行汇总，勾勒出研究的大致脉络与发展轨迹，也同时可见其研究的短板，可为今后的深入研究引领方向。

本书系由商务印书馆策划，从确定选题，到组织主编队伍，以及在筛选文章、整理分类的过程中，商务印书馆总编辑周洪波先生给予了精心指导，在此深表谢意。

本书系由多所大学本专业同人共同合作，大家同心协力，和衷共济，在各册主编初选的基础上，经过全体主编会的多次集体讨论，认真比较，权衡轻重，突出研究特色，注重研究创新，最终确定入选篇章。即便如此，也还可能因水平所及评述失当，容或有漏选或误选之处，对书中的疏漏和失误，敬请读者不吝指教，以便再版时予以修正。

综　述

本书收录了近十几年来专门研究汉语教学理论、教学理念的文章，以及海内外对"教什么"和"怎么教"研究的新视角和新思考、新探索与新进展。所收文章选自2004—2016年《世界汉语教学》《语言教学与研究》《语言文字应用》《国际汉语教学研究》《国际汉语教育》及《汉语教学学刊》《汉语国际传播研究》等学术期刊和专业书刊，共25篇。根据所选文章的内容，本书编为五章，综述如下。

一　教学理论研究：回顾与展望

随着海内外汉语作为第二语言教学实践广泛而深入的发展，教学理论研究的视野愈加开阔，涉及的问题更加多样化，观点也日趋多元化，大大丰富了汉语作为第二语言教学理论研究的内涵，并为进一步的研究奠定了基础。第一章选收三篇带有回顾、总结与展望性质的研究成果，借以展示教学理论研究取得的成就、存在的问题和对未来研究的展望。《对外汉语教学法回视与再认识》①结合史料将现代汉语作为第二语言教学的历史追溯至20世纪20年代赵元任从事的汉语教学活动，并总结了20世纪20—40年代国内外的汉语教学思想和教学特点：以结构为纲、注重词汇和语法教学、重视语音教学、合理安排语言点等特点，并名之为汉语综合教学法。它发生于汉语自身，在教学中成型，既有汉语教学特色，也符合世界第二语言教学法发展趋势。文章强调，在关注世界第二语言教学法发展潮流的同时，切忌盲目追风。"采用传统的方法未必保守，运用流行的方法也未必先进，要看是否得法，要看效果如何。"当务之急，应从理论上和实践上充实并完善汉语综合教学法，使之真正自立于世界第二语言教学法之林。该文是近些年来专门研究汉语教学法理论的重要成果，不仅更新了将汉语教学法的探索和研究定位于中华人民共和国成立后的20世纪50年代的普遍性看法，而且详细梳理了90年来这一教学法一脉相承的发展历程，为进一步研究奠定了坚实基础。按说，基于汉语汉字特点和汉语教学实践来研究汉语教学法应该是业界的常态，然而，多年来这类文章却不多见，像该文这样视野开阔、论述充分、观点明确、结论可信的文章更是难得一见。

第二语言教学法有基于语言自身特点的个性，也有基于第二语言教学规律的共性。借鉴其他第二语言教学理论和方法来完善汉语作为第二语言教学的理论和方法，历来是学科理论研究的重要取向。《后方法时代的汉语教学理论建设》②介绍了后方法时代语言教学理论的共同特征——不再要求教学、教师遵循某种由专家制定的"自上而下"的理论和操作过程、方法，而是在总结、

---

① 见本书第一章第一节。
② 见本书第一章第二节。

吸取以往教学实践和研究成果的基础上，提出一套供教学和教师参考、选择的第二语言教学的基本原理、原则。文章认为，汉语教学也处于后方法时代，应积极关注、借鉴、吸纳世界第二语言教学的最新研究成果，以提高汉语教学理论建设的水平和教师发展水平。建立后方法时代汉语教学理论的途径：关注国内外第二语言教学界总结和提炼出来的适用于汉语教学的理论、原则、方法；总结、梳理汉语教学实践经验和所做的理论探索，汉语的特点决定了其在第二语言教学中，必须使用一些特殊的思路和方法才能达到好的效果；把迄今为止可以支持教学的汉语习得研究成果转化为教学理论和方法。后方法时代的汉语教学理论应当具备的特征：包含先进的语言教学理念；包含汉语教学中被实践证明有效的教学原则和方法；包含由汉语习得和认知研究成果转化而来的教学理论、原则、方法；为汉语教学发展的关键——教师发展提供指导。该文为后方法时代汉语教学理论的建设提出了一个兼顾"中外"及理论来源的顶层设计，很有理论和应用价值。

海外华语教学是国际汉语教学的重要组成部分，它既不能简单地等同于对外汉语教学，也不能视同于中国的语文教学的特点，使其具有独特的研究价值以及适用于华语教学的教学理论。《海外华语教学研究的现状与展望》[①]概括了20世纪50年代到80年代，"华语"意识下的海外（主要是新加坡）华语教学研究情况；重点梳理了20世纪90年代以来，"汉语热"背景下海外华语教学研究的状况；指出早期的华语教学研究基本上是母语教学的研究，随着海外华人社会发生的一系列变化，语言问题也出现了不

---

① 见本书第一章第三节。

少新情况，研究的领域和范围也得到了扩展。中国改革开放以来，海外华语教学在规模和内容上都发生了很大的变化，但与日益增长的华语教学需求相比尚有不短的距离。文章提出今后一个时期海外华语教学亟待关注的研究课题包括：常用词、字、句式研究；词汇、语用、修辞手段研究；华语语音系统研究；华语使用状况、华语分布研究等。该文多角度呈现了海外有关国家和地区华语教学的历史和现状，以及作者的一些见解和建议，很有参考价值。

二　教学理论研究：新视角与新观念

近年来，教学理念的概念在汉语作为第二语言教学研究中常被提及，但专门探讨这一概念及相关问题的文献还不多见。《论对外汉语教学理念》[①]指出教学理念基本上就是一般所谓教学思想或教学观念，回顾了20世纪50年代以来的对外汉语教学理念，如学以致用、精讲多练；在大量操练基础上引导学生总结语言规律的"相对直接法"；"语文并进"的教学模式等。20世纪70年代末提出的"听说领先，读写跟上"的教学思想；以结构为纲的"结构—功能教学法"及至后来的"结构—功能—文化"相结合的教学路子。20世纪80年代形成的用不同的方法训练不同技能的分技能语言教学理念。20世纪90年代提出"教师为主导，学生为主体"的教学理念。文章在检讨我国英语教学理念的基础

---

① 见本书第二章第一节。

上，提出了若干可供对外汉语教学界参酌的教学理念，如对外汉语的教学目标应是培养"综合语言运用能力"；教学的主旨应由"学以致用"转而注重"用中学""做中学"；汉语教学与汉字教学之关系乃教学设计的关键，不再追求最佳语言教学法等。文章还对一些重要的教学理念，如教学目的、综合语言能力的形成、语言教学法、汉语特点的体现、以学生为中心、教材和教学评估等进行了新的诠释。文章特别强调，了解世界第二语言教学的新理念，不是要"拿来"，而是要立足于汉语和汉字的本质和特色，结合汉语的教学特点和学习特色，真正形成我们自己的教学理念。这为汉语教学理念的研究提供了方略和目标。

随着中国经济持续发展和国际地位的不断提升，汉语的国际化趋势日益凸现。那么，如何评估现阶段的汉语国际化的程度，如何制定现阶段国际汉语教学和传播的目标，是一个不可回避的现实问题。《国际汉语教学理念与策略探讨》[①]结合相关报道和个人的观察，对汉语国际化的现状做出如下评估：世界范围内学习汉语的人数在与时俱增，但国际汉语教学正处在方兴渐热的阶段，真正的"汉语热"尚需时日。换言之，汉语的国际化正处于初始阶段。为此主张，现阶段应持有的教学理念，或者说现阶段国际汉语教学的总目标，应是"培育和扩大汉语市场"。以能吸引住更多的人学汉语为现阶段汉语国际传播的上策，以做大做强汉语学习的市场，想方设法让更多的人接触汉语、走进汉语、学习汉语，作为现阶段国际汉语教学总的指导思想。基于这样一种汉语教学和传播的理念，文章对现阶段海外汉语教学的标准、模

---

① 见本书第二章第二节。

式、方法以及教材编写、教学策略、教学手段、拼音教学、汉字教学等提出了相应的教学实施建议,以期更好地适应汉语国际化现阶段汉语教学的总目标。

在汉语国际化过程中,我们不能忽视一个重要事实:海外不同国家和地区,特别是华人社区的汉语所呈现出的多样性特征,与普通话在语音、语法和词汇等层面存在程度不等的差异性。《关于"大华语"的教学思考》[①]从教学背景、教学标准、语言容忍度三个方面说明"大华语"概念与汉语教学的关系,并提出一些实施建议。文章指出在"中文""汉语""普通话""现代汉语""国语""华语"多种说法中,"华语"的认同度比较高。"大华语"的概念更强调区域间的包容性,即不论在世界的任何地区,只要同源是汉语都属于"大华语"的范畴。这一概念凸显了汉语的"域"意识,昭示了汉语在世界范围内所具有的多样性特征。文章认为,"大华语"的概念与21世纪外语教学理念有很大的关联性。同时指出"大华语"的概念主张认同汉语的多样性,放宽标准与规范;主张在坚持有标准的前提下,无论是以普通话为标准,还是依据地域设立教学标准都是可行的。结合对"标准英语"及其变体的相关讨论,该文认为"大华语"背景下的汉语教学需要以普通话为标准,或将其称为"核心变体"。文章结合实例讨论了"大华语"及其语音、语法、语用等的宽容度问题,在表明作者的一些倾向性意见的同时,也为进一步的研究提供了思路和线索。"大华语"的概念已为越来越多的人所接受,但是,这一概念的具体内涵,特别是在语音、词汇和语法及语用等方面的边界及其在具体教学实施中的

---

① 见本书第二章第三节。

操作细则等，都需要进一步深入的讨论。据此来看，该文不仅本身很有学术和应用价值，也为进一步研究提供了很好的参考和借鉴。

近些年来，汉语本体界和汉语作为第二语言教学界都有学者提倡"字本位"，二者的出发点和目标不同，但前者可以为汉语二语教学提供理论基础和教学借鉴，《"字本位"与汉语二语教学》[①]便是有如此价值的相关成果。文章指出，"字本位"在语汇层的三种表现：（1）单字自由。（2）单音有义、双音定义的音义关联模式。（3）词与短语组合同模。而这几个特点都是没有"一音节一义"关联的其他语言所不具备的，所以留学生学了"鸡蛋"却不知"鸡"为何物。因此，如能在学习的初期就帮助二语学习者建立起汉语"单音有义、双音定义""单字组词有规则可循"的"字本位"观念，则会大有助于增长学习者的汉语词汇量。文章强调，不仅要告诉学习者汉语"几乎每个音节都有意义"，更需要通过选字选词和替换练习帮助他们下意识中尽快建立"单音有义、双音定义""字生词、词生短语基本同模"的"字本位"音义关联模式。关于"字本位"教材的选字选词，文章指出：（1）字频不等于字的构词能力，高构词能力的字以实字为主，以名性字为主。高频字和高构词能力字对于汉语二语教学的价值不同。（2）字频高低与标音字（人名、地名、译名等）、实字、虚字在汉语的作用不同，应该加重名性实字字频的权重。（3）构词规则应该按规则性高低的不同分为三类分别对待：生成、理解双向可类推；理解向可类推；非线性结构或字义规则模糊。文章认为，"字"是控制汉语语音、

---

① 见本书第二章第四节。

文字、语汇的枢纽,从"字"出发设计教材能迅速提高二语学习者的词汇量、识字量,尽快培养出汉语语感。该文探讨了"字本位"理论在汉语二语教学中的应用价值和应用方略,不仅拓展了"字本位"理论的应用范围,也为汉语二语"字本位"的建立奠定了理论基础。文章视野开阔,理论联系实际,大大深化了面向汉语二语教学的"字本位"理论和实践。

对外汉语教学的本位受到不少同行的关注,但相关的讨论大都就事论事,各持己见。《对外汉语教学本位观的理论蕴涵及其现实问题》[①]分析了对外汉语教学的本位层次性及其本位观的理论蕴涵,主张建立分层次的综合本位观。主要观点:(1)字本位、词本位等本位之争,如果放到语言观、本位观和方法论这样更高的层面来认识的话,就会发现各种教学本位观之间是差异性凸显、互补式共存的,每种本位观都各有长短。(2)所有本位都可以归纳为基础本位和目标本位两个方面,前者包括结构本位和功能本位,后者指各种能力本位。其中,结构本位包括显性本位(语素/词/词组/句子本位;句本位,小句中枢;语段/语篇本位;字本位;音段/超音段本位等),隐性本位(规则本位/关系本位)。(3)语言文字系统中各类单位大都被当作教学本位提出过,这跟教学活动的阶段性、教学内容的层级性和课型的针对性相关联。(4)字本位,就汉字在学习语言中所具有的某种理解、认知、组构的能力而言,当然有特定的教学价值,但如果以此而主张取消词和词本位,便有些脱离语言系统和教学实际。(5)教学中确立一定的教学本位是绝对必要的,它有利于在特定阶段、针对

---

① 见本书第二章第五节。

特定内容突破教学重点和难点。但是，采取任何教学本位都是策略性的，"没有贯通整个教学过程、适应所有基本教学内容和任务的教学本位"。文章内容宏富，分析透彻。可贵的是，文章不是孤立地观察对外汉语教学中的某一具体本位问题，而是结合语言学理论和汉语语法本位观来分析和评估对外汉语教学各种本位观，因而立论客观、通达。其中，强调本位的多元性和本位的综合性特征，尤其有助于减少不必要的分歧和执着，并为加强不同教学内容和层次上的本位研究提供了理论支撑。该文是对外汉语教学本位研究最具有理论色彩的重要文献。

　　语言习得的过程及特点始终是语言教学研究的核心课题。以往对儿童语言习得及其初期的语言特征有过较多的研究，对二语习得及其初期的语言特征研究不多。《语言习得和语言教学中的"初始过渡语"》[1]将婴幼儿开始学习母语和一般学习者开始学习二语时的语言状况进行了对比，发现二者在语言学习的初始阶段都会出现"一种简单而特别的非标准言语形态"。文章将母语习得的初始阶段客观存在于婴幼儿和父母之间的不规范的母语，概括为启蒙语和启蒙诱导语，将二语习得和教学的初始阶段客观存在于师生之间的不规范的目标语，概括为入门语和入门诱导语，并把这两种言语形态定性为初始过渡语，加以对比研究，并对二语过渡语的使用提出相关建议，这除了表明作者敏锐的学术观察力外，也表明了该文的理论和应用价值，因为初始过渡语是一种客观存在，并且与后续的中介语相关联，与学习者的语言学习信心和语言能力的建构相关联，可谓"小现象"大问题。文章不仅

---

[1] 见本书第二章第六节。

自身理论性强、应用价值高，所提出的概念、命题和相关论述，也为进一步研究奠定了基础、提供了思路。

三 教学理论专题研究：新思考与新认识

课堂教学研究是教学理论研究的重要领域。以往对课堂教学进行的大都是应然性研究，实然性研究较少，而后者不仅能真实地了解到课堂教学的实际状况，更能为课堂教学研究提供丰富的研究资源和研究视角。《对外汉语课堂教学实践研究》[①]讨论了实践研究的资源和材料获取的途径，如对整个教学过程进行录像或录音，然后转写文字材料；对课堂进行观察记录；授课教师自己做教学日记，把内心的感受记录下来；对学生和任课教师进行访谈等。文章将实践研究分为四类：反思性的实践研究（教师对自我的教学实践进行内省的行动研究，对其他教师的教学实践活动进行研究）；具体性的实践研究（收集资料并进行研究，对某一具体问题进行研究）；人本性的实践研究（处理好与研究对象即合作教师的伦理因素、情感因素等）；过程性的研究（从实践出发，从材料出发）。该文是较早讨论课堂教学实践研究的文章，并提出了一些具体的研究方法和研究内容取向，很有参考价值和导向意义。

以往对教师发展的研究，更多地注重教师外在的知识、理论

---

① 见本书第三章第一节。

和方法的输入，这是必要的，但教师课堂上实际运用了什么样的知识和方法同样值得关注，因为实践性知识在教学活动中真正发挥着实际而重要的作用。《对外汉语教师实践性知识的个案研究》[①]指出，教师实践性知识指教师在教学实践中使用或表现出来的对于教学的认识。它融合了教师个人的观念、价值、技能、策略、情感等因素，包括教师的观念、教师的自我知识、关于学生的知识、情境知识、策略知识和批判反思知识。文章借鉴国内外相关的理论和方法，采用刺激性回忆报告收集教师在实际课堂中的思想资料，并进行分类分析。结果表明：熟手和新手汉语教师在课堂上运用"语言处理""关于学生的知识""注意学生的反应和行为""检查教学过程""评估学生的进展""做出决策"和"观念"等七类实践性知识占主导地位。其中，新手教师运用"语言处理""自我批评"和"是否为计划好的行为"的频率高于熟手教师，这可能跟新手教师更关注对语言项目的处理因而投入了较多的注意力、自信程度远远低于熟手教师等因素有关；熟手教师报告"观念""关于学生的知识""过去的经验"的频率都明显高于新手教师，这可能因为熟手教师已然将对学习者、课程、主题和教师任务等的隐性理论和观念明晰化，而新手教师不具备"成熟的专业特点"；熟手教师课堂上考虑学生的情况的频率更高，这正是经验丰富或优秀教师的特点。文章不仅拓宽了汉语教师研究的视角，深化了教师研究的内涵，更有助于了解教师实践性知识的特点和发展过程及应用表现。

汉语书面语教学是中高级特别是高级汉语教学的主要内容，

---

① 见本书第三章第二节。

能够理解和运用书面语是汉语学习者真正掌握汉语的标志。然而，迄今基于汉语教学而开展的汉语书面语研究还很薄弱，而没有相关的研究做基础，教学水平的提高是不可想象的。《论汉语书面正式语体的特征与教学》[①]将当代汉语书面语定义为"汉语书面的正式语体"。"一般口语"就是通常所说的"普通话"。"白话文"是用白话写成的文章，也叫语体文。白话文既是口语也是书面语，是一个共时的概念。文章认为，汉语的正式语体是近百年来独立发展而成的一种新语体，既包含白话而又是相对独立的、由"自生系统"和"典雅语体"组成的正式语体。正式语体和非正式语体以及口语与书面语的对立，是相互交叉，而非严格对应。汉语书面正式语体使用的范围很广：政府文件、报刊社论、学术著作、美文随笔、商业协议、公司合同、往来信件以及电台新闻、广告、报告等，凡属正式的场合都要使用正式的语体。书面正式语体语法的主要特点就是韵律和语法的相互作用，即韵律语法。学习汉语书面语不但要掌握韵律语法，还要记住哪些是嵌偶单音词，哪些是合偶双音词，以及书面语句型有哪些。同时要掌握"韵律不同则雅俗有别"的基本原理，掌握"文白相间"与"典雅适度"的写作技能。以往对外汉语教学界对加强书面语教学是有共识的，但对如何加强还缺乏共识，根本原因在于缺乏相关的研究。该文既有理论又有实践，系近年来汉语书面语教学研究的典范，很有应用价值。

中国文化在对外汉语教学中具有什么样的作用，如何在教学中介绍和阐释相关的文化内容，很值得探讨。《论汉语语言、文

[①] 见本书第三章第三节。

化的教学体系》①认为，提高语言能力是语言教学的主要目的；文化知识是提高语言能力的手段；语言课上的文化内容主要是用汉语交流时需要的文化内容。文章主张初级语言阶段的文化内容包括由不同的字和词表示的各种文化含义，体现在由"什么"引出的问句所得到的答案，如"中国有哪些节日？"。中级阶段的文化内容包括可以用汉语不同的或特有的句型表示的文化概念，体现在由"怎么"引发的问题的答案，比如"中国人怎么过春节？"。高级阶段的文化内容包括用汉语的不同篇章、语体模式表达的比较复杂、抽象的文化概念，体现在由"为什么"引发的问题的答案，如"为什么中国的家庭观念跟西方的不一样？"。文章以"讲礼貌"为例，展示了在初中高不同阶段如何结合语言知识（词汇、句式、句段、篇章、语体等）的教学而进行相关文化内容的教学。该文的独特价值在于将文化内容跟语言内容一样分成初中高三个对等的教学阶段，而不再从文化内容自身来分类，不再追求文化教学的系统性。

跨文化的第二语言教学课堂常常会出现一些教师意想不到的事情，如教师准备的是这个问题，而学生提出的却是另一个问题，如此等等，以往我们对这类事件并未给予重视，《课堂教学非预设事件及其教学资源价值》②却看到了课堂教学中非预设事件的教学资源价值，可谓别开生面。教学预设事件指课堂教学的预案和设计，也可理解为备好的教案或设计好的教学思路；非预设事件指不在预先准备范畴内或预设内的课堂事件，具有一定的偶发

---

① 见本书第三章第四节。
② 见本书第三章第五节。

性和随机性。非预设事件分为：随机产生的非预设事件（如刮风下雨、电脑死机等）；由预设产生的非预设事件（如教师准备了"毕竟"和"究竟"的辨析，但学生却要求辨析"毕竟"和"反正"）；由学生偶发兴趣产生的非预设事件（如教师准备的是"向右拐"，学生突然问"turn around""back up"用汉语怎么说）；由教师偶发兴趣或灵感产生的非预设事件。文章结合实例阐述了非预设事件向教学资源的转化，非预设事件的辅助、检验和修正功能，兴趣事件对教学效果的作用，教师的自控与学生的互动等资源转化技巧。文章的价值不仅在于将惯常习焉不察的课堂教学非预设事件进行概括和分类，更在于引导我们增强将非预设事件转为教学资源的意识，启示我们应更新课堂教学观念，不应"死守"和"只守"准备好的预设事件，亦应增强非预设事件的教学资源利用意识和转化能力。

一种语言作为外语教学是否成熟与发达，可有多种评价标准，其中之一便是专门用途外语教学及其理论研究的情况。《论专门用途汉语教学》[①]指出，在汉语加快走向世界的过程中，无论是基于现状还是展望未来，我们都应大力推进专门用途汉语教学的发展，以满足学习者对汉语应用的多元化需求。专门用途汉语与日常广泛使用的通用汉语在词法、句法及篇章语法等方面并没有本质差别，区别主要在于语言的使用目的、交际领域、词汇的专业化、文体语域、语篇语体等方面。专门用途汉语教学研究的基本内容包括：定性定位、理论基础、基本理论、需求分析、教学大纲、教材编写、教师发展等。以往有不少研究商务汉语、医学

---

① 见本书第三章第六节。

汉语、旅游汉语等专门用途汉语的教材、教法及词汇等的文献，这当然是非常必要的，但是从理论上探讨专门用途汉语与通用汉语的联系与区别，特别是专门用途汉语教学的定性定位等基本问题的文献还不多见。该文讨论了专门用途汉语教学的理论基础和学科内涵等相关问题，强调应将专门用途汉语教学作为汉语作为第二语言教学的一个分支学科来建设，呼吁应加强专门用途汉语教学师资队伍的规划与建设。

第二语言教学在后方法时代理论的影响下，不再专注于最佳教学方法的研究，而是更加关注教学原则和策略的研究。《现代语言教学的十大原则》①指出，现代语言教育在近20年来受语言习得研究、认知心理学及教育学三大领域研究成果的影响极大，促使语言教学领域发生了根本性的转变，表现在语言教学原则、教学内容、语言能力标准、课程设计、教学策略/方法和语言测试等多个方面。文章集中讨论第二语言教学原则，即具有普遍意义的教学设计、实施原则，是基于第二语言习得实验研究、认知心理学以及教育学的最新研究成果而建立的原则。文章赞同这样的观点：一套切实可行的语言教学原则必须依据三个标准确立，即理论解释的充分性、原则应用的必要性、教学实施的辅助性与有效性。文章介绍和讨论了基于上述标准而建立的现代语言教学的十大原则：以任务为语言教学基本单位；教学采用"体验学习"；提供丰富的输入；提供深度处理的扩展性输入；强调利用组块学习；注重语言结构的练习；鼓励大量输入基础上的有效输出；注重反馈纠错，培养学习者的差异意识；尊重学习者内在的语言发

---

① 见本书第三章第七节。

展规律；采用多种形式的个人化合作学习。文章对每一项原则的理论基础和语言教学应用进行了详细的阐述，既有理论高度，也不乏应用价值。该文是近年来面向对外汉语教学界系统性介绍和阐释国际第二语言教学界最新教学理论——现代语言教学原则的重要文献，具有前沿性、集成性和导向性。

四 海外汉语教学研究：新探索与新进展

国际汉语教学学科建设，不仅取决于国内汉语教学研究，更取决于海外汉语教学研究，取决于汉语教学理论研究的本土化。从这个意义上说，我们不仅应关注和借鉴海外汉语教学的研究，更应积极支持和促进海外汉语教学及其教学理论的本土化。遗憾的是，海外汉语教学研究在国内发表的成果还不多见。本章收录了研究美国、东南亚和澳大利亚等地汉语教学的若干代表性文献，借以展示海外汉语教学研究的现状、进展和发展趋势。

《美国中文教学的理论与实践》[①]以十几年前美国两所州立大学中文教学项目为例，从汉语特点、汉语拼写与书写系统、课程设置和学生语言文化背景等方面剖析中文教学在美国面临的挑战，指出中文教学在美国各大学得到较快的发展，但中文仍属于选修较少的语种之一。这自然跟中文本身有关，单单是读写汉字就足以使学生望而生畏。学生背景不同，汉语程度参差不齐，很

---

① 见本书第四章第一节。

难在同一起点上进行教学,如果按程度编班,又可能造成有的班级学生太少。作者深感在美国发展中文教学的重要,然而"中文教学效果一般来说并不理想""有的学生下了苦功学习汉语,结果几年过去了,还是张不了口"。文章提出的应对措施:语言教学与文化教学相结合,增加趣味性;基础中文教学与专业中文教学相结合,加强实用性;课堂教学与多种教学形式相结合,培养自觉性;教学目标与学生的认知能力相结合,提高科学性。

《探寻美国汉语教学的新路:分进合击》[1]认为,美国大学的汉语教学广泛采用"语文一体"的教学路子,未能有效帮助美国学生在起始阶段克服由汉语两大特点——汉字和声调所造成的两大障碍。"语文并进"的教学路子,对学习热情高、理解力强的部分高才生尚可行得通,但却使众多的普通学生"不是望而却步就是浅尝辄止",汉语课上要学、要练、要记的内容使这些学生不堪重负。文章主张,应在起始阶段采用"分进合击"的教学新路,即在口语课中学习汉语发音和声调,在汉字课中学习汉字的基础知识和技能,也即按照语言和文字各自的特点和规律分别教学。经过至少一学期的"分进",再"合击"——把听说读写合为一体,进行综合教学。从而使更多的学生愿意学汉语并能继续提高汉语水平。文章结合语言习得的一般规律和汉语汉字的特点以及美国大学的课程设置、教材教法,详细论述了"分进合击"的理据和实施方略,很有说服力和应用价值。

《美国中文教学面临的挑战与对应策略》[2]指出,中国经济

---

[1] 见本书第四章第二节。
[2] 见本书第四章第三节。

的崛起和国际地位的提升,以及华裔和亚裔的人口迅速增加,使得美国中文教育在过去的十几年中经历了空前的发展,主要标志是:SAT II 中文考试(1994年首次举行)、AP 中文考试和 AP 中文课程的建立(2003年美国大学委员会做出开发 AP 中文项目的决定,2007年首次举办 AP 中文测试),2006年中文被美国政府认定为关键语言(Critical Language)。这些发展变化在给中文教育带来根本性突破的同时也带来了挑战:(1)学生的多元背景与不同需求。(2)生源发展的不稳定性。(3)对新师资力量培训的紧迫性。(4)中文课程在美国小学、初高中到大学整体系统的建立和课程的衔接问题。文章提出的应对措施:"一个中心",即以学生为中心,强调互动的教学原则,鼓励学生参与和合作学习。"两项重点",即培养语言的使用能力和学习策略的使用能力。

《美国汉语教学的现状与进展分析》[①]分析了美国中文教学的现状和进展,探讨了相关的成因并提出了相应的建议。文章在讨论学生多元语言文化背景的基础上,分析了他们的学习动机与学习要求;介绍了美国大学为适应生源增加所做的一系列具体教学设置,并进行了个案分析。

上述两篇文章是同一位作者的研究成果,前一篇更注重对美国中文教学的宏观分析,后一篇更加注重相对微观问题的分析。两篇文章不仅有助于我们准确了解美国中文教学近几十年来的发展、现状以及问题与挑战,其共同特点还在于:材料丰富,数据翔实,论述充分,观点和成因分析可信,建议可行。

---

① 见本书第四章第四节。

《关于华文教学当地化的若干问题》[①]指出,华文教学的跨国、跨境和跨文化特点,决定了华文教学性质的多样性,决定了华文教学模式和方法与各自的具体情况相结合,这成为华文教学当地化的一个重要动因。华人社会并不是一个划一的社会:不同的国家情况不同;即使是同一个国家内部,情况也不一样。这是华文教学当地化的又一客观依据。在当地的华文教学中,学习和使用当地华语是不可避免的。语言依赖于语言的使用而存在,语言学习是为了用。华文教学当地化有着重要的现实意义、理论意义。当地化主要体现在:语言要素当地化;文化内容当地化;语料当地化;教学方式当地化;教学管理当地化;师资当地化等。

《对海外华文教学的多样性及其对策的新思考》[②]以对印度尼西亚、泰国、菲律宾、意大利、荷兰、瑞士等国的考察为例,进一步阐释海外华文教学的多样性,包括华文教学对象、管理模式、师资队伍和课程设置的多样性。考察发现,海外一些地方的华文教师师资素质值得担忧。如中国外派的汉语教师志愿者中,有的并未受过语言学尤其是语言教学的训练,到国外更是缺乏管理和指导。除了教学经验欠缺、业务不熟之外,一些人缺乏责任心。刚到国外时不适应当地的各种环境,到后期又盼着回国,中间则热衷于旅游。此外,统编教材的观念越来越受到挑战,当地化、多样化的理念开始浮现。做好华文教学,必须从实际出发,鼓励多元发展,差异发展。

上述两篇文章是同一位作者的研究成果,两篇文章相互照应和补充,比较全面而又重点突出地概括了近些年来海外华文教学

---

① 见本书第四章第五节。
② 见本书第四章第六节。

的新情况、新发展和遇到的新问题、新挑战，让我们看到了海外华文教学的多样性和复杂性，以及华文教学当地化的合理性和必然性，也感受到了作者的一些观点和建议的可接受性。

《政治、经济、社会与海外汉语教学》[①] 指出，一种语言在母语国家以外的地区地位如何，当地人学习和使用该语言的人数有多少，当然与母语国家在世界上的政治、经济、军事和文化地位以及他们同有关国家之间的历史和文化联系、政经双边关系等等密切相关。不过，真正对该语言在当地的教学和使用产生决定性影响的，是当地的政治经济形势、社会文化传统、居民人口构成等种种内部因素的交互作用。文章重点探讨了澳大利亚本国的政治、经济、种族和其他有关因素在其中所起的决定作用，认为澳大利亚汉语教学的历史和现状，很大程度上由两个主要因素决定：一是本国的语言政策，尤其是外语教育政策；二是来自汉语国家和地区的移民和留学生。自20世纪80年代起，汉语教学是澳大利亚官方语言政策强力扶持的对象，学习人数持续增长。其中，选修汉语的绝大多数是华裔学生。澳大利亚非华人背景的高中生绝大多数学习汉语的意愿不高，主要原因是：跟欧洲语言相比，学习汉语需要花费三倍以上的时间和精力才能在听说读写方面达到大致相同的程度；非华裔学生（除非是特别优秀的）与汉语课上华裔同学的竞争往往很难拿到高分。如何在课程设置、教材编写、考核评分、师资培训等方面因应这种局面，值得认真研究，并且也分别提出了作者的一些相关意见和建议。该文全面论述了澳大利亚汉语教学的历史与现状、问题与成因、机遇与挑战、

---

① 见本书第四章第七节。

出路与对策，很有参考价值。不仅如此，以往我们更多地相信汉语的国际传播主要是因为中国经济的发展和社会的进步、国际地位和文化影响力的提升等因素，该文的研究表明，对汉语的教学和传播起决定性影响的是所在国的政治经济形势、社会文化传统、居民人口构成等内在因素，这是很有见地的，也很值得我们深思。

五　国际汉语教学发展趋势

"国际汉语教学发展趋势"是个值得思考的大课题。然而，在我们的文献收集范围内及所收集的文献中，还没有看到专门研究这一问题的文章。一般来说，"趋势"既有一定的可预测性，也有一些不可预测。就汉语教学来说，可预测的，如汉语教学、学习和应用的国际化程度将不断加深，汉语的国际化是一种不可逆转的大趋势，等等；不可预测的，如由于国际政治和国际关系的变化而导致某一国家汉语学习的人数突然增多或减少，由于有关国家教育政策的变化乃至有关学校经费的因素而导致汉语教学地位、汉语学习的人数等发生变化。本章收录的两篇文章都不是一般意义上的"趋势预测"。然而，这两篇文章讨论的问题不仅十分重要，并且都蕴含着某种"趋势"的因素，故编为本书的"压轴"之作。

现代教育技术与第二语言教学的结合，或者说借助于现代教育技术开展第二语言教学，这无疑是一种趋势，汉语作为第二语言教学自然也不例外。不仅如此，关注世界教育技术的发展并用之于汉语教学，这本身就是汉语教学理论研究和技术应用研究的重要体现。

《教育技术发展趋势对汉语教学的启示》[①]正是基于这种理念而进行的相关研究。文章将近年同期汉语教育技术期刊论文与世界教育技术期刊论文的数量及走势进行对比，展示了汉语教育技术的基本情况；与世界教育技术研究内容进行对比，分析了汉语教育技术研究的高频范畴及特点，探讨了研究内容趋于一致的方面、不一致但有其合理性的方面、应引起重视的方面。文章研究方法科学、数据翔实、内容丰富、论述充分，对相关问题的分析和把脉准确、可信。

孔子学院的建设和发展，除需要有关国家政策、人力和物力等支持外，更需要自身教学水平和质量的不断提高，因为这是孔子学院健康发展的内在动因。《孔子学院语言教育策略》[②]指出，孔子学院的汉语教育是在非目的语环境下进行的第二语言教育，而语言学习对于目的语环境具有极强的依赖性。所以，要提高孔子学院学习者的语言学习效率和水平，进行目的语的语境补偿、激发与保持学习者的学习兴趣，就显得异常重要。比如阳性教育问题（使学习者有成就感），促进汉语教育的"边学边用"问题，处理好中外文化的同异问题，教育内容"两贴近"（贴近中国当代生活，贴近学习者的现实生活）、进而促进汉语教育"本地化"问题，充分提升汉语的学习价值问题等。这些方面的谋划不仅关乎汉语教育，也关乎汉语的国际传播，乃至中华文化走向世界等大问题。文章宏观与微观兼顾，有针对性地探讨了孔子学院的语言和文化的教育理念、策略和方法等问题。也可以说，为孔子学院的语言教育提供了全方位性的理论指导、方略设计与实例分析，很有理论和应用价值。

---

① 见本书第五章第一节。
② 见本书第五章第二节。

第一章

教学理论研究：回顾与展望

第一节 对外汉语教学法回视与再认识[①]

汉语作为第二语言／外语教学法的探讨，并非始自20世纪50年代，追溯其历史渊源，追肇始于90年前。这种汉语教学法，我们称之为汉语综合教学法。此后几十年，汉语综合教学法不断发展、完善与创新，至今已成为汉语作为第二语言教学法之主流。这种教学法生发于汉语自身，在教学中成型，既有汉语教学特色，也符合世界第二语言教学法发展趋势。我们认为，在关注世界第二语言教学法发展潮流的同时，切忌盲目追风，万勿妄自菲薄，宜守住自家几十年来、几代同人共同努力所创建的汉语作为第二语言教学法，珍惜之，发展之。当务之急，应是从理论和实践上充实、完善、更要创新汉语综合教学法，使之真正自立于世界第二语言教学法之林。

[①] 本节选自赵金铭《对外汉语教学法回视与再认识》，《世界汉语教学》2010年第2期。

一 对外汉语教学法成型年代

（一）20世纪20年代后的汉语教学

通常认为"新中国的对外汉语教学事业，是从1950年接收第一批外国留学生开始的，已经走过了半个世纪的历程"[①]。其实，现代汉语作为第二语言教学的历史，当可向前追溯至20世纪20年代。

早在1925年，上海商务印书馆就出版了赵元任为外国人学习中国语言（国语）而著的《国语留声机教程》（*A Phonograph Course in the Chinese National Language*）。在教程"序"中，赵元任指出："用留声机片教授语言并不新鲜，用留声机片教授中国语言也不是第一次，但是用留声机片教授外国人学习中国国语则确是第一次尝试。"[②] 这可看作现代汉语作为第二语言教学的滥觞。1922年至1924年赵元任在哈佛任教时，曾提出教外国人国语应贯彻"目见不如耳闻""耳闻不如口读"的主张，认为"儿童学习任何语言或方言最快，就是通过耳闻口说熟练掌握过来的。通过认识方块汉字来学习中文及语言，固然是一种正规经典式办法，但是需时很长，对外国人尤其困难"[③]。这时的汉语教学，既已注意到口语教学的重要性，又考虑到汉语书写系统的特殊性，注意到汉字与汉语书面语学习对外国人来说是有困难的。

1938年，赵元任在夏威夷大学再一次教西方人学汉语，认为

---

① 程裕祯主编《新中国对外汉语教学发展史》，北京大学出版社，2005年。
② 赵新那、黄培云编《赵元任年谱》，商务印书馆，1998年。
③ 同②。

分明显。三个半月内,学生从完全不会汉语提高到掌握900左右最常用词汇、汉语的基本语法和基本语音知识,而且还会写组成那900词的750个汉字。[①]

对这个时期对外汉语教学综合教学法,李培元做了归纳。他认为,这个时期的教学是:"以综合法为基础,以实践性原则为中心。""简单地说,是两个综合,综合运用各派教学法,综合训练语言技能。"它有如下特点:

1. 教学指导思想是,博采各派教学法之长。

2. 课程设计为,基础阶段只开一门融语音、语法、词汇为一体的综合课,使用一部教材。

3. 听、说、读、写综合训练,不分技能训练。[②]

(三) 对外汉语教学法的共识

改革开放以后,思想进一步解放,汉语综合教学法也不断发展。如在综合课的基础上,在不同的阶段,分别加入小四门:说话课、听力课、阅读课、写作课等。后来又在综合课基础上,实行分技能教学,既有听说打头的教材,也有读写打头的教材。无论如何,教学原则与教学方法的综合,却是一成不变的。至1987年,我国对外汉语教学界对综合教学法有了进一步的说明,基本形成共识。这就是由跨校组成的教材研究小组关于汉语教学法的报告。报告中说:"集传统法、听说法、句型法、直接法、功能法等理论与实践于一身的、互为补充的、以结构和功能相结合为主的方

---

① 钟梫《十五年(1950—1965年)外国留学生汉语教学总结》,《语言教学与研究(试刊)》1979年第4期。

② 李培元《五六十年代对外汉语教学的主要特点》,《第二届国际汉语教学讨论会论文选》,北京语言学院出版社,1988年。

法，对于汉语作为第二语言教学来说，从理论到实践，看来是可行的。30多年来，我们始终是沿着这条路子前进的，而且路子越走越宽。"[①] 对汉语综合教学法的进一步解释，在业内有影响的当推《汉语水平等级标准和等级大纲》。《大纲》中说："三十年来，对外汉语教学在继承传统和不断吸取各种教学法长处的基础上，正在形成富有中国特点的教学法体系，向结构—功能—文化相结合的道路上前进。经验表明，注意由易到难、循序渐进地安排语言结构，注意培养学生的交际能力，重视把语言作为'载体'的文化知识在交际中所起的作用，是符合语言教学普遍规律的。"[②]

90年来，汉语综合教学法一路走来，基本已有定论。我们认可这样的说法："纵观50年来的对外汉语教学，博采众长，不独法一家，是我们的传统，是对外汉语教学的显著特点。""这是符合语言教学法发展潮流的，同时在教学实践中也证明这样做是符合对外汉语教学实际的。"[③]

三 国际汉语教学法现状及发展趋势

（一）对语言教学法的基本认识

世界语言教学法经历了语法翻译法、直接法、听说法、功能法、交际法，直至今日之任务型教学法，每个时期都有不同的侧重，

[①] 对外汉语教学研究会教材研究小组（赵贤州执笔）《建国以来对外汉语教材研究报告》，《第二届国际汉语教学讨论会论文选》，北京语言学院出版社，1988年。

[②] 汉语水平等级标准研究小组《汉语水平等级标准和等级大纲（试行）》，北京语言学院出版社，1988年。

[③] 程棠《对外汉语教学目的原则方法》，华语教学出版社，2000年。

都曾在语言教学上发挥过作用。然而,任何一种教学法,都不能从始至终,贯彻于整个语言教学过程之中,也就是说,不能一以贯之,很难单一地使用一种教学方法,而达到终极的教学目的。这是因为"任何科学的教学法都必须以自己的教学对象为出发点,扎根在自己教学实际的土壤中,脱离对象,脱离实际,无所谓科学的教学法"[①]。我们认为,语言教学需要的不是一种教学理论或一种教学方法,而是一个更大的研究框架,其中多种教学理论并存,多种教学模式共现,各种教学方法各有所用。需要我们决定的是某种教学模式适合什么教学对象,某种教学方法用在什么层次上,不能把一种具体的、局部的研究领域所取得的教学模式或方法,应用到整个语言教学。我们应该有这样的胸怀,以积极的态度来接受世界上语言教学法的不同思潮,不同派别,采取包容、理解的立场,取一种中立的态度,使用综合的处理办法,这不仅是我们的主张,也是目前世界第二语言教学的明显特点和主要发展趋势。

(二)美国汉语教学发展情况

从语言教学法的发展历程来看,不同的时期有不同的教学法侧重,每一种教学法,均有自己的特色,在某一个时期成为主流。然而,潮流易逝,特色永存。各种教学法都被取其精华,有选择地使用。若从总的趋势来看,可以说语言教学法正不断地走向综合。以美国为例,最近数十年来,美国使用最广的汉语作为外语的教材,是 20 世纪 60 年代约翰·德弗朗西斯主编、耶鲁大学出

---

① 钟梫《十五年(1950—1965 年)外国留学生汉语教学总结》,《语言教学与研究(试刊)》1979 年第 4 期。

版的《初级汉语》《中级汉语》《高级汉语》。这套教材"是听说教学法的范本",它讲授基本句式,注重诵读,采用扩展和替换练习,相信语言结构在学习者头脑中的"内化"。就是这部教材,它的"部分卷册至今仍在重印和使用"。①

实际上语言教学存在着方法的多样性,美国汉语教学比较注重实用性,并非是一边倒的。在汉语教学法的取舍上,大致分两派。一派承袭二战以后翻译为主要目标的外语教学法,强调综合性、理论性和书面性。在口语教学上强调类似书面语的精确语法,注重句型的反复练习,进行大量的阅读和对译,并强调反复的视听训练。另一派与前一派相反。大约从 20 世纪 70 年代开始,逐渐发展并占据主导地位,这就是交际语言教学法。交际语言教学法强调在实际的语言交际中学习语言,认为对一个学习者来说最重要的是口语交际能力。近年来兴起的体验式教学,或称任务型教学法,是其发展的巅峰。该法强调"用中学",从教师示范、学生演练、课后练习到评估测试,自始至终贯穿着"角色"和"情景"的观念。"评估学习效果的主要标准就是看学习者在规定的情境中成功地扮演了一个角色。"② 后一种教法,在中小学中较为流行。这在某种程度上反映了一种语言教学法与应用对象的密切关系。有人认为:"美国中小学的汉语教学在教学理念上最为先进。他们在设计课程时遵循了'21 世纪外语学习标准'(Standards for Foreign Language Learning in the 21st Century),重视五个教学

---

① 任友梅《美国国内的汉语教材》,杨双扬译,《国外汉语教学动态》2003 年第 3 期。

② 王建琦《欧美高校汉语教学情况比照》,《国际汉语教学动态与研究》2005 年第 2 期。

目标和三个交际模式。"①这只能说某一种教学法更适合某个年龄段的学习者。

对近20年来美国汉语教学评价,美国国内存在着两种截然相反的看法:一种认为,"我们的汉语教学界还是吸取最新成果、不断进步的,但毕竟更倾向于保守(固守词汇语法原则)。什么将最终取代这种生词表加课文加语法点加句式练习的僵化样板呢?"。主张用真实语料,采用任务式练习方式。同时也主张"采取多元化的教学法,以满足各方面学生的需求"。②

另一种看法与此相反,周质平认为,由于交际教学法的盛行,"美国汉语教学在过去20多年(1980至今)的发展,概括来说,是中文教学努力迎合西方外语教学法的一个过程,其结果则是在教学中'准确'向'流利'妥协或弃守。与这个过程同时发生的另一个现象是极力强调教学的方法和语言的功能,而忽略了语言是不能脱离内容而单独存在的"。周质平还认为"在洋理论的冲击下,美国的汉语教学界失去了一种判断和选择的能力","把语言教学看成了只有功能而没有结构"。③上述看法也许有些偏颇,但也在某种程度上反映了美国汉语教学的一种倾向。

(三)欧洲的教法:在综合中突出结构

欧洲的汉语教学法与北美不同。"比较而言,欧洲高校的汉语教学方法跟中国国内以及日本的汉语教学方法较为接近,强

---

① 姚道中《美国汉语教学的走势》,《世界汉语教学学会通讯》2009年第2期。
② 任友梅《美国国内的汉语教材》,杨双扬译,《国外汉语教学动态》2003年第3期。
③ 周质平《美国汉语教学的隐忧》,《国外汉语教学动态》2004年第1期。

调听说读写不得偏废的综合语言能力的培养。"不过，"欧洲高校比日本及中国更重视口语的训练，但同日本和中国的学校一样重视阅读和语法教学，不少学校强调以句型带动语法的操练课。翻译课是欧洲高校汉语教学中的一个重要组成部分，其理论根据是以汉语为专业的学生，无论将来从事的职业是否直接与汉语语言教学或研究有关，都需要在母语和汉语之间进行语义转换。所以欧洲的高校一般对汉学专业学生的阅读能力和翻译能力要求较高，考试也常有笔译、口译的题目。"①

这样看来，欧洲的汉语教学在方法上偏重传统，从某种角度说更保守一些。汉语教学中强调的是听、说、读、写的综合训练，更加重视汉字与书面语教学，特别注重阅读与翻译的培养与训练。

在德国从事汉语教学的教师发现："德国国民的严谨性、条理性和有序性使得学生普遍对翻译这一学习技巧非常热衷，特别是在初级阶段。通过翻译，学生可以更好地了解汉语的结构形式，发现自己的母语和汉语之间的异同。"②重视语言理论的讲解，注重汉语综合运用能力的培养，特别是提升学习者书面语技能，在欧洲带有普遍性。

（四）世界语言教学法的发展趋势

近几年来，在世界范围内，汉语作为外语教学，在教学法层面，情况发生一些变化。美国多数汉语教师对采用什么教学法的问题，都变得较为成熟，更加务实和宽容。一般来说，大多数教师认为，

---

① 王建琦《欧美高校汉语教学情况比照》，《国际汉语教学动态与研究》2005年第2期。

② 金怡《针对德国学生汉语教学问题的思考》，《世界汉语教学学会通讯》2009年第2期。

遵循教学法原则，融会各种教学法，因人、因地并结合自身特点，是选取何种教学法的出发点。大致情况是："在遵循外语教学原则的前提下，演绎法、归纳法同用，机械性练习、有意义练习、交际性练习并举，翻译法、直接法、听说法、交际法共存。可以说在过去五年里，美国汉语教学中开始实行的是折中法和综合法。训练有素、经验丰富的汉语教师都根据自己的教学对象、教学环境和自身特长，做最优化配置，争取在汉语教学上取得最佳效果，以达到教学目的。"① 可见，即使是在美国，汉语作为外语教学法，总体上看也是正在走向综合。

综上所述，我们可得到如下几点认识：

1. 近二三十年以来，西方语言教学法之主流，是以功能为纲的交际法，强调表达流畅，近年来有重视结构、回归语法的趋势，并将流畅与规范并提，逐渐走向综合。

2. 注重语言结构教学逐渐成为大多数人的共识，无论任何语言教学法均不能脱离语言结构，只不过是何时处理，如何处理，以及以什么方式处理。

3. 在世界第二语言教学潮流中，汉语作为第二语言教学，总体上看，以结构为中心的综合法，一直处于主流地位，且在不断完善之中。这种教学法与世界第二语言教学发展趋势正相契合。

---

① 印京华《近五年美国汉语教学状况与发展趋势》，《国际汉语教学动态与研究》2005 年第 1 期。

四 汉语综合教学法本质和特点

一提综合教学法,似无特色,其实不然。所谓之综合,要看:以什么为主进行综合?综合的内容是什么?综合的方法和手段如何?是有机融合,还是混合?如何运用综合法编写教材?综合教学的效果怎样?

既然在汉语作为第二语言教学中,综合教学法一直处于主导地位,就很有必要对汉语综合教学法的本质和特点从理论上予以探讨,从实践上给予阐述,并找出存在的问题,以便不断改进和创新。

(一)综合法不同于折中法

20世纪60年代曾产生一种"折中法",创始人是美国和日本的教学法学家卡里曼(Algernon Coleman)和田岛穆。这是一种典型的混合法,即把其他的教学法中的某些原则不加变化地拼凑在一起,主要是吸收了翻译法中读写的特点,以及听说法中听说的特点。混合或杂糅为其特点。①

汉语综合教学法则不同,初看特色也许不明显,但这种教法是在全面深刻地认识第二语言教学的本质和特点的基础上,把一些有影响的教学法中的某些理论和原则抽出来,按照语言教学的优化组合规则重新组织,并结合所教语言——汉语的特点,特别是汉字的特点,注入新的成分之后,所生成的带有新质成分的教学法体系。

---

① 周小兵、李海鸥主编《对外汉语教学入门》,中山大学出版社,2004年。

（二）汉语综合教学法以结构为纲

第二语言教学中一直存在两种教学思想：（1）以形式为中心，以语言结构教学为主，注意语言现象的积累。（2）以意义为中心，以语言功能教学为主，注重沟通性的交际。如果各持一端，教学效果都不会太理想。强调结构与功能的综合，并非是二者相加，而是以语言结构为主，将结构与功能有机结合。这种综合体现在：

1. 教学环节的综合

汉语综合教学的各环节，环环相扣，其教学程序历来是生词教学（事先翻译）—语言点讲授（用外语）或展示（多媒体，点到为止）—反射性练习（句型操练、替换与扩展）及规定性练习（设置情景、扮演角色）—自由表达（在课文教学得到充分体现，并延伸到相关话题的自由表述）。

2. 课程设置的综合

汉语综合教学以讲练课为主，解决生词与语法；复练课以操练为主，重在具体的语言环境中，也就是课文中，展开活用。也可视不同的需求，开设所谓之小四门（说话课、听力课、阅读课、写作课）。如果采取分技能教学的话，一般是"综合课（2节）+听力课（1节）、汉字课（1节）/阅读课（1节）"[①]。这种课程设置，以语言结构为纲，结合情景教学。课程设计围绕讲解语法结构、语言点操练、语言的活用表达三大环节而展开。

3. 综合的理论依据："内化"理论

汉语综合教学以语言结构为纲，结合情景教学，大致接近3P教法（讲、练、用）：讲解语法结构、句型操练、表达运用。提

[①] 崔永华《基础汉语教学模式的改革》，《世界汉语教学》1999年第1期。

倡精讲多练，综合训练语言技能。这种语言要素的综合，理论依据是："任何语言学习者，不管其年龄都要内化（或者是有意识的，或者是无意识的）语音系统，基本词汇，基本的语法结构，交际策略以及如何在交际中得体地使用语言规则。"[①]这也就是说，没有语言要素的内化，无法表述为外部语言，交际自然无法达成。

（三）综合教学法注重词汇、语法教学

早在1953年，周祖谟在中华人民共和国成立后第一篇全面讨论汉语作为第二语言教学的重要学术论文中指出："我们要使学汉语的人能够充分掌握汉语，就必须注重词汇教学和语法教学，这是汉语教学的基本原则。""而语法是语言教学的基础。"[②]

赵元任1959年在台湾大学的演讲中，特别讲到词汇的学习方法与语法编排的技巧。"学词汇的时候儿，你得在句子里头学词的用法，记的时候儿啊，要是光记一个词等于你本国语一个意义，那样子一定学得不对。你得记短语，记句，这样子意义才靠得住。""为使初学的学生学会语法，最好把课本这么编，起头儿把词汇加得很慢，用很少的词来把基本的语法反复练习，这样子才可以学到'会'的程度。"[③]

（四）综合教学法科学合理安排语言点

汉语综合教学法注重语法点安排的科学、合理。

语法点安排遵循的原则是：连续不断，呈现语法系统性；贯

---

① ACTFL. *Standards for Foreign Language Learning in the 21st Century*. Allen Press, 1999.

② 周祖谟《教非汉族学生学习汉语的一些问题》，《中国语文》1953年第7期。

③ 赵元任《语言问题》，商务印书馆，1980年。

彻始终,由简单到复杂;循环往复,螺旋上升,注重重现;置身语境,体现用法。①

语法点安排的特点是:体现汉语特点,计划性强。如邓懿主编《汉语初级教程》的"一大特点是语言点安排得计划性强。如'一点儿'和'有点儿'同时讲解;'还是'与'或者'互相比较。主谓谓语句、主谓结构做主语、主谓结构做宾语放在一起。这些都是针对说英语的学习者的困难而做的安排,大大有助于防止错误的发生"②。

语法点教学的阶段性:初级阶段只需教最基本的语法形式,使学习者具备区分正误的能力;中级阶段侧重语义语法的教学,使学习者具备区分语言形式异同的能力;高级阶段侧重语用功能语法的教学,使学习者具备区分语言形式之高下的能力。③

(五)综合教学法重视语音教学

语音是结构的物质外壳,结构依托着语音。近年来,追求尽快进行语言交际,压缩语音教学,已成普遍现象。甚至有用2课时过完《汉语拼音方案》的情况。不重视语音教学的倾向必须扭转,语音教学滑坡现象应该刹住。教师应充分掌握《汉语拼音方案》的音理,把《方案》作为科学的汉语语音系统纳入教学之中,作为汉语教学的基石。④

---

① 赵金铭《跨越与会通——论对外汉语教材研究与开发》,《语言文字应用》2004年第2期。
② 王还《介绍〈汉语初级教程〉》,《世界汉语教学》1987年第2期。
③ 赵金铭《对外汉语语法教学的三个阶段及其教学主旨》,《世界汉语教学》1996年第3期。
④ 赵金铭《〈汉语拼音方案〉:国际汉语教学的基石》,《语言文字应用》2009年第4期。

说到语音教学，赵元任曾说："在最初一两个星期就得弄得很准很准，如果一起头习惯坏了，以后想把坏习惯改成好习惯，就很费时间。改的最有效的办法，是用学生本国的语言来解释，暂时不练习，讲给学生听怎么是怎么回事儿。"[①]赵元任还认为："最初对于音的本身的学习，是一个很费劲、很难的、对于以后学习影响非常大的一个工作。"因此："在开始的两三个礼拜就应该把所有的困难都给战胜。"[②]

在汉语综合法教学中，通常有一个语音教学阶段，大约两个星期，为的就是夯实学习者的语音基础，这个阶段不可少。但是，语音教学不好教，要教得有趣，不枯燥乏味，吸引学生，得下些功夫。加强语音教学，一直有呼声。最近芝加哥大学资深汉语教授赵智超在美国南加州中文学校联合会举办的"2009 春季教学研讨会"有感而发，他说："教中文，发音、语法的正确性非常重要，如果教师在教学生单字时不注意正确的声调，便是误人子弟。"虽然有人说要推广语音本土化，但赵智超认为，汉语应该只有一个标准，如果盲目跟随新潮流会断送中国文化。[③]

（六）汉语综合教学法的典型教材

教学法与教材相辅相成，既然汉语综合教学法在对外汉语教学业内一直占据主流地位，在教材的编写上也必定显示其特点。我们举以下五部基础汉语教材为例：

---

① 赵元任《外国语教学的方式》（1959），《赵元任语言学论文集》，商务印书馆，2002 年。
② 赵元任《语言问题》，商务印书馆，1980 年。
③ 《南加中文教师齐聚教学研讨会 交流汉语教学经验》，中国侨网，2009 年 2 月 24 日。

1. 《汉语教科书》[①]以结构为纲,以难易顺序编排,难点分散。

2. 《基础汉语课本》[②]是按结构法编写的最成熟的教材,是以结构为纲教学思想的总结和发展,以句型为主,兼及传统法的一些优点。这是20世纪70—80年代使用最广泛、影响最大的一部教材。

3. 《初级汉语课本》[③]基本上还是以结构为纲,强调语言知识为语言能力的培养服务,讲解简明,采用公式,句型与情景相结合。

4. 《汉语初级教程》[④]以结构为纲编排,用最低限度的汉语知识讲解,简明扼要,注重结构练习,掌握用法。荣获首届"对外汉语优秀教材一等奖"。对外汉语教学前辈王还先生认为"这是相当完美的一部教材,我很乐意向说英语的学习者推荐"[⑤]。

5. 《实用汉语课本》[⑥]以功能、句型、语法相结合,通过句型操练获得正确的言语习惯,结合汉语特点和学习难点介绍语法知识。

这五部教材,使用面较广,影响较大。这些教材,在材料的处理和内容的编排上,有一个共同点,就是体现汉语综合教法技巧,诸如:层层铺垫,以旧代新,注重引入新语言点的技巧;滚雪球的方法,螺旋式的上升,不断巩固记忆,逐步深化;烘云托月的方法,无形中使其注意,不刻意加重;掌握学习难点,对可能出现的偏误,心中有数。

[①] 北京大学外国留学生中国语文专修班编《汉语教科书》,商务印书馆,1963年。

[②] 北京语言学院编《基础汉语课本》,外文出版社,1980年。

[③] 鲁健骥主编《初级汉语课本》,北京语言学院出版社,1980年。

[④] 邓懿主编《汉语初级教程》,北京大学出版社,1987年。

[⑤] 王还《介绍〈汉语初级教程〉》,《世界汉语教学》1987年第2期。

[⑥] 刘珣、邓恩明、刘社会编著《实用汉语读本》,商务印书馆,1981年。

五 语言教学法的共性与变通

（一）语言教学与学习的共性

任何一种语言的教学设计或学习过程都具备彼此互相联系的三个主要环节（或称三个阶段、三个板块、三个步骤），三者不可缺一。各种教学法的不同，大致是对三者的理解不同，三者的排列顺序也不同。这三者是：

第一，认识、理解语言结构。各种教法或用学习者语言讲解语言结构，或用某种手段（句型、公式、多媒体图像）展示语言结构，无论用演绎法，还是用归纳法，都是为了认识、理解语言结构。

第二，练习、记忆语言结构。各种教法有不同的练习方法，机械练习、角色练习、合作练习、团队练习、任务练习、有控制的练习以及自由练习等，目的无非是通过练习而能掌握语言结构。

第三，运用语言结构，表述个人思想。一般是将语言结构置于课文的语境之中，通过课文中特定的情景，强化所学的语言点，学会对语言结构的使用。也可以通过扮演角色、完成任务等达到运用目的。

我们把它简单概括为：理解；练习；运用。

（二）语言教学法的个性

各种教学法所依据的心理学和教育学理论不同，对这三大环节在教学中的强调重点不同，教学与学习安排的顺序也就多有差异。基于行为主义理念的直接法、听说法是先练习，再理解，运用放在最后。大致顺序为：练习；理解；运用。基于建构主义心理学和人本主义教育观的任务型教学，主张"用中学"，其顺序是强调运用，在运用中练习，最后达到理解。大致顺序为：运用；

练习；理解。综合教学法强调理解，理解后再练习，最后要求活用。大致顺序是：先理解，然后练习，最后在具体语境中使用。

总之，任何语言教学法，都离不开三大环节，强调重点不同，顺序有别而已，其终极目的皆为掌握语言本身，获取语言综合运用能力。

最近有人提出"一套符合国际先进语言教学理念的""新的对外汉语教学模式称为5P模式，5P代表5个教学环节，即内容点拨；教师精讲；案例分析；模拟练习；成果展示"①。我们可以看出，这五点不过是上述三大环节的扩展，或者说依然可以合并为三大环节。正所谓万变不离其宗。

（三）教无定法，贵在得法

综合教学法仅是语言教学法之一，或者说，为大多数教师所采用。但在汉语作为第二语言教学中，教师到底选择什么样的教学法，则因时、因地、因人、因教学内容而定。

《欧洲语言共同参考框架：学习、教学、评估》认为："对于学习语言和教学语言的方式方法，《框架》不强制规定采用某一种方法，甚至没有做任何推荐，而只是介绍了多种选择，供您联系自己通常的做法思考、决断，确定自己的行动。""关于方法论，欧洲理事会奉行的基本原则是，根据特定的社会环境中学习者的具体情况，为实现目标而采用的教与学及其研究方法就是最有效的方法。"②

---

① 刘骏在世界汉语教学学会理事会大会发言（云南昆明）；又见央视网讯，中国侨网，2009年8月18日。
② 欧洲理事会文化合作教育委员编《欧洲语言共同参考框架：学习、教学、评估》，刘骏、傅荣主译，外语教学与研究出版社，2008年。

视教学对象、学习目的、教学环境而决定采用什么样的教学法，是语言教学的基本原则。前辈语言学家、语言教育家吕叔湘先生早就有此主张："语文教学法（包括对外汉语教学法）牵涉的因素很多。教师授课时究竟选用哪种方法，首先要看教学对象。对欧洲学生适用的方法，对非洲学生就未必有效。而且还要看学生的年龄状况，心理状态（包括学习动机）等实际情况。即使在一个教学班里，情况也是各异的。甚至同一套教材中，各课的教学方法也不尽一致。作为教师，要善于总结自己和他人的教学经验，到底哪种方法得当，不宜简单笼统地下结论。这要看条件、对象和效果，要做具体分析。"[①]

总之，我们认同"教无定法，贵在得法"。如果说，以无法为有法，那么，应是"运用之妙，存乎一心"。我们主张综合法为汉语作为第二语言教学法。

六 结语

本文的基本观点如下：

1. 回顾现代汉语作为第二语言／外语教学所采用的方法，从20世纪20年代开始，一直采用综合的语言教学法。90年来，世界第二语言教学法花样翻新，变化多端，汉语作为第二语言教学，虽也不断丰富并发展，一直是以结构为纲的综合教学法占主流地位。

2. 世界第二语言教学法的发展，从传统法到现代语言教学法，再到当代语言教学法，反映了人们对语言本质的认识，以及对心

---

① 丁松《坚持"务实"精神的语言学家——访中国社会科学院语言研究所名誉所长吕叔湘先生》，《世界汉语教学》1987年第3期。

理学、教育学原理的深入理解。但是，当一种方法发展到顶点时，往往也会显现其缺陷。于是，世界语言教学法发展趋势是，逐渐回归语言本体，在方法上走向综合，这是一种趋势。

3. 汉语综合教学法90年来何以一直延续下来，并不断发展，应认真加以研究，这之中定有其自身的原因。汉语本身和汉字的特点不容忽视。汉语语音系统、词汇系统及语法结构系统，制约着汉语教学法的确定。汉民族的思维习惯、民族心理、教学传统是汉语作为第二语言教学法的理论依据。

4. 认可我们自己行之有效的汉语综合教学法，从理论和实践上总结汉语综合教学法，珍惜这种在实践中广为使用的汉语教学法，守住自我，不追赶时髦，不轻易放弃，同时，也要不断改革创新，使汉语综合教学法更加完善。我们在寻求改革创新时，千万不要在泼洗澡水时，连孩子一起泼掉。如何看待肇始于90年前的汉语综合教学法，应了这样一句话："开始看山是山，然后看山不是山，再次看山还是山。"

5. 语言教学法实无先进与落后之分。应该说各种教学法，尺有所短，寸有所长。采用传统的方法未必保守，运用流行的方法也未必先进，要看是否得法，要看效果如何。有人说，任务型教学法是先进的教学法，就不甚妥当。有人说，固守词汇语法原则就是保守，也未必恰当："不管白猫黑猫，抓住耗子就是好猫"是有深刻哲理的。

6. 我们应该关注世界第二语言教学法发展的进程与潮流所向，目前，在交际教学法基础上发展起来的任务型教学法势头正猛，有人说，有可能取代交际法成一时之盛。我们可以从中取得对汉语教学有益的借鉴。但是，无论如何，我们应从汉语和汉字的特点出发，基于语言教学的普遍规律，守住并创新具有汉语特点的第二语言教学法，以立足于世界第二语言教学法之林。

第二节　后方法时代的汉语教学理论建设[①]

进入21世纪，西方一批著名外语教学专家声称，第二语言教学处于"后方法时代"[②]。他们的基本共识是，否定在第二语言教学中，教学和教师必须"自上而下"地接受和遵循某种特定的语言教学理论和操作方法的做法。其中影响较大的学者包括：Prabhu、Stern、Allwright、Richards（理查德）、Pennycook、Nunan、Brown（布朗）、Freeman、Bell、Kumaravadivelu（库玛）等，其中库玛被公认为"后方法"语言教学理论的主要代表人物和集大成者。[③]"目前，这一概念已经被外语教育界广泛接受，成为理解外语教学思想'时代精神'的核心语汇之一。"[④]

在这个时期，学者们纷纷提出自己对第二语言教学的基本见解。其中影响最大的当属库玛的十项宏观策略（Macrostrategies for Language Teaching）[⑤]。另外，布朗的"开明教学途径"

[①] 本节选自崔永华《后方法时代的汉语教学理论建设》，《国际汉语教学研究》2016年第2期。

[②] Richards, J. C.《英语教学三十年之回顾》，百度文库，2003年。

[③] 陈力《外语教学法的"后方法"时代》，《山东师范大学外国语学院学报（基础英语教育）》2009年第3期。

[④] 武和平、张维民《后方法时代外语教学方法的重建》，《课程·教材·教法》2011年第6期。

[⑤] 库玛《超越教学法：语言教学的宏观策略》，陶健敏译，北京大学出版社，2013年。

(Enlightened, Eclectic Approach)的十二条原则[①]、理查德的十二条"有效教学核心原则"(Core Principles of an Effective Lesson)[②]也颇具影响力。这个时期,还产生了一批分别对国际、国内汉语教学界具有重要意义的第二语言教学的文献,例如美国《21世纪外语学习标准》[③]《欧洲语言共同参考框架:学习、教学、评估》[④],以及中国的《英语课程标准》[⑤]《国际汉语教师标准》[⑥]《国际汉语教学通用课程大纲》[⑦]等。这些都产生于"后方法时代"。笔者认为,这些也都体现了这个时代的"时代精神",是后方法时代语言教学理论的构成部分。因此,下文关注的"后方法时代的语言教学理论",是指这个时期(时代)各位学者和各个机构提出的语言教学理论的总和,不限于库玛的"后方法"语言教学理论。[⑧]它们都具有后方法时代语言教学理论的共同特

[①] Brown, H. D. *Teaching by Principles: An Interactive Approach to Language Pedagogy*. Prentice Hall, 2007.

[②] Richards, J. C. & Rodgers, T. S. *Approaches and Methods in Language Teaching*(《语言教学的流派》)(第二版). 外语教学与研究出版社、剑桥大学出版社,2000年。

[③] ACTFL. *Standards for Foreign Language Learning in the 21st Century*. Allen Press, 1999.

[④] 欧洲理事会文化合作教育委员编《欧洲语言共同参考框架:学习、教学、评估》,刘骏、傅荣主译,外语教学与研究出版社,2008年。

[⑤] 中华人民共和国教育部制定《英语课程标准(2011年版)》,北京师范大学出版社,2012年。

[⑥] 国家汉语国际推广领导小组办公室编《国际汉语教师标准》,外语教学与研究出版社,2007年。

[⑦] 国家汉语国际推广领导小组办公室编《国际汉语教学通用课程大纲》,外语教学与研究出版社,2008年。

[⑧] 崔永华《后方法理论视野下的对外汉语教学研究——第11届对外汉语国际学术研讨会观点汇辑》,《世界汉语教学》2014年第4期。崔永华《试论后方法时代的汉语教学资源建设》,《国际汉语教学研究》2015年第2期。

征——不再要求教学、教师接受和遵循某种由专家制定的"自上而下"的理论和操作过程、方法，而是在总结、吸取以往语言教学实践和研究成果的基础上，提出一套供教学和教师参考、选择的第二语言教学的基本原理、原则。

在这个大背景下，汉语作为第二语言教学（以下简称"汉语教学"）界也在思考几个问题：汉语教学是不是也处于后方法时代？需不需要建立后方法时代的汉语教学理论？这种理论应当如何建立？应当具备哪些特征？下面是笔者对这几个问题的粗浅思考。

一 汉语教学也处于后方法时代

就时间概念来说，既然世界第二语言教学都处于"后方法时代"，汉语作为第二语言教学不是"世外桃源"，无法也没有必要"逃避"这个时代。汉语教学界总体上不再要求教师、教学、教材必须遵循某种特定教学流派的理论和操作方法，也具备了后方法时代的特征。认识到这一点，可以促使我们积极关注、借鉴、吸纳世界第二语言教学的最新思考和研究成果，提高汉语教学理论建设的水平和教师发展水平，进而提高教学质量。

二 汉语教学需要建立自己的后方法时代的教学理论

首先，汉语教学需要科学理论的指导，没有理论指导的教学，是一种盲目的教学，往往难以达到最好的效果。当前，我们确实感到，汉语教学缺少一种类似库玛、布朗、理查德、"5C"、"欧洲框架"那种比较权威、比较公认、比较系统的理论和原则来指导教学，引导教师发展。这也是大量新入职教师的困扰。

其次，后方法时代提倡把教师从自上而下的束缚中解放出来，但后方法时代不是"无方法时代"，不是提倡"无法无天"，仍然（或者说是更加）需要有科学、有效的理论、原则、方法指导。这种指导至少有三个来源：（1）关注和借鉴国内外第二语言教学理论、经验。（2）吸取以往汉语教学有效的理论、经验。（3）在此基础上，再通过教学实践和研究，建立自己的教学理论以指导教学实践。其中的第二项是关键，最重要，需要基于汉语教学的实际，对以往国内外第二语言教学的实践、理论加以梳理，提炼其中适合汉语教学的内容，同时总结汉语教学的实践、经验、研究，建立符合教学实际的汉语教学理论，供教学、教师参考、选择。

最后，当前，汉语教学迎来了我们的前辈梦寐以求的发展机遇，这尤其需要有科学、有效的理论，以保障其健康发展。当前教学理论的建设，远远不能满足形势的发展。后方法时代的语言教学理论及其体现的方法论，为新时代的汉语教学理论建设提供了良好的机遇和思路。

三 建立后方法时代的汉语教学理论的途径

综观这一时期各家理论可以看出，各种新见解都是建立在对以往教学实践、理论探索和研究成果反思的基础上的。如库玛和布朗自己所说：十项宏观策略是"从与第二语言教学有关领域的研究成果综合而来的"[①]；开明教学途径十二条教学原则"是比

[①] 库玛《超越教学法：语言教学的宏观策略》，陶健敏译，北京大学出版社，2013年。

较公认的,已被广为接受的"①。

这种解放思想、反思以往、吸取研究成果的探究途径,具有方法论的意义。后方法时代的汉语教学理论建设,也应遵循这种尊重历史、尊重科学、尊重实践的思路,从以下几个方面着手进行:

第一,关注、借鉴国内外第二语言教学界总结、提炼出来的适用于汉语教学的理论、原则、方法。笔者认为,这个时期学者们对第二语言教学的新一轮大规模探讨,是语言教学理论的一次升华。积极、主动地吸收这些理论的精华,无疑会对汉语教学的理论和实践以及教师发展有极其重要的价值。

第二,总结、梳理汉语教学的实践、经验和所做的理论探索。汉语教学要遵循一些为实践证明有效的"普适"原则。但是近些年来,人们越来越认识到,汉语的特点决定了其在作为第二语言教学中,必须使用一些特殊的思路和方法才能达到好的效果。为此,国内外汉语教学界进行了大量的探索,现在急需回顾、反思、总结,在此基础上系统构建自己的汉语教学理论。

第三,把迄今为止可以支持教学的汉语习得的研究成果,例如汉语偏误分析的研究成果、汉字习得认知的研究成果转化为教学理论和方法。这需要下一番功夫,梳理 30 年来大量的相关研究成果,例如王建勤关于汉语语法习得顺序和汉字认知的研究②,江新建立在汉字习得认知研究基础上提出的汉字教学思路

---

① Brown, H. D. *Teaching by Principles: An Interactive Approach to Language Pedagogy*. Prentice Hall, 2007.

② 王建勤《"不"和"没"否定结构的习得过程》,《世界汉语教学》1997 年第 3 期。王建勤《外国学生汉字构形意识发展模拟研究》,《世界汉语教学》2005 年第 4 期。

建议[①]，施家炜关于汉语句式习得顺序的研究[②]，以及众多教师所做的外国学生汉语偏误研究，等等。这可以列出清单，择其相关者加以设计、实验，实现向教学理论、方法转化。

第四，在以上三项的基础上，建立包含先进的语言教学理念、符合汉语教学实际、具有可操作性的汉语教学理论。

四 后方法时代的汉语教学理论应当具备的特征

后方法时代的汉语教学理论，应当具备以下特征：

第一，包含先进的语言教学理念。例如摆脱"方法"的束缚、以学生为中心、在用中学、通过行动研究促进教师发展等。当然，这种借鉴不是照搬，而是立足汉语教学实践的借鉴。

第二，包含汉语教学中被实践证明有效的教学原则和方法，如"结构—功能—文化相结合"的教学思路、实践性原则、精讲多练、汉字部件教学思路，以及体现汉语和汉语教学特点的、行之有效的语音、词汇、语法和语言技能教学思路、方法、技巧。

第三，包含由汉语习得和认知研究成果转化而来的教学理论、原则、方法，如汉字、语法、语音习得和认知的研究成果、偏误分析的研究成果、语言技能获得的研究成果等。

第四，为汉语教学发展的关键——教师发展提供指导。上述各种后方法时代的教学理论，都把教师发展作为建立理论的出发

---

① 江新《"认写分流、多认少写"汉字教学方法的实验研究》，《世界汉语教学》2007年第2期。
② 施家炜《外国留学生22类现代汉语句式的习得顺序研究》，《世界汉语教学》1998年第4期。

点和归宿,为教师发展提供了值得借鉴的思想。这一点在当今汉语教师数量迅速增长,学术研究能力大大提高的情况下,特别值得关注。

五 结语

20世纪末以来,在后方法时代的大氛围下,国内外汉语教学界也进行了大量的探索:学界前辈白乐桑提出的字本位教学模式[1],柯彼德提出的双书面语教学思想[2],吕必松提出的组合汉语教学模式[3],吴伟克提出的体演文化教学法[4],鲁健骥提出的激创法教学思路[5];国家汉办颁布的《国际汉语教师标准》[6]和《国际汉语教学通用课程大纲》[7];很多教师根据自己的汉语教学实践,尝试运用后方法语言教学理论进行的实践和理论探索。虽然很多探索没有提及"后方法"的概念,但是都试图摆脱以往"方法"的束缚,力求适合汉语教学特点和国情、校情、"人情"(学生和教师的自身情况),体现着后方法时代的"时代精神"。当前

---

[1] 白乐桑《汉语教材中的文、语领土之争:是合并,还是自主,抑或分离?》,《第五届国际汉语教学讨论会论文选》,北京大学出版社,1997年。

[2] 柯彼德《汉语拼音在国际汉语教学中的地位和运用》,《世界汉语教学》2003年第3期。

[3] 吕必松、赵淑华、林英贝《组合汉语知识纲要》,北京语言大学出版社,2007年。吕必松《汉语与汉语作为第二语言教学》,北京大学出版社,2007年。

[4] 吴伟克主编《体演文化教学法》,湖北教育出版社,2010年。

[5] 鲁健骥《对外汉语教学激创法散论》,北京大学出版社,2014年。

[6] 国家汉语国际推广领导小组办公室编《国际汉语教师标准》,外语教学与研究出版社,2007年。

[7] 国家汉语国际推广领导小组办公室编《国际汉语教学通用课程大纲》,外语教学与研究出版社,2008年。

有必要进行全面总结、梳理了。

最近,刘珣基于丰富的教学、研究、教材编写实践,根据汉语教学的特点,借鉴国内外语言教学的研究成果,提出"结构—功能—文化相结合"的教学思路应体现的十大教学原则:能力、主体、运用、认知、文化、输入、比较、策略、情感、技术。①笔者认为,这是一种体现时代精神的高瞻远瞩的思路,对后方法时代汉语教学理论的建设,极具启发意义。

第三节　海外华语教学研究的现状与展望②

一　几点说明

20世纪80年代以来,国内陆续建立了一批华文学院或学校,后来又陆续提出了华文教学、华语教学的概念。学界对此有不同的看法。现在越来越多的人认识到不能简单地把华文教学等同于对外汉语教学,也不能等同于中国的语文教学。商务印书馆成立的世界汉语教学研究中心以华文教学和对外汉语教学、少数民族汉语教学为三个分支的考虑或许就是基于近年来认识的深入。

"华语"和"华文"在不同的历史时期、不同的领域有不同的含义,其所指也曾经有不同的名称,即使是今天人们对它们仍

---

① 刘珣《辩证思维与汉语教学原则》,短期汉语教学法研讨会,2015年。
② 本节选自郭熙《海外华语教学研究的现状与展望》,《世界汉语教学》2006年第1期。

有不同的理解。郭熙曾就相关问题进行过论述。[①] 本文的华语是指以普通话为核心的华人共同语，华文则指其书面语。但因为叙述历史的需要有时候也会用华语或华文指汉语及其书面语，这在上下文中会非常明确，除非特殊需要，文中不再一一交代。

海外华语教学是从汉语文教学开始的，它是中国侨民在海外的母语和第一语言教学。由于历史的原因，一些文献也把早期的这种汉语文教学称为华文教学。马来西亚的这种教学始于18世纪末叶，[②] 当时是方言私塾教育。后来，在各界努力下又陆续建立了很多华文学校。这个地区的华文教学大概始于1903年，[③] 这种情况持续到20世纪50年代。本文不讨论此前的教学研究，一般也不讨论广义的华文教学（即华文教育）问题，而是集中就海外华语教学研究的现状加以梳理，并就相关问题进行探讨。

基于上面的考虑，我们把海外华语教学研究分为两个阶段：（1）20世纪50年代到80年代。（2）20世纪90年代至今。

要说明的是，由于资料所限，同时也因为开展这些研究的主要地区为中国境内（不含香港、澳门和台湾地区）和新加坡等地，所以，本文所反映的情况也主要是这些地区的；或许说这些资料大体上已经反映了海外华语教学研究的基本面貌，但缺乏其他地区的资料毕竟是件令人遗憾的事。我们会继续对其他地区的有关资料进行搜集整理。

---

① 郭熙《论"华语"》，《暨南大学华文学院学报》2004年第2期。
② 关于马来西亚华文教育始于何时学界有不同的说法，这里依郑良树（1998）。郑良树《马来西亚华文教育史（第一分册）》，马来西亚教师总会，1998年。
③ 卢绍昌《华语论集》，金昌印务，1984年。

二 "华语"意识下的海外华语教学研究（20世纪50年代到80年代）

20世纪50年代，一些华人比较集中的殖民地摆脱了殖民统治，开始走向独立建国，加之中华人民共和国政府不再承认双重国籍，开始正式出现"华族"的概念及一系列"华"字头词语。语言的本土认同意识也开始逐步形成。当然，作为一种族群意识，对于一些人或许更早。①

尽管这个阶段已经有了华人、华族乃至华语意识，但在教学上还没有摆脱中国的教学模式；因为这个时候的"华语"仍只是汉语的一个别称。事实上，在海峡殖民地时期，仍然是采用中国的课本或书籍作为教材。除了因为意识形态的考虑，华文教材选文发生了较大的变化之外，在教学方法上一仍过去。

20世纪70年代以后，在一些华人比较集中的国家情况发生了变化。以新加坡为例。20世纪80年代，人们已经发现，新加坡小学生中，华文源流的学生越来越少，请看下表：

表1-1 新加坡小学生源流情况（%）

入学年度	1959	1965	1971	1976	1984
英文源流	47	61	69	83	99
华文源流	46	30	29	17	0.7

注：资料来源于周清海《华文教学应走的路向》，南洋理工大学中华语言文化中心，1998年。

它导致的一个结果是，新加坡从1987年起统一了学校语文

---

① 按照张从兴的研究，这种族群意识在20世纪30—40年代已经出现了。张从兴《华人、华语的定义问题》，《语文建设通讯》2003年第74期。

的源流,英文成为各族学生的第一语文,各族的母语成为第二语文,学校实行双语教育。① 这一情况的出现在华人社会中出现了争议,也遇到了一些问题,因此,一些学者开始注意到华语和汉语的关系,也开始注意到华语教学与中国语文教学的不同,进而也导致了对相关研究的关注。

除了华侨到华人的转变而导致语言教育政策的转变,进而影响华语教学以外,这一时期华语意识的形成,也对新加坡等地的华语教学有一定的影响。卢绍昌、陈重瑜、周清海、谢泽文等在这个时期发表的一些论文都不同程度地反映了这种意识。1973年,新加坡南洋大学创设了华语研究中心(后来成为新加坡国立大学华语研究中心),由卢绍昌负责。新加坡教育部还设立了华语标准委员会,编纂特种华语教材。到1982年共完成特种教材48种,用于内政、财政、军事、气象等多个部门。② 1986年,新加坡成立了新加坡华文研究会,研究会的成员围绕华语教学发表了不少论文。一些论文后来结集出版(如1994年出版的《新加坡华文教学论文集》③)。另一方面,新加坡政府1979年起开始推行讲华语运动,这也对新加坡的华语教学研究有积极推动作用。

比较起来,马来西亚华校没有太大的变化。笔者2000年到2001年曾在马来西亚一些中学有意识地选听了一些华文课,发现这种现象在今天的马来西亚的华文教学中并没有太大差别。但从

---

① 第一语文和第一语言不是一回事,郭熙就此进行了区分。郭熙《海外华人社会中汉语(华语)教学的若干问题——以新加坡为例》,《世界汉语教学》2004年第3期。

② 卢绍昌《新加坡马来西亚的华语推行情况介绍》,《语文建设通讯》1982年第7期。

③ 谢泽文编《新加坡华文教学论文集》,北京语言学院出版社,1994年。

1983年起,马来西亚开始教简体字和汉语拼音。新加坡学者到马来西亚和教师一起进行研讨,他们的观念对马来西亚的影响不可忽视。与新加坡一河之隔的马来西亚教育部门在决定教汉语拼音和简体字之前,曾在吉隆坡的20所小学进行实验工作。据介绍,效果显示拼音比注音符号好。① 马来西亚在华语教学研究方面主要集中在字词方面。究其原因,大概还是把它看作第一语言教学和教育。

卢绍昌对华语教学问题发表了一系列的论文。这些论文1984年以《华语论集》②为名结集出版。卢绍昌这个阶段的研究大体上分为两类:一是华语的教学和推广,例如《十年来新加坡在华语方面所做的几件规范化的工作》;一是华英两种语文教学中的具体问题,其中主要集中在语音、文字和词汇几个方面,例如《华英语音比较和两种语文学习》《新加坡中学生用字错误抽样》《论华语常用字汇的编订》等。卢绍昌的研究注意结合新加坡学生华语学习的特点和问题进行分析,并在华语的属性方面提出了不少独到的见解。应该说,在这个时期,他是我们看到的海外华人学者在华语意识下,考虑到双语教育的具体环境开展教学研究工作的最勤力的一位学者。要说明的是,卢绍昌的这些观念虽然并没有得到社会的广泛认同,但无论如何,他对海外华语的认识及在教学上的各种探索是值得充分重视的。汪惠迪为卢绍昌的论文集发表的评论的标题就是:《新加坡华语,走自己的路!》③。

---

① 卢绍昌《新加坡马来西亚的华语推行情况介绍》,《语文建设通讯》1982年第7期。

② 卢绍昌《华语论集》,金昌印务,1984年。

③ 汪惠迪《新加坡华语,走自己的路!——读卢绍昌〈华语论集〉》,《语文建设通讯》1985年第31期。

三 "汉语热"背景下的海外华语教学研究（20 世纪 90 年代以来）

（一）研究概况

进入 20 世纪 90 年代后，中国国际地位发生了很大变化，出现了一定程度的"汉语热"。华语也开始在海外一些华人社会中进一步受到关注，这使得国内外华文教学研究进入了一个新阶段。20 世纪 70 年代以后，汉语作为第二语言和外语的教学受到中国语言学和语言教学界的关注。但对海外华语的教学问题，大约在 20 世纪 80 年代末 90 年代初以后才陆续有研究论著出现。国内这个时期的研究主要通过一些探讨华文教育问题的论文体现出来。据我们初步统计，从 1990 年到 2004 年，国内相关学术期刊刊登华文教育和教学的文章有 300 篇以上。

这种重视还可以从其他一些现象看出来。从 1990 年起，国务院侨办等单位共主办了四届国际华文教育研讨会（其中首届原名为"华文教学工作研讨会"，第二届原名为"海外华文教育交流会"）。暨南大学华文学院出版了《华文教学与研究》。厦门大学主办了两次华语文教学和研究的国际会议，出版了《海外华文教育》杂志。2005 年，商务印书馆世界汉语教学研究中心决定组织撰写《华文教学概论》，作为对外汉语专业的选修课程教材。这将是我国第一本以海外华语教学问题为对象的著作。

在海外，尤其是像新加坡和马来西亚这样的华人比较集中的国家和地区，对华语教学的研究也进入了一个新的阶段。和中国国内相比，国外华语教学的学术刊物较少，许多关于华语教学问题的讨论大多是通过学术会议、著作、论文集和报纸发表的。主要有：周清海《华文教学应走的路向》《华语教学语法》《语言与语言教学论文集》[①]，汪惠迪《华文字词句》《新加坡报章华文应用200题》[②]，杨欣儒《华语常用词表》及其增订本[③]，吴元华《华语文在新加坡的现状与前景》[④]，林万菁《语文研究论集》[⑤]；新加坡华文研究会《新加坡华文教学论文集》（共三集——1994、2001、2003，第一集由谢泽文编）[⑥]，陈照明《二十一世纪的挑战——新加坡华语文的现状和未来》[⑦]；苏启祯《为语文教学把脉》[⑧]，徐杰和王惠《现代华语概论》[⑨]；等等。新加坡的《联合早报》、马来西亚的《星洲日报》《南洋商报》《光明日报》等都就华文教学中的一些问题进行过讨论。仅从上面所列就可以看出，华文教学问题的研究已经掀起了一个高潮。

20世纪80年代成立的新加坡华文研究会成绩斐然。该会组编的三本论文集大体上反映了新加坡华人学者华语教学研究的主要成果。主要分为语言教学理论、语言教学方法、语文测试等，

---

① 周清海《华文教学应走的路向》，南洋理工大学中华语言文化中心，1998年。周清海《华语教学语法》，玲子传媒私人有限公司，2003年。周清海《语言与语言教学论文集》，泛太平洋出版社，2004年。

② 汪惠迪编著《华文字词句》，玲子传媒私人有限公司，2002年。汪惠迪《新加坡报章华文应用200题》，玲子传媒私人有限公司，2004年。

③ 杨欣儒《华语常用词表》（初版及增订本），艺青出版社，1996、2003年。

④ 吴元华《华语文在新加坡的现状与前景》，创意圈出版社，2004年。

⑤ 林万菁《语文研究论集》，泛太平洋出版私人有限公司，2002年。

⑥ 谢泽文《新加坡华文教学论文集》，北京语言学院出版社，1994年。新加坡华文研究会编《新加坡华文教学论文二集》《新加坡华文教学论文三集》，泛太平洋出版私人有限公司，2001、2003年。

⑦ 陈照明主编《二十一世纪的挑战——新加坡华语文的现状和未来》，联邦出版社，2000年。

⑧ 苏启祯《为语文教学把脉》，泛太平洋出版私人有限公司，2000年。

⑨ 徐杰、王惠编著《现代华语概论》，八方文化创作室出版，2004年。

讨论新加坡特定环境里的华文教学问题，论题紧扣新加坡双语体制下的华文教学，有一定的针对性。

1994年，新加坡南洋理工大学成立了中华语言文化中心，和该校的中国语言文化系在教学和研究上形成互补。另一方面，华语的研究也对华语教学研究产生了积极的影响。周清海等学者一方面积极开展学术层面的华语研究，同时也在华语教学研究上投入了相当大的精力。这一点我们从后面的介绍中可以看到。

为更好地激发学生学习华文的兴趣，并按能力掌握华文，新加坡教育部2004年宣布成立"华文课程与教学法检讨委员会"，全面检讨从小一至高三的华文教授与学习法，这对华文教学的研究应该是一个推动。目前这个报告已经出炉。

海外对华语教学关注还表现在一系列的学术会议上。1989年，新加坡华文研究会主办了"世界华文教学研讨会"，来自世界各地的语言研究学者和教育工作者约500人参加，而出席开幕式的嘉宾达1000多人。[①] 从1995年起，东盟十国每两年举办一届"东南亚华文教学研讨会"。第五届的论文主要集中在两个方面：一是东南亚地区华语文教育的历史变革、发展近况与未来愿景；二是当前东南亚各国华语文教育与教学中所取得的成果和所面对的各种问题与挑战。

（二）研究的主要内容

20世纪90年代以来的华语教学研究的范围非常广，这里讨论几个主要方面。

---

① 《语文建设通讯》1990年3月号。

1. 海外华文教学状况研究

国内这方面的研究成果最多,主要是对新加坡、马来西亚、泰国、菲律宾、越南、印度尼西亚等国家华语的地位和教学情况的描写和分析,其中包括海外华文教育的性质等。这些研究在总体上属于教育研究的领域,但其中不少都涉及与华语教学、第二语言教学的关系等。这种关注点的出现不是偶然的。虽说这个时间开始在世界范围出现不同程度的"汉语热",但一些国家和地区的华语教学却出现了越来越多的问题。

还以新加坡为例。20世纪80年代新加坡统一了学校语文的源流之后,一直有关于双语政策本身的讨论。有赞成,也有反对。周清海认为,新加坡的双语教育政策,不只解决了母语的政治问题,解决了该国成长时代就业不平等的社会问题,也拉近了不同的、两极化的华英校学生的距离,而且在建国过程中,为母语提供了一个浮台,让母语保留了下来,更加普及化,并对国家的发展做出了贡献。他认为,虽然母语的程度稍为降低了,但这样的牺牲是无可奈何的事。[①] 而这种双语政策的结果是"脱华入英"趋势已经非常明显。下面是吴英成提供的资料[②]:

表1-2 华族家庭常用语(%)[③]

年度	1980	1990	2000
华语	10.2	29.8	45.1
英语	7.9	19.2	23.9

[①] 周清海《务实的决策——人民行动党与政府的华文政策研究·序》,联邦出版社,1999年。

[②] 吴英成《学生变了,华文教学能不变吗》,新加坡《联合早报》2003年1月18日。

[③] 表中"华语"比例上升反映的是它在家庭取代方言的情况。

表1-3 小一华族学生在家常用语（%）

年度	1980	1990	1999
华语	25.9	67.9	54.1
英语	9.3	26.3	42.4

而在菲律宾、印度尼西亚、泰国等国家更是出现了华语作为第二语言的教学。或许正是如此，一些学者开始把注意力集中到华文教学的特点上。王爱平指出，东南亚华裔学生与非华裔学生有很大不同，而且也明显不同于其他国家、地区的华裔学生，具有很突出的群体特征。他们在学习汉语的过程中，从发音、语感、汉字的书写到词汇学习、课文理解等都有自己的特点。[1]罗庆铭以菲律宾为例，论述了海外华裔少年儿童华语学习的特点，提出了适应华裔儿童特点的教学原则和方法。[2]卢伟对菲律宾华裔青少年华语教育进行了个案调查与分析。[3]在这方面也有以在国内读书的华裔学生为对象进行的研究，例如董琳莉就对印度尼西亚华裔来华学习普通话语音问题进行了研究。[4]

不少研究把视角转向如何在这种情况下最大限度地提高华文教学效果。例如吴英成、周清海、郭熙[5]等就从不同角度对相关

---

[1] 王爱平《东南亚华裔学生语言与文化背景调查刍议》，《华侨大学学报（哲社版）》2001年第3期。

[2] 罗庆铭《谈对华裔儿童的华语教学》，《世界汉语教学》1997年第3期。

[3] 卢伟《菲律宾华裔青少年华语教育个案调查与分析》，《世界汉语教学》1995年第2期。

[4] 董琳莉《印尼华裔学生学习普通话语音的难点及其克服办法》，《汕头大学学报（人文科学版）》1997年第2期。

[5] 吴英成《双语并用对外汉语教学法探索》，北京语言大学对外汉语研究中心学术报告，2003年10月22日。周清海《华文教学应走的路向》，南洋理工大学中华语言文化中心，1998年。郭熙《配合环境的双语教学》，新加坡《联合早报》2003年2月5日。郭熙《海外华人社会中汉语（华语）教学的若干问题——以新加坡为例》，《世界汉语教学》2004年第3期。

问题进行了讨论。

跟双语教育密切相关的是媒介语的选用。用什么语言作为华文教学的媒介争议颇多。早期的华文教学用方言作为媒介语，后来改为华语为媒介语。这种情况今天在马来西亚依然在坚守。而随着双语计划的推行和华族的"脱华入英"，新加坡以英语为媒介语似乎已经不可逆转。在这个方面，新加坡教育部展开了自己的研究，结论是，用英语教授华语是可行的。[①] 郭熙则提出，应该区分不同的情况分别处理。[②] 用英语进行母语教学，对于许多新加坡华人来说，是切肤之痛，但好像又是不得已而为之。双语教育问题一直是海内外华文教学研究的一个关注点，但不同的国家或地区关注度有所不同。

2. 华语教学理论和方法的研究

这个时期在华语教学的理论方面有不同程度的探讨。

周清海提出了一系列自己的看法，例如除了华文基础外，他强调培养对华族文化的认同感，强调小学教学的重点是识字而不是句型，中学的重点是词汇而不是语言知识，教学重点是培养语言能力，教学活动的中心是学生而不是教师，等等。[③] 这些既有语言教学上的一般意义，也注意到了华语教学的特点。

苏启祯也值得注意。虽然用他自己的话说"不是专门的论文"，但其中不乏语言教学的重要观念。他从教师、父母的角度出发，认为应当正视对影响华文学习的心理因素的探讨，主张"多强调

[①] 吴元华《华语文在新加坡的现状与前景》，创意圈出版社，2004年。
[②] 郭熙《配合环境的双语教学》，新加坡《联合早报》2003年2月5日。
[③] 周清海《华文教学应走的路向》，南洋理工大学中华语言文化中心，1998年。

统合动机,少强调工具动机"①。林万菁就华语教学中语言变异的处理提出了自己的看法,以同词异字、词汇变异等实际问题为例,强调在教学中慎重处理相关问题,以启发学生思考,提高教学效果。②洪孟珠提出,21世纪的华文教学除了明确目标、适当教材、有效教法、足够的优良师资之外,还要有家长的配合。③应该说,这是注意到了华文教学的特点的。

各种语言要素教学研究的论文都有不少。卢绍昌关于语音、林万菁关于词汇以及周清海、吴英成关于语法的研究都有不少独到见解。例如,吴英成就新加坡华语句法实况进行的调查,研究了华人学习华文时受到母语干扰的情况。④在我们看到的资料中,这个时期较为系统的就某方面进行研究的还有陈桂月⑤、张红实⑥、胡京坪⑦等,可惜这些还都未见正式发表。比较起来,中国学界在这方面的研究不多。这里面的原因大概有两方面:一是这方面的实际经验少;二是缺乏对海外华人社会语言、文化和政治背景的了解,认为他们要么是对外汉语教学,要么是类似中国的语文教学,没有什么可研究的。

---

① 苏启祯《为语文教学把脉》,泛太平洋出版私人有限公司,2000年。
② 林万菁《语文研究论集》,泛太平洋出版私人有限公司,2002年。
③ 洪孟珠《21世纪的华文教学》,《新加坡华文教学论文二集》,泛太平洋出版私人有限公司,2001年。
④ 吴英成《从新加坡华语句法实况调查讨论华语句法规范化问题》,《语文建设通讯》1991年第34期。
⑤ 陈桂月《新加坡社会语言土壤下产生的非华文精英大学生语文问题》,第三届中国社会语言学国际学术研讨会,2004年。
⑥ 张红实《新加坡华文字词教学中文化因素教学的必然性与可行性研究》,南京大学硕士学位论文,2004年。
⑦ 胡京坪《多媒体技术与华文教学:以新加坡小学多媒体教学实践为例》,南京大学硕士学位论文,2004年。

3. 课程、教材和水平测试研究

华语教学课程的设置一直为海外一些华人社会所重视。为了解决双语环境下华语学习的压力，新加坡政府把华文教育分作三个层次：（1）培养华文文化精英的高级华文课程。（2）普通华文。（3）不强调读写能力的华文 B 课程。"高级华文"是属于精英的水平，"华文"是属于大部分华人所能够掌握的水平。对于那些竭尽所能仍无法掌握华文的学生，则将使他们达到华文 B 课程的水平。对华文 B 课程的设置各界有不同的看法。吴英成指出，"无论来自以英语或华语为主要用语的决策者、家长即评论员所提出的意见，都共同存在着一个基本的假设谬误，他们都认定在家讲英语的学生无法真正达到教育部所制订的华语学习目标，所以才需要另设华文 B 课程来满足这批特殊学生"，在他看来，应该建立一种新的华文 B 课程，它并不标志华语水平的降低，而是完全不同于过去的学习策略。[1]

教材方面的研究也不少。周清海[2]、谢泽文[3]、苏启祯[4]都提出了自己的见解。各地教材的比较研究也已经展开。顾惠诗比较中国六年制小学的语文课本和新加坡的《好儿童华文》，认为新加坡小学毕业的华文水平可能只相当于中国小学三年级的水平，建议教材方面重新衡量英语和华语的平衡。[5] 周清海在讨论测试

---

[1] 吴英成《迈向 21 世纪的新加坡华语文教学策略》，《二十一世纪的挑战——新加坡华语文的现状和未来》，联邦出版社，2000 年。

[2] 周清海《华文教学应走的路向》，南洋理工大学中华语言文化中心，1998 年。

[3] 谢泽文《教学与测试》，新加坡华文教师总会，2003 年。

[4] 苏启祯《为语文教学把脉》，泛太平洋出版私人有限公司，2000 年。

[5] 顾惠诗《新加坡和中国小学语文课本比较》，南京大学学士学位论文，2000 年。

问题时也涉及教材比较,认为不同华语取用共同的教材,测试才有信度。① 可惜的是,在我们看到的文献中,教材比较方面的还很少。

在测试研究方面,周清海就测试中如何对待地域变体、语言知识与语言能力和语言测试的关系以及各地语言教材对测试结果的影响等展开了讨论。他指出,将语文知识降低到最低限度,而以语文应用为主去设题,才是正当的语文测试。② 对测试研究最为关注的是谢泽文,他的研究集中在论文集《教学与测试》③ 中。

4. 学习工具改进和提高的研究

例如,卢伟讨论了东南亚华裔学生华语学习词典的编纂问题,针对东南亚地区华裔学生学习华语的特点以及所在国家华人社区的多语现象与多元文化等特殊性,从第一语言学习与第二语言学习、词语的规范与变异以及语言的聚合与组合关系等方面,探讨编纂作为第二语言的华语学习词典时如何处理有关共性和个性的几个理论与实践问题。④ 吴英成则从有效利用词典学习词汇和从事词汇教学的角度,进行了广泛的调查,建议编写适合受双语教育学生的语言程度和生活经验的词典。⑤

---

① 周清海《语文测试里的语文问题》,《新加坡华文教学论文二集》,泛太平洋出版私人有限公司,2001年。
② 同①。
③ 谢泽文《教学与测试》,新加坡华文教师总会,2003年。
④ 卢伟《略论东南亚华裔学生华语学习词典的编纂》,《辞书研究》2001年第4期。
⑤ 吴英成《华语词典应用与编纂的落差》,《新加坡华文教学论文二集》,泛太平洋出版私人有限公司,2001年。

5. 现代科技手段下的教学研究

信息时代给华语教学研究提出了新的课题和任务，有多篇论文涉及这个领域。卢绍昌提出"华文自赎"问题，认为IT业的发展给华文带来了机遇，华语工作者应该抓住这个机遇。[①] 蔡志礼则对信息时代华文教学面临的挑战进行了探讨，希望华文教学工作者能够调整步伐和方向。[②]

6. 汉字教学研究

在教学研究中，汉字教学一直是一个焦点。吴英成以偏误分析理论为依据，以新加坡华族学生为调查对象，通过两次实验测试，探讨新加坡华族学生中修读英语为学校第一语文、华语为第二语文的学生在汉字学习中的偏误特点，发现学生的汉字偏误的产生同他们对汉字系统所做的不完备假设而采取的表面策略形式有直接的关系，文章在此基础上提出了很多有益的建议。[③] 此外，周清海对字词频率与语文学习成效的相关研究[④]、卢绍昌对新加坡中学生用错字的抽样研究[⑤]等也很有特色。

总的来说，这个时期的华语教学研究涉及的范围非常广泛，几乎囊括了所有相关方面，这对海外华语教学起了非常积极的作用。

---

① 卢绍昌《试论华文的自赎问题》，《新加坡华文教学论文二集》，泛太平洋出版私人有限公司，2001年。

② 蔡志礼《数码时代教学新工程——二十一世纪华文教学的使命与挑战》，《二十一世纪的挑战——新加坡华语文的现状和未来》，联邦出版社，2000年。

③ 吴英成《华语词典应用与编纂的落差》，《新加坡华文教学论文二集》，泛太平洋出版私人有限公司，2001年。

④ 周清海《华文教学应走的路向》，南洋理工大学中华语言文化中心，1998年。

⑤ 卢绍昌《华语论集》，金昌印务，1984年。

（三）研究的特点

这个阶段的研究有以下几个明显的特点：

1. 中外学者的直接交流和对话。改革开放以后，海内外学者的联系不断加强。一批中国学者有机会了解海外华人社会，海外的华人学者也不断到中国访问交流。中国学者的文章到国外发表，国内刊物也发表海外学者的相关论著。例如陈重瑜、周清海、卢绍昌、吴英成等都在国内发表论文多篇。使得中国读者有更多的机会了解海外学者的研究，了解海外华语教学的现状。

2. 开展合作研究。早在 20 世纪 80 年代，一些学者已经开始到新加坡等地工作。例如汪惠迪 1984 年受聘于新加坡《联合早报》，专事文字工作（后任语文顾问），后来他发表的许多见解对新加坡的语文教学有积极的影响。20 世纪 90 年代以后，陆俭明、李临定、陈松岑等国内知名学者应邀到新加坡展开合作研究，发表了相关的研究成果。陆俭明后来在不同场合谈到华语问题的时候，都提到应该积极开展华语教学的研究，对国内的华语教学研究起到了推动作用。海内外一批新一代学者也相继到新加坡工作或学习，如徐大明、侍建国、徐杰、王惠、萧国政等，积极参与了相关研究工作，发表了一批成果。

3. 语言观念和方法上的更新。语言观念的调整在这个时期的华语教学中明显地体现出来。最明显的是语言教学本土化意识的加强，而这种意识不只是当地华人和学者的认识，同时也为中国的学者所倡导。汪惠迪指出：在进行词汇规范化工作时，是自定原则与标准，还是向"源头"——现代汉语看齐，这是个值得研究的课题。汪惠迪在后来的一系列论文里都强调双向互动的理念。① 这种理念和教学的关系已经开始受到注意。在具体教学理念上，几乎各种流派的语文教学法都被移植到新加坡和马来西亚。汉字教学极受关注。例如"注音识字、提前读写""在海外华语教学上产生很大影响"②。新加坡教育部政务部长曾士生提出从 2005 年年初开始，在部分小学将试行中国研发的"先认字，后写字"的经验，借以帮助新加坡学生学好华文。对此也有支持和反对两种意见。③

最近情况又有了新的变化。一是新加坡公布了新的教学计划。新教学方法被概括为"多听多说、有效识字、读写跟上、快乐学习"16 字"真言"和"四大原则"。④ 这是否意味着政府会放弃华文 B 课程，还有待进一步观察。此外，新加坡教育部和中国的一些出版部门决定联合编写小学和幼儿园教材。从 2007 年起，新加坡的小一、小二学生将使用由新加坡教育部与中国人民教育出版社合编的华文教材。据报道，课文将突出语言的美感、想象力，并且符合儿童的心理特点；而新编的华文学前教材将于 2006 年年初在新加坡全国所有的人民行动党社区基金教育中心等机构使用。⑤ 我们期待此举会引起新加坡新一轮的华语教学研究的热潮，对海外华语教学研究起到进一步的推动作用。

4. 发展不平衡。从目前看到的文献看，对海外华语教学的研究主要集中在中国和新加坡，而华人比较集中的马来西亚在这方

---

① 汪惠迪《新加坡华语词汇的特点》，《语文建设通讯》1990 年第 16 期。
② 《中国教育报》2002 年 6 月 17 日。
③ 新加坡新传媒网站和中国华文教育基金会网站。
④ 新加坡《联合早报》2005 年 7 月 13 日。
⑤ 新加坡《联合早报》2005 年 7 月 22 日。

面相对较弱。这里面可能有这样几个因素：新加坡语文教育问题比较突出，中国则是因为汉语国际传播提出新的要求，而马来西亚保持了相对稳定的华文教育系统；其他一些地区则因为华人社团人口少、不集中，更不易引起对相关研究的重视。

研究领域也不平衡。比较起来，泛论较多，有针对性的研究较少；外部因素研究较多，本体研究较少。在方法的采用上，思辨性研究较多，实证性研究较少。在研究对象上，教学问题研究较多，教材研究较少。在教学研究方面，经验总结较多，教学模式的探讨较少。从某种意义上说，这种不均衡制约了海外华语教学的发展。

四 讨论与展望

在梳理海外华语教学研究的过程中，还有一些问题需要思考。

1.理论研究。和以往相比，理论研究已经受到了更多的重视，例如，以往的研究中，往往把母语、第一语文和第一语言不加区分，这个时期已经开始对这些概念进行梳理，例如，区分了第一语言、第一语文和母语，[①] 但显然还不够；还有许多问题，例如华文教学和华文教育、华语和汉语的关系，规范化和多样性、一体化和本土化的关系，工具目的和文化目的的关系以及不同的教学模式的研究等，还都需要进一步研究。这对讨论海外华语教学是有益的。

2.华文教学规律研究。理论研究需要事实来支撑，尤其是需

---

① 郭熙《海外华人社会中汉语（华语）教学的若干问题——以新加坡为例》，《世界汉语教学》2004年第3期。

要系统的研究来支撑。目前一个比较突出的问题是，在研究理论问题的时候，空洞的争论多，事实研究少；一般教育或教学的研究多，具体的语言教学和学习规律的研究少。以媒介语问题为例。如前所述，新加坡争论最厉害的莫过于该不该用英语教华语了。遗憾的是，无论是哪一方，都没有用大量的研究来证实。过去的研究中一个重要现象是说"应该"或"要"的多，而事实"怎么样"和"为什么如此"做得少。而在学习者方面，对华裔学生语言态度和习得规律研究得不够。例如，不同条件下的华裔学生在华语学习上到底有什么不同？像吴英成等那样的实证性的研究还很少。再如有人提出"借助辩论提高学习华文热忱""华文教学不应该太偏重词语学习"等，这些都需要大量的实证性研究来证实。

3. 队伍建设。从现有的研究成果看，海外华文教学的研究队伍还相对较弱，尚未形成一支专业队伍。在我们搜集到的涉及华语教学的近 300 篇论文中，[1]绝大多数是从教育学的角度进行研究的，真正属于语言学和应用语言学的比较少。从论文的作者看，应用语言学领域的学者进入该领域的还比较少。研究队伍的薄弱与师资队伍本身也有关系。从教学队伍看，也有青黄不接之感。林珊提到自己是学建筑的，从 20 世纪 60 年代开始教授华语。[2]事实上，类似背景的华语教师并非少数。这些第一线的教师因种

---

[1] 如前所述，有些文献虽以"华文教学"为题，但谈的是汉语作为第二语言的教学，如彭小川《试论华文教学的深入浅出问题》（《暨南学报（哲学社会科学）》1998 年第 4 期）等；《暨南大学华文学院学报》虽以"华文教学与研究"为副题，但也不是单一的华文教学，它们均不在我们的调查范围之内。

[2] 林珊《我怎样教英语背景的新加坡高等教育华裔学华语》，《语文建设通讯》1985 年第 18 期。

种因素无暇或无力进行研究,而有研究能力的人,又常常缺乏实际操作经验,缺乏第一手资料。无论从哪个角度出发,建设一支强大的教学研究队伍都是非常重要的。

与队伍建设相关的还有学术阵地的建设。目前国内研究语言教学的刊物已经有一些,但不多;这方面的论文发表的已经有一些,但还不够。我们希望能够有更多的园地提供这方面的研究,如果能有一份真正的华语教学期刊则是再好不过的了。

4. 教材研究。关于华文教材已经有不少学者关注,但研究还不够深入。我们现在的评估标准,常常从发行量考虑,自然有道理,但在种类方面还研究不够。不同的国家或地区到底需要什么样的教材?或者说什么样的教材最适合他们使用?这方面的研究很少看到。

5. 华语教学研究和华语研究的关系。要加强华语研究。苏启祯已经谈到了二者之间的关系。[1] 其实这是一个老生常谈的问题,然而仍然没有引起足够的重视。国内研究华语的学者还不多。海外华语教学在很大程度上可以说是困境下的母语教学,不是一般的语言教学。加强华语研究,对于华语教学研究将会起到重要的指导作用。例如华语规范问题、地区词和教学问题、语音教学与本土华语特点的关系问题等。

总的来说,加强汉语传播研究是一项紧迫的任务。研究如何高效地开展华语教学问题,既有实践上的重要价值,同样也有语言学上的意义,具有广阔的前景。就笔者愚见,今后一个时期,下面的领域亟待关注:(1)常用词研究。(2)常用字研究。

---

[1] 苏启祯《为语文教学把脉》,泛太平洋出版私人有限公司,2000年。

(3)常用句式研究。(4)华语使用状况研究。(5)词汇研究。(6)语用研究。(7)修辞手段研究。(8)华语语音系统的研究。(9)华语分布研究。(10)方言分布研究。(11)识字教学研究。(12)华文水平测试研究。(13)教材词汇比较研究。(14)教学通用词表和专用词表研究。

第二章

教学理论研究：新视角与新观念

第一节 论对外汉语教学理念[①]

"教学理念"问题是近年来提出来的。什么是教学理念也还是见仁见智。那么，首先得弄清什么是理念？《现代汉语词典》把"理念"解释为"思想；观念"。什么是"思想"？"客观存在反映在人的意识中经过思维活动而产生的结果"就是思想。这样说来，教学理念，基本上就是我们所熟悉的教学思想或教学观念。

一 对外汉语教学的教学理念

（一）我国早期的对外汉语教学理念

我国的对外汉语教学创建伊始，就确立了自己的教学理念。1953年周祖谟发表了《教非汉族学生学习汉语的一些问题》，从教学原则、教学目的、教学内容、教学程序和教学方法五个方面论述了汉语作为第二语言教学的基本思想。明确区分了对外族人的汉语教学与对本族人的语文教学，从而为汉语作为第二语言 /

[①] 本节选自赵金铭《对外汉语教学理念管见》，《语言文字应用》2007年第3期。

外语教学在教学理念方面奠定了坚实的基础。①

此后的十几年，对外汉语教学一路走来，不断发展与完善教学理念，由钟梫执笔的《十五年（1950—1965年）外国留学生汉语教学总结》②，集中地体现了20世纪60年代中期汉语作为第二语言教学的教学理念。其中可称作教学思想和教学观念的有如下几条：

1. 针对学习者的学习需求，合理安排教学内容，提出"学以致用"的教学要求。

2. 强调对外汉语教学是实践汉语教学，提出"实践性"的教学原则，主张"精讲多练"。

3. 课堂教学与教材编写使用"相对直接法"，即在反复、大量操练的基础上，引导学生总结语言规律，控制使用外语。

4. 采用"语文并进"的教学模式，"随文识字""词不离句，句不离文"，强调语言技能训练对不同的学生和在不同的阶段各有侧重。

由此不难看出，当时的对外汉语教学理念是十分明确的，并且已经体现着交际语言教学法的某些合理内涵。从20世纪70年代末开始，在原有教学理念的基础上，对外汉语教学理念又有了新的发展。

（二）对外汉语教学理念的变化

从20世纪70年代末开始，随着对外汉语教学的发展，无论

---

① 周祖谟《教非汉族学生学习汉语的一些问题》，《中国语文》1953年第7期。

② 钟梫《十五年（1950—1965年）外国留学生汉语教学总结》，《语言教学与研究（试刊）》1979年第4期。

是教学思想、教学方法，还是教材编写，不断引进新的理念，取其荦荦大者，归结如下：

1. 随着"听说法"的引进，对外汉语教学界又根据汉语、汉字的特点，结合教学实际，提出"听说领先，读写跟上"或"全面要求，突出听说"的教学思想，在率先听说的基础上，注重语言技能的全面发展。

2. 20世纪70年代末，初步形成一个以结构（句型）为纲兼顾传统教法的综合教学法，此后又演变为"结构—功能教学法"，并向着"结构—功能—文化"相结合的教学路子摸索前行。

3. 在20世纪80年代初期，在探讨综合教学法的同时，加强对单项语言技能的训练，实现了分技能语言教学，主张用不同的方法训练不同的技能，从而把"小四门"的教学发展到相当水平，明确了培养语言交际能力是汉语作为第二语言／外语教学的根本目标。

4. 进入20世纪90年代，开始引进学习理论研究，主张在研究"怎样教"的同时更应该研究"怎样学"，提出"教师为主导，学生为主体"的见解。

以上我们分两大阶段，把对外汉语教学界的教学思想和教学观念大致勾勒出来，从中不难看出，我们的教学理念与世界第二语言教学发展轨迹基本相一致。另一方面，我们虽也注重汉语和汉字的特点，但更多的是沿袭世界上以印欧语系语言为研究对象而确立的语言教学观念，特别是借鉴我国英语教学界在引进国外的教学理念之后，经研究所取得的教学研究成果。

二 我国外语教学理念

我们已经注意到,当今世界第二语言教学理念一直处在变动不居之中,花样翻新,派别迭出。然而,尽管流派纷呈,总能摸索到世界第二语言教学主流教学思想的脉搏。目前,随着交际语言教学法的深入发展,一些新的教学理念正日趋成熟,引起人们的关注。

(一) 我国英语教学理念的更新

跟以往的情况类似,我国英语教学界结合英语教学实际,率先改革,更新观念,在我国中学英语教学中注入了新的教学理念。2001年7月,中华人民共和国教育部制订并公布了全日制义务教育、普通高级中学《英语课程标准(实验稿)》(以下简称《标准》)。其中堪称教学理念或教学指导思想者为如下一段话:"课程强调从学生的学习兴趣、生活经验和认知水平出发,倡导体验、实践、参与、合作与交流的学习方式和任务型的教学途径,发展学生的综合语言运用能力,使语言学习的过程成为学生形成积极的情感态度、主动思维和大胆实践、提高跨文化意识和形成自主学习能力的过程。"

由此可以看出,《标准》把课程的实施看作是一个过程,要完成这样一个复杂的过程,必须具备基本理念。《标准》明确规定六条基本理念:

1. 面向全体学生,注意素质教育。
2. 整体设计目标,体现灵活开放。
3. 突出学生主体,尊重个体差异。
4. 采用活动途径,倡导体验参与。

5. 注重过程评价，促进学生发展。

6. 开发课程资源，拓展学用渠道。

（二）可供参酌的教学理念要点

我们一向认为，不管是母语教学，还是第二语言教学，或是外语教学，彼此皆有相通之处。除各自所具有的个性之外，在教学观念上应有可以互为借鉴的共性。这样，我们就可以比照国内的英语教学，反思我们的汉语作为第二语言／外语教学，在教学理念上是否可以除旧布新，拓展我们的思维，开阔我们的视野，寻求汉语作为第二语言教学的新突破。我们认为有如下几点可以吸纳、消融，然后结合汉语教学的实际，思考改进之路。

1. 汉语作为第二语言／外语教学的目标应该是培养综合语言运用能力。

2. 汉语教学的内容应更加多样，内涵更加丰富。

3. 汉语教学的主旨由"学以致用"，开始注重"用中学""做中学"。

4. 汉语教学与汉字教学之关系乃教学设计的关键，不再追求最佳语言教学法。

5. 汉语学习提倡协商方式，适当采用"合作学习"的办法。

6. 汉语教学评估由注重终结性评价，转向以形成性评价为主。

7. 汉语教学中知识呈现方式发生重大变化。

以上七点，我们并不把它当作汉语作为第二语言／外语教学应实施的新的教学理念，我们姑且称作可供汉语作为第二语言／外语教学参酌的教学理念。

三 对语言教学理念的诠释

语言教学理念的形成都有一个过程,一种新的教学理念,其内涵中既包含以往的经验,又渗透着新的认知。让我们对上述教学理念略做诠释。

(一)关于教学目的

众所周知,乔姆斯基曾区分"语言能力"和"语言行为"。语言能力大致指人所具有的识别、理解语言的能力和生成合乎规则的语言的能力,而语言行为只是语言能力的表现。其后,社会语言学家海姆斯提出"交际能力",包括四个因素:语法的正确性、语言的可行性、得体性和可接受性。最后就是应用语言学家巴赫曼在20世纪90年代初提出的"交际语言能力",从而把语言知识和语言使用的场景特征结合起来,是一种创造并解释意义的能力,它由三部分构成:语言能力、策略能力和心理、生理机制。语言能力,由语言组织能力和语用能力构成;策略能力,指在交际时运用语言知识的心理能力;心理、生理机制,指运用语言交际时所牵扯到的神经和心理过程。

我们以往对语言运用能力的理解偏重于"语言知识+语言技能",而对策略能力和心理过程关注不够。汉语作为第二语言教学的终极目标,是培养学习者具有在现实生活中自由运用汉语进行交际的能力,而且要在最短的时间内取得最佳的学习效果。因此,关注与培养综合语言运用能力相关的各种因素是十分必要的。我们认为应扩展原来对交际语言能力的认识,我们认同汉语教学的目的是培养综合语言运用能力的观点。

（二）关于综合语言运用能力的形成

综合语言运用能力是如何形成的呢？《标准》是这样说的："综合语言运用能力的形成建立在学生语言技能、语言知识、情感态度、学习策略和文化意识等素质整体发展的基础之上。语言知识和语言技能是综合语言运用能力的基础，文化意识是得体运用语言的保证。情感态度是影响学生学习和发展的重要因素，学习策略是提高学习效率、发展自主学习能力的保证。"

以往我们十分重视语言技能训练，强调听、说、读、写均衡发展，现在人们关注的是，在某个级别学习者以这样的语言技能"能做什么"。过去，我们也注重语言知识的传授，语音、词汇、语法、汉字，近年来又加上篇章，而今，似还应该添加功能和话题。情感态度，指兴趣、动机、自信、意志和合作精神等影响学生学习过程和学习效果的相关因素。文化意识和学习策略近年来虽也多有研究，但零散而不成系统，还没有引起汉语教师的高度重视。最重要的是，语言技能、语言知识、情感态度、学习策略和文化意识五个方面构成一个不可分割的整体，共同促进综合语言能力的形成。这样的认识，显然比我们原来理解的教学内容要开阔许多，内涵也更加丰富。

（三）关于语言教学法

自20世纪80年代以后，对外汉语教学界业内大部分人都认识到，学习者千差万别，学习目的各不相同，不同的教学阶段有不同的教学任务，不同的教学任务又有不同的训练方法，而教师风格又因人而异，因此不可能有一种放之四海而皆准、万能的语言教学法。更何况"人的大脑系统有横向变化和纵向变化。横向变化指不同学习者的大脑工作方式各不相同。纵向变化指大脑在不同年龄阶段的变化。正是由于这两种变化,第二语言教学不可能有最佳方法"[①]。那么,以积极的态度来接受世界上语言教学法的不同思潮,采取包容、理解的立场,取一种中立的态度,使用综合的处理办法,则是十分明智的,也是目前世界外语教学的明显特点和主要发展趋势。

话虽如此说,也不应不顾及世界第二语言教学法的主流进展。一般认为,20世纪80年代后期至90年代中期,基于任务的语言教学思想开始产生越来越大的影响。"任务型语言教学"大有替代交际语言教学、形成新的语言教学流派的趋势。以至有人认为,对于应用语言学界来说,20世纪90年代后期可以称作"任务的年代"。[②]其实,任务型语言教学与交际语言教学有着很深的渊源关系。交际语言教学强调"学以致用",任务型语言教学主张"用中学""做中学"。任务型语言教学的语言观是"语言是一个复杂的交际系统;人们使用语言的首要目的是表达意义;发展语言能力决非仅仅是掌握语法规则,而是发展用语言进行交际的能力;语言不是在真空中使用的,而是在一定的社会文化环境中使用;语言教学应该强调真实语境、真实语言素材"[③]。可以说,任务型语言教学最突出的特点就是通过完成一定的任务来学习语言。

我们这里介绍任务型语言教学,并非提倡这种基于人本主义心理学的学习理论而提出的教学法,而是要了解这种目前处于主流地位的世界第二语言教学法,吸取其合理内核,为我所用。我

[①] Jane Arnold 编《情感与语言学习》,外语教学与研究出版社、人民教育出版社、剑桥大学出版社,2000年。
[②] 程晓堂《任务型语言教学》,高等教育出版社,2004年。
[③] 同[②]。

们很赞同这样的观点:"语言教学需要的不是一个模式或一种理论,而是一个更大的框架,其中几个模式并存。我们仍然需要决定某种模式是用在什么层次上,不能把一种具体的小的研究领域夸大到整个语言教学。"①

(四)关于体现汉语特点

汉语作为第二语言／外语教学的教学模式与教学方法的创新,归根结底,要从汉语和汉字的特点出发,要结合汉语和汉字应用的特点,而不能生搬硬套现成的以印欧语系语言为对象而设计出来的语言教学法。我们必须认识到,汉字教学是汉语作为第二语言教学不同于其他第二语言教学的最大区别之一。只有突破汉字教学的瓶颈,才能全面提高综合运用汉语的能力。于是,首先必须澄清对汉字的误解,树立科学的汉字观。汉字本身是一个系统,字母本身也是一个系统。字母属于字母文字阶段,汉字属于古典文字阶段。它们是一个系统的两个阶段。这一个概念的改变影响很大,这是科学的新的认识。②

当我们把汉字作为一个系统来教的时候,就要在教学和教材中充分考虑下列问题:在基础汉语教学阶段何时引进汉字最为合适?是先认汉字后写汉字,还是认写同时进行?是先描红后写字还是不描就写?先教哪些汉字后教哪些汉字?基础汉语教学阶段应该教哪些汉字?怎么教汉字,是分解教,还是整体教?要不要分阶段教汉字,分几个阶段?识多少汉字可以阅读书报?会写多少汉字可以书写短文?

---

① Vivian Cook《第二语言学习与教学》,外语教学与研究出版社,2000年。
② 《百岁老人周有光答客问》,《中华读书报》2005年1月22日。

这每一个问题都应在充分调查研究的基础上得出科学、可靠的数据；或进行教学实验，设定参照，经过比较，得出结论，并划分出等级，用以指导教学和教材编写。

我们这里要强调的是，教学汉字，自然方法多多，但最重要的是要记住汉字的形、音、义、用。有一本汉语教材叫《中文入门》[①]，在"请教师注意"中，有两条提示值得我们深思：（1）请不断提醒并督促学生，把"每日五字"（中学生每日二或三字）定为日课，认真完成，切忌积存。（2）发音阶段亟为重要，应集中精力练习发音，不宜介绍中国字，写字应在发音阶段结束后开始。

前者说记住汉字靠的是日积月累，坚持不懈。后者说在初级汉语教学阶段，何时见汉字最为理想。这些都是要好好研究的问题。总之，只有把握住汉语和汉字的密切关系，才能寻求到科学的符合规律的汉语作为第二语言／外语的教学设计和教学模式。

（五）关于以学生为中心

在当今世界外语教学课堂上，倡导通过与同伴的互动来建立学习共同体意识，贯彻"与同伴合作"的学习理念。合作学习是当今世界广泛使用的一种有创意和实效的课堂教学组织形式，[②]目前在汉语教学课堂上还使用甚少。这里涉及教师在课堂上的作用问题。如果是强调学生的参与意识，关注学生学习差异及其原因，主张课堂学习活动交际化，这些理念是大多数教师所认可的。但是对目前有人提出的"以学生为中心"的口号，我们认为应采

[①] 陈大瑞、林培瑞、台益坚、唐海涛《中文入门》，普林斯顿大学出版社，1994年。

[②] L. A. 巴洛赫《合作课堂：让学习充满活力》，曾守锤、吴华清译，华东师范大学出版社，2006年。

取十分谨慎的态度。实际上,在交际活动实施过程中,教师在课堂上仍在一定程度上控制着教学内容和教学方法。现在,在欧美等国的第二语言教学中,一般主张用折中的态度来看待外语教师的新旧角色,不排斥教师的传统作用,同时又寻找在他们所处的教学环境中能够最好地完成他们职责的角色。[1]

我们赞同这样的观点:把"以学生为中心"理解为,"教什么""怎样教""何时教"和"怎样评"都应该根据学生的情况而决定。我们以前总结出的"教师为主导,学生为主体",自有其科学道理,既尊重学习者的个体差异,又充分发挥教师积极性,是应该继续发扬的。如果把"以学生为中心"理解为,课堂教学以教师所精心组织的语言交际活动为中心,发挥学生自主学习精神,启发学生之间的互动,在和谐、愉悦的气氛中完成学习任务,我们认为也是十分有道理的。如何组织交际活动,也大有学问。Jane Arnold 曾建议:"为了不影响学习者的学习动机,教师应该避免四种活动:第一,学生认为不愉快的活动;第二,与学生学习目标相冲突的活动;第三,低于或超出学生应付能力的活动;第四,有损学生自我形象和社会形象的活动。"[2]

(六)关于教材和教学评估

语言教学理念还涉及教材问题。以往,我们认为教材是教学之本。现在,更加强调教师的作用。Harmer 认为:"新的教学理念已不再把教材看作是教学的金科玉律,而是把它看作是一种教学资源。创造性地使用教材是教师的一项基本功。"而教师要视

---

[1] David Nunan《第二语言教与学》,外语教学与研究出版社,2001年。
[2] Jane Arnold 编《情感与语言学习》,外语教学与研究出版社、人民教育出版社、剑桥大学出版社,2000年。

学生的具体情况灵活处理教材。因为"无论教材有多好，都不会完全适应每一个班级、学生或老师，总会有这样那样的问题"。教师的职责就是选好教材和用好教材，二者缺一不可。Harmer 说："尽管选择教材是教学中的一个重要步骤，但是教师对所选教材进行创造性的使用才是最重要的。"①

至于逐步向突出形成性评价倾斜问题，我们确实应设计不同阶段、不同方式的学生自我评价标准，让学习者了解自己的学习进展，通过反思和评估自己的学习行为，来培养对汉语学习的兴趣和自信心，这也有助于让学生学会自我评价的方法。

此外，电脑和多媒体技术的广泛使用，给汉语作为第二语言/外语教学的语言知识呈现方式带来了前所未有的机遇。现代教育技术、现代化的语言教学手段与方式给学习者提供了弹性的学习时间，真实的学习环境，图文并茂的学习内容，发现式与探究式的语言练习形式，以及过程化评估方式，这一切无疑将会加快教学的个性化进程，使学习更加轻松有趣。

四 结语

最后，让我们再回到教学理念上来。前面我们已经言明，经过几十年的探索，对外汉语教学已经形成自己的教学理念，虽有共识，还未形成流派。我们的有经验的汉语教师，在"怎样教"和"如何学"上也都有自己的考虑，或称理念，只不过没有把它

---

① 转引自 Keith Johnson《外语学习与教学导论》，外语教学与研究出版社，2002 年。

升华为理论。我们的目的就是要放眼世界，了解世界第二语言教学的新理念，不是要"拿来"，而是要立足于汉语和汉字的本质与特色，结合汉语的教学特点与学习特色，真正形成我们自己的从教学和学习实际出发、有理论依据的教学理念。

第二节　国际汉语教学理念与策略探讨[①]

随着世界经济一体化、政治多极化、文化多元化趋势的发展，特别是中国经济持续快速发展和国际地位的不断提升，汉语的国际化趋势日益凸现。汉语从来没有像今天这样受到国际社会的广泛重视，世界对汉语的需求从来没有像今天这样迫切和强烈。[②]"汉语走向世界的形势来得快，来得猛。应该说，我们在思想上、措施上并没有做好应有的准备。"[③]世界范围内的"汉语热"几乎遽然而至，让我们欣喜，更促使我们行动。中国政府及有关部门对汉语的国际推广工作高度重视，采取了许多积极措施。如在海外建立孔子学院、孔子课堂，培训和外派汉语教师志愿者，培训海外汉语教师，建立汉语国际推广基地，设立汉语国际教育硕士专业等，以适应国际社会对汉语学习的需求。

[①] 本节选自李泉《国际汉语教学理念与策略探讨》，《国际汉语教育（第一辑、第二辑）》，外语教学与研究出版社，2009、2010年。

[②] 李泉《关于建立国际汉语教育学科的构想》，《世界汉语教学》2009年第3期。

[③] 许琳《汉语国际推广的形势和任务》，《世界汉语教学》2007年第2期。

近年来，在有关部门的积极促动下，国际汉语教学的发展战略、工作重心以及传播理念、传播机制等都发生了重大转变，并开创了良好的局面。然而，在汉语教学理念和策略上、在学术研究和学科建设上，我们的探索、准备和积累尚不充分。因此，面对喜人的形势和难得的机遇，更应该保持清醒的头脑和理性的认识，对现阶段汉语国际化的进程进行现实而客观的估计，以确保我们制定的指导思想和实施策略更加务实、更加切合国际汉语教学的实际。

基于上述考虑，本文拟根据相关文献和媒体报道及个人现有的认识，对国际汉语教学现状和现阶段汉语国际化的特征进行评估和判断，进而探讨国际汉语教学（主要是海外汉语教学）的基本理念和策略。所谓教学理念，指现阶段国际汉语教学的指导思想或总目标；所谓教学策略，指现阶段国际汉语教学应采取的"行动方针"和"灵活而适当的方式方法"。

一　汉语国际化现状评估与讨论

汉语作为一种外语的学习，在国外是否已经"热"起来以及"热"到什么程度，媒体和文献中的看法概括起来可以分为两种不同的观点。一种是"汉语热已经形成""汉语已经非常热""汉语已经热得不得了"；另一种是"学汉语的人在增多，但汉语并不热""汉语并没有媒体上说得那么热，实际学汉语的人并不多""汉语热还是一个将来时"。人们的视野不同、感觉不同，对"热"的理解和把握的标准不同，因而对所谓"汉语热"的感受及其程度的判断也就有所不同，甚至很不相同。而不同的看法，也许并没有绝对的对与错的差别，一定意义上也可以说都是对的。因为"热"与"不热"本身就是见仁见智的问题，很难有客观的标准，而且不同地区、不同国别的情况可能确如两种不同的观点所说的那样。

然而，对"汉语热"的程度和汉语国际化进程的不同判断，在很大程度上会影响我们的传播观念、教学观念和行动策略的制定，因此也还是需要尽可能冷静、客观和更加贴近实际地对国际汉语教学形势做出判断，以保证我们所采取的方针得当、措施得力、行动有效。进一步来说，不应根据一时一地的情况给国际汉语教学的全局形势定性，而应结合历史和现实、当前和长远、局部和整体，对国际汉语教学的"热度"及其发展趋势做出判断。

首先，应看到如下一些基本事实：当今世界，汉语正在"升值"；世界上学汉语的人数在不断地、持续地增加；汉语学习者的层次在增多、范围在拓宽，汉语学习目标和学习方式也正呈现多样化趋势；汉语作为外语进入主流教育体系的国家越来越多，汉语已经从学习需求偏低的语言上升为需求激增的语言；等等。这些基本事实自然也应该成为基本共识。看不到汉语和中国文化的价值在当今世界正在走高，看不到汉语学习在世界范围内正持续升温，看不到汉语学习、教学和应用的国际化进程已经开始，则是弱视的表现。

但是，我们也不能不看到，汉语的这种"升温"和"趋热"，不过是最近若干年的事情，主要是由中国经济近30年持续快速发展带来的。而且，由于汉语和汉字与世界其他语言和文字在体系和类型上的明显差异及其他方面的原因，使得现代教育意义上汉语传播的历史、规模和范围还远远不如英语、法语、德语等强势语言。此外,由于文化传统及我们曾经的闭关锁国等原因,总体上说世界对中国还相当不了解,中国对许多国家及其民众来说,还相当"陌生和神秘"。因此,我们还不能对所谓的"汉语热"估计过高。

综上,结合个人所掌握的文献信息及近年来在英国、西班牙、智利、阿根廷、南非等国家参与当地汉语教师培训工作的所见所闻所感,我们对国际汉语教学和汉语国际化的程度做如下估计和判断:世界范围内学习汉语的人数在与时俱增,汉语学习正持续升温;国际汉语教学正处在渐热的阶段,真正的"汉语热"尚需时日;汉语走向世界的国际化进程刚刚开始,汉语的国际化正处于初始阶段。当然,我们也毫不犹豫地相信,从长远来说,学习汉语将逐渐成为一种全球性的热潮,或迟或早公认的"汉语热"必将呈现,汉语亦将成为一种世界强势语言。

下面通过相关报道、论述和本文的讨论,对上面的"估计和判断"予以进一步呼应和证实,同时也希望能"既见树木更见森林"地把握现阶段国际汉语教学的整体面貌。

其一,应该看到,世界范围内的"汉语热"已经清楚地展现出来了,国际汉语教学事业正呈现出前所未有的大好形势,这方面的报道和论述已有很多。例如,赵国成指出,"虽然现在汉语在国际上地位还不高,但可以说有一定的'汉语热'了","现在全球不管哪个洲,汉语(教学)都是在大发展,这种消息我们每天都能够接到"。[①] 陆俭明指出:"据媒体报道,目前学汉语的人数已达4000万,而且每年以30%的速度在增长。有人怀疑

---

① 赵国成《孔子学院与汉语国际推广》,《国际汉语教学动态与研究》2008年第1期。

这个数字，我觉得不必为此去争议，世界上要学汉语的人越来越多，这是事实，这可以从以下两个方面得到证明：一是到我们国内来学习汉语的留学生人数继续逐年大幅度增加；二是国外不断要求我们给他们派送汉语教师。"[①]另据国家汉办网站报道，到2009年10月，已在87个国家和地区，建立了282所孔子学院和114个孔子课堂。2009年上半年，开设各种层次的汉语课程4000多班次，培训学员10万余人，举办各类文化活动3000多场次，参加人数100余万人。[②]所有这样一些报道，足以让我们相信，学习汉语的人数将进一步增加，甚至不可避免地大量增加，"汉语热"持续升温乃至真正"热"起来都将成为现实。可以说，汉语开始快速而规模化地走向世界，已是不争的事实。

其二，与此同时也应看到，目前世界上学习汉语的人数还不够多，还远不能跟学习强势语言的人数相比；汉语还远未成为普遍教授的语言，汉语进入国外主流教育体系的程度还很低；汉语在"国际场合"的使用概率几乎为零；真正能"学成"并用汉语进行交际的人还极少极少；汉语学习和教学的国际化进程尚处于初始阶段。有关报道和本文的讨论如下：

1. 据印京华报道：2002年美国高等院校学习外语的学生比例是，西班牙语53.4%，法语14.5%，德语6.5%，意大利语4.6%，日语3.7%，汉语2.4%。[③]张宽指出：总的看来，汉语正在美国迅速升温，中文教学发展前景乐观，但也存在着不容忽视的挑战。

---

① 陆俭明《以科研引航使汉语教学事业健康地向前发展》,《语言文字应用》2009年第3期。

② http://www.hanban.org/content.php?id=6121。

③ 印京华《近五年美国汉语教学状况与发展趋势》,《国际汉语教学动态与研究》2005年第1期。

美国大学里选修汉语的人数远远少于西班牙语、法语、德语，甚至低于日语。据美国教育部统计，2005年全美高校共授予中文硕士学位11人，博士3人。美国的所谓汉语升温，主要表现在东西两岸，而且集中在亚裔学生偏多的大都市及附近高校，中部和西部都还没有"热"起来。"汉语要在美国真正成为一门强势语言还有很长的一段路要走。"①的确如此，我们可借助上文的一项数据做一点分析：无论是从汉语学习的深度和广度上看，还是从汉语学习者学历层次上或是从学习者汉语应用水平上看，硕士和博士都是高端汉语人才。高端人才的多寡是衡量一种外语国际地位和国际化程度高低的重要标志，而全美高校2005年授予的中文硕士和博士学位者合起来不过14人，从高端人才"质"的突破上值得一提，但从"量"上说实可忽略不计。试想，仅中国每年授予的英文硕士和博士学位者就不仅仅是成百上千。可见，汉语要真正在海外普及化、强势化、应用化、高端人才规模化，尚有相当漫长的路要走。

2. 据古川裕报道：1986年日本只有46所高中开设"中国语"，2005年已有553所高中开设中国语，约占日本所有高中的10%，而在553所高中里选择学习汉语的只有22 161名，只占日本所有高中生的0.1%。②日本是我们一衣带水的邻邦，不仅有着地缘优势，在文化和文字上亦有着特殊的关联，而高中生里只有0.1%的人选学汉语，这其中华人华裔又占了相当大的比例。这不仅很值得

---

① 张宽《从乔治梅林大学的中文学科发展看全美汉语教学》，《对美汉语教学论集》，外语教学与研究出版社，2007年。
② 古川裕《关于日本全国统一高考"中国语"考试的反思》，《世界汉语教学》2007年第3期。

我们深思，更足以表明汉语要成为日本高中的主选外语，亦有漫长的路要走。事实上，由于地缘关系和经贸交流、文化交流的需要，汉语的国际化应该首先在周边近邻国家得到充分呈现。显然，这方面的工作还有很大的空间。

3. 赵金铭指出："冷静思考一下，全世界每年有 3000 万人学习汉语，其中究竟有多少人听、说、读、写、译五样技能俱全呢？退一步讲，多少人能达到使用的程度呢？实际上，大多数人学习汉语止于初级水平，难跨中级，遑论高级。一般无阅读能力，书写更加困难，这种现象在欧美学生中尤其突出。"[①] 赵先生所言可谓切中现阶段的汉语教学，特别是汉语学习者的实际状况。这种大多数"止于初级水平""无阅读能力""书写更加困难"的情况，在汉语学习者中相当普遍，特别是在海外。其实，我们还可以就此做进一步思考：这 3000 万、4000 万汉语学习者中，有多少是华人华裔背景的，有多少是非华人华裔的"老外"？有多少是在正规教育体系中作为外语"拿学分"来学的？有多少是在非教育体系的课外班学习的？有多少是"学成"的、能用汉语"做事"的？又有多少是一时兴趣学着玩儿的？当然，能学就好。可是，我们也不能不考虑这数千万学习者都是何许人？又是怎么个学法儿？学到何种程度？退一步讲，即使这 3000 万、4000 万汉语学习者，已经或都能够学成，能够程度不同地用汉语做事，那么，与当今中国的经济大国地位和不断提升的国际影响力相比，与蓬勃发展的中外经贸和文化交流相比，与需要通过汉语来了解和理解中国的人数相比，也是极不相称的。不用说，这样的数字

---

① 赵金铭《"十五"期间对外汉语学科建设研究》，《汉语与对外汉语研究文录》，外语教学与研究出版社，2005 年。

跟学英语、法语、西班牙语和会用这些语言的人数相比，也是极不成比例的。这不能不让我们清醒地认识到，汉语的国际化程度还相当低，汉语的热度还相当不够，汉语教学和推广任重而道远。

4. 陆俭明指出，世界上学汉语的人虽然越来越多，但总人数还是很少，而且学习者中多数，甚至可能是绝大多数，还只是将汉语作为第二外语甚至第三外语在学习，或者只是业余学习；至于汉语在国际上的话语权，可以说很少很少。"从全世界不以汉语为母语的人学习、使用汉语的角度来说，汉语在国际上只是一个非常弱势的语言。"此外，陆先生还指出，我国全面开展汉语教学的历史毕竟还不是很长，还缺乏成熟的经验；汉语教学方方面面的问题，甚至某些基础性的问题，还缺乏必要而深入的研究，还缺乏冷静、科学的思考。① 陆先生所言可谓切中目前汉语所处国际地位的实际状况，对国际汉语教学学科现状的分析也很客观。汉语的弱势语言地位、汉语教学学科不够成熟，表明汉语的国际化水平还很低，汉语传播的学术资源还不够丰厚。

综上所述，一方面，汉语教学正面临着前所未有的大好形势，世界上学汉语的人数越来越多，可以说已经有了一定的"汉语热"，或者说"汉语热"正在升温。另一方面，迄今为止，世界上学习汉语的总人数还很少，特别是非华裔学习者；汉语教学进入外国主流教学体系、高端教育层次的程度还很低；汉语学习者真正能用汉语做事的人还很少，大多数学习者都处于初级水平，并且也止于初级水平；汉语的国际化程度还很低。把以上两方面的情况合起来看，即为本文的基本观点：国际汉语教学正方兴渐热，汉

---

① 陆俭明《以科研引航使汉语教学事业健康地向前发展》，《语言文字应用》2009年第3期。

语的国际化正处于初始阶段。

二 国际汉语教学理念与策略探讨

讨论国际汉语教学的观念和目标及所应采取的行动方针和灵活而适当的方式方法，即探讨现阶段国际汉语教学的理念与策略，应基于对"国际汉语教学的现状"及"世界印象中的汉语和中国"两个前提性问题的把握，以确保我们所确定的教学观念和目标能够在海外"落地生根"，所采取的行动方针和方法手段能够"开花结果"。具体来说，首先要对国际汉语教学的现状和汉语国际化的进程定性定位，对此上文已经讨论并予以明确。其次，要面对世界印象中的"汉语难学"和世界对中国"还相当缺乏了解"这两个不容回避的问题。

"汉语难学"的命题在学术上尚有争议，但无论结论如何，汉语难学的印象却普遍存在，并由此造成许多人对学习汉语汉字的畏惧感。"汉语汉字难学"的说法很多，此举两例：顾安达指出，"对西方人来说，最复杂、最使人感到困难的是汉字"，"汉字系统以其世界上独一无二的复杂性，极大地制约着西方人学习中文的过程"。[1] 金立鑫指出，汉语难学"几乎是世界公认的结论"[2]。

对"世界普遍缺乏对中国的了解"这一论断似乎没有什么争议，但选择教学理念和制定教学策略时往往被忽略。关于世界对

---

[1] 顾安达《"望洋兴叹"——西方人学汉语的一些基本问题》，《国外汉语教学动态》2004年第4期。顾安达《度过汉字的难关——当西方人尝试阅读中文》，《国际汉语教学动态与研究》2005年第4期。

[2] 金立鑫《试论汉语国际推广的国家策略和学科策略》，《华东师范大学学报（哲学社会科学版）》2006年第4期。

中国缺乏了解，此举一例以略见一斑：美国的高中生，有80%的学生不知道毛泽东是谁，有25%的学生不知道中国和美国之间隔着的是什么海洋。①实际上，不仅仅是美国的高中生，世界绝大多数国家的高中生也大都不知道毛泽东是谁，而且这种现象肯定也绝不仅限于高中生。连毛泽东是谁也不知道，那么对中国的了解肯定不会太多。由于长期的、普遍性的不了解，就更加觉得中国"古老而神秘"。一些西方人头脑中当代中国人还是清朝时的形象，男人头上还留着辫子。②

综上，概而言之，现阶段国际汉语教学理念和策略的确定，应基于如下两个基本现实：其一，世界范围的汉语学习正方兴渐热，汉语的国际化进程尚处于初始阶段；其二，世界范围内对学习汉语的畏惧感、对中国的神秘感还相当普遍。

如果以上分析基本不错，那么，作为汉语的母语国，现阶段应持有的国际汉语教学理念，或者说现阶段国际汉语教学的总目标，应是培育汉语市场，扩大汉语市场。也就是说，应当不遗余力地满足越来越多的外国人学习汉语的愿望，千方百计地吸引更多的外国人想学汉语、乐学汉语，并且能学得下去。一句话，以能吸引住更多的人学汉语为现阶段汉语国际传播的上策；以做大做强汉语学习市场，想方设法让更多人走进汉语、接触汉语、学

---

① 印京华《近五年美国汉语教学状况与发展趋势》，《国际汉语教学动态与研究》2005年第1期。

② 鲁健骥《对外汉语教学基础阶段处理文化因素的原则和做法》，《语言教学与研究》1990年第1期。又及，2008年暑假，笔者被国家汉办派往南非的几所大学培训汉语教师，一名在非的中国留学生告诉笔者，他不止一次被南非人问道："你怎么没有辫子啊？""你的辫子是不是来非前剪掉了？"这位姓杨的中国留学生很是错愕和无奈。

习汉语,不断扩大汉语学习者的基数作为现阶段国际汉语教学总的指导思想。

可以说,上文对国际汉语教学的现状和汉语国际化程度的评估与讨论,就是这样一种目标定位的"广泛的理据"。如果不避重复对确定这样一种教学理念的理据再饶舌的话,可从如下两个方面加以申说:一方面,外国人学汉语的热情才刚刚开始,虽然学习汉语的人和想学汉语的人越来越多,但迄今为止学汉语的总人数还很少,这种状况与我国和平发展所需要的国际环境、与中外经贸文化交往需要的懂得汉语和了解中国文化的人数是极不适应的。金立鑫指出:"当世界各国会说汉语的人数普遍增加到百分之五,中国在国际上的安全系数、形象系数、外交系数、亲和系数都要大大高于目前。语言和文化对人的世界观的影响是不可低估的。"[1]另一方面,由于我们曾长期闭关锁国,加上中外历史和文化传统的巨大差异,以及汉语与其他语言类型上的差异,特别是表意体系的汉字与拼音文字体系的极端差异等原因,迄今为止,中国的"神秘面纱"尚未完全去掉,中国在许多外国人心中还相当"遥远和隔膜"、相当"陈旧和落后"。[2]

综上可知,我们需要更多的人学习汉语、了解中国,因为当今世界对中国还相当不了解。这种状况对汉语的国际传播,对中国国际形象的提升都很不利。因此,汉语的传播方略应是想方设法消除外国朋友对中国的神秘感,特别是破除他们对汉语和汉字

---

[1] 金立鑫《试论汉语国际推广的国家策略和学科策略》,《华东师范大学学报(哲学社会科学版)》2006年第4期。

[2] 我的一位同事两年前在美国德克萨斯州一所大学教汉语,当地一名记者采访她,曾几次问她家里是否有冰箱和电脑。可见,这位记者对中国的印象至少还停留在30年以前。

的畏惧感，让已经学习汉语的人能坚持学下去，让想学汉语的人能够愿意学下去。当然，最终的目标则不仅仅是增加学汉语的人数，更是增加懂得中国文化、了解和理解中国的人数。

退一步来说，如果我们不考虑汉语传播的历史背景和现实，不注重对现阶段汉语传播理念和传播策略的考量，采取的教学措施不恰当、不得力，标准把握得过高、过严，就难以与海外汉语学习者的热情相适应，进而影响汉语传播的范围和广度、进程和效率。

事实上，我们派往国外的一些汉语教师和汉语教师志愿者，很多时候仍然采用国内高校对外汉语教学的某些做法，如听、说、读、写齐头并进，全面要求；教学内容多、进度快；采用常规的教学理念，不分学习对象的实际情况，一律要求学习汉字、书写汉字；采取中国传统的教学理念和教学模式，对学习者一律高标准、严要求，观念上以师为尊、以师为主，未能调适好跨文化背景下师生之间的角色地位和关系；操作上以知识讲解为主，教师大唱"独角戏"；等等。这样一些理念和做法就不适合"让更多的人来学习汉语，让更多的人乐于学下去"的教学目标。相反，很可能由于教学理念不当，方法不得法乃至不合法，而不能吸引更多的人学汉语，严重的甚至会让满腔热忱的汉语学习者"落荒而逃"。[①]

[①] 郑定欧指出：对外国人的汉语教学中"讲语音犹如开试验语言学课；讲汉字犹如开历史文化学课。谈语法，老是什么'一锅饭吃十个人'；谈词汇，老是什么'语义背景'。前者使用频率偏低而毫无意义，后者作为一种假设则由于无所依托、缺乏理论基础而毫无操作可言。把汉语处理得那么难，那么玄，国外自然就很难买账"。郑定欧《汉语国际推广三题》，《汉语学习》2008年第3期。郑先生指出的虽是比较极端的情况，但教学中知识讲解烦琐化、学术化现象的确存在，其结果不仅让学习者感到无所适从，而且让他们觉得"汉语真的难学"，乃至"告别汉语"。

这表明，如果我们没有培育汉语市场的观念，教学中一味采取高标准、严要求，或是教法不符合汉语、汉字的教学规律，就可能真的造成"汉语难学"的境况，不利于现阶段"满足和吸引更多的人学汉语"这一目标的实现。我们认为，没有相当的数量就不会有相应的质量，没有汉语的普及就不会有汉语的真正提高。对现阶段的汉语传播来讲，普及应是第一位的，是当下的，是一个人为的过程；提高是第二位的，是后续的，是一个水涨船高的过程。学汉语的人多了，对汉语、汉字的神秘感和畏惧感就会逐渐消除，汉语难学的观念就会逐渐破除，汉语传播就会进入良性发展状态。

确立以培育和扩大汉语市场为现阶段汉语国际传播的目标，就应更新观念、开拓思路、创新机制，探索为实现这样一种总体目标而应采取的行动策略、行动方针，以及各种灵活而适当的方式、方法。同时，也要考虑到为培育市场、占有市场、扩大市场所付出的代价。常言道：万事开头儿难。头儿开得好，以后的"汉语市场"就好办了，相反则不然。所谓"开好头儿"，就是本文反复强调的让更多的人想学汉语、让已学汉语的人乐于学下去。因此，在汉语国际化初始阶段应树立"来学就好，能学就赢"的观念，并且在教学实施过程中让学习者感到"汉语并不难学"，汉语"好玩""有意思"乃至"汉语好学"。这样才会有越来越多的人加入到汉语学习者的行列，才能加快汉语走向世界的步伐。

为此，必须积极探索在新的汉语教学理念下，海外汉语教学所应采取的各种灵活而适当的行动方针和灵活而有效的实施方法。这方面的研究、探索和总结还很不够，这里我们愿抛砖引玉，就现阶段汉语教学策略提出一些不成熟的参考意见和建议。

1. 在教学标准上，可考虑以普通话教学为核心，但同时采取"大汉语"的概念[①]，在实际教学中不必苛求语音、词汇乃至语法的地道。海外汉语普及阶段教学大纲的制定，其语音、词汇、语法、汉字等语言文字标准宜就低不就高，教学要求宜从宽不从严，特别是面向海外中小学和一般民众的汉语教学。

2. 在教学模式上，既可以采取语文并进的模式，听说和读写同时进行；也可以采取先语后文的模式，利用拼音先学听说，半年或一年后学习汉字和读写。既可以采取"只语不文"的模式，利用拼音只学口语和听力，不学汉字和读写；也可以采取利用拼音来听说和读写并进的"拼音化"模式。或者采取上述各种模式的"变式""变体"，更可以结合教学实践，结合不同学习者对语言能力的不同需求创新教学模式。

3. 在教学方法上，既可以按汉语作为外语教学的常规要求扎实推进，更可以结合海外学习者的实际情况精心设计，走简化、易化、实用化和趣味化的路径，相应地去"学术化""烦琐化""神秘化"，让汉语学习能"学"重若轻，让学习者能不断地增强成就感。当然，这并非说说就能做到，但应该有这样的意识，朝这样的方向努力。

4. 在教材编写上，必须以海外的学制学时及汉语课程的时间安排为设计基准，不可贪多求全，教材内容一定要关照当地学习

[①] 赵金铭指出：鉴于目前全球华人所说汉语的一致性还较差，我们认同"大汉语"的概念。除普通话和汉语方言外，中国台湾人所说的"国语"，新加坡华人所说的"华语"，东南亚华人、华侨所说的汉语及其方言，以及北美、西欧及全球各地华人社区所说的汉语，均可属于"大汉语"范畴。赵金铭《汉语的世界性与世界汉语教学》，《汉语与对外汉语研究文录》，外语教学与研究出版社，2005年。

者的实际生活和文化背景；结构方式上既可汉字与拼音并驾齐驱，亦可拼音为主、汉字为辅，更可编写纯拼音汉语教材，等等。

5. 在教学策略上，从事汉语教学的教师和志愿者，应该帮助学习者树立"汉语不难学"甚至"汉语好学"的观念；努力通过教学实践破除学习者对汉语汉字的神秘感和恐惧感，不失时机地宣传汉语、汉字好学易学；在教学中不遗余力地给予学习者以鼓励和肯定，努力营造所在学校、所在课堂和谐的汉语教学环境、浓厚的汉语学习氛围；等等。

6. 在教学手段上，充分利用汉语拼音在汉语、汉字学习过程中不可或缺的辅助作用；① 充分利用电脑多媒体技术学习汉语、学习汉字；熟悉中国文化、体验中国文化，了解中国、感受中国；等等。

7. 在拼音教学上，充分认识到汉语拼音在汉语国际化过程中不可替代的作用，在汉语国际化初始阶段应大力依托汉语拼音来加快汉语走向世界的步伐，充分发挥其"准文字"的功能。应完全允许只学拼音不学汉字的做法，特别是在汉语国际化的初始阶段。事实上，国外一些大学的汉语教学就是"只教拼音不学汉字"，用汉语拼音作为书写汉语的工具。② 因此，我们应破除旧有观念，进一步加强汉语拼音在国际汉语教学中的应用研究，宜着手研究给予汉语拼音以书写汉语的第二法定文字的地位和实施方略。使用拼音文字的汉语学习者对汉字陌生，学起来感觉困难，但对汉

---

① 柯彼德《汉语拼音在国际汉语教学中的地位和运用》，《世界汉语教学》2003 年第 3 期。马庆株《关于对外汉语教学的若干建议》，《世界汉语教学》2003 年第 3 期。

② 顾安达《"望洋兴叹"——西方人学汉语的一些基本问题》，《国外汉语教学动态》2004 年第 4 期。耿有权《基于拼音化理念的"准汉语教学模式"及其应用》，《国际汉语教学动态与研究》2007 年第 1 期。

语拼音并不觉得陌生，学起来也没有太大的困难。因此，应充分利用好汉语拼音这张王牌，来加快汉语的国际化进程。

8. 在汉字教学上，要充分认识到汉字教学在汉语教学中所处的核心地位和关键作用。许多人正是因为汉字才学习汉语，而另一些人正是因为汉字才畏惧学习汉语。真可谓"成也萧何，败也萧何"。然而常规的汉语学习是越不过汉字这一关的。因此，汉字教学应成为国际汉语教学研究的一个重要的分支学科。就现阶段海外普及型汉语教学来讲，在汉字教学的数量要求上宜就低不就高，在教学要求上宜求"多认少写"，乃至"只认不写"，利用计算机来辅助汉字学习和"书写"。当然，也可以暂时放弃汉字书写，乃至允许某些汉语学习群体"全时"放弃汉字学习，等等。

9. 在外围措施上，继续加大财力和人力的投入，加大海外汉语传播的力度，同时吸引更多汉语学习者来华长期进修、短期强化、观光游学；开展中国文化节（年、月、周）活动；用学习者母语开办中国国情、中国文化讲座以及汉语汉字特点和学习方法讲座；等等。

以上这些措施是举例性的，并且不见得都恰当可行，但是这样一些实施策略的思路在汉语市场培育阶段是很值得探索和尝试的。否则，如果我们不注重汉语国际化初始阶段的实际情况，一律采取常规的观念和做法，一律高标准、严要求。比如，为了一个字或一个词的发音不准而纠来纠去、揪住不放；为了一个"王"字是两横一竖再一横还是三横一竖而判定一对一错；为了一个"耳刀旁"是先"耳"后"刀"还是先"刀"后"耳"而判定一对一错。如此等等的一些做法，都会增加学习者的畏惧心理和学习难度。对刚刚接触汉语和汉字的初学者来说，如果课堂上老是如此这般，则很可能让学习者感到"汉语汉字的确太难了",甚至把他们吓跑了。"从严"不为错,常规的汉语教学,特别是在汉语环境下对来华的学历教育生,标准不宜从低,常言道"取法乎上,仅得其中"。但是,在汉语教学市场培育阶段,特别是在非汉语环境下,过于要求发音的标准和纯正,汉字书写必须横平竖直、结构合理、笔顺笔画规范,则很可能好心办了错事,得不偿失。事实上,由于电脑的普及,中国人自己写汉字的概率不是也在大大减少吗?我们的汉字书写能力和书写水平不是也令人担忧吗?那么我们为什么对外国人就不能"客气"一点儿呢?

金立鑫曾就语音教学发表的意见很有代表性,很值得重视,特别是对现阶段海外汉语教学来说。他说:"中国人说话也都不够标准,我们没有必要要求留学生的发音要多标准。只要能够听懂,不影响交际就行。因此,我们建议,不必将太多的时间花费在所谓的标准音的纠正上。各国人说汉语带有各国语音的特点这是很自然的现象。""是要全世界少数外国人会说标准的汉语呢,还是要全世界多数外国人会说不那么标准的汉语呢?哪一种策略更符合我们推广汉语的宗旨?我们宁愿汉语在全世界有多种方言。"① 实际上,等到汉语市场真正培育起来了,汉语真的"热"起来了,如果有必要,再逐步从严也不迟。我们甚至相信,汉语真的"热"起来,真正成为一种国际性的交际语言、媒介语言了,那时候就不需要我们汉语母语国去"从严"了,汉语的各种标准(包括国际性的)也不一定都需要汉语母语国来制定。试想,我们实

---

① 金立鑫《试论汉语国际推广的国家策略和学科策略》,《华东师范大学学报(哲学社会科学版)》2006年第4期。

行多年的高级职称英语考试、大学英语四级和六级考试，以及各级各类的英语教学标准和教学大纲，哪一项是英国人、美国人制定的？不都是我们中国人自己搞的码？因此，谁又能保证将来不会有外国人搞的"汉语晋级考试""汉语选干考试""大学汉语三级、五级考试"呢？

三 结语与余言

把握汉语走向世界的某种必然性，怀着汉语逐步走向世界强势语言之列的美好愿景，畅想提升汉语的国际化程度对增强国家软实力的巨大作用，无疑都是必要的，也是令人振奋的。但是，如何把握好汉语走向世界这一难得的机遇，如何更好地顺应和促进"汉语热"不断升温，还需要广泛而深入的研究和探索。这其中，冷静而客观地评估现阶段国际汉语教学的形势和汉语国际化的程度是十分重要的。因为这有助于我们科学地确定现阶段国际汉语教学的指导思想和传播理念，有助于探索和选择灵活而恰当的传播手段和教学方法。

为此，把握汉语作为外语教学与英语、法语等强势语言作为外语教学在语言文字类型及中外文化背景等方面的差异，认清学习汉语这样一种"真正外语"、学习汉字这样一种"另类文字"、学习中华文化这样一种"异质文化"对于习惯了拼音文字的欧美等学习者来说多么具有挑战性，认清汉语传播过程中世界对汉语、对中国的印象，这都是十分必要的。因为这有助于使我们所确定的教学目标、理念和策略更有针对性、更务实，也更加人文化。

基于上述考量，本文对国际汉语教学和汉语国际化的现状进行了评估和讨论,认为国际汉语教学正方兴渐热,"汉语热"刚刚开始但持续升温,汉语国际化正处于初始阶段。在此基础上探讨了现阶段国际汉语教学的理念与策略问题,认为现阶段海外汉语传播的指导思想应是培育和扩大汉语学习的市场,强调应更新观念,教学标准不宜过高,教学要求应适当而灵活,教学目标应多样化而不宜"一刀切",等等。

需要强调的是,在汉语国际化的现阶段,最为重要的是更新观念、大胆尝试,而更新观念又尤为重要。成功往往来自于观念的更新,失败往往缘于观念陈旧。海外汉语教学的成败得失首先也取决于我们的传播理念。完全按照国内对外汉语教学的理念、经验和做法,完全比照别的语言的传播经验和做法,甚至完全按照常规的外语教学理念和做法,都可能不适合现阶段海外普及型、大众化、多层次、多需求、多目标的汉语教学状况。比如,所谓"只语不文,一语到底"的教学模式,本质上是淡化、滞后和忽视汉字教学。因此我们会听到"只学汉语口语和拼音算不上完整的汉语学习""不学汉字培养的是文盲""不学汉字,汉语学不深、学不透,也学不远""用拼音书写汉语会遇到一些理论上和操作上的问题"等各种说法,并且这些说法都是有道理的。但是,这是就常规的汉语教学来讲的,就特定阶段的汉语教学策略来讲的,尤其是站在海外汉语学习者的角度来讲的,这些"暂时忽略汉字""全时忽略汉字"的做法就不仅未必不妥,而且可能是加速汉语国际化的一个"灵活而适当的措施"。试想,是按部就班,"强行"进行汉字教学而使一些学习者畏而退步,挥手告别汉语学习好呢?还是以退为进,减轻学习者的负担,先学口语再学汉字,乃至"口语加拼音"学下去好呢?谁又能说他们口语学到一定阶段就不会再想学汉字呢?谁又能说仅学口语不是汉语呢?中国人不也是先学口语再学汉字的吗?为什么外国人就不能如此?我们观念中是否有意无意存在着"宁可你不学汉语,也决不同意你不学汉字"的想法呢?这样的观念在国际汉语教学中不是很可怕吗?

所以,在世界范围内汉语学习的热情骤然来临之际,解放思想、调整观念就显得十分必要和迫切。比如我们可以做这样一些大胆的观念更新:教学标准不可一味求高,避免高不成低不就,切实可行才算好;教学要求应适当、适度,不能可严可不严的一律从宽;教学内容不可贪多求全,有收获并实用就好;能力培养不必一味追求听、说、读、写样样俱全,样样俱佳,允许个人的不同语言技能有差别,鼓励根据需要和兴趣进行语言能力的倾向性选择;等等。培育市场是要付出代价的,何况这样一些观念和做法未必就是损失和缺失,也许常规的外语教学就本应如此,[①]至少在外语教学的普及阶段、大众化阶段应该如此。这里,引用季羡林在《留德十年》中有关语言交际和语言学习的一段很耐人寻味的话,或许可以给我们某些启示。季先生讲到20世纪30年代中期哈尔滨的白俄非常多,当时许多中国人都能讲一点儿洋泾浜俄语,但中国人嘴里的俄语一般都不讲究语法完全正确,音调十分地道,只要对方"明白",目的就算达到了。接着写道:"我忽然想到,人与人之间的交际离不开语言,同外国人之间的交际

[①] 傅荣指出:要求学生讲外语必须达到讲本族语的人的水平,听、说、读、写能力全面发展。现实的教学情况却告诉我们,这其实是认识上的一个误区。绝大多数外语学习者,尤其是成年的外语学习者既无可能也无必要将外语说得跟当地人一样完美地道,这是外语教学特有的复杂性所决定的。外语教学尤其需要因人而异,因材施教,不拘一格地培养人才。傅荣《〈欧洲语言共同参考框架:学习、教学、评估〉述评》,《国际汉语教学动态与研究》2008年第4期。

离不开外国语言。然而语言这玩意儿也真奇怪。一个人要想精通本国语和外国语必须付出极大的劳动；穷一生之精力也未必真通。可是要想达到一般交际的目的，又似乎非常简单。洋泾浜姑无论矣。有时只会一两个外国词儿，也能行动自如。一位国民党政府驻意大利的大使，只会意大利文'这个'一个单词儿，也能指挥意大利仆人。比如窗子开着，他口念'这个'，用手一指窗子，仆人立即把窗子关上。反之，如果窗子是关着的，这位大使阁下一声'这个'，仆人立即把窗子打开。窗子无非是开与关，一声'这个'，圆通无碍，超过佛法百倍矣。"[1]

需要指出的是，汉语作为外语教学是一门科学，自有其自身的教学规律和学习规律，探索、建设和完善这门学科的基本理论及教学和学习规律，是国际汉语教学理论研究之根本任务，是汉语母语国应有的责任和义务。因此，广泛而深入地研究汉语语言要素（包括汉字）的结构规律、使用规律及教学模式和教学方法，应是汉语国际化进程中一项长期的、根本性的任务。[2] 这一点不能含糊，标准和要求也不能低。退而言之，本文探讨的教学理念和教学策略是针对国际汉语教学的现阶段而言的，所谓教学标准不宜过高、教学要求不宜过严，所谓去学术化、去常规化等主张，大都是针对现阶段培育和扩大汉语学习市场的务实需要而言的，是汉语国际化进程中的阶段性理念和行动策略，至少其中的一部分不应是长久的、全局的、常规的理念和策略。事实上，即使是现阶段，如果可能和有必要，亦应高标准、严要求，至少对某些

---

[1] 季羡林《留德十年》，中国人民大学出版社，2004年。
[2] 李泉《关于建立国际汉语教育学科的构想》，《世界汉语教学》2009年第3期。

群体的某些方面来说应如此。如对汉学系学生的汉字认知和阅读能力的要求,只要可能和有必要,亦应按汉语教学的常规做法去实施,如汉字是要学的,语音基础宜打好,教学标准不宜偏低,等等。同样,即使是针对现阶段的汉语教学,我们的汉语教师和志愿者,也要全面掌握汉语、汉字和中华文化知识,全面了解和把握汉语作为外语教学的教学规律和教学方法,熟练掌握汉语技能训练的技巧和中华文化传播的技能,在这些方面,任何时候都应就高不就低、从严不从宽。实际上,只有教师的汉语、汉字知识全面了、丰富了、深刻了,教学中才能知道如何易化、简化、去学术化、去烦琐化,才可能找到灵活而适当的教学方法和技巧,教学才会做到游刃有余,收放自如。

第三节 关于"大华语"的教学思考[①]

汉语快速走向世界,活跃在不同国家与地区的鲜活汉语呈现出多样性的特征,这一现象引起了学者、汉语教师和学习者的关注。陆俭明先生以世界汉语教学为背景,适时提出了建立"大华语"概念的建议。[②] 这一个概念的提出直击传统的汉语教学标准,而在世界汉语教学中如何恰当地对待和处理各地汉语所表现出的

[①] 本节选自王若江《关于"大华语"的教学思考》,《第九届国际汉语教学研讨会论文选》,高等教育出版社,2010年。

[②] 陆俭明《关于建立"大华语"概念的建议》,《汉语教学学刊(第一辑)》,北京大学出版社,2005年。

语言差异,确实是对外汉语教学面临的一大难题。本文将围绕"大华语"的概念,从汉语教学的角度进行思考,提出一些具体意见。

一 "大华语"与世界背景下的汉语教学

20世纪50年代以后,学界针对"华语"命名问题进行了广泛的讨论。"中文""汉语""普通话""现代汉语""国语""华语"等名称的使用区域各不相同,而其内涵则大同小异。在现实中还是"华语"的认同度比较高。"华"——"中华"是一个被广泛接受的上位概念,代表了族群名称,海外华裔、华侨界约定俗成,由它统辖这个群体所涉及的方方面面,并形成了一个词汇群:华侨、华人、华商、华工、华语、华文等,已经被广泛使用。

而现在又提出了"大华语"的概念,它与"华语"有何不同?我们理解所谓"大"是就地域广阔而言,"大华语"的概念更强调区域间的包容性,即不论在世界的任何地区,只要是同源的汉语都属"大华语"的范畴。"大华语"概念的提出,凸显了汉语的"域"意识,昭示了汉语在世界范围内在一定程度上所具有的多样性特征,同时强调了它的广泛包容性。

中国语言文化走向世界,汉语教学是其中的一项重要任务,即以汉语为媒介,传播中国文化。显然传播文化和学习汉语并不能画等号。汉语学习是传播的一个途径、一种方法。要通过学习汉语吸引更多的人走进现代中国,了解中国文化。"大华语"概念正是基于此提出的。在这个前提下,在语言教学中对于语言的宽容度就需要加大,一般来说,无论形式还是内容不能过于严格。

我们知道,一般来说,在一定范围内,语言学习者的人数是呈递减趋势的。早期的学习者真正能够坚持下去、真正学成的应该是少数。在初级学习阶段如果对学习者要求过严，势必会吓跑许多人。为了吸引学习者适当放宽要求，似乎也是为时所迫。

"大华语"概念的提出与新世纪外语教学理念有很大的关联性。美国《21世纪外语学习标准》提出了"五C"目标：Communication（交际）、Cultures（文化）、Connections（贯连）、Comparisons（比较）、Communities（社区）。《欧洲语言共同参考框架》也提出了相近的主张。它们均以交际沟通为主旨，主张学习者在其生活的环境中使用所学语言，同时确立终身学习的观念。美国和欧盟的外语学习标准都是面向中小学的，按照传统的观念正是打基础的阶段，基础打好了，以后才好发展。但是今天的观念是即学即用，可以完成任务，学用互动，终身提高。从这个角度看，汉语学习实际要解决两个问题：首先是在学习者生活的社区以及将要前往的语言区域可以使用这种语言；其次是确立终身学习的观念。二者如何结合是一道难解的题目。据我们所知，美国某些汉语教材主张从入门开始，就纳入真实的语言，即带有不同方言口音的普通话，以适应语言环境。

在世界汉语背景之下，"大华语"概念对于提示人们抱着宽容的态度接纳多样性的汉语、即学即用的汉语具有积极的意义，因此，我们赞同建立"大华语"的概念，同时感到将其落实到教学中还有许多值得深入探讨的问题。

二 "大华语"与汉语教学标准

陆俭明在提出"大华语"概念时直接与汉语教学标准挂钩：

"汉语正在快速走向世界。汉语要走向世界,有一个问题要解决好,那就是汉语教学的标准问题。"①

教学需要标准,这是教学的重要前提。尽管标准本身是人为的规定,但它不是随意的,而是建筑在科学研究与广泛实践的坚实基础上的,因此标准既具有科学性,又具有民主性。标准的本质特征是统一,有了标准才会有公认的衡量尺度。

对待语言教学的标准有两种态度:一是严格把握标准,对于不符合标准的言语现象称之为缺陷,20世纪欧洲学派早就有了"标准的交际和有缺陷的有效交际"之争了;二是淡化标准,只强调一个语言基础,那么就无所谓特别的"缺陷"了。这两种态度在汉语教学中都是存在的。我们从以下两个定义中可以发现差异:"华语"是"以现代汉语普通话为标准的华人共同语"②。"大华语"是"以普通话为基础而在语音、词汇、语法上可以有一定弹性、有一定宽容度的汉民族共同语"③。它们的区别在于:"以现代汉语普通话为标准"还是"以普通话为基础"。中国境内(不含香港、澳门和台湾地区)汉语教学的标准非常明确,即以普通话为标准,但在世界其他地域未必完全认同这个标准。

"大华语"的概念主张:认同多样性,放宽标准与规范。这一思想与传统的必须坚持普通话标准的教学理念直接冲突。因此,在教学实践中可能出现以下几种解决办法:以普通话为标准;以

---

① 陆俭明《关于建立"大华语"概念的建议》,《汉语教学学刊(第一辑)》,北京大学出版社,2005年。
② 郭熙《论"华语"》,《暨南大学华文学院学报》2004年第2期。
③ 同①。

本地区的主要语言状况为基础,各地制定本地域的标准;无标准;给标准以新的定位。

我们认为没有标准是不可行的。外国人学汉语本来就会受到母语的影响,如果再加上不同的语言变体,不洋腔洋调、怪模怪样都是不可能的。当然标准还有一个规范度的问题。在现实中,中国人能够完全达到标准的人也是不多的,而外国人则更是凤毛麟角了。在交际中只要不产生歧义,就可以有宽容度和弹性,但是并不能因此就否定标准的存在。无论交际还是教学,标准是一个圭臬,没有规矩无以成方圆。在这一前提下,无论是以普通话为标准,还是依据地域设立教学标准都是可行的。

关键的问题是怎样确定标准。确定一个让全球华人所认可,让汉语学习者都认可的标准确实有点儿难度。在这个问题上可以参考英语的情况。英语的地域性问题非常严重,但是不同地域的英语相互是可以交流的,在不影响交际的原则下,和平共处,相互吸收,默认共存。但是在英语教学中也是讲究"标准英语"的。所谓"标准英语",德国学者 Christoph Rühlemann 在综合前人观点的基础上指出标准英语有五个根本性特点:第一,标准英语是一种不广泛产出的"少数变体"。实际上作为一种母语变体,在英国大概有 12%—15% 的人口说标准英语,这种低百分比说明标准英语基本上不是一个口语变体。第二,标准英语虽然不被广泛产出,却被非常广泛地理解。世界上,标准英语不但是严肃写作的基础,也是世界标准英语这一现象的基础,也就是说,比如在新西兰出版的新闻文本对英国的读者和对南非的读者一样是可以理解的。第三,因为这些语言中最接近标准英语的人处于"社会层面的顶层",标准英语是声望最高的一种变体。所以,虽然标准英语在历史上只是英格兰东南部的一种方言,现在却是一种"被清楚标记的、有社会象征意义的方言"。第四,因为标准英语是一种有声望的变体,就和"教育英语"联系起来,甚至在事实上等同于"教育英语"。第五,也是最关键的,可能是因为它的声望和它在母语者教育中的核心作用,标准英语一直是英语外语教学的主要模型。"在英语为非母语的国家,写作和说话的主要模型都是英国英语和美国英语的标准变体。"①

把"标准英语"看作一种"核心变体",是对标准的新定位。英语中除"核心变体"之外,在各地域有不同的变体,而在教学中主体模型是英国英语和美国英语。尽管在语音、用词、俗语、俚语、语气等方面二者存在着一定的差异,但是并不影响交际,而在教学中又形成各自的标准,进而方便了教学的把控。英国英语和美国英语虽然没有国家法定的标准,但是词典在其中起到了重要的规范和标准的作用。现代英国英语(British English)以莎士比亚为奠基者,《牛津词典》在语音和词汇方面应该是英语的标准。诺亚·韦伯斯特《美语词典》(*American Dictionary of the English Language*)为规范的美国英语(American English)打下了坚实的基础。今天的《韦氏美语词典》也应该是教学标准。

我们认为"大华语"背景下的汉语教学需要以"普通话"为标准,或将其称为"核心变体"。普通话的使用人数显然大大高于使用标准英语的人数,有了这个标准或核心,可以抑制其他变

---

① Rühlemann, C. A register approach to teaching conversation: Farewell to Standard English? *Applied Linguistics*, 29(4), 2008.

体的过度发展。在操作层面以公信度较高的一部词典为标准，同时不排斥其他变体。在一定地区也可以选取一部具有一定公信度的词典作为标准。总之要使教学有所依凭。

三 "大华语"与宽容度

"大华语"概念突出了汉语的大"域"，在语言交际中掌握标准时就可以有"弹性"和"宽容"，这符合"和谐"主题。但是怎样把握"宽容"度呢？

我们选择了七段外国人讲的汉语进行了容忍度的调查，由于篇幅所限，这里仅选其中的两段：

1. 内容：（1）残奥会主席克雷文讲话，简单的问候和感谢，如："晚上好""谢谢北京"等。（2）克雷文讲话，读《论语》中的"有朋自远方来，不亦乐乎？"。

2. 调查对象：

A组：北京大学留学生共计12人（日本1人、泰国1人、法国1人、德国1人、菲律宾2人、澳大利亚2人、美国4人），汉语水平为中级。他们主动选修了正音课，汉语发音有一定问题，汉语水平不太高。

B组：北京大学对外汉语教育学院08级硕士生班学生共计12人（中国大陆8人、中国台湾2人，韩国1人，马来西亚1人）。

3. 方法：请被调查者听录音，然后根据个人感觉主观判断容忍度级别，填写调查表。我们将容忍度分为"可以容忍"与"不能容忍"两大类，在"可以容忍"类中又分为四级：

调查结果见下图：

92 第二章 教学理论研究：新视角与新观念

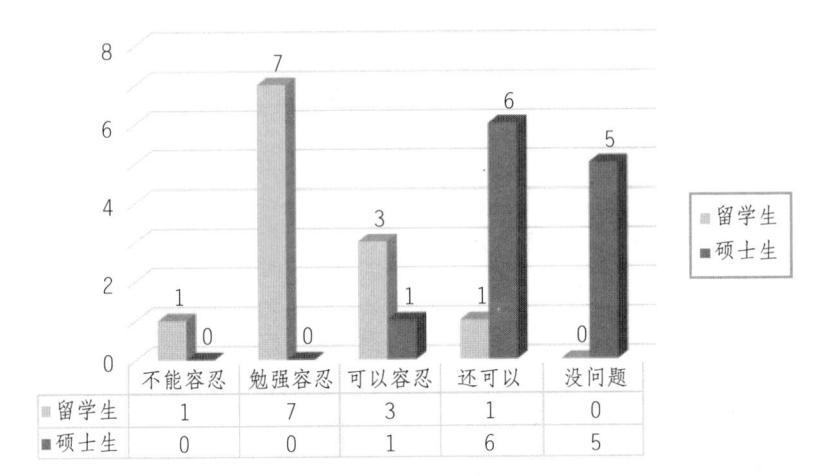

	不能容忍	勉强容忍	可以容忍	还可以	没问题
留学生	1	7	3	1	0
硕士生	0	0	1	6	5

图 2-1 克雷文讲话 1

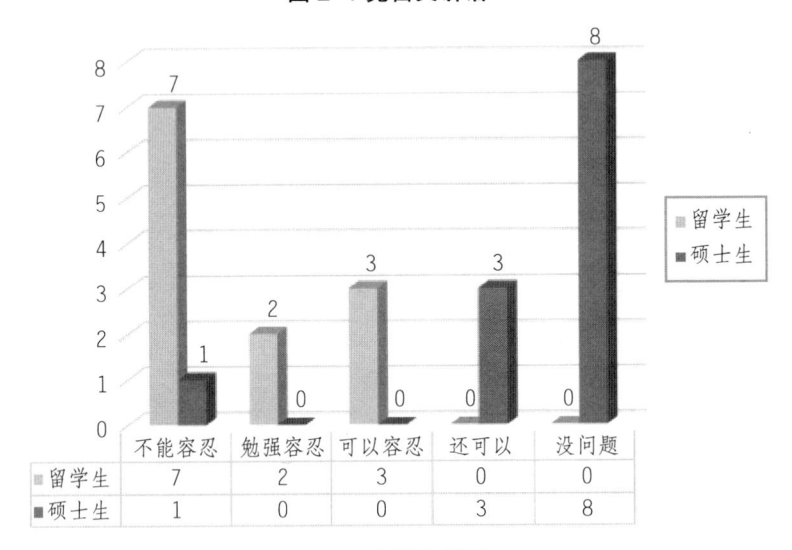

	不能容忍	勉强容忍	可以容忍	还可以	没问题
留学生	7	2	3	0	0
硕士生	1	0	0	3	8

图 2-2 克雷文讲话 2

我们发现，A、B两组容忍度的差异性很大，判断标准各不相同。比如，第一段录音是残奥会主席克雷文在闭幕式的讲话中用汉语说："晚上好！欢迎你们。""谢谢香港，谢谢青岛，谢谢北京,谢谢中国。"我们清楚地记得在残奥会闭幕式上全场掌声雷动,中国人对这样的汉语不仅容忍,而且非常赞赏。在调查中,以中国人为主的 B 组的容忍度非常高,有 11 人认为"还可以""没问题",占 91.7%。容忍的理由是:"母语非汉语者,敢说,当场得到喝彩,达到交际目的。""完全听明白说什么了。""考虑说话的场合,加上他的身份,说这些话的目的是表示友好,可以接受的。"而 A 组留学生的认同度却很低,虽然他们都听懂了,但是大多选择了"勉强容忍"。究其原因,他们是以个人汉语水平为参照系数,对录音进行了评判。换言之,他们认为自己的汉语不好,而克雷文的发音还不如自己。第二段录音是孔子的话,A 组完全听不懂,因此多数选择了"不能容忍";而 B 组在那种场景下只要听懂一两个词,就知道他引用的内容了,因此给予了很大的宽容。

由此可见,在交际中,中国人、汉语比较好的外国人容忍度更高一些,即使听不太懂,也会根据语境做一些猜测;而语言学习者的容忍度则比较低。这给我们设立教学标准的弹性和容忍度一个很大的启示:教学需要标准,学习者追求"标准",交际者则要求"明白",在交际中允许弹性、给予宽容。

我们认为"大华语"在教学中可以根据不同的场合、对象、目的,确定其弹性和宽容度,但这个"度"是很难量化的。我们主张在教学中首先要讲标准,然后在"大华语"的"域"中给予弹性和宽容度,让其体现在教学的各个环节之中。

(一)阶段性体现

语言学习是一个由低向高逐渐发展的过程。语言的标准化是一个过程,第二语言学习者不可能一下子就学到位,由于受母语、环境、汉语方言、教学方法、学习策略的影响会出现种种问题。根据中介语理论，学习者所操的中介语，是一个独立的、合理的、系统的语言体系。这种语言是被接受的，那么它也应该被包含在"大华语"的范围之内。在不同的学习阶段我们应该抱以宽容的态度，这符合语言教学理论，也不破坏教学标准。我们一般将教学分为初、中、高三级，但是很难依此确定宽容度。教学中的宽容度应该在教师的五级评分中已经得到体现。

（二）在不同语言要素中的体现

我们认为对于语言的不同要素应有不同的宽容度。

首先是语音问题。美国学者冯胜利提出："汉语教学的道理千条万绪，归根到底就是一句话语音标准。"[①]据此宽容度就很低。有人主张"语音标准是不存在的"[②]。那么宽容度就会很高。我们认为语音的宽容度，在开始阶段应该很低，要强力要求标准，随着水平的提高，容忍度逐渐放宽，特别是儿化音和轻音等，都是可以宽容的。而初级阶段与高级阶段实际的语音表现，当然应该是向目的语逐步靠近的。

词汇的地域性很明显，应以普通话而不是北京话为标准，其容忍度比较大，特别是在不同地区，可以以当地的"普通"为宽容域，达到沟通的目的即可。现在不要说外国人，就是在中国人不同年代之间的人，也会有许多让人感到生疏的词语。无论交际还是教学，词汇的总体宽容度可以大一些。宽容度限制在真词和假词上。

---

① 冯胜利在 2007 年全美汉语学会年会上的发言。
② 王汉卫《"标准"与"基础"——基础阶段对外汉语语音教学的新思考》，《暨南大学华文学院学报》2002 年第 2 期。

语法的宽容度与语体有关，口语中不合语法但是不影响理解的偏误可以宽容，书面语中不可宽容。地域性很强的语法现象，在特定的地域和语用环境中可以容忍，如"你走先"等等。

（三）语用体现

在许多国家的华人区，通行的语言不是普通话，而是广东话、潮州话、温州话等，许多华裔子弟听说方言的能力强，说普通话的能力弱，对于不复杂的事情，在方言基础上稍加"普通"一点儿的语音，也大致可以交流。语言在交际使用中、在课堂的表演讲述中、在具体的场景环境中，"大华语"的宽容度和弹性都可以放大些。

（四）测试体现

语言教学的标准在教学中应该得到最充分的体现，但在检验话语水平时还是需要有一个宽容的态度，它体现在不同科目的考试中，不同考试应该有不同的要求。比如在成段表达中，测试者的语音没有达到字正腔圆，但是并不影响意思表达和交际，那么应该充分宽容，可以给高分。在拼音测试、改错、造句、写作中，似乎就不能太宽容。

我们认为面对"大华语"的现实，在汉语教科书、课堂教学中都需要有语言标准，强调标准的结果并不能保证每一个学习者都能达到标准，"取法上得乎中，取法中得乎下"，尽管教学涉及的因素太多，标准的宽容度很难统一量化，但是针对不同的教学项目，面对不同的对象，都应该有不同的容忍度。总的来说，交际中的宽容幅度最大，即以有效交际为限；教学中的宽容幅度要小一些。

第四节 "字本位"与汉语二语教学①

一 "字本位"的不同层面

徐通锵先生提倡的"字本位"所说的"字",不是专指文字上的"字",而是兼指我们日常用语中"字"的四种含义:语音的单位(≈音节)、语汇的单位(≈语素)、文字的单位(方块字)、语音语汇文字三位一体的单位。②

"本位"是指语言系统或语言某一层面的分系统中的基本单位。它是某一系统或分系统运转的枢纽:它之下、之上的单位都依据它才能定位。③"本位"是母语者心目中"现成"的单位,它不一定是最小单位,但一定是有固定封闭的形式框架(如特定的韵律模块或空间模块)并且与语汇单元有跨层关联的单位。④

"字"有几种不同的含义,就有几个层面上的"字本位":单音字(≈音节)是汉语语音系统的本位,⑤语汇字(≈语素)是汉语语汇系统的本位,方块字是汉语文字系统的本位,三位一体的字是汉语文大系统的本位。

---

① 本节选自王洪君《"字本位"与汉语二语教学》,《汉语教学学刊(第三辑)》,北京大学出版社,2007年。
② 徐通锵《语言论——语义型语言的结构原理和研究方法》,东北师范大学出版社,1997年。
③ 王洪君《从字和字组看词和短语——也谈汉语中词的划分标准》,《中国语文》1994年第2期。
④ 徐通锵《语言学是什么?》,北京大学出版社,2007年。
⑤ 王洪君《汉语非线性音系学:汉语的音系格局与单字音》,北京大学出版社,1998年。

把"语汇—语法"看作同一个层面,国外多半如此,徐通锵先生晚期的著作也采用这种分析。[①] 把语音/文字看作是表达"语汇—语法"的两个并列的形式系统,则可参考韩礼德(1985)[②]、兰姆(1966)[③]。

"字本位"在不同层面上有不同的具体表现,这一问题笔者已著另文专门讨论。[④] 该文对字在语汇层面"字本位"的表现讨论得尤为详细,分为了单字自由、单音有义双音定义、字数与语汇单位层级、单双音功能有别、词与短语组合同模等五个方面。本文拟简单介绍语汇层面"字本位"五种表现中的三种,以破除不少同行以为"字本位"只讲字不讲词的误解,然后着重谈谈编写"字本位"汉语二语教材时应该注意的一些问题。

二 "字本位"在语汇层的三种表现:单字自由、单音有义双音定义、词与短语组合同模

语汇层的"字本位",并不是说汉语语汇层只需要讲字,而是说字在许多意义上堪称"最小的自由单位",而大于字的各级语汇单位的语音形式和语汇义都直接或间接地受字的控制。

[①] 徐通锵《语言学是什么?》,北京大学出版社,2007年。
[②] Halliday, M. A. K. *An Introduction to Functional Grammar*. Edward Arnold, 1985.
[③] Lamb, S. M. *Outline of Stratificational Grammar* (Revised ed.). Georgetown University Press, 1966.
[④] 王洪君《语言的层面与"字本位"的不同层面》,《语言教学与研究》2008年第3期。

(一)单字自由

首先,汉语即使是黏着的语汇字,也可以自由地单独称说。比如,"'民','人民'的'民'"。对比一下英语。英语中 nationality 一词中的黏着语素 -al,很难像汉语一样从词中拆出来单独称说:"＊[æ-l],nationality 的[æ-l]。"如果需要称说,只能用文字形式 -al 的字母读音[ei, l]。汉英的这一差别取决于语汇单位是否与韵律单位有固定关联:汉语的语汇字与语音层面的音节关联,有固定的音节界线和底层的声调;而英语的语素只有音段配列,没有底层重音、音节分界和音步分界。

其次,除虚字外,汉语的黏着字在两字词中的位置几乎都是不定位的。比如"人民/民主""桌子/书桌"。而英语的黏着语素大多是定位的,如 pre-、anti- 只能在前,-ly、-al、-ity 只能在后。

更重要的是,汉语的黏着实字几乎个个都有可以自由运用的潜能。比如,"为民做主、摆桌咨询、送鸭上门、彩蝶飞舞、生女也一样、花钱择校是否值得"等等。此外还有大量的"不觉、深恐、未持、又需……""窗前、机内、鼻下、桌上、校内……"之类的两字组。这些字组中的副字或方位字是学界公认的自由成分,因此对于这些两字组,或者承认其中的名字或动字也是自由的(有学者给它们专门起了个名称——半自由语素)、整体是短语,或者承认两字组整体不是短语而是双音词,否则系统内部就无法一致。而前一种处理恐怕更符合汉语者的语感。

以上特点体现出汉语语汇字不同于英语语素的自由独立性,所以,美国的一个语言学家曾把汉语的字比作可单独构成物质的离子,而把英语的语素比作不可单独构成物质的原子。①

把汉语"一音节一义"的小单位称作"语素",只是基于它与morpheme在"最小的音义结合体"这一点上的共同性,称作"字"则是突出了它是有语音、语汇、文字三层面跨层关联的单位,是这三个分系统及整个汉语文大系统的基本单位(本位)。这种系统地位与英语的word相同,而与morpheme不同。

称作"字"并不是说不区分各层面,如同英语以phonological word / grammatical word / graphic word 来特指不同层面的单位一样,汉语也可以以"音系字/语汇字/文字字"来区分不同层面的单位。

(二)单音有义、双音定义的音义关联模式

汉语语汇层的一个特点是"单音有义":除了外语借词和非线性生成的拟声摹态词外,汉语语流中的每个音节都有意义。但同时单音又是不定义的:从单位的同一来看,1000多个音节对应至少8000个语汇字,一个语汇字还可能有多个义项,音节与语汇单元义的对应是一对多的。

字与字以黏合关系组合的第一步构成两字词。两字词可用的音形,从单音的1000多个一下扩展为10万个以上,双音音形的多义现象很少很少了。更重要的是,在两字的彼此搭配与选择中,每个音节对应的字和字义也单一化了。如"shātǔ"的第一音节只可能是"沙"字的"细小的石粒"义,第二音节只能是表名物的"土",而"杀纱痧裟鲨""吐"等字和"沙""土"的其他义项都因意义上的无法搭配而排除了。双音形式因各个单音节所关联的意义

---

① 赵元任《汉语词的概念及其结构和节奏》(1975),中译载《中国现代语言学的开拓和发展——赵元任语言学论文选》,清华大学出版社,1992年。

的搭配选择作用而有了确定的义项，我们称之为"双音定义"。

双音词的确在汉语中有不同于"字"的特殊重要的作用：使多义的单音、单字单一义化，是组成更大语汇单元的重要中介，在汉语者的心理中大多作为一个整体单位储存。但是，语汇义单一化的双音小单元是在单音有义的基础上因搭配选择作用而形成的。没有"单音有义"的音义关联，就不会有"双音定义"的音义关联，比如英语。

总之，双音定义是由单音有义决定的，两者都是语汇层"字本位"的体现。"lǐ, lǐ mào 的 lǐ, jìng lǐ 的 lǐ（礼，礼貌的礼，敬礼的礼）""lǐ, lǐ shù 的 lǐ, táo lǐ 的 lǐ（李，李树的李，桃李的李）""lǐ, lǐ wài 的 lǐ, wū lǐ 的 lǐ（里，里外的里，屋里的里）"，这些汉语母语教学中常用的说法，是汉语语汇层面"单音有义、双音定义"音义关联模式的体现。

（三）词与短语组合同模

除了音节单双的限制，汉语语汇层的特点是从字到短语的层层组合大致同模，几种有限的结构——定中、并列、述补、述宾、主谓、状中——可以反复地套合，且组合式与黏合式的组合成分的大类与搭配次序相同，只是组合式往往需要另外添加结构标记。比如"藤椅"和"藤编的椅子"都是定语在前，中心语在后；"种树"和"种了树"都是述语在前，宾语在后。笔者曾分别从分布类和语义类配列生成的角度讨论过汉语语汇层黏合式的几种主要结构模式，[①] 稍加修改列举在下面：

---

① 王洪君《从字和字组看词和短语——也谈汉语中词的划分标准》，《中国语文》1994 年第 2 期。王洪君《从与自由短语的类比看"打拳"、"养伤"的内部结构》，《语文研究》1998 年第 4 期。

1. 定中（中心在后的名性向心结构）

语汇义类：属性 + 实体→实体的下位概念

分布类：{ 名、形、不及物状态动、区别 }+ 名→名

例：木桶、纸老虎、白纸、白菜、拖鞋、大型表、金牙

2. 并列（双中心的向心结构，下面的 X 代表任一类别）

语汇义类：X+X → X 的上位概念（限两字黏合结构）

分布类：X+X → X'

例：桌椅、钟表、矛盾

3. 述补（中心在后的增添使成义的动性结构）

语汇义类：动作 + 使成 { 位置、趋向、状态、性质 }→达成动

分布类：双限动词 +{ 趋向动、非自主点动、状态动、形容 }→后限动或点动[①]

例：立正、推倒、射中、焖熟、走进来

4. 述宾（中心在前的动性结构）

语汇义类：①动作 + 实体→活动，②呈现 + 性质→状态，③领有 + 物化属性→性质，④意愿 / 能力 + 可控动作→性质

分布类：①普通二价及物动 + 名→不及物动，②呈现动 + 形→不及物动 / 形，③"有" + 抽象名→形，④助动 + 可控动→形

例：①买菜、跳伞、打拳，②泛白、发慌，③有理想，④能说、会溜须拍马

5. 主谓（非向心的动名性结构）

语汇义类：实体 +{ 活动、状态、性质 }→非现实现象（加事态助词才成现实事件）

---

① 双限动词、后限动词、点动词等术语的含义请参考郭锐《汉语动词的过程结构》（《中国语文》1993 年第 6 期）。

分布类：名+{不及物动作动、状态动、性质形}→不及物动名性结构

例：骏马奋蹄、马嘶、鳜鱼肥美、鱼肥

6.状中（中心在后的动性结构①，限内层状中）

语汇义类：①②{否定、程度、状貌}+性质/动作/状态→下位的性质/动作/状态

分布类：①副+形→形，②{副、形}+动→动

例：笔直、手举、快走、不觉、认真学习

除六类基本结构外，还有一些词法和短语结构大致相同的结构小类，比如复谓。词法也有一些自己独特的结构，比如"车辆、灰心、笔直"等，这里不再多说。

有些同行以"白菜≠白的菜"为例质疑"以字控词"的可行性，其实，"白菜是一种菜"才是词法的成分类配列与结构规则层次上的规律。汉语语汇层面的两字词符合以上短语结构规则的至少在90%以上，应该是没有问题的。

综上，单字自由、单音有义双音定义、词与短语组合同模，这些特点都是没有"一音节一义"关联的其他语言所不可能具备的，是"字本位"在语汇层的直接体现。

三 "字本位"与汉语二语教学

（一）"字本位"在汉语二语教学中的价值

众所周知，语言学习能否迅速扩大词汇量，是制约水平提高

---

① 外层状语包括连词、语气/时间/总括副词等，它们应着眼于语用要素的非线性关联来考察，本文不拟讨论。

的瓶颈。

笔者设想,如果在初级汉语的教材中就立足于"字本位",可以有效地帮助二语学习者突破扩大词汇量的瓶颈。至于正确地完句,主要在于涉及语用的那些封闭类成员的范畴义及分布规律,需要另外讨论。

汉语语汇层面的字数量有限且不再新生能产。多种统计表明,汉语2000左右常用字可以基本满足交际的需要,8000字足以覆盖报刊用字。社会生活出现的新概念,除外语借词外,都是用为数不多的字为基点来新造词或语来表达。

汉族人对于"新词"通常不需要专门学习或查字典,借助一定的上下文就足以晓义,如"桑拿天、沙尘暴、雾霾、尘霾"等等。而外国留学生却是学了"鸡蛋"却不知"鸡"为何物,称"鸡"为"鸡蛋的妈妈";学过"无"也学过"权"却茫然不知"无权"的意思。为什么汉语者面对新词可以创造性地理解,而汉语二语者却不行?二语者称"鸡"为"鸡蛋的妈妈"不能不说是很有创造性,但为什么错了?为什么面对"无权"就不能发挥创造性猜出其含义?

区别就在于汉语者有"一音节一义"的"字本位"观念,有以单音字生双音词的规则模式,而汉语二语者的母语却是音节与语汇单位没有关联的"词本位"语言,所以他们把两音节的"鸡蛋"一词看作每个音节没有意义的chicken之类的双音词,只好在"鸡蛋"之外再来寻找"鸡蛋的妈妈"了。

可以想象,如果能在学习的初期就帮助二语学习者建立起汉语"单音有义、双音定义""单字组词有规则可循"的"字本位"观念,让他们知道汉语的双音词大多是像英语的White House / housewife那样的,把他们的创造性引导到猜测"鸡蛋的妈妈"该用"鸡蛋"的两个音节中的哪个单音节来表示，猜测"无+权"合起来该是个什么意思，他们的词汇量会怎样地飞速增长！

除迅速扩大词汇量外，"一音节一义"还是掌握汉文化中对称和谐、阴阳五行、相反相成等许多观念的必要条件。

（二）"字本位"与汉语二语教材

"字本位"的汉语二语教材，并不是要只教字不教词，而是要尽快帮助学习者从本族语的音节多少与语汇义没有关联的观念中摆脱出来，需要直接告知他们一个简单的原则——汉语"几乎每个音节都有意义"，更需要通过课程的选字选词和替换练习帮助他们在下意识中尽快地建立"单音有义、双音定义""字生词、词生短语基本同模"的"字本位"音义关联模式，这些是不宜通过理论阐述来教授的。

在汉语学习的高级阶段，还需要进一步根据"字本位"的"单双音节功能不同"受文体制约的规律，设计现代汉语书面语专用的阅读和写作教材。[1]

（三）"字本位"教材的选字选词

原则上说，为帮助二语者尽快掌握汉语"单音有义、双音定义"的音义关联模式，汉语初级教材中应注意限制生字字数，而提高所选字的造词数。也即，要注意提高字的复现率，最好一个字在构词的不同位置上的实例都有出现。

大规模语料库字频、词频的统计说明，少量的高频字就构成了现代汉语中绝大多数的词或语篇。比如，国家语委2005年发表的绿皮书指出，581个汉字涵盖了现代汉语语料80%的用字。

---

[1] 冯胜利《汉语书面用语初编》，北京语言大学出版社，2006年。

第四节 "字本位"与汉语二语教学

于是，最简单的联想是，是否可以从高频字入手编写汉语二语教材？

这种想法失之简单。汉语"字本位"的体现不仅是单音有义，还有双音定义。音节与字的一对多也好，字与字义项的一对多也好，都要到双音词中才能单一化。

根据参加《信息处理用现代汉语分词词表》工作得到的经验，笔者觉得有如下几点特别需要注意：

1. 区分字频与字的构词能力

最有利于建立"字本位"音义关联模式的，是组词能力高的字。要特别注意的是，字频不等于字的构词能力。先请对比字频最高的前30字[①]和构词能力最高的前30字[②]：

高字频：的一在是有国了重人不打年为上这和个会日时到出行报新我对发来市

高构词：子人头大心不水生学地气花打风手一口天行工小面发家白动道下火上

两者重合的只有7字，不重合的有23字，如下所示：

重合：人不打一行发上

高字频独有：的在是有国了重年为这和个会日时到出报新我对来市

高构词独有：子头大心水生学地气花风手口天工小面家白动道下火

[①] "中国语言生活状况报告"课题组编《中国语言生活状况报告》，商务印书馆，2005年。

[②] 张凯《汉语构词基本字的统计分析》，《语言教学与研究》1997年第1期。

高频字集中在最常用句法范畴和新闻最常用概念这两大类，不属于以上两类的普通实字只有"人重打行新"5字。

高构词能力字则除"子"主要做词缀外，都是日常生活中最常见的概念。其中名性14个（"子人头心水地风手口天工面家火"），名兼动3个（"学气道"），纯动4个（"打发行动"，前两个可做类词缀），纯形2个（"大小"），动兼形兼名2个（"生花"），形兼副1个（"白"），以上26个都是实字。剩下的4个是表方位兼趋向的"上下"、表否定的"不"、表数量的"一"，属于半实半虚的字。

从以上分析可以看出，高构词能力字以实字为主，以名性字为主。

高频字和高构词能力字对于汉语二语教学的价值不同。高频字中的虚字部分，是构造语篇（包括对话）不可少的黏合剂，但对于建立"字本位"式音义关联模式则作用有限。高构词能力字则有利于建立"字本位"式音义关联模式，但缺乏构造语篇的黏合剂。

2. 字频高低与标音字、实字、虚字在汉语中的不同作用

让我们从"05字表"[①]和"88字表"[②]高频字的差异谈起。

绿皮书05字表的后面列有与88字表比较的附表：前2500字的比较、前3500字的比较等。这里只讨论前2500字的比较。比较表表明，两版字表的前2500字有357字不同，比例高达

[①] 国家语言文字工作委员会发布《报纸、广播电视、网络用字总表》，《中国语言生活状况报告》，商务印书馆，2005年。

[②] 国家语言文字工作委员会汉字处编《现代汉语常用字表》，《现代汉语常用字频度统计》，语文出版社，1989年。

14%。

绿皮书认为,这在一定程度折射出当今社会生活的变化,如与农业生活、大自然的渐远,亲属关系的减少等。而我们认为这不是主要原因。

主要原因是,两种字表的选字原则其实不尽相同。05字表完全依据2005年一年中报纸、广播电视、网络三种媒体语言的用字频率,没有人工干预。而88字表综合了六种字频统计表:一是这六种统计表的语料库语料的时期跨度比较大;二是选择时除字频外还进行了人工干预,除字频高的原则外还兼顾了"学科分布广、使用度高""构字和构词能力强"和"语义功能"。

对比05字表与88字表不同的357字可以明显地看出这一区别。05字表独有字中,在中外人名、地名、商标名、公司名等专有名词或音译词中常用而在其他实词中并不常用的字至少有177字,几乎占357字的一半(49.6%):

> 埃艾敖澳芭鲍彪彬斌蔡曹琛茨崔邓迪蒂甸淀敦铎俄鄂尔啡菲冯弗孚甫阜戈龚郭韩杭郝昊赫亨弘鸿侯沪淮寰焕晖徽霍矶冀贾蒋靖娟骏咖喀柯奎坤莱澜磊蕾莉荔廖琳麟玲凌菱浏卢吕伦洛玛曼蔓玫弥冕缅铭姆穆娜奈楠妮倪涅聂诺帕潘庞裴彭鹏埔浦淇琦琪秦卿琼邱蓉睿萨瑟莎珊汕邵仕淑蜀硕潭谭廷婷莞薇韦炜玮魏雯熙湘翔萧潇肖馨鑫邢旭轩铉薛勋逊阎彦姚耶伊怡逸殷尹莹颖渝俞瑜郁豫袁苑岳粤詹湛昭肇圳邹佐

而经过人工干预的88字表的所收字没有一个是只在人名、地名、音译名中常用的字。05字表中与社会生活变化有关的新收字,在我看来,只有"癌碟_{光碟}雇逛瘤铝媒_{媒体}拟_{虚拟世界}匿腻啤胎腺芯_{芯片}赃噪_{噪音}账妆_{化妆}"等20个字上下。

人名、地名、译名等专有名词中的常用字在语言中的作用与一般汉字很不相同。它们主要起标记音节的音从而区分多音词的作用，本身的字义几乎不起作用，不是"语汇字"而是"标音字"。

标音字所反映的音义关联是"音节无义，词有义"，除了标记专有名词的音节，标音字几乎没有自由构词的能力或构词能力很低。也即，它们不反映汉语"单音有义、双音定义"的音义关联模式，不能自由造词。标音字频率的统计数据，对于建立手机字库的排序是至关重要的。但对于二语习得者来说，学习标音字并无助于建立汉语式构词模式。

综上两小节，标音字、虚字在汉语中的作用与一般实字不同，这对于二语习得是十分重要的，而单纯的字频统计无法反映这一重要区别。

3. 字频、词频与不同类字词在交际中的权重

05字表前30个高频字中虚字及其他封闭字类的有17字（"的了为和对在_{动兼介}是有到_{趋向兼介}出来一个不这我上"），比例高达57%，其余大多是新闻常用概念字。高频词又是什么情况呢？

05词表的情况与字表类似，而且更严重。以最高频的100词为例（虚兼实者取高频的虚义的，频率相差不多的两收、其中一个加括号）：

  虚词及封闭类词71个：的、地_{兼名}、得、之；了、着；已经、已、将；对、为、被、从、以、把、向、到、让_{兼动}、给_{兼动}、（将）；是、在、有；要、会_{兼名兼动}、能、可能、可以、进行；不、没有；来、出；中、上、下、时、后、等_{兼动}、和、与、

但、而、并；也、就、都、又、还、很、最、更；这、这个、我、我们、你、他、她、他们、自己、其；一、两、三、万、个、一个、第一、次、元、位；

动词4个：说、看、表示、发展、（让、给、会、等）；

形容词6个：大、多、新、好、高、小；

名词17个：人、中国、记者、新闻、名、市场、问题、公司、工作、企业、报、比赛、版、北京、社会、国际、本报、（会、地）；

区别词1个：所有；

时间词1个：目前。

最高频的这100词，除"说、看、人、名"和6个形容词外，都是封闭类词和新闻概念词，它们并不是建立"单音有义、双音定义"模式的优选。以下两个因素应该考虑：

首先，封闭类词（数目字除外）与普通实词应该有不同的权重。封闭类词的成员有限，在语篇中的复现率高。但正因为如此，在交际的信息表达中，它们传达的信息量恰恰是最少的。有口语语境的支持，不用虚词及封闭词类也可以基本达意，而实义的名动形，不用就无法达意。封闭类字（数目字除外），有前581高频字就足够了，实义字和数目字则应该大幅度地放低频率，前581字肯定不够。

其次，要考虑不同文体和语域的权重，这一点对于名词更是至关重要。05字表和词表，频率在前的名词几乎都是新闻概念词。而对于二语习得的初级阶段来说，与日常生活相关的普通名词、形容词、动词应该比新闻概念更重要。比如人的主要身体部位"头、脸、眼、手、鼻、耳、口、舌、牙、脚、腿"，天天必须要使用或消耗的"床、枕、被子、牙刷、盆、厕所、碗、火、饭、菜、水果、纸、灯"，现代常用的"电、电视、电话"，人的感受"饿、饱、冷、热、累、高兴、生气"，物体的基本属性"大、小、好、坏、新、旧、黑、白"，动作"看、听、吃、拿、打、洗、走、跑"等。动词和形容词，日常交际常用词与05字表和词表的高频词重合较多，而名词却几乎重合甚少。这说明名词的使用频率受文体、语域的制约最严重。相应地，在编写汉语二语教材时，就应该根据教材的目标，加重所定文体或语域的名词的频率权重，降低其他文体或语域的名词的频率权重。

4. 组合模式可否类推的三个等级

建立"单音有义、双音定义"的音义关联模式，不仅前述因素有关系，而且与组合模式是否能完全类推直接相关。构词模式是否能完全类推，又与字的义场直接相关。

组合模式是否可以完全类推，首先要区分以下几种情况：

（1）生成、理解双向可类推。从字出发，能够从生成和理解两个方面生成词义透明的双音词或多音节类词的组合模式，最有利于建立汉语"单音节有义"的观念。

这样的构词模式其实很少，只集中在以下几个义场，但可生成的词或类词数量很多：

①数目义场"一二三四五六七八九十百千万亿几"，这十几个字可以生成无限多表整数的词和类词；前加序数词"第"，可生成无限多的序数词。

②数+单位词（如"年／月／日""元／角（毛）／分""斤／两／钱"……），可生成所有需要表达的日期、价格、重量、距

离等。

③"老—""小—"+单音节姓→常用的非亲属关系的面称；如：老张、老李、老温……

④质料+人造物→某质料的人造物；如：藤椅、砖房、木桌……

⑤整体物+部件/分泌物/产出物→该体形物的部分/分泌物/产物；如：猪头、鸡蛋、牛奶……

这些义场应及早分别集中在一课中教授。《组合汉语知识纲要》建议汉字教学的第一课教"一二三十八人个"，第二课教"两四五六七九口几月日"；[①] 既照顾到了汉语笔画从易到难的循序渐进，又集中两课就把两位数所有数字的生成规则都教授了。这些数字本身的单音节性和组合生成的规则性，稍加点拨，就可以早早给学习者留下"单音有义，以字生词"的深刻印象。而③可以结合介绍汉语常用面称，④⑤可以结合介绍超市购物或中国特产，设计专门的几课突击学习。

（2）理解向可类推。"白菜、跳伞"之类的词义不完全透明的词，与前一类词不同，它们的词义不能完全从成分义和结构规则（如"词与短语组合同模"中列出的六种短语规则）得到完全的解释，"白"和"伞"只是命名时抓住的某一凸显特征，用其他特征来命名也完全是可能的。

这一类词在汉语中数量十分庞大。在集中几课教授完第一类词之后，就可以引出这些词。一方面要让学习者知道，这些词也

[①] 吕必松、赵淑华、林英贝《组合汉语知识纲要》，北京语言大学出版社，2007年。

是"单音有义"的,汉语的结构规律是"定中结构中心在后、述宾结构中心在前""结构整体是单心结构中心成分的下位概念":"白菜"是"颜色白"属性比较突出的一种菜,"跳伞"是活动场景中"伞"最凸显的一种"跳";另外也要提请学习者注意,汉语不少双音词不简单地等于两单音字字义的相加,字义只是词义图景中凸显的两个点,中心成分确定类属关系,非中心成分突出相关关系。

并列结构的双音词也属于这一类。并列结构的双音词数量很大,是汉语的一个突出特点,与汉语的字都是等长的单音节有很大的关系。英语或其他语素不等长的语言,词很少是并列结构的。要专门设计练习帮助学生了解汉语的这一特点,了解"两单音字义并列表示它们的上位概念义"的基本规律。

双音词中即使含有黏着字,也最好说明各个字义。比如"学校",如果学习时说明了"学"为 learning 义,"校"为 school 义,学生再遇到"校领导、技校、校内、校外、我校、贵校、爱校如家、来校参观"就不会有理解上的困难了。

当然,以上规律不宜从理论上抽象地教授,而应该在课文和练习的设计中,体现出来。

(3)非线性结构或字义规则模糊。汉语的双声叠韵词,如"辗转",古代是以两音节中某个音节的语音和字义为基础派生的,[①]但发展到现代汉语,这些非线性的语音派生规则已经模糊难认了,不如整体教授更好。少数原来单音有义的双音词,由于词义隐喻

[①] Sun, J.-T.(孙景涛). Reduplication in old Chinese. University of British Columbia Doctoral Dissertation, 1999.

历程太多，与单字义的关系太过模糊，也以整体教授为好，如"马上"。

5. 组合模式与字的义场

前文"词与短语组合同模"中讨论的构词造语规则是抽象度较高层面上的大类的规则，可以控制一般的情况。构词规则还涉及更细致的一些小规则，小规则需要更小的义场才能控制。

笔者曾经运用大规模语料库的实例研究过动物、身体部件两个义场字构造两字词的规则，研究表明，动物、身体两义场都属于典型名性的，在构词中的功能符合名性的表现：主要出现在两字词内部定中的中（"猪头"）、定中的定（"牛奶"）、述宾的宾（"吹牛"）、名性并列的两成分（"牛马"）、主谓的主（"虎踞"）等位置上，也出现在状中的状（"龟缩"），但绝不出现在两字词内部状中的中、述宾的述、主谓的谓这几个位置上。与短语层面相同，身体部件字还有表"整体之部分"关系字的特殊分布：以主语身份构成的主谓，可以再整体做谓语修饰表"部分之整体"的成分，如"头疼、手辣"。以宾语身份与表知觉刺激的动字配合，构成与名物搭配的形容词，如"刺眼、醒目、硌脚、扎手"等，共收集到95个词。[①]

动物义场字在构词中的隐喻主要取"与××相似"的途径，而身体部位义场字更主要的是在保持"与××的整体一部分关系相同"的条件下取跨域投射的隐喻途径。前者如"鼠标"是"与鼠形状相似的标写工具"，"河马"是"生活在河里的与马相似

---

① 王洪君《动物、身体两义场单字组构两字的结构模式》，《语言研究》2005年第1期。

的动物"。后者如"鞋脸""耳门"等。①

"烤鸡、炖肉"等整体有名性、动性两种可能，它们都属于"烹调动＋食物"这个特定的小类配列。

6. 以字推词与类推过度

有的老师担心，以字推词的"字本位"教学会使学生类推过度，造出不存在的词或误解已有词的含义（如把"白菜"理解为"白的菜"）。我们感到，只要在教材及练习设计时注意按阶段引入前文区分的三类词（生成、理解双向可类推，理解向可类推，非线性结构或字义规则模糊），就可以很大程度上避免这一问题。此外，随着学习者词汇量的迅速增加，大量的阅读理解将帮助他们很快地学习到更多的新词，自我纠正误解的词义。

四 结语

本文着重讨论了语汇层面"字本位"的体现、在汉语二语教学中的应用价值及其应该注意的具体问题。我们相信，"字"是控制汉语语音、文字、语汇的枢纽，从"字"出发设计教材一定能迅速提高汉语二语学习者的词汇量、识字量，尽快培养出汉语语感。

---

① 王洪君《动物、身体两义场单字及两字组转义模式比较》，《语文研究》2005 年第 1 期。

第五节　对外汉语教学本位观的理论蕴涵及其现实问题[①]

汉语语法研究中的"本位"（Basic Unit）问题曾有过热烈的讨论，目前影响最大的是词组本位，争议较大的是字本位。[②] 所谓语法本位，指的是以什么为基础或基本单位来描写语法现象，建构语法体系。大体而言，传统语言学的各级语法单位都曾经被当作某种本位，如词本位、句本位、词组本位、小句中枢以及语素本位、字本位，另有音节本位的提法。如果将本位问题衍生到生成语法中，甚至可以说它基本上可以看作中节本位（X杠本位）；当然也可以看作短语本位，因为它的所有生成过程主要是基于短语层面的操作。如果立足于比句子更大的单位的话，自然可以提出语段本位或篇章本位、语篇本位。基于某种本位的研究和教学，可以称作"本位观"（Unit-based View, Unit-based Analysis）。上面这些都是单一本位观，如果认为研究和教学过程中需要同时以两个或多个单位为基点，那么自然就会提出复本位的观念。当然，对这些概念的理解，有的不能简单地就字面来说明问题，如

[①] 本节选自施春宏《对外汉语教学本位观的理论蕴涵及其现实问题》，《世界汉语教学》2012年第3期。

[②] 关于"本位"的理解"其含义含混并常见变异"（史有为，2009）。这确实是很多争议的本源。本文对此不做辨析，只按一般理解，将其作为语言教学以及相关研究的基本单位或立足点。另外，本位观和本位意识也有所不同，前者呈现为一种明确的理论主张，后者则主要是一种潜在的直觉感知。由于两者在如何认识教学对象的性质及采取相应的教学策略上具有一致性，因此本文对此不做详细区分。史有为《"本位"梳疑》，《语言科学》2009年第4期。

以马建忠为代表的"词本位"实际主要指词类本位，以黎锦熙为代表的"句本位"实际主要指句法成分以及由此衍生出的句子模型本位。至于语法研究中的字本位，根据主张者的阐释，并非研究字的内部结构问题，而是将字作为研究语法系统的基点和基础。① 也就是说，被选作本位的语法单位，在结合相关规则之后，根据其理论目标是应该能够描写出语法系统来的。

跟本体研究的本位之争相似，对外汉语教学中的本位问题（即以什么作为语言教学的基本单位）之争，这些年似乎成了热点。其中最突出的是对字本位和词本位孰是孰非的论争。与此相关的还有语素本位，以及以词层面之上的语言单位为基础的带有本位观的认识。至少在目前，这些有关教学本位的争论，似乎谁也说服不了谁，而且有时演变成了对外汉语教学中的"话语权之争"。然而，经过对各种本位观的理论蕴涵和实践效度的考察，我们发现，这些争论常常是自说自话，甚至有些意气用事；而且主要是申明和阐述自己所主张的本位观的长处，却很少检视各种本位观"天生"的不足之处，这样就会在辩护的过程中基本上采取证实的策略，各逞其能，各取所需，而很少考虑证伪的需要和方式。显然，这样的争论是不容易实现真正意义上的对话的。其实，如果将教学本位观放到语言观、本体论和方法论这样更高的层面来认识的话，我们就会发现，各种教学本位观之间是差异性凸显、互补式共存的，每种本位观都既有尺长寸短之处，同样也有尺短寸长之时。本文即从这些方面来探讨对外汉语教学本位问题提出

---

① 这里的字本位是基于本体研究所做的理解，还有一种字本位是基于对外汉语教学所做的理解，下文多有说明。

和拓展的必要性、可能性和现实性问题。本文更多地侧重于相关问题的理论思考，较少涉及相关教学策略的设计和操作。

一　对外汉语教学本位的层次性及其逻辑结构

语言教学与研究所面对的基本问题可以从结构和功能两个方面来认识。从结构方面着眼，需要面对的基本问题是：如何认识和处理语言成分的性质和成分与成分之间的关系问题，并使之变得可以操作。因此，所谓的研究本位和教学本位都应体现于此，即立足于语言单位和／或结构关系。从功能方面着眼，需要面对的基本问题是：这些语言成分及其关系表达怎样的交际功能，适应何种语境，从而在结构、功能、语境之间建立一定的对应关系。如果说语言研究还可以只管结构的话（这显然是不充分的），那么语言教学则不能放下功能不管，语言的交际功能是语言教学及其研究乃至语言研究的根本目标。

由于结构关系（及其蕴涵的语言规则）是隐性的，因此，作为显性实体成分的各级语言结构单位（就汉语而言，还包括汉字，下同）便更容易成为各种本位观的立足点，无论是本体研究本位观还是教学本位观。这样，既会有词本位和语素本位、字本位，也必然有词组本位、句本位／句子本位／小句中枢（三者内涵不完全相同），甚或语段本位／篇章本位。由此还可以进一步推展开去，如果注重于语音系统，便可以提出新的本位观。如汉语习得中如果语调系统掌握得不好，自然会影响习得效果，那么因此而建立"语调本位"，也是可能的。不仅是语调，各种非音段的韵律单位都对语言教学和习得有影响，因此也可以提出一个"韵律本位",或者区分出音段本位和超音段本位。像对外汉语教学中有人提出"音节本位",与这种背景不无关系。而且我们相信,随着学界对某种语言单位所具有的语言价值和语言学价值的新发现,新的本位观也有可能呈现出来。① 如语块理论、构式理论目前开始流行起来,那么适时地提出所谓的"语块本位""构式本位"也是完全可能的。② 以上基于语言结构单位这样的实体成分而提出的各种本位理论都可以看作"显性本位观"(Overt Unit-based View)。

如果立足于隐性的结构关系的话,可以合乎逻辑地提出类似"关系本位"或者"规则本位"之类的本位观。这种本位观可以看作"隐性本位观"(Covert Unit-based View)。由于认知语言学特别强调各级语言单位之间的连续性,因此基于这种观念的教学和研究是不大提出某种本位观的。然而,认知语言学特别强调概念结构、语义结构在认知、研究中的主导性作用,如果以此为基础,认为它是概念本位或意义本位也未尝不可。从这个角度看,上面的关系本位/规则本位和各种显性本位(除了作为形义配对

---

① 施春宏通过对网络语言现象分析探讨了语言价值和语言学价值这两个元语言学概念的内涵及其学术意义。语言价值关涉语言生活为作为交际系统的语言提供特定的语言成分,形成特定的结构关系,实现特定的功能;语言学价值关涉语言生活、语言现象启发、推动人们做出有意义的语言学概括。施春宏《网络语言的语言价值和语言学价值》,《语言文字应用》2010 年第 3 期。

② 如 Goldberg(1995)中说"构式被当作语言的基本单位"(Constructions are taken to be the basic units of language)。这主要是基于构式本体而言的。而 Goldberg(2006)正是基于这种构式分析法(Constructionist Approach)来探讨语言习得过程中的概括性(Generalization)问题,认为语言习得是通过构式而进行的。Goldberg, A. E. *Constructions: A Construction Grammar Approach to Argument Structure*. The University of Chicago Press, 1995. Goldberg, A. E. *Constructions at Work: The Nature of Generalization in Language.* Oxford University Press, 2006.

体的语块本位、构式本位外)实际都是形式本位。当然,概念本位或意义本位也可以看作是一种隐性本位,它不能直接呈现为语言系统中的某个显性的语言片段。对外汉语教学界虽然并没有在这些方面提出什么本位观,但教学过程中特别关注规则、概念、语义在语言习得中的作用,这是毫无疑问的。

其实,人们在提出某个显性本位观的同时,往往蕴涵着隐性本位观,因为就结构主义基本原则而言,没有游离于结构关系、系统之外的语言成分、语言单位,也没有不实现为语言成分、语言单位的语言结构关系。如在汉语研究中影响比较大的"词组本位"就是如此。朱德熙指出:"由于汉语的句子的构造原则跟词组的构造原则基本一致,我们就有可能在词组的基础上来描述句法……如果我们把各类词组的结构都足够详细地描写清楚了,那么句子的结构实际上也就描写清楚了,因为句子不过是独立的词组而已。"[1]由此"建立一种以词组为基点的语法体系"[2]。显然,建立词组本位的基础是"汉语的句子的构造原则跟词组的构造原则基本一致",目的也是为了更方便地描写汉语句法结构关系。

由于每个层级的语言单位都是一种客观存在,因此在此基础上提出的语言学范畴都有一定的心理现实性(Psychological Reality),[3]以此作为一种观察、描写、教学的基点,是完全可以的。如果教学和研究过程中又侧重于其中的某个层面、某种单位,那么,就很容易将这个层面、这种单位作为研究和教学的支点了。

---

[1] 朱德熙《语法分析和语法体系》,《中国语文》1982年第1期。
[2] 朱德熙《语法答问》,商务印书馆,1985年。
[3] 袁毓林《语言学范畴的心理现实性》,《汉语学习》1993年第4期。

如对外汉语教学中特别强调汉字教学，就是因为汉字不同于一般的拼音文字，其形义关系在学习（书面）汉语中起到了相当重要的作用。因此字本位观便具有特别的理论价值和实践意义。又由于各种语言单位在语言系统中呈现为层级分布，因此基于不同层级单位而形成的本位自然体现出层次性。

上面无论是形式本位还是意义本位，都是一种基于结构关系的本位，因此可以叫作"结构本位"。而如果注重于任何语言单位都应该实现为一种功能，那么就可能提出什么"功能本位"。结构本位和功能本位是从不同角度来对待同样的现象，因此在实际的教学中往往将结构和功能结合起来。

再进一步，语言教学自然都以提高学习者的语言能力为旨归，那么这种基于教学根本目标的观念自然也可以称之为"能力本位"。这种本位跟上面提到的各种本位在性质上截然不同。甚至还有素质本位、学生本位的问题，就更是另一个层面的问题了。

如此说来，似乎什么都可做"本位"。其实上面很多所谓的本位，在实际教学中并不呈现为"某某本位"这种名称，只是在教学策略上凸显特定教学内容的地位和作用罢了。常见的本位就是基于结构单位而提出的若干本位。实际上，所有的本位都可以归纳为两个方面：一是基础本位（from X），一是目标本位（for X，包括 for whom 和 for what）。如本文论及的本位大多属于基础本位，而所谓的能力本位、素质本位以及词典学中的"用户本位"之类就是目标本位。上述各种本位看似复杂，其实它们处于特定的逻辑结构关系之中，形成一个可能的本位系统。下面将各种单一本位间的系统层级关系列举如下：

第五节　对外汉语教学本位观的理论蕴涵及其现实问题

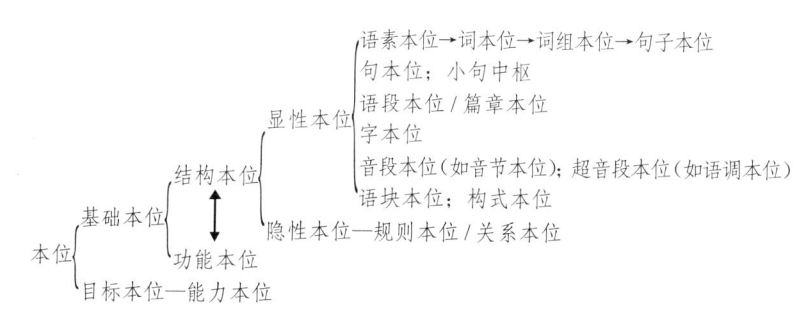

```
              ┌ 结构本位 ┌ 显性本位 ┌ 语素本位→词本位→词组本位→句子本位
              │         │         │ 句本位；小句中枢
      ┌ 基础本位          │         │ 语段本位/篇章本位
本位 ┤         ↕         │         │ 字本位
      │         功能本位  │         │ 音段本位（如音节本位）；超音段本位（如语调本位）
      │                  │         │ 语块本位；构式本位
      │                  └ 隐性本位—规则本位/关系本位
      └ 目标本位—能力本位
```

图 2-3　单一本位间的系统层级关系

目前语言教学乃至语言研究中的名目繁多的本位或准本位（即有实无名）大体都可在这张图中找到自己的定位。

当然，如果觉得单一的本位并不能解决问题（实际上单本位也确实都有局限），就可能形成复本位，也可叫综合本位。如有人认为"词和词组双本位"比较适合第二语言汉语教学语法的特点；[①] 有人指出字本位和词本位各有优势和侧重点，[②] 二者在一定程度上可以兼顾；[③] 有人提出"以词·语素·汉字为基本框架的教学理念"[④]，认为"汉语作为第二语言教学应当遵循汉字、语素和词汇并重的基本原则，建立有别于西方第二语言教学的对外汉语教学模式"[⑤]。有人则主张中文的"字本位"和汉语的"句本位"

[①] 何清强《论第二语言汉语教学语法的"本位"》，《汉语学习》2006年第2期。

[②] 刘颂浩《对外汉语教学中的多样性问题》，《暨南大学华文学院学报》2006年第4期。

[③] 刘颂浩《关于字本位教学法和词本位教学法的关系》，《华文教学与研究》2010年第1期。管春林《"字本位"与"词本位"教学方法结合质疑——兼与刘颂浩先生商榷》，《暨南大学华文学院学报》2008年第4期。管春林认为字本位和词本位是"具有本质区别的汉语语言观"，根本不可能结合。

[④] 施正宇《词·语素·汉字教学初探》，《世界汉语教学》2008年第2期。

[⑤] 施正宇《从汉字教学看对外汉语教学中的本位问题》，《民族教育研究》2010年第6期。

各司其职，各适其用。① 还有人新近提出并阐释了一种新型的二语教学语法体系——"三一语法"，② 其基本框架包括句子的形式结构、结构的功能作用、功能的典型语境这三个维度，它们彼此独立而又相互联系，构成一个有机整体。显然，这也可以看作一种综合本位观，但跟一般综合本位观的显著区别在于，它将语境因素引入到语法教学体系之中。这种"三一语法"虽非严格意义上的"本位"分析，但从教学的基本立足点和出发点来考虑，跟"本位"意识也有相通之处。当然，没有哪种理论会将所有的本位揽入其中的。

需要注意的是，对外汉语教学的本位问题跟本体研究中的本位问题虽然在名称上大体一致，但内涵常有不同，尤其是在具体内涵和操作上，有时会显示出显著的差异。如对外汉语教学中的词本位则主要强调词在教学过程中的作用，而本体研究中的词本位主要凸显词类分析在语法分析中的地位。又如对外汉语教学中的字本位对一个个"字"的构造问题相当关注，而本体研究中的字本位对此并不关注。其主要原因来自根本目标的差异：一者基于教学实践，一者基于理论分析。本位问题就是"眼光、视角、立足点"的问题，既然这些方面有差异，其内涵必然有所不同。

---

① 张朋朋《谈"字本位"的内涵》，《汉字文化》2005年第4期。王红君《"字本位"理论与对外汉语文教学模式研究》，北京语言大学硕士学位论文，2007年。

② 冯胜利、施春宏《论汉语教学中的"三一语法"》，《语言科学》2011年第5期。

二 对外汉语教学本位观的理论蕴涵

上面从语言作为一个符号系统所具有的结构特征及其所表达的功能这个角度分析了各种汉语教学本位观（及本体研究中的本位观）出现的可能性。这里再进一步从各种本位自身的特性来阐述对外汉语教学本位观的理论蕴涵，尤其是本体论和方法论方面的问题。

（一）各级语言单位的构式性特征与确立教学本位的关系

上文已经指出，语言文字系统中的各类单位大多曾被当作教学本位提出过。为什么会如此纷繁而莫衷一是呢？这是跟教学活动的阶段性、教学内容的层级性和教学课型的针对性相联系的，每一个教学阶段、每一种教学课型都需要有针对性地重点解决某些具体的教学任务。如语音、汉字、语素、词汇、词组、句子、语段等在什么阶段教、如何教、如何配合等，都要根据习得者的认知特点做出特定的安排。如果不同层级单位之间都是由严格的组合关系组装而成的话，那么教会了基础单位，自然就可以很方便地进入到高一层级单位的学习。然而，语言又并非这样的简单的机械系统。由于语言文字系统中的各类单位处于不同的层级关系之中，各种语言单位都是语言系统的特定组成部分。底层单位在组合成高一层级单位的过程中必然会"浮现"（Emerge）出自身所没有的特征。也就是说，各个层级和各个单位都有自己的独特性，语言系统的每个层次都有其他层级单位所不能涵盖的特征。因此基于某个具体层级的本位观自然不能解决所有语言问题。这样，学习底层单位固然有利于学习高层单位，但不能必然地替代高层单位的学习。这一基本事实，从哲学层面来说就是一种"本体论存在"(Ontological Existence),即作为一种实在的对象而为人所认知。这种本体论存在必然导致习得者在学习每个层级的语言单位时都有"从头开始"之处。既然如此,各种语言单位便都有可能在不同的教学体系(及研究体系)中被作为观察或操作的立足点来对待,这就形成了基于各种语言单位的本位观。

这样的观察结果,自然使我们联想到了认知语言学尤其是构式语法理论关于"构式"的本质特征的认识。所谓构式(Construction),简而言之,就是其整体中含有各个部分所不具备的、别的成分或结构也不具备的形式或意义方面的特征。[①] 即上下层级单位之间、不同单位之间不具有严格推导关系。显然,就大的原则着眼,上面对各级语言单位独特性的认识正体现了它们各自所具有的"构式性"(Constructionality),即构式中所具有的特殊属性,或者说如构式那样所具有的独特属性。既如此,在语言习得和教学中自然需要重点掌握和突破这种构式性特征。当下的语块理论,实际上也是强调各个具体语块(Chunk)在习得过程中体现的构式性或者叫语块性的特征。构式性特征为我们认识语言教学中的本位观提出了一个新的观察角度,这是确立教学本位单位的一个客观基础。

(二)教学本位观对语言系统建构过程的基本假设

从语言各层级单位的构式性来看教学本位观,只是看到了它们的整体性和特殊性。然而,教学本位观的提出,实际上还跟语言单位的可分析性和可推导性有关,跟语言习得过程中的规则化

---

① Goldberg, A. E. *Constructions: A Construction Grammar Approach to Argument Structure*. The University of Chicago Press, 1995.

操作过程有关。本位观试图解决的问题,不只是本位自身的形式和意义问题,更重要的是通过对本位成分(作为本位的语言单位)的规则化操作生成语言结构。这既是对客观语言系统建构过程的基本假设,也是对习得者语言系统建构过程的一种假设。如果只有整体性,而没有对建构过程的规则化操作的追求,就没必要提出各种本位观了。其实,各种本位观,都是将本位成分作为观察的基点,由此向下(如果还有下位层次的话)和向上两个方向拓展,在确立基本成分后,将基本成分之间的关系规则化,从而有效地分析、学习其他层级的成分、单位。对基本成分的认识就是"本位"的立足点,对基本关系的说明就是本位观的描写能力、解释能力和教学效果的体现。也就是说,凡是坚持某种本位观的人,不管是有意识还是无意识,都是将语言系统(社会的和个体的,既成的和习得的)看作是由"基本成分+规则"组成的。而对基本成分的选择,实际上就体现为分析哲学中所强调的"本体论承诺"(Ontological Commitment)了,即将它视为自己理论系统、教学理念中的一种存在。[1] 就本位观所涉及的各个语言单位而言,当然

---

[1] 本体论承诺是由美国分析哲学家威拉德·蒯因(W. Quine)提出的。蒯因(Quine, 1953)在对科学语言做逻辑分析时指出,任何理论学说都具有某种本体论立场,都以承认或否认这样那样事物存在为其本体论前提。蒯因指出,在讨论本体论问题时要注意区别两种不同的问题:一个是何物实际存在的问题,另一个是我们说何物存在的问题,前者是关于"本体论的事实"问题,后者则是语言使用中的所谓"本体论的承诺"问题。其实,任何科学研究都必然信守某种"本体论承诺",即按某个理论认为何物存在从而进入考察的视野。威拉德·蒯因《从逻辑的观点看》(*From a Logic Point of View*, 1953),江天骥、宋文淦、张家龙、陈启伟译,上海译文出版社,1987年。施春宏将这个概念引入到对语言事实和语言学事实的关系的分析中。施春宏《语言事实和语言学事实》,《汉语学报》2010年第4期。

是一种本体论存在，但如何认识和确定它的地位和作用，显然就跟本体论承诺密切相关了。作为本体论存在，字、词素、词、短语、句、段、篇是各具特征但又相互依存的不同层级单位，但就理论研究和教学需要而言，则完全可以选择其一而赋予它特别的地位。也就是说，任何本位观都基于某种理论背景的本体论承诺。

显然，各级语言单位的构式性特征跟语言系统建构性假设之间是存在着一定的矛盾的，而这种矛盾的客观存在正是各种本位观之间争议的根本原因，也是我们进一步探讨教学本位观的必要性和可能性的基本前提。

这里需要特别指出的是，认知语言学理论尤其是构式语法理论强调构式的独特性，将各个构式都看作一个象征单位（Symbolic Unit）。这种理论常常认为词法和句法是一个连续体，因此没有必要对它们做出区分，[1] 即便是词，跟大于词的语法构式也没有什么不同的特征，[2] 两者之间的差别主要体现为象征单位数量的多少、结构的复杂程度、构造的自由程度。[3] 基于这样的认识，显然没有必要提出具体的单位本位观。然而从教学实践过程来看，从语素／字到词到句子，组合性越大的单位，规则性的作用力越大，语言间对比分析的可能性也越大，因此可操作性体现得就越具体。我们不能由于过于强调不同层级单位之间的"同"而忽视了其"异"。其实，连续统并不意味着等同，只是注意到了交界

---

[1] Langacker, R. W. *Foundations of Cognitive Grammar, Vol. 1: Theoretical Prerequisites*. Stanford University Press, 1987.

[2] Croft, W. & Cruse, D. A. *Cognitive Linguistics*. Cambridge University Press, 2004.

[3] 同[1]。

面的存在及其特定的语言地位及语言学地位。我们固然可以将这些语言单位都看作象征单位，看作符号，但不同层次的象征单位之间的差异仍然醒目地存在着，若要充分地描写、解释和教、学这些不同层级的象征单位，就需要做出进一步的分类，概括各个层级单位的特征和规则，操练这些规则。将构式看作语法的基本单位或者将所有的语言单位都看作构式，这都没有问题，但不能因此忽略不同层面的单位之间的性质差异。就如将个人、家庭、社区、社会、国家都看成一个一个的"构式"，但不能因此而认为它们之间的差异可以忽略，它们之间不同的建构关系就不再需要突出了。

（三）教学本位观所体现的方法论原则

如果上面对"基本成分+规则"这种操作理念的认识比较合理的话，那么从方法论原则的角度来看，各类教学本位观实际上是与还原论相联系的，都认为语言系统的建构过程在一定程度上可以还原到某个层次，哪怕语言中确实存在着大大小小的无法充分还原的构式。打个比方说，分子和原子固然在性质上并不相同，分子的性质固然不能从原子的性质推演出来，研究分子的方法和研究原子的方法固然有差异，但分子"浮现"出来的结构和功能毫无疑问是依赖于原子的数量及其排列组合关系的，因此通过对这种成分及其关系的说明，在一定程度上发现、建构分子的结构和功能，理论上是可以的，实践中是可能的，也是必要的（当然也是不充分的，下面将对此有所说明）。

也就是说，教学本位观在对语言系统的理解上都体现了一种还原主义方法论原则，虽然有的本位观倡导者未必有此明确的意识，甚至否定这种观念的存在。所有的本位观实际上都是将语言系统还原到其所关注的本位成分及其关系,而且认为基本上是可以而且应该还原到这个层面的。从上文分析来看,各种教学本位观强调的是被当作本位的那级语言单位的构式性,认为其他层级的语言单位可以在一定程度上基于规则性被分析、推导出来。当然,这里的还原论不是简单地将整体还原为部分之和,而是基于教学策略的需要,认为可以通过强化对本位成分的理解和学习而更方便更有效地学习其他语言成分。从根本上说,各种本位观的分歧体现了语言教学中如何看待基本语言事实及其存在方式的问题,这必然涉及操作过程中的本体论承诺以及相关的方法论承诺(Methodological Commitment)问题。

虽然各种单一本位观都是一种还原论,但各种本位观的还原程度是不一样的。比较而言,目前的字本位(无论是基于教学的还是基于理论研究的)、语素本位都是一种强还原论,试图将基本教学内容都还原到"字"或"语素"的层面。相对于这种彻底的还原论而言,高一层次的本位观则是相对的还原论,是将自上而下和自下而上两种路径结合在一起的,而且对自身的规则性分析也相当重视。

(四)教学本位观视野中还原的必要性和不充分性

上文说过,任何本位观的提出都是基于某种本体论承诺。然而,任何理论都是"片面"的,任何承诺都只是一种视角。对外汉语教学界之所以提出了诸多指向的本位观,是因为不同的倡导者都同时看到了语言成分的构式性特征和非构式性特征。看到了本位成分的构式性特征,于是确立了本位;看到了非本位成分的非构式性特征,于是去利用本位成分及其关系来做规则性推导。基于非构式性特征,采取还原策略就呈现出必要性;基于构式性特征，则显示出还原策略的不充分性。

作为还原的策略，其客观基础就是语言单位形义关系的透明性，这是非构式特征的具体体现。如果语言成分只有构式性，没有非构式性特征，那么这些成分的形义关系就是不透明的，就都得一个一个地学，无论哪个层面都是如此。实际上并非如此，人们在教与学的过程中，相当程度地利用了"成分＋规则"的习得策略，越是强还原论者，对此越加强调。强还原论者特别强调语言成分形义关系的透明性，基本倾向于整体等于部分之和的原则。而一般的本位观并不如此，而是采取有限还原的策略。如学生在词层面理解时，利用的是语素及其关系的策略；在句层面理解时，利用的是词及其关系的策略，还有句与句之间的关系策略；但对特定的词、句，仍然认为有一定的特殊性。

既然每个层级的语言成分都有透明与不透明的问题，不透明的成分具有"构式性"特征，那么就只好当作一个组块、构式来处理了。像语块分析，就是看到了语块的不透明之处（即便它的内部仍然由其他成分构成），因此将它作为习得的一个基本单元同样有其合理性。传统教学中的词本位观重视词汇教学，但没有重视比词更大的单位中的不透明现象，因此虽有语块的意识，但没有放到应有的位置。就还原的相对效度而言，词本位教学当然首先重视解决词的问题，对解决词组和语素的问题也有一定的效度，但对句子、语段的问题解决起来就比较困难了。而就语素而言，词本位当然没有语素本位解决得到位。又如字本位，就汉字在学习语言中所具有的某种理解、认知、组构的功能而言，当然有特定的教学要求和教学价值，但如果以此而主张取消词和词本位（乃至其他本位），① 试图解决词层面的所有问题以及比词（字组）更高层面的单位问题，就显然有些脱离语言系统和教学实际了。字本位看到了汉语和汉字、汉语教学和汉字教学的联系，而没有充分认识到它们之间的本质差异。其实，字本位在概括字与字之间的关系时，就必然要用到词法、句法的概念（当然可以围绕"字"来另构一套术语去表述，但其基本关系是无法避开的）。汉字对词义理解确实很有帮助，这是汉字的"过人之处"；但汉字也更多地侧重于有局限的理解和构词，而不是造句组段构篇。② 毫无疑问，无论字本位、词本位的分析多么精细，教法多么高妙，都未必能构造出一篇合格的作文来。因为从字到词（字组），再到句，再到段、篇，每个层次都有自己的"浮现"特征，而这些特征是不能通过简单的字、词加上组字规则、组词规则所能说明的。就篇章而言，字本位无从作为，词本位小有作为，词组本位、句本位等颇有作为，但都无法大有作为。③

从根本上说，本位观都不是一种整体论，而是一种还原论。

---

① 孙德金论述了对外汉语教学中"词"作为一级教学单位的现实性和必要性，同时对字本位理论否认汉语"词"的存在的观念及其论证方式提出了质疑。孙德金《从汉语作为第二语言的角度看汉语"词"的问题》，《玉溪师范学院学报》2011 年第 5 期。

② 跟字本位相关度比较高的是语素本位，但汉字和语素并不相同。语素是语言系统的基本单位；而汉字，在一般理解中属于文字系统的结构单位，字本位理论则认为它是语言单位。所以，有学者强调："'字本位'是语言学理论，不是文字学理论。"（潘文国《"字本位"理论的哲学思考》，《语言教学与研究》2006 年第 3 期）就一般理解而言，语素内部无法再分析出下位结构了，而汉字除了独体字外都可以分析出结构成分；字本位虽然强调它是语言单位，但在理解字义时，常常会借助于对汉字结构的分析。学习语素只能是整体性地学，而学习汉字一般都是从结构成分（笔画、部件或偏旁）及其关系入手的。

③ 就对外汉语教学而言，词本位、词组本位有相当多的交叠之处。教学中的词本位实际上也主要关心在词语习得的基础上组词造句的问题。

在教学中是需要还原论的，整体论会模糊我们对问题的看法，会使我们无从着手。还原论不是不要整体，而是将整体分析为部分加规则。但任何还原论都有简单化的倾向，将复杂问题简单化有时是策略的需要，但终究是有限的策略。

因此，我们可以说，教学本位观中的还原策略既有必要性，又呈现出不充分性。必要，是因为特定教学单位（语言单位）、特定教学阶段的独特性；不充分，是指语言单位的层级性，每个单位的构式性特征决定了语言单位之间的不完全推导性。而且，不同教学阶段、不同教学内容、不同课型对语言成分的构式性特征及其程度的认识存在着一个动态发展的过程，因此，问题的关键不在于是否需要还原（绝对需要），而是还原到什么层次、如何还原、多大程度上还原、还原后的效应和局限如何。也就是对还原论施加必要的限制，为还原划界。这是任何本位论者所必须思考的问题。教学中的还原，并非要还原到某个单一层次、在每个阶段采取同样的还原，而是要逐层还原、逐阶段还原，每个层次、每个阶段的还原都要考虑到特定层次、特定阶段所体现的构式性特征。然而，各个本位观目前对此并无明确的分析。

（五）教学本位的绝对性和相对性

由上可知，在教学中确立一定的教学本位是绝对必要的，它有利于在特定阶段、针对特定内容有针对性地突破教学中的重点和难点问题。然而，也正因为教学阶段、教学内容的差异，采取任何教学本位都是策略性的，具有相对性。就此相对性而言，它又是绝对的。

各种教学本位观都各有所长，但同时又各有所短。"长"在自己所处的层面及相邻层面的相对规则性的部分；"短"在更高或更低的层面及相邻层面的难以规则化的部分。也就是说，任何本位观最方便处理的对象是该本位观所立足的语言层次（尤其是该层次中的典型现象），然后相对方便地旁涉上一个层级和下一个层级，而对更高层级和更低层级的语言现象，在处理时都明显地力有不逮。没有贯通整个教学过程、适应所有基本教学内容和任务的教学本位。从汉字书写角度考虑，字本位当然是唯一有效的；从理解字义、组字构词的角度，字本位也是相当有效的。但字本位观的目标并不局限于此。然而，当它试图将这种本位意识扩展到短语和句子层面时，则往往力不从心甚至自不量力了。但这也不是说在这些层面，字本位就一点儿作用都不能发挥了。其实，字本位到了词语和句层面似乎更注重理解，而不怎么关心生成了（虽然字本位主张者未必同意这种看法）。生成和理解毕竟是运用有所不同的认知策略和交际策略。不仅字本位有这方面的问题。像"了、着、过"、"把"字句等汉语教学中的老大难问题，以及各个大大小小、或紧或松的语块，都不是字本位、语素本位、词本位所能解决的。还有先生从语法不教什么入手，提出对外汉语语法教学的原则，其中之一是"属于词汇范畴的不教"[1]。由此推开去，不仅是语法教学，其他层面的教学都需要考虑教什么和不教什么的问题。有学者特别强调语段/篇章教学的性质和地位，[2]

---

[1] 孙德金《语法不教什么——对外汉语语法教学的两个原则问题》，《语言教学与研究》2006年第1期。

[2] 彭小川《对外汉语语法课语段教学刍议》，《语言文字应用》1999年第3期。郭颖雯《篇章语言学与语段、语篇口语教学》，《语言教学与研究》2003年第5期。张宝林《汉语教学参考语法》，北京大学出版社，2006年。陈晨《对外汉语语篇教学研究：回眸与思考》，《海外华文教育》2008年第2期。吕文华《语段教学内容的选择和分布》，《语言教学与研究》2012年第1期。

还有先生区分"说的汉语"与"看的汉语",认为两者适应的教材和教法都应该有所不同,①也是有这方面的考量的。这些虽不是直接讨论教学本位问题,但毫无疑问,它显示了不同本位的教学原则和策略的差异。

相对而言,词组本位特别强调句法和语义的透明度问题,因此在规则化方面做得比较充分,充分展示了规则所体现的透明性。而且在吸收新的理论成果方面,词组本位也相对积极。就其理论构建过程而言,词组本位实际上主要呈现为一种规则观。但构式理论、语块理论的出现,对词组本位实际提出了某种挑战。而且词组本位在处理字本位、词本位所面对的基本问题时,往往也捉襟见肘。如何将构式观、语块观和规则观结合起来,如何将不同层级的本位观结合起来,可能是所有本位观所面对的根本问题。

因此,在语言教学中,针对具体教学内容,在特定的教学阶段,采取特定的还原策略是必要的,但同时要考虑到,任何形式的还原都是不充分的,更不是只有还原到某个层面才能解决所有问题、只要还原到某个层面就能解决所有问题。任何本位观都必须面对什么阶段教什么和怎么教才相对有效的问题。

三 对外汉语教学本位观的现实问题

在上文对教学本位所蕴涵的本体论承诺和方法论原则分析的基础上,这里再进一步结合特定本位观的倡导者和支持者对其所

---

① 赵金铭《"说的汉语"与"看的汉语"》,《汉语口语与书面语教学——2002 年国际汉语教学学术研讨会论文集》,北京大学出版社,2004 年。

做的辩护来说明本位观所面对的现实问题，进而提出新的本位认识及其分析策略。

（一）当前关于本位问题所采取的辩护原则

在对外汉语教学与研究中，凡是提出了某种教学本位，自然就认为以此为起点的教学和研究相对于其他教学本位而言具有更大的适应性、概括力和解释力。因此，为之做出辩护是其义不容辞的义务。

综观当下教学本位倡导者所做的辩护，基本上都是采取证实的方式，常常通过举出一些实例，以此说明采取某个教学本位就能得到较好的解决，而采取其他教学本位则费时低效。

然在，这样的辩护往往是只见其一，不见其二，只见到或构建对自己有利的证据，而见不到或者忽视甚至有意回避对自己不利的证据。其实，就现代科学和科学哲学的基本论证理念而言，作为科学的辩护，既需要证实（Confirmation），也需要证伪（Falsification），甚至说更需要证伪。举几个适合于自己假说的例子并不难，而要驳斥那些不利于自己假说的情况，则殊为不易。证伪法作为一种方法论，不是指要证出理论、假说是伪的，而是说任何理论和假说都有自己的边界，越出这个边界，理论和假说就是伪的了。因此，建构理论、提出假说，一个重要的目标就是明确划定理论或假说的边界。也就是说，不但要指出该理论或假说能做什么，还要明确指出它不能做什么。如果只从证实的角度来考虑，便不容易发现自身的局限，往往会夸大该理论或假设的效度。极而言之，甚至有无限夸大的可能性，以为自己所倡导的理论就是最佳理论，能面对和解决所有问题。

这里以对外汉语教学中的字本位教学为例。就目前的实际情

第五节 对外汉语教学本位观的理论蕴涵及其现实问题

况而言，有些学者坚持比较彻底的字本位观，认为对外汉语教学就得从字本位出发，而且字本位能解决其他本位根本无法解决的问题。当然，毫无疑问，其他教学本位观确实难以解决跟汉字教学相关的某些问题，①但不能因此认为字本位就能充分解决词本位、句本位等其他本位中所能有效解决的问题。我们这里可以列出几条，字本位教学解决起来似乎比较困难。如：（1）如何利用"家"的字义来简明地理解"人家、大家（书法大家、大家闺秀）、作家、

---

① 字本位教学法的根本目的当然不只是教汉字，而是把汉字看作汉语教学的基本单位，试图在讲清汉字形、音、义的基础上，可以比较方便地讲解和学习由汉字构成的单位（张朋朋《词本位教学法和字本位教学法的比较》，《世界汉语教学》1992年第3期）。正是基于此，主张字本位观的人便将"怎样处理'字'这一语言教学单位"视为"汉语教学中最根本的问题"（白乐桑《汉语教材中的文、语领土之争：是合并，还是自主，抑或分离？》，《第五届国际汉语教学讨论会论文选》，北京大学出版社，1997年）。这样的理解，我们推测，也许是基于汉字所具有的这样一些基本特点：（1）汉字的表意性。（2）数量的有限性。（3）构词的能产性。（4）词义的相对透明性。这种观念有其合理和有效之处，尤其是在长期采用词本位而忽视汉字在教学中的地位和作用的背景之下。但不能因此就可以说"现在越来越多的人都认识到汉语句法结构的基本单位是'字'，而不是'词'"（贾颖《字本位与对外汉语词汇教学》，《汉语学习》2001年第4期），甚至主张对外汉语教学应由"字本位"更进一步地向"字中心"教学路子做战略转移（张德鑫《从"词本位"到"字中心"——对外汉语教学的战略转移》，《汉语学报》2006年第2期）。其实，字本位在彰显汉字构词具有一定生成能力的过程中，并没有充分考虑到这样一些重要问题：（1）汉字表意的局限性。（2）字和义的非完全对应性所带来的组合上的复杂性。（3）因字构词的有限组合性。（4）习得字和习得词的交互递推性。（5）词义的不完全透明性（更不用说虚词的意义和用法了）。（6）字的功能对词的功能不具有充分的预测性。（7）比词更高的单位，跟字的关系更加疏远了。我们注意到，凡是主张字本位教学法的，基本上都是在字和词的关系上做出说明，而很少超出词的范围在短语、句子的层面上论证其生成能力。然而，汉语习得不是甚至主要不是字和词的习得问题（当然，这样说并不意味着忽视了字和词习得的重要性）。

国家"的含义并有效地使用它们？如何让学生明白两个及物动词"教"和"学"组成的"教学"却成了不及物动词，两个及物动词"买"和"卖"组成的"买卖"却成了名词？（2）知道了"了、着、过"的字义（其实这是何其困难的事），如何说明"了、着、过"的用法？（3）知道了"把"字及相关字与字组的意思，如何说明"这本书把他读傻了"的结构和用法？（4）如何说明"阅读报纸、阅报、读报、读报纸"都可以说，而单单"阅读报"就不行？（5）如何说明"张三打了他"中的"他"不能指张三，"张三打了（他）自己"中的"（他）自己"可以且必须指张三，而"张三说李四打了自己"中的"自己"可以两指？这些问题恐怕都不是通过调整字本位的理论本身所能解决的，因为它们从根本上说就不是"字"的问题，无论我们如何调整或扩大对"字"的理解。同样，它们恐怕也不能用词本位加以解决。

目前的字本位理论还缺少实证方面的研究。王骏在"字本位"的背景下做了专题实证研究，[①]但刘颂浩认为这项研究从实际过程来看仍然没有脱离词本位的框架。[②]也就是说，字本位，目前在有效的辩护方面，做得还不够。

其实，语言系统中的很多现象（甚至可以说是绝大部分现象）都是跨层次交互作用的（Interactive），都是不同界面（Interface）的语言单位相互作用的结果。例如在韵律语言学背景下，有人通

[①] 王骏《在对外汉语词汇教学中实施"字本位"方法的实验报告》，《暨南大学华文学院学报》2005年第3期。

[②] 刘颂浩《对外汉语教学中的多样性问题》，《暨南大学华文学院学报》2006年第4期。

分本身认识到了什么程度"①,语言教学也是如此。

目前经常出现的现象是对传统教学模式的批评。然而通过对当下提出的一些教学本位观的分析,我们发现,当人们批评传统教学模式的失败之处时,较少针对具体论点的分析,不太注意基于自身理论提出相应的解决策略,所做的批评常常是印象式评说。印象式评说,空灵的指责,只能逞一时之快,并不能说服他人,难以引起真正的讨论。

(二)语言教学过程中需要建立分层次的综合本位观

前文已经指出,所有的本位,首先在解决该本位所在的语言层次时比较方便,其次是可以解决该层级单位的上一层级的某些问题,而对下一层级单位的认识也有一定的影响力。随着层级距离的增大,其教学效果也就显著降低。即层级距离和教学效果为反比关系。如果再考虑每个层级的成分都有典型和非典型的差别,它们之间的关系将更加复杂。

如果这种认识是合理的,那么,在面对语言系统和语言交际时,坚持单一的教学本位观,便既有一定限度的合理性,但同时又有很大程度上的局限性。这是各种本位观所面对的基本现实,常为某些论证有意无意地忽略。任何理论和方法、策略,都是作用与局限相伴随的。如果坚持单一本位,并试图将它贯穿到教学过程的始终和教学的各个阶段、各种课型,无论是理论上还是实践上都是不可取的。

对外汉语教学过程是循序渐进、螺旋递升的,教学内容和教

---

① 詹卫东《以"计算"的眼光看汉语语法研究的"本位"问题》,《汉语学报》2005年第1期。

学手段都体现出阶段性和整合性特征，使我们需要分层次的综合本位观（Stratified Integrated Unit-based View）。综合本位不是片面地要求机械地同时使用各种本位，而是根据语言学习的步骤和语言能力发展过程选择性地使用相关本位，不同本位相互作用，交相为用；同时也不排斥在某个核心阶段、某个核心任务上，需要采取单本位策略以求得定向突破的效果。因此，这种分层次的综合本位观，从根本上说，就是具有整合观念的习得视角，也是基于因材／才施教理念的教学策略。赵金铭指出，在对外汉语语法教学中，初级阶段只需教最基本的语法形式，使习得者具备区分正误的能力；中级阶段侧重语义语法的教学，使习得者具备区别语言形式异同的能力；高级阶段侧重语用功能语法的教学，使习得者具备区别语言形式之高下的能力；并进而指出"三个语法教学阶段是一个完整的体系"，后一阶段是对前一阶段的"继续、深化和出新，在讲授内容上照顾到内部有机衔接和整体的融会贯通"[①]。显然，这样的认识跟分阶段、有侧重、相配合的本位理论在根本精神上是一致的。

分层次的综合本位观的具体内容到底如何，需要进一步探讨，这里只就宏观方面做些说明。具体说来，它可以从纵和横两个层面来认识。纵的方面，即根据语言系统构造的层次性和教学过程的阶段性而依次采取主导性的本位策略，并辅之以上下层次的教学本位。如前所述，各个层次的语言单位都有"构式性"特征，而这正是教学本位存在的必要性和可能性的基础，因此需要建立

[①] 赵金铭《对外汉语语法教学的三个阶段及其教学主旨》，《世界汉语教学》1996年第3期。

相应的教学本位。① 但是各个层次的语言单位跟上下级单位之间又在一定程度上有规则性的组织关系,因此必然可以利用其他层级语言单位的本位策略来解决问题。这样,不同层级的教学本位自然就出现了有主有从、交叠存在的情况。我们观察了那些坚持单一本位策略的理论主张和实践过程,发现"言"和"行"常常并不合拍。这也能看出单一本位在面对不同阶段、不同教学内容时的困境。无论何种本位,甚至主张取消所谓的本位,都得处理语言系统各个层级的结构成分及其关系。

横的方面是将结构和功能结合起来。目前比较受重视的任务教学法,将语言教学目标分解为不同的教学任务,让学习者在参与、体验、互动中习得具体教学内容。这种干中学、用中学的教学模式显然特别强调语言功能的分析和交际场景的设置,从而将形式结构、语义功能语境化。显然,任务教学法的具体"任务"仍然跟特定本位相关联。冯胜利、施春宏提出的"三一语法"就试图将结构、功能、语境结合起来,每一个结构都有特定的功能,一个结构和功能的结合体都有适切的语境。语言教学要同时将这三者结合起来,才能有效完成教学任务。这些探索虽没有打着教学本位的旗号,但实际上都体现出一种本位观的意识。

需要说明的是,倡导什么样的教学本位是与具体的教学目标相联系的,这个教学目标不能是笼统的整体目标,如提高汉语水平、提高语感,而应该是具体化、结构化的,如什么样的汉语水平、

---

① 史有为在梳理了学界对"本位"理解的种种歧见之后,指出:"本位不是科学研究所必需的唯一选择。……因此之故,质疑'本位'就毫不奇怪,也就非常需要了;也因此之故,放弃对'本位'的追逐实质上可能就是一次思想解放。"史有为《"本位"梳疑》,《语言科学》2009年第4期。

哪个方面的语感、达到什么程度等。就此而言，提倡建立分层次的综合本位观，也是合乎语言习得的实际和语言教学的基本要求的。就对外汉语教学的阶段性而言，越是初级阶段，需要突破的越是较为初级的单位，如字、语素、词；而到了中高级阶段，句式、语段、篇章便逐步成为基本教学任务了。如篇章教学法在虚词教学方面显然比字本位、词本位、语素本位、短语本位等要相对有效一些。而且到了中高级阶段，较为初级的本位策略往往已经内化为语言习得者的一种基本能力了，因此综合运用的空间就更大了。这不是说教学阶段跟语言单位层级一一对应（实际上即便是初级阶段，也有句式、语段、篇章的某方面教学任务），而是说在有所兼顾的基础上有所侧重，形成面和点的有效结合。

其实，我们的教学和研究的实践也常常是采取这种多层次的综合本位观的。如白乐桑、张朋朋编写的《汉语语言文字启蒙》[1]，在简介中作者说该教材采取的是"字本位教学法"。然而刘颂浩、施正宇认为它的字本位中结合了词本位的策略。[2] 白乐桑本人后来对此也有认识："我基本赞同陆先生的观点。字本位不等于教字。以前教字的教材还是词本位的。"[3] 很多人批评传统的教学法是词本位教学，其实也不尽然。它实际采取的是"词本位+规则本位"

---

[1] 白乐桑、张朋朋编《汉语语言文字启蒙》，La Gompagnie，1989年；华语教学出版社，1997年。

[2] 刘颂浩《对外汉语教学中的多样性问题》，《暨南大学华文学院学报》2006年第4期。施正宇《从汉字教学看对外汉语教学中的本体问题》，《民族教育研究》2010年第6期。

[3] 彭泽润和潘文国（2010）中白乐桑的发言。彭泽润、潘文国《"词本位"还是"字本位"有利于汉语语言学？——第一届"汉语独特性理论与教学国际研讨会"学术观点综述》，《通化师范学院学报》2010年第9期。

第五节 对外汉语教学本位观的理论蕴涵及其现实问题

并一定程度上兼顾字本位。如传统教材的内容一般包括课文、生词、注释、练习，其中的注释，很多都是关于规则和用法（尤其是特殊用法）的，后面的练习也大多是关于规则的。传统的基于行为主义的操练法也是以规则本位加词语替换为主的。不要看到"生词"在教材中作为一个部分出现就认为该教学法是唯词本位的。其实，凡是基于语言系统中间层次的本位，都必然是一种承上启下的本位，教学策略就是要立足于此并能使它变得进可攻，退可守。

从初级到高级整个教学过程来看，分层次的综合本位观，实际是在主张这样的教学本位策略：有本位，并根据特定阶段特定目标特定内容而有侧重，而并非超时空地唯某个本位；有的目标只有综合本位才能实现；而且大多数目标常常需要综合本位才能实现。每个本位都有它最擅长解决的地方，也有不擅长解决和无法解决的地方，正如各不相同的语言学理论一样。从原则来看，没有包打天下的理论，也没有大一统的、独步天下的、以不变应万变的教学本位。这跟"教学有法，但无定法，贵在得法"在基本精神上是一致的。不妨模仿着这样说："教学有本位，但又无适应一切教学内容和过程的本位，贵在选择适切的本位。"分层次的综合本位观的基本精神就是分目标、分阶段、分内容、分课型地采取不同的本位策略。无论是本体研究还是语言应用和教学研究、教学实践，本位问题都只是策略问题，而不是原则问题。而坚持某个单一的本位，实际上就是把它当作原则性的问题了。然而，将策略看作原则，这个原则实际上就有了问题，只能成为加引号的原则了；强硬地坚持某种本位必然会使我们看不到引号之外的东西。当然，回过头来说，就特定的教学过程或内容而言，选择了某个本位，就带有原则性的东西了。我们通常说要以培养能力为目标,这没有错,但能力必须有所寄托。就语言能力而言,能力也是分层次的,策略是逐步适应的,有原则性也有灵活性。所有的教学和研究,其根本都是问题驱动的,因此寻找问题解决策略就成了关键。就此而言,解决"什么问题"很关键,而所有的本位都是跟这个根本问题相联系的,如何使具体教学本位到位地使用是本位观存在的基础。

(三)加强元语言意识与教学本位之间关系的研究

既然分层次的综合本位观强调对外汉语教学的阶段性和整合性,那么哪个教学阶段、什么样的教学内容适合什么样的本位就成了问题的根本了。前面已经指出,语言系统的每个层级的语言单位都有一种"构式性"特征,因此都可以作为教学本位的立足点。这样问题也就变成了:在什么阶段学习什么语言单位,掌握该语言单位的怎样一些内容,哪些内容需要同时学习或交互式学习。

解决问题的关键就是对特定语言单位、语言结构的元语言意识的考察和分析。所谓元语言意识(Metalinguistic Awareness),简单说来就是对整体及其部分的辨识和对整体与部分之间规则性操作的认识。如语音意识,包括音节意识、声调意识、声母意识、韵母意识、音位意识。甚至还有更具体的,就汉语学习而言的塞音和塞擦音的送气意识、舌尖后音的翘舌音意识等;普通话背景学生学习英语辅音时的清浊音区分意识等。

具体教学本位的确立和实施应该跟习得者某种元语言意识的出现和发展相关联。没有元语言意识的实证分析,任何教学本位的提出和实施都缺少充分的基础。而对当前汉语习得中元语言意识的研究现况,我们曾做过一些分析,发现基本上都集中于汉字(如形声字的声旁意识、形旁意识及表音表意线索的意识、正字法意识等)、语音(如声调意识、音位意识等)等领域,语素层面和词汇／词法层面(如语素意识、复合词构词法意识、词汇结构意识等)的研究也有一些;句法意识方面的研究较少,基本上还处于面上的说明;而关于构式意识(Constructional Awareness)的研究则基本上没有开始。① 因此,需要加强汉语元语言意识,尤其是句法意识、构式意识发展过程的实证性研究。由于各个层面都具有独有的特征,因此这些层面的元语言意识显然跟汉字、语音、词汇／词法层面元语言意识的表现方式和呈现过程并不相同,而这就需要我们在研究观念和方法上做出创新。而且还需要考虑元语言意识形成和发展的方式,也许有的元语言意识是独立发生的,有的是伴随发生的,有的则是互动发生的。这决定了我们采取教学本位时要强化针对性,或以某个单一本位为主,或实施某些本位时有主有从,或在相关本位配合实施时交相为用。在某个阶段某种元语言意识开始萌芽时,就要强调某种"本位"教学;如果在某个阶段某种元语言意识已经基本形成,那么对该语言单位及其关系的教学就不再需要作为重点。有研究指出,中高级汉语水平学习者,汉字的正字法意识已经基本形成,② 部件意识和部件位置意识都已经具备了,③ 那么中高级阶段的汉语教学就应不再以汉字教学为重点了,新见汉字的学习可以更多地由学习者自己强化完成。如果某几种元语言意识综合体现在某个教

---

① 施春宏《面向第二语言教学汉语构式研究的基本状况和研究取向》,《语言教学与研究》2011年第6期。

② 冯丽萍《外国留学生汉字正字法意识及其发展研究》,《云南师范大学学报(对外汉语教学与研究版)》2006年第1期。

③ 郝美玲《留学生汉字正字法意识的萌芽与发展》,《世界汉语教学》2007年第1期。

学过程中，那么就要采取综合的本位教学模式，整合相关内容。

就各级各类语言单位的元语言意识研究而言，大体说来可以包括这样一些内容：该层级语言单位的心理现实性，对该层级语言单位形义之间关系的意识，结构或规则的透明度对习得的影响程度（这跟习得该层级单位时是整体表征还是分解表征直接相关），该层级语言单位所包含的原型构式（Prototypical Construction）的意象图式的构建过程，在元语言意识形成过程中自上而下和自下而上的互动方式，元语言意识形成和发展（即在什么时候、哪个阶段、什么水平上具备哪种类型的元语言意识），元语言意识的形成与语感培养的关系等。实际上，就汉语词汇、句法、语段、篇章的元语言意识而言，重要的就是了解习得过程中习得者何时及如何处理形式和/或意义及其关系的问题。如在习得复合词的过程中，有的研究者认为复合词是以整词形式表征的；而有的学者认为并非如此，复合词习得中存在着词素分解表征的证据；还有的学者认为是整词表征和词素表征相互激活的混合表征。其实，暂不论其实验的具体情况，仅就语言学理论而言，如果一个语言单位内部是有结构关系而这些关系又是受到规则制约的（这是显而易见的），那么说这种结构关系对习得结构整体没有影响，这是无法想象的。就汉语习得而言，在字本位看来，整词表征必然是一个伪命题。当然，如果我们考虑到整词中的"构式性"特征的话，整词表征在这个层面上也有一定的启示性。也许综合表征更适合汉语教学实际。当然，就具体的构词类型而言，整体表征的形式或许也是存在的，如汉语的单纯词以及在复合词中构词成分和关系的透明度几无的情况下。这就必然要求我们探讨结构关系信息在习得过程中的作用问题，而这方面的研究自然对探讨特定单位的元语言意识的形成和发展具有重要的作用。实际上还有这样的情况,即便从语言系统本身来看,某些词的内部形义关系是透明的,但就学习者个体的既有知识和能力而言,这种透明性未必为学习者所了解和掌握,因此也完全可能采取整词表征的习得策略。在习得该词及相关内容后,基于对其内部形义关系产生的新认知,而在习得新的同类现象时可有效利用类推的策略,此时就又可以看作是分解表征在发挥作用了。

当前的对外汉语教学(尤其是语法教学),对初级阶段和中级阶段的教学比较关注,实际上学界关于教学本位的争论也大多在这个层面上展开。然而,中高级阶段的教学尤其是语法教学教什么、如何教,一直存在着很大的问题,以致"语法教学实际上从中高级阶段开始就中断了"[1]。对此,施光亨早就指出:"几十年来,语言教学法的理论和方法在不断发展之中,就总体而言,它们多数比较适用于初级阶段。中高级汉语教学如何吸取这些理论方法中有用的东西,总结自身的经验,逐步形成自己的教学法,有待我们去探索。但无论如何,研究汉语的内部规律,确定相应的指标,应该是我们的当务之急。"[2] 中高级汉语的语法教学尤其需要自己的"航标"。有先生在总结对外汉语语法教学理论和实践的基础上,概括出"句型为体,字词为翼"的教学思路[3],但这也主要是针对初中级的语法教学而言的。显然,中高级汉语

---

[1] 吕文华《对外汉语教学语法探索》,语文出版社,1994年;增订本,北京语言大学出版社,2008年。

[2] 施光亨《中高级汉语教学呼唤"航标"》,《语言教学与研究》1990年第4期。

[3] 李芳杰《句型为体 字词为翼——关于对外汉语教学语法体系的思考》,《第六届国际汉语教学讨论会论文选》,北京大学出版社,2000年。

语法教学缺少初中级汉语教学所具有的明确的教学目标和教学内容，一个很重要的原因就是我们对进入句层面之后的语言教学观念和方法探讨得并不充分，对更高层次语言单位的元语言意识基本上没有什么探讨。我们曾提出在这个阶段要加强句式意识、篇章意识等构式意识的培养，[①]或者说需要采取相应的构式本位的教学策略，就是基于人们对这些构式类型的形义关系复杂性的认识。要想准确地习得句式、语段／篇章，仅仅从形式上加以分解，或者辅之以抽象的句式意义、语段／篇章的衔接和连贯的说明，这是远远不够的，还需要对特定句式、语段／篇章类型的语境适应性的分析。这是教学工作面对的难题，也是本体研究的重要课题。而何种类型的构式意识在什么阶段形成，其发展过程如何，构式中的形义关系对构式习得的影响，构式的"构式性"特征和非构式性特征在构式习得中的关系，都是构式意识所要关注的重要论题。由于构式理论（以及相应的语块理论）的观念是近些年才引入到语言教学中的新理论，人们对这方面的认识尚不够深入，因而具体的成果还比较少。但这个问题不解决，中高级阶段的语言教学的瓶颈就难以突破，我们就一直难以找到具体的航标。

四 结语

目前我们对各种本位观的论述很多还处于概念层面上的说明，在论证具体本位的效度时基本上都采取证实的辩护策略，而对各种本位观的建构原则、教学策略、具体目标、评估体系、测

---

① 施春宏《面向第二语言教学汉语构式研究的基本状况和研究取向》，《语言教学与研究》2011 年第 6 期。

试手段、反馈机制等还缺少深入的探讨。

本文对教学本位的分析是基于各层级语言单位的构式性特征和非构式性特征之间关系以及语言教学过程中存在整合效应的认识，认为单一的教学本位观在特定的教学阶段、针对特定的教学内容是有一定的效度的，但绝不是充分的，所有的教学策略都是根据具体的教学对象、内容、场景而选择的。凡是将一个完整过程分段处理的，都只能是一种过渡性的策略，有一定的效度和方便之处；但若因此而认为基于某个片段、某个侧面的教学和习得就能代替整体的教学和习得，显然是失之片面的。由此本文提出分层次的综合本位观。这种本位观的基本观念合乎语言构造和语言学分析的基本原则，合乎语言习得过程中的认知经验和发展过程。因此本文分析了提出这样的本位观的理论蕴涵和现实意义。限于篇幅和目前的研究所限，本文对此并没有展开论述，对其具体操作过程更没有涉及。

另外需要说明的是，很多主张某一教学本位的论述中，实际上对"本位"和"意识"并未加以区别，从而将教学过程中所具有的某种语言单位意识简单地当作本位策略来看待了。其实，很多所谓的本位观，实际上就是某种语言单位的一种立足点，一种视角，一种教学策略。而且，即便主张某本位，和实际是否完全按其主张去运作，有时是两回事；一个人在教学方面的成功，跟他所主张的某种本位观，也未必存在着严格的对应关系。同时我们也应该意识到，研究者和教学者对本位的要求实际上并不一致。研究者可以只管一小块，因而可以采取单一本位；而教学者实际面对的是具有层级关系的语言文字系统和不断发展递升的语言习得过程。这也是我们提出分层次综合本位观的一个现实基础。

而要想真正地认识到在什么情况下采取某种教学本位效度较高，什么情况下需要采取综合性的教学本位，就需要对各种类型的元语言意识展开深入的研究。然而，目前关于习得过程中的元语言意识研究，基本上都局限于词和词层面以下的语言层级。对外汉语教学界对汉语教学本位的认识也大体与此相适应。显然，这对说明语言习得的发展过程而言是很不充分的。如何进一步探求词层面之上语言单位习得过程中的元语言意识问题，是摆在我们面前的一项迫切的任务。

第六节　语言习得和语言教学中的"初始过渡语"①

一　一些值得重视的语言现象

现象一：汉语环境下的幼儿在开始说话时常常使用叠音式的语词，例如：吃饺饺、坏坏。人们在和幼儿说话时也常常使用这些语词。而这样的叠音式语词一般不出现于大人口中，更不可能出现于正式用语中，一些语法书甚至认为重叠式名词是基本不存在的。同时家长跟孩子说话或教孩子说话时也模仿孩子说话的样子。幼儿长大以后，到了某个年龄段时，这种叠音式用语就慢慢不见了。

---

① 本节选自史有为《"初始过渡语"异想》，《语言教学与研究》2012年第3期。

现象二：初学汉语的日本学生，在课堂内外试着用汉语时，常常只用一些单词做句子（如"好""明白""馒头"），在没有其他辅助成分时依然用日语的宾—动语序（如"饺子吃"），同时也基本不使用语法词（如"我吃"，缺"了"）。

现象三：日本常常邀请不会日语的中国教师去日本大学任教汉语课程，要求中国老师用汉语上课。除了诵读、领读之外，中国教师还能说什么呢？为了适应学生初学汉语的情况，模仿起学生，说一些类似学生说的汉语：简单到甚至只是单词，规规矩矩的主动宾句式，当然还要一字一顿，清清楚楚的。居然也起到最低交际的作用，安然渡过了初始教学关。而过了这个阶段，教师便使用正常的教学语言。笔者即是其中一例。

现象四：一次，一日本学生初次和两位中国人谈话，男的是普通话比较好的教师，带有北京话的轻声和儿化音；女的受上海话影响，没有卷舌音，当然也没有什么轻声和儿化，但其他方面还算正确。这个学生事后说，我差不多能听懂"她"的话，可我不大能听懂老师的话。其中的"老师"就是笔者。联想到初学者，是否也如此。又一次，一位日本会汉语的管理留学生工作的职员跟笔者说，老师你跟我说的话，我都能听懂，为什么别的中国人跟我说话，我听不懂呢？笔者说，我说话的时候是挑你听得懂的词说。估计哪些词你大概能听懂，哪些你可能听不懂。

二　一个新命题

（一）初始过渡语

显然，以上的事例是普遍存在的。其中幼儿语言尤其明显地被人所感觉到,但是,对于第二个现象人们却常常浑然不觉或习焉不察。根据第一种现象,可否设定幼儿学话初始阶段必然存在一种"启"语言之"蒙"的"言语"形态。根据第二种现象,可否设定第二语言学习者在初始阶段也必然存在一种"入"二语之"门"的"言语"形态。如果我们把这二者合在一起观察,就可发现这实际上属于同一范畴,都是一种初始阶段的语言学习,只不过,前者是母语学习,后者是第二语言学习。

第三、四两则现象虽然与第一、二不同,不是初学者的现象,而是教师和学过汉语的外国学生的现象,但与初始阶段的教与学有关。第三种现象是希望强行打进不纯粹二语,以便运用此不纯粹二语形态进行教学并切断母语的干扰,尽快摆脱初始学习二语时出现的不纯粹二语状况,实现否定之否定,进入纯粹的二语境地,而并非将这样的语言形态固定下来。第四种现象说明,在非初学者处"纯粹""纯正"或过于"纯粹""纯正"的汉语都很难被接受,那么在初学者那里,这样的"纯粹""纯正"的第二语言应当受到控制,以便让学习者更容易入门。

这两种"语言"同样都是语言学习/习得初始阶段的现象,同样都是过渡性的,同样都非常简陋、不系统,与习得目标语言在质与量上都有相当大的距离。因此,我们应该可以把它们二者合起来观察。于是,就可以提出这样的命题:语言学习者在语言学习的初始阶段不大可能一蹴而就地学会虽然简单然而道地的目标语言,他们在这一阶段实现的应该是一种"初始过渡语"。为了适应初学者的这一情况,在语言学习的初始阶段,父母在与幼儿教、对话时,教师在和学生教、对话时,他们也自然地使用一种不纯粹的目标"语言",这种语言,有的是模仿学习者的,有的是生怕学习者感觉太难、太复杂而故意降低标准程度，估计对方接受程度而做出的语言调整。这种语言可以说是一种带有模仿学习者言语性质的言语形态。为了简便并形成对照，我们建议称之为"初始过渡语"。

由此我们认为，"初始过渡语"之下也应该存在两个种，或者说，有两个相似的种，并可以在"初始过渡语"下共处。其中的一个是幼儿习得母语的"初始过渡语"，可暂时称为"启蒙语"（Initial Speech，IS），另一个则是第二语言习得时的初始过渡语，可暂时称为"入门语"（Threshold Speech，TS）。每个种下又各对应一个相关联的"类镜像言语"：与"习方"产生的启蒙语、入门语分别对应的是"授方"模仿前者而故意为之的语言"仿"启蒙语和"仿"入门语。对于语言习得来说，前者是过渡语的主要形式；后者则是辅助性的，是为了转变前者而出现的言语形态。从另一角度看，后者的类似模仿的语言都是一种"诱导语"（Lead Speech，LS），是为了更好更易地将学习者引导入目标语（母语或二语）。它们可分别称为"启蒙诱导语"和"入门诱导语"，也可简单地称为"仿启蒙语"和"仿入门语"。

"启蒙语"是幼儿激发或激活天赋语言能力过程中必然的一站。相对于此，"入门语"则是天赋能力已被激活后进而激活容受第二语言能力的过程中必然的一站。它们存在的时间可能很短，但也可能会影响语言习得，因此就有必要做些探讨。

"启蒙语"的现象早已为人所关注，并有多种说法，获得不少研究成果。本文的重点则在于探讨"入门语"以及比较启蒙语与入门语二者的异同。

（二）中介语与过渡语

二语教学所指的"中介语"（译为"中间语"更妥），我们认为也是一种过渡语，可以与"初始过渡语"合起来成为一个更大的范畴，即"过渡语"范畴。中介语只是学习者在中间阶段时、在完全习得目标语之前的一种过渡状态。有的人甚至一辈子会固定在这种中介语状态上，而无法到达标准的目标语。对于可以习得标准目标语的学习者，这的确是一种"过渡语"。而对于不能完成过渡的学习者，这就成了终点。而且，中介语只存在于学习一方，而不存在于教授一方，即没有授方模仿而为之的"仿"中介语。因为这时已不需要语言"诱导"。这与初始过渡语不同。本文不讨论这种语言状态。

三 初始过渡语的比较

（一）启蒙语与启蒙诱导语

1. 人们早就注意到本文所称的启蒙语以及启蒙诱导语。学界对启蒙语称之为 babytalk、baby talk（幼儿语）。而启蒙诱导语则名称较多，常称之为 motherese（妈妈语、母亲语）、mother talk（妈妈或父母亲对幼儿说的简单话语）、mommy talk（妈妈语），也称之为 caretaker speech（幼稚语、保姆语、保姆式语言）、caregiver language（保姆语言），更术语化的是称 child-directed-speech（CDS）/ child-directed-language（儿向语、儿向语言、儿童导向语言、儿童化的语言）、infant-directed speech（IDS，儿向语言）。目前较多使用的是 motherese 和 child-directed-speech（CDS）两个术语。海外语言学界与教育学界似乎更多地侧重于研究启蒙诱导语（CDS）。

2. 语言学界、心理学界和教育学界早已注意到：婴幼儿时期，尤其是 0—3 岁的婴幼儿是语言发展的关键期。从 0 岁开始培养婴幼儿的倾听能力，随后并培养口语表达能力。18—24 个月时，幼儿的被动语言开始向主动语言发展，注意到问句的发展，并开始出现 2 词句和 3 词句。2—3 岁时出现的语言问题最多，3—4 岁语言习得进步最快，语音按照调位—元音音位—辅音音位顺序习得。在幼儿语中具有特殊的语音特征和韵律特征。儿童的基本语言习得大致完成于 4—5 岁，但会因个体差异而有所不同。①

学界也注意到成年人往往使用一种简单的、语速慢的、意思清楚、容易理解、容易辨识模仿和记忆的儿向语或妈妈语（即本文的"启蒙诱导语"）与幼儿沟通。这种语言是与儿童理解水平相一致的。语言的内容和形式（所用的词语、语句、语调、语速等）都是考虑到幼儿的语言能力和认知能力以及幼儿的理解和接受能力，并略高于其语言水平的。启蒙诱导语对语言习得的速度与质

---

① 李宇明、唐志东《汉族儿童问句系统习得探微》，华中师范大学出版社，1991 年。李宇明《儿童语言的发展》，华中师范大学出版社，1995 年。李宇明、陈前瑞《儿童问句理解的群案与个案的比较研究》，《语言教学与研究》1997 年第 4 期。管莉《儿向语言中的社会因素与儿童语言习得》，《江苏外语教学研究》2003 年第 2 期。陈敏、陈颖《儿向语语言特征及调整状况研究综述》，《邵阳学院学报（社会科学版）》2006 年第 4 期。司玉英《普通话儿童语音习得的个案研究》，《当代语言学》2006 年第 1 期。单兴缘、吴万华《从儿向语的角度看非宏观语言习得早期非地道言语输入》，《黑龙江生态工程职业学院学报》2007 年第 6 期。石锋、温宝莹《汉语普通话儿童的元音发展》，《中国语文》2007 年第 5 期。唐立宁《0—3 岁婴幼儿语言发展中的家长回应策略》，《幼教新视野》2010 年第 1 期。袁野《构式语法的语言习得观》，《解放军外国语学院学报》2010 年第 1 期。程瑞兰《儿向语言研究》（英文），《语文学刊（外语教育教学）》2011 年第 1 期。乔丽娟《儿向语言——促进儿童语言习得的好途径》，《理论观察》2011 年第 2 期。

量有重要的影响。

启蒙语（幼儿语）是一种逐渐向标准语言发展或靠拢的动态言语。启蒙诱导语（儿向语、妈妈语）则是一种策略性的一时性言语形态。它们都只是一种 speech，还不能称之为 language 的言语形态。对于启蒙语，国内不乏观察，但缺少理论性的解释，仍须进一步的努力。①

3. 本文没有采用已经应用的"幼儿语"和"儿向语"或"妈妈语"，而是建议称为"启蒙语"和"启蒙诱导语"，原因在于前者仅表明用语的年龄段或身份，不能准确表示该种言语形态的实质，作为术语不够完善、不够准确。"启蒙语"正好弥补了它们的不足，指明了该种言语形态"启"语言之"蒙"的本质；而启蒙诱导语则不但点明了语言学习阶段还突出了启蒙与诱导的功能。再则，在实际使用中我们发现"儿向语"有被误认为或混淆为"幼儿语"的情况。许多论文标题为"儿向语"研究，实际上探讨的是幼儿语言的发展。这就说明这些术语的不足与缺陷。

4. 启蒙语的产生可能有两个方面的原因。

其一是幼儿本身的原因。比如由于发音器官和脑机能尚未发育完全，或刚刚训练，不能适应成人语言而自然产生的。例如，幼儿较难连续发出几个不同的音，而比较容易连续发出两个相同音。又比如幼儿尚未习得或适应虚义成分或语法成分，因此就不

---

① 袁野采用"折中构式语法"（Compromised Construction Grammar）较好地解释了幼儿语各个阶段的具体言语表现，认为大多数语言知识是后天通过普遍认知能力习得的。文章并指出国内学者如下不足：多倾向于对个案语言特征进行传统观察和描述，并与语言学理论（尤其是构式语法）结合不足。该论文值得我们参看。袁野《构式语法的语言习得观》，《解放军外国语学院学报》2010年第1期。

第六节　语言习得和语言教学中的"初始过渡语"

大出现这类成分。再比如，在上海地区发现，许多幼儿不能发[dzo/zo]（上海话"茶"），只能发[ɦo]；不能发[ŋ]、[g]，只能发[n]、[d]。父母也就仿照此音与孩子交流"吃—茶"（喝水），就变成"吃—[ɦo]"；[ŋagon]（上海话"外公"）就变成[adon]，父母也就会顺势回应。

其二是母亲或全日抚养人（例如全职育儿保姆）的原因。母亲或抚养人了解幼儿的生理和心理特点，故意使用幼儿容易学会或已经掌握的语言形式来启蒙幼儿的语言。像"吃饺饺、买果果"就是授方最先开始使用的"启蒙诱导语"，而后才是幼儿模仿成为"启蒙语"。部分启蒙语形式可能会留存到正常的语言系统中。例如"过家家"就是启蒙语留下的痕迹。

5."授方"的启蒙诱导语（儿向语）大致有如下主要特点：慢速；实用；简短，简单，规则；适当重复；很少使用语法词或虚义词；甚至可以违反成人语言的某些语言习惯。具体如：

语音：速度放慢，发音清晰或加以强调、拉长，语调简单，避免改变声韵母的一些发音（如：轻声的"葡萄、知道"；处于中间音节的"不知道"）。

语汇：门门，饭饭，外外，臭臭，抱抱，亲亲。

组合：吃饺饺，买果果，戴帽帽，宝宝好|爸爸好，妈妈走，门门坏，门门开。

句子：句子常不完整，常出现单词化的句子（名词、动词、形容词都常常单独成句）。

主语：主语一般都出现，而且模仿幼儿，不过早出现人称代词，大都使用具象词，如"宝宝睡觉""阳阳乖""阳阳不哭"。

当然这些启蒙诱导语只是授方语言的一部分，另一部分则是正常而速度放慢的语言。据我们观察,幼儿启蒙语存在的时间会比母亲的启蒙诱导语长一些。使用启蒙诱导语的整个时间,大概也就 1—24 个月左右。随着孩子的成长,授方的启蒙诱导语越来越少,直至完全消失。

6. "启蒙语"与"启蒙诱导语"究竟先产生哪一种?哪一种制约哪一种?这是很难回答的问题,也是我们应该研究的新课题。现在国外一般探讨的多是"儿向语"或"妈妈语",让人觉得他们倾向于儿向语最先产生,然后幼儿学着学着再出现了"幼儿语"(Babytalk)。实际上这是个鸡和蛋的关系,是一种互动的关系,主要看我们站在哪一方去探讨。本文从语言习得角度去观察,当然首先应着眼于启蒙语(幼儿语),然后再探讨传授一方如何应对,这才涉及启蒙诱导语(儿向语)。[①] 至于入门语和仿入门语的关

---

① 关于启蒙诱导语(儿向语),国外或中国香港、澳门、台湾地区研究成果较多,而中国内地(大陆)只是近年来才比较关注,而且多为外语学界人士。这些研究表明:长期在儿向语言环境中的孩子极有可能以加速度的趋势习得语言,并对语言习得的质量有重要的影响。有些研究探讨了影响儿向语的若干重要变量,探索改善和加速儿童语言习得的方法。傅丽萍的研究发现,客家方言的"儿向语言"(Infant-Directed Speech, IDS)具有独特的语音特征,并提出相对的"成向语言"(Adult-Directed Speech, ADS)概念,探讨儿向和成向语言的差异。傅丽萍发现儿向语有引起注意的功能、传递情感的功能以及促进语言学习的功能,并探讨了母亲与幼儿语音互动模式和亲情因素对儿向语言造成影响。傅丽萍《客语儿向语言塞音 VOT 与母音声学研究——以苗栗四县腔为例》,"第十一届全国语言学论文研讨会",中国台湾,2010 年。Linda Daniel, M. A. 针对听觉的观察表明,儿向语对听觉理解和口语发展十分重要。在 12—14 个月时出现语言理解迹象,18—36 个月时表述更加合乎语法。幼儿在 2 岁以下句长为 3.5 个语素。妈妈语一般限定为现在时,具体名词。Linda Daniel, M. A.《母亲歌声:听觉口语发展的自然语言》。CCC-A, M. S., Cert. AVT. 中译稿: http://www.docin.com/p-91529479.html。单兴缘和张文瑶(2009)研究词类信息的输入和获得,也是一项有价值的研究。单兴缘、张文瑶《从儿向语的角度探微汉语言语输入的词类信息》,《边疆经济与文化》2009 第 3 期。

系也应类此。

（二）入门语与入门诱导语

根据教学经验，我们把习方的入门语时间大致定在初学的第一学期之内，之后出现的过渡语可以归属于中介语。入门语带有某些对成人而言的非自然性，以及某些对群体而言的个体性。授方使用的入门诱导语是为初学者习得该第二语言的过程中，用以教学和使用的部分言语形态。其目的是为了让学习者更容易进入语言或进入该语言，建立最初的语言处理（理解、表达、使用）平台，以便于进一步学习更为复杂的自然语言。以汉语为例，作为第二语言汉语的授方"入门诱导语"与习方"入门语"有一些差别。习方入门语除了慢速、实用、简短、简单、很少使用语法词或虚义词之外，可能更多地会违反目标语规则。而授方入门诱导语的主要特点是：慢速，实用，简短，简单，规则，重复；也尽可能地少用语法词或虚义词；个别情况下甚至可以违反目标语的习惯规则。入门诱导语的这些特殊言语形态的使用频率大大低于习方的入门语。

"入门诱导语"的特点具体如下：

慢速清晰：语速缓慢，发音清晰，尽量使每个字的发音清楚；尽量使每个句子有机会在学习者大脑中得到充分的反应或处理。

实用：你好，对不起，谢谢，再见，身体好，爸爸坏等。

实义：避免使用很难对应的语法词（如助词"了"）。

简短：注意合适的长度，保持简短（如1—6、7字，或1—3、4词）。

简单：尽量多使用标准的主—谓／施—受结构的句子；语气词的省略；避免轻声和儿化；语调多取尾降型陈述句调和尾升型

疑问句调。

规则：尽量使用或出现主语；尽量使用宾语并选择受事宾语；句子表现出过分的完整（即主动宾齐全）。

适当重复："谢谢、谢谢"；"我是日本人，日本人"（或请再说一遍）。

个别违规：个别情况下（在尚未学到该语法点时）可以违反母语者的某些语言习惯。例如：

其一，语序错置："我已经看书"（书，我已经看了）。

其二，语句分裂："我写信，完了"（我写完信了）；"木村起来，木村回答"（木村，你起来回答）。

其三，过度使用"的"：学到的虚词很少，但却容易按照日语的习惯，在每个定语之前都使用"的"。

其四，同义词使用不当：每个词都有一定的使用范围，同义词大都使用于不同语境。入门阶段学的同义词不多，因此可能故意允许某些不当使用，如"母亲"和"妈妈"可能故意用错。

（三）两种过渡语之间的异同

入门语与启蒙语有很多相似之处。它们同处语言学习初始阶段，时间段一般都很短，语言上有许多相似之处（例如音节清楚、语速放慢、简单、重复、违规等）。它们之间的不同在于：

1. 总的不同是：二者所处习得类型不同，语境不同，目的不同，年龄不同，所教和所学的具体词句不同。

2. 幼儿处于初始激发/激活天赋语言能力的阶段。二语学习者更多的是利用前者已激活的语言能力，作为第二语言学习也存在不完全同于前者的某些天赋能力（例如接受不同语言系统的能力，不同语言系统共存的能力以及控制互不混淆的能力），这与前者有所不同。

3. 启蒙语是在幼儿阶段人的大脑和语言机能发育发展过程中的现象。此时的幼儿还处于混沌初开、懵懂无知的状态，其逻辑能力、分析能力尚待开化发育，感性大大强于理性。入门语一般是在人的大脑和语言器官、语言容受—发动机能都已充分发育和发展的时候的现象。入门语阶段的学习者其理解能力和分析能力一般已经较强。此时的学习者随着年龄的增长其理性逐渐高于感性，语言学习的需求和方向都会有差异。

4. 入门语受到第一语言或母语的干扰或影响，对其学习效能或利用二语交际与思维都有很大的干扰。而启蒙语没有受到这样的影响，幼儿只能完全依赖母语来交际与思维。因此，幼儿只能依靠启蒙语做初浅的交际和思维，而入门语的使用者可能以母语作为中介进行翻译式的交际和思维。

5. 学习说话前的先置条件不同。启蒙语实际上是在先听懂了母亲部分语言以后才开始的，即听懂在先，说话在后。而入门语一般都是听与说几乎同时进行的，缺乏已经听懂这一先置条件。因此，二者的后续进程也会受到影响。可以观察到，幼儿的说话能力在初始阶段带有某种跃进的现象，父母常常会因孩子突然能说什么话儿感到惊讶或惊喜。而二语学习者很难有这样的可能，一般只能循序渐进。二语学习者只有在学习了一二年之后，会有突然能听懂或突然能多说的感受。

6. 启蒙语时段不可能过长，它们的特点一般不大可能带入今后正常的母语，除非个别孩子由于发音器官的生理原因而需要花费更长时间来矫正（如舌、齿和唇有异样或残疾）。而入门语的语言特点却可能带入中介语阶段。

7. 入门语在语汇、语法的广度与选择方面不同于启蒙语,有些可能超过后者。而幼儿的启蒙语可能在语言成分的辨认、理解与模仿方面更胜一筹。

四 过渡语习得的制约因素

(一)启蒙语的制约因素

生理制约。人的生理条件是在不断发展变化的,1—18个月幼儿的发音器官还没有完全发育完成,而24个月左右的幼儿其发音器官就已经基本发育完善。由于生理上或语音上的特殊性,某些音素对于幼儿可能还有困难,例如边音 [l],汉语的卷舌元音 [ɚ] 和儿化音,俄语的颤音 [r],法语的小舌颤音 [R]。此外还可以看到幼儿快速发音的能力不足,快速变换语音的能力也不足。可见,幼儿和成人的发音能力是不同的。这有大脑的皮质和神经突的发育问题,也有练习而致熟练程度(即生理—心理定势)的问题。

心理制约。表现在记忆、认知、分析、理解方面。幼儿和儿童是心理未定型的,而成年人则已大致定型。所谓的习惯就是一种可反映在行为上的心理程式。

语言制约。语言规则本身的复杂程度也制约幼儿的语言习得。汉语缺乏形态,对幼儿最初阶段语言习得的阻难较小,德语、法语、俄语的形态比较丰富而繁复,对幼儿最初阶段语言习得的阻难显然较大。因此,为了减轻幼儿的习得阻难,就可能会使用比较简单的、多为语词原形的形式,如动词可用现在时或原形形式。

语境制约。幼儿接触的生活范围小,所用语汇和语句也必然简单,一般围绕其家庭及其成员、卧室、餐厅、饮食、花园、玩具等,并在这样的语境中慢慢建立最初的语言平台。

这样的言语是家庭成员为了孩子学会语言所必然采取的。过了初始阶段,儿童的接触面扩大,生理、心理进一步发育,不自觉的语言限制消失,语言习得也随之扩展,开始进入真正的语言世界。

（二）入门语的制约因素

生理—心理制约。成人的发音器官已经发育完成和完善,因此,成人在学习二语时发音困难并不在于纯粹的生理器质,而在于母语习惯形成的肌肉情况,以及生理—心理上的发音定势。例如吴语区人学普通话时在 -en 与 -eng、-in 与 -ing 上最感困难,很难发出不同的区别音,这就是由心理定势造成的。这一困难情况（-n 与 -ng，z 与 zh，zh 与 j 等）在日本学生学习汉语时也同样出现。

语言制约。不同语言由于其规则的复杂程度不同,入门之初会有不等的制约。规则相对简单的就比较容易,入门语与正常语言之间的差别也就会小些。例如汉语语法的大规则简单,没有形态,学生普遍觉得入门容易。相反德语语法比较复杂,入门较感困难。语音上日语比较简单,汉语比较复杂,入门阶段学日语的很快就掌握了,而日本学生学汉语语音就叫苦不迭。

语境制约。课堂学习外语缺乏真实语境,也就会降低学习的自然、真实与紧迫感。

学规制约。这里的学规指的是课时安排等制度,学习要求的高低,以及校方和自我对自学练习的约定。这对入门阶段有着相当大的影响。一周一次和一周三次的学习效果差别很大。每次课后放羊不再复习与课后练习连连,其效果当然也很不一样。

五 入门语的应对

既然客观上存在这样一种入门语。我们就需要在对外汉语教学上就此做些研究和处置。研究这种入门语表现在哪些方面,与标准目标语有多少不同,研究这种入门语会在不同学习者身上存在多长时间,研究入门语在口语和书面语上的异同,研究它对二语教学与教学双方的影响,研究在教学上如何利用或应对,以便有利于二语教学。研究入门语的目的不是为了保持入门语,相反,恰恰是为了尽快终止入门语阶段,为了更好更快地入门并升入另一学习阶段。

如果入门语对继续学习二语的影响不大,我们可以忽略不计,不做应对。如果认识到入门语是与中介语连接在一起的,某些特点可能转化为中介语的特点,那就必须认真研究,适当应对。就我们在日本汉语教学的经验,可以提出如下应对方面:

1. 适当使用"入门诱导语",如降低语速,适当避免那种改变声韵母的轻声和儿化,多用简短句子,适当避免某些助词,引导学生尽快掌握一部分语言材料,实现初步对话,引起兴趣。这样的应对是以尽快终结入门语使命为目的的。

2. 尽可能缩短入门语持续的时间。入门语时期虽然很短(可能一个月到半年),却是过渡到正常目标语的一个必然阶段。为了不让其固定并延长,尽快过渡到标准目标语,必须尽快地放弃入门语,尽快衔接真实语言。为此需要逐渐加多标准目标语的教学投入。例如随着课程的进展而逐渐加快语速,恢复正常的轻声和儿化,提高用词的水平,恢复正常句子的比例。

3. 对入门语不要批评或判罚,应该允许学习者在一段时期内发音不到位,用词和造句不到位,应该更多地采用正面鼓励的方法,以保护学习者的兴趣与积极性。

4. 入门诱导语无须出现在教材中,只需存在于教师与学生口头对话。在课堂上也要有控制地应用入门诱导语。

入门语和入门诱导语是一个并不显眼的"小现象",过往视而不见,似乎无关紧要。我们"异想天开"地提出,一是并非要拔高其地位,而只是为了如何尽快地过渡到正常应对中介语的阶段,是为了如何更好地阻止入门语阶段出现的偏误带入中介语阶段,以提高教学效果。二是出于科学的认识:作为语言科学,哪怕是一个很小的现象也都是值得关注的,都有研究的必要。因为在研究之前,谁都不能判定其价值的有无。为此,需要从学生一进校便跟踪记录其二语状况,划分阶段,结合理论,做出合理解释,并提出理论模式,设计好"入门诱导语",以指导今后教学。

六 衍生的课题

(一)"不标准"与"次标准"

初始过渡语实际上是一种严重的"不标准"。放宽了说,至多也只是一种"次标准"。关于后者,陆丙甫和谢天蔚曾道:"在把汉语当外语进行教学时,不妨在某些方面把标准放松些,可以把某些中国人中也常见的'错误'说法当作偏离'高标准'(Strict Standard)的'次标准'(Substandard)、'非正式'(Informal)

的说法或者是普通话'变体'和风格的差别;将其处理成可以接受的选择,而不是当作完全错误的形式简单地加以排斥。这样可以相当程度上缓解初学阶段的压力。尤其在次标准形式的习得远比高标准形式容易的情况下,采取次标准也许是比较理智的。容许学生使用一些次标准的形式,这样就可以避免在一两年的学习期间,把大量时间、精力耗费在一些枝节技能上,才可以腾出时间来学到更多有关中国语言文化的实质性内容。"[①] 这又是"经济原则"(Economic Principles)使然。

天然或自然存在着的初始过渡语以及启蒙诱导语、入门诱导语,与标准目标语都有着相当的距离,这种不标准言语形态却又是合理的存在。经济与成效是相关的两个方面。少出力而又要办好事,二者表面上是矛盾的。我们很难两全其美。如果我们把次标准作为一定条件下与某些可容忍和利用阶段可接受的目标,那么无论习者和授者,都将如释重负。

"初始过渡语"的事实为我们再次提出一个衍生或延伸的语言"次标准"课题。接下去,我们就必须认真研究:究竟应该容忍什么样的次标准;究竟对什么样的学习者可以容许这样的次标准;从什么时候开始以及到什么时候可以容忍这样的次标准。

(二)"另标准"的"目标"

初始过渡语和"次标准"又衍生出另一个并不限于目标语的课题,即教和学的"另标准",也即我们在教和学两方需要容许什么样的教学"目标"和"目标"教学法。还是先谈事实:

例1,全国政协原副主席、维吾尔族老革命家包尔汉,一口

---

① 陆丙甫、谢天蔚《对外汉语教学的经济原则》,《汉语学习》2004年第4期。

缺少声调的汉语,但语法基本正确,完全可以表情达意,交流无碍。正如同新疆、青海的汉语,上海普通话,广东普通话那样,可以被绝大多数人接受和容忍。我们相信康有为向光绪建言时必然也是这样的广东官话,如果光绪听不懂,就不会有当初的百日维新。

例2,中央民族大学一位维吾尔族女学生,在入学之初,即发现身患淋巴结核,不得不入医院治疗,经过半年多的治疗,走出医院,她的汉语已变得非常流利,声调基本准确,句子标准,水平几可达到毕业程度。而同班其他学生的汉语却远不及她,可谓因祸得福。

例3,一些外国学生来华后,很快投入相声门下。没有按部就班的语音、语法教学,可是一年半载下来,水平突飞猛进。其佼佼者如加拿大的大山,法国的朱立安。

由此看来,我们是否可以设置或调整适当的教学"目标"。在一定条件下可以容许习者"次标准"语言为合格,授者也可容许有创新的"另标准"教学法。学习二语总的目标是为了能培养二语交际的"能力",而非书本上的一般标准。能力高于标准,测试当然也应以此能力为目标才是。这些也就是效度高于信度的一种体现。

以上只是我们的初步探讨,抛砖引玉,希望同道有以教之。

第三章

教学理论专题研究：新思考与新认识

第一节　对外汉语课堂教学实践研究[①]

一　理论的提出

理论从实践中来，到实践中去，对外汉语教学研究也不例外。不管是语言本体的研究还是语言学习与教学理论，最终都要回归到语言教学实践才是有意义的。

然而，具体的语言教学实践是丰富和复杂的，是我们在理论上无法推断出来的。我们认为，对外汉语教学的研究，一定要重视起课堂实践这个阵地，从实际的课堂教学过程中去发现问题、研究问题、解决问题。事实上，一些学者已经开始注意课堂教学的研究，呼吁重视课堂教学实践。[②]

汉语作为第二语言教学的实践，目前主要指正规学校教育中的课堂教学实践。课堂教学能够提供丰富的研究资源和研究视角，

[①] 本节选自吕玉兰《试论对外汉语课堂教学实践研究》，《世界汉语教学》2004 年第 2 期。

[②] 孙德坤《关于开展课堂教学活动研究的一些设想》，《世界汉语教学》1992 年第 2 期。刘珣《语言教育学是一门重要的独立学科》，《世界汉语教学》1998 年第 2 期。王路江《对外汉语学科建设新议》，《语言教学与研究》2003 年第 2 期。

（三）建立教学实践资料库

收集教学实践资料，目的是要使资料收集者本人以及其他研究者方便地取得真实具体的研究资料。因此，为方便研究，应对所收集的资料进行初步分析，然后依据不同的研究目的，有系统地加以标注。比如使用关键词进行分类编码和数据库管理，这样的前期工作有助于发现问题、分析问题和解决问题。可以考虑的因素有：

1. 基本背景。在采写完成后，为了研究查找方便，还应对所收集的内容的背景进行记录，比如授课教师的个人信息、班级和学生个人的基本信息、教学的课程设计信息等。

2. 按照教学内容分类，其中又可以分为几个小类，比如按教材分类、按所教授的基本语法点分类（比如可能补语、"着"的用法）等。这样，后来的研究者就可以按图索骥，在教学实践中发现学生的学习难点、学生学习偏误以及与教学策略的相互关系等等。也可以按照语言内容（话题）进行分类，从中可以观察不同背景的学生对一些特定问题的不同看法。特定话题可能涉及的词汇范围，能够为教材编写提供借鉴。另外，还能够从中了解不同的教师在处理相同的话题时的不同引导方法。

3. 可以按照一些具体的课堂活动的形式分类和标注。比如学生的小组讨论、学习实践报告、辩论等等；教师的具体教学行为，比如听写、纠错、提问、课堂管理、应急事件处理等等。当然，理论上来说，可以进行标注的方面是开放的，这就需要我们进行资料库建设的时候要尽可能地分析到其中的突出特点并进行标注。

可以预见，建设这样的资料库无疑会给我们的实践研究带来方便。我们对资料库的建设已经进行了有益的尝试。笔者与两位同事于 2002 年 3—6 月对本校两位教师各一门课程的教学进行了一个学期全程录音,对另外一名教师制作了部分教学录像。我们还参与了不定时的课堂观察与对教师的访谈。目前,这些资料我们大部分已经做了文字转写,汇集成比较全面的实践研究资料。

(四)关于资料库的共建与共享

当然,进行大型的实践研究的资料库建设是一个繁杂艰苦的工作。因此可以考虑从某个教学单位,甚至从某个教师开始,逐步积累。或者由上到下地进行,由上级主管部门组织专门的课题组,进行资金和人员上的统一组织。

同时,所获得的资料最好能够集中起来,进行比较系统的编排后发表或者发行。考虑到信息量巨大,可以考虑发行光盘或者利用互联网建立专门网站公布,这个网站也可作为实践研究交流讨论的平台,达到资源最大限度的利用。

三 实践研究的一些特点

(一)反思性的实践研究

进入 21 世纪,我们对对外汉语教学这门学科有了新的认识。对外汉语教学实践固然有其特殊性,但是从本质上说,它是语言教育,因此也是教育学的研究课题。已经有学者指出:对外汉语教学为语言教育学的一门分支。[①] 既然是语言教育,我们就要积

---

① 刘珣《语言教育学是一门重要的独立学科》,《世界汉语教学》1998 年第 2 期。

极吸收教育学的相关理论，扩大对外汉语教学研究的视野。实践研究的提出，能够很好地体现对外汉语教学与新的教育学理论之间的密切关系。传统的教育理论常常把教师看作被动地传授知识技能和贯彻教学大纲的教书匠，而新的教育观念认为，教师可以作为研究者，通过自己的反思实现自我发展，是反思的实践者（Reflective Practioner）。这种在实践中进行的，以参与和合作为特征、以理解和改进教育工作为目的的研究活动，就是行动研究。事实上，我们有不少教师在教学中都或多或少地进行着反思，形成了一些"行动研究的雏形"，但是由于没有有意识地进行资料搜集，没有进行系统的资料整理和分析，因此他们的反思只能形成自动的经验，没有也很难得到理论上的提升，所以就不能非常有效地指导教学实践。实践研究的一个重要方面，就是提倡对外汉语教师的行动研究。这里主要包括如下两种情况：

一是教师从日常工作实际出发，通过观察记录和分析，对教学实践进行内省的行动研究。只有对教师的具体的教学实践进行有目的的反省，才能了解"教师课堂上做了些什么，这些行为有什么意义，反映了怎样的教育理念，对学生的学习有什么影响"[1]。行动研究不仅有利于提高教学质量，而且有利于提高教师的职业素质和促进自我发展。

二是教师作为研究者，对其他教师的教学实践活动进行研究。提倡个人的行动研究自然是必要的，但是，在操作上的困难也是显而易见的。不少时候，长期的教学过程使教师的不少教学行为已经自动化，教师本人也很难发现自己教学行为的意义。同时，

---

[1] 陈向明《教师如何作质的研究》，教育科学出版社，2001年。

教师在观察自己的教学行为中很难克服个人消极情感的干扰。因此，我们还要提倡另外一种研究方式，即教师从一个同行和观察者的视角，研究其他教师的教学实践。在这种研究过程中，研究者与被研究者都是对外汉语教师，可以在交流中达到共同提高的目的。

（二）具体性的实践研究

对外汉语教学界传统的语言教学理论和语言学习理论，探讨一般教学原则比较多。比如"精讲多练""可懂输入""结构—功能—文化相结合"等。这些研究的特点是，把对外汉语教学的各种因素抽象化、概念化，然后进行一般性规律的探讨。实践研究的特点正好相反，我们研究的是具体的教师、具体的学生，而不是抽象概念中的学习者或者语言教师。我们研究的是具体的课堂情境，而不专注于抽象的教学原则。

正由于实践研究有很强的具体性，因此，所做研究必须在教学实践资料库的基础上进行。其做法可以是多样的。

1. 编纂实践研究资料库并进行研究。在目前阶段，实践研究资料库建设还处在构想阶段，初期的实践研究者缺乏资料支持，也缺乏资料库创建的经验。因此，亲自进行资料的搜集整理工作是十分必要的，这本身就是实践研究的一个基础部分。

在这个工作的进行过程中，研究者本人的计划和实施过程，包括所获得的经验和所遇到的困难以及个人的心路历程等，对将来的参与者都是一笔财富。因此，参与者在提供自己所得到的资料时，最好能够把这几个方面加以总结并予以公布。

2. 在我们编纂成大型的共享资料库的情况下，研究者可以选择其中的一部分资料（比如一位教师的一个阶段的课堂实践，一次课堂教学，甚至具体的一个语言点的教学过程）来分析。一切从材料出发，结合相关的教学法和语言学习理论，进行分析和研究。一是从一般教育学意义上进行分析和研究。比如可以分析教师的课堂管理、教师对学生期望、师生互动交流关系、学生之间的相互作用等。二是着重从语言教学和第二语言学习的视角进行课堂透视。比如可以分析课堂中教师对特定语言教学点的展示、解释、操练的具体策略和技巧，练习的形式和有效性，学生的接受程度和接受困难，特定教师的教学语言研究和特定学生的中介语语言系统研究，等等。

需要特别指出的是，由于实践研究强调具体性和独特性，其价值在于使阅读者与研究者之间取得认同，因此在发表自己的研究成果时，最好要尽量让读者多掌握自己所依据的课堂实践的背景，甚至是具体的录像录音或者文字转写资料。在资料库共享的理想状态下，研究者在发表自己的研究成果时，最好明确指出所依据的资料出自资料库的哪一部分（比如指出其编号）。如果所依据的课堂实践活动尚未包括在资料库中，最好要多加引述或者概括叙述，或者上传到网上，这样大家在阅读论文或者专著时就有所参照。

3. 公开的讨论。在建立了教学实践研究的专门网站后，由于有了共享的资料库，大家可以针对一个具体的教学点，分析不同的教学进程，在共同的平台上进行讨论。可以是论文形式，也可以把一点一滴的想法发表在网上。在共同的背景下互相启发，就可以集思广益，共同提高，理论也许就是在这样的讨论中得到的。

（三）人本性的实践研究

实践研究中，教学者和学习者不再是一种抽象的概念，他们首先是具体的人，然后才是教学者和学习者，因此要充分考虑具体的"人"的特性，对可能影响研究的"人"的因素有清醒的意识并要进行认真的反省，其中以下几个方面尤其要引起注意：

1. 伦理因素。举例来说，研究者在资料搜集时要选择愿意合作的教师，这就要在友好协商的情况下进行。要考虑自己与对方的关系处理，更要考虑对方的顾虑和困难。本着"自愿原则，保密原则，公正合理原则，公平回报原则"进行。[①]这就是一种伦理问题，是必须把握好的。

2. 背景因素和关系因素。研究者本人的研究背景和个人偏好对研究的影响是显而易见的，即使在控制性较强的实验研究中，研究者的主观偏好也会影响结果的科学性，这就是所谓的"研究者效应"。而通常的研究中，研究者的身份是模糊的甚至是缺失的，这就会影响研究成果的全面性。

实践研究并不回避研究者的个人背景、与被研究者的关系以及由此所带来的影响，而是主张把这些因素考虑到研究的过程中来，研究者不但要认真细致地观察和分析被研究者，还要努力对自己进行"头脑风暴"式的诘问。比如：我为什么选择了这个研究问题？我个人的什么经历以及情趣偏好在这里起了什么样的作用？我的研究给我们的关系带来了什么样的伦理问题？等等。这样的内省过程是整个研究的一部分。也就是说，研究时要检讨这些因素，做出清醒的判断。

另外，对外汉语教学实践活动，实质上也就是教师与学生进行人际交流的过程。因此语言教学的成功与否，在很大程度上"依

[①] 陈向明《教师如何作质的研究》，教育科学出版社，2001年。

赖于学习与学习者之间以及教师之间的团结合作、相互支持的人际关系"[1]。所以在进行实践研究时，不能孤立地看待教师或者学习者个人的表现和反应，而应该分析教师与学习者之间、学习者与学习者之间的互动关系和相互影响。

3. 情感因素。在语言教学研究中，认知规律固然是重要的，但是，"以人为本的教育思想认为，人的智力发展与情感发展同等重要"[2]。积极的情感状态会促进认知结果，而消极的情感状态则会抑制认知结果。因此，实践研究注重情感因素的作用，我们通过对学生日常学习的微观观察，获得了反映具体的教学者和学习者的人格、气质、情感因素的真实素材。据此，我们可以探讨情感因素对教学活动和语言活动的影响，另外还可以研究师生关系和班级气氛对学习者的影响，例如同伴竞争压力（Peer Competition Pressure）和对其他文化的态度等。

（四）过程性的研究

教学实践中的问题是层出不穷而且往往是不断发展的。每位计划进行教学实践研究的研究者，往往有自己比较感兴趣的问题和侧重点。如果资料是靠自己进行采录和收集的，那么在进入现场之后，由于所掌握的资料的不确定性，也由于研究本身可能时间跨度比较长，研究者本人的兴趣点会有所变化，因此，所研究的问题常常随着研究过程的深入而不断变化，是一个从现场到问题再到现场的不断循环的过程。这样的一个研究过程，其根本特

---

[1] Arnold, J. *Affect in Language Learning.* Foreign Language Teaching and Research Press, Cambridge University Press, 2000.

[2] 同①。

点在于从实践出发,从材料出发,而不是"大胆假设,小心求证"的过程。

四 对外汉语教学实践研究的意义

(一)发展师资培养的案例分析教学

对外汉语教学事业的发展要求全面发展师资培养,要从理论和实践两方面进行。目前我们在理论培养方面做得比较多,实践能力的培养方面一般只是靠现场教学观摩,靠观摩者自己进行零星体会。有了实践研究,就为师资培养提供了实践资料和实践理论,便于进行专题的案例教学。这样的教学不但有利于培养出有实际教学技巧的师资;更有利于提高他们今后的课堂实践分析能力,增强自己的反思意识,从而促进自己的职业发展。

(二)研究方法的新视野

实践研究的"田野"就在教室中、课堂上,在每个教学的瞬间,因此实践研究只能从一个个具体的课堂开始。目前在对外汉语教学研究领域,比较流行的是定量研究的方法。但我们认为,实践研究更适合一种描述性的、从材料中产生观点的研究方法。我们主要采用目的性抽样,进行小样本的甚至是个案的研究。

实验性定量研究目的在于进行样本的推广。但实践研究并不追求太强的推广度,它的研究成果往往是地域性的,甚至是个性的。但是这样的研究仍然可以达到所谓的"认同推广"的目的,也就是说阅读研究报告的读者与研究者本人分享研究的过程与分析。并且通过一个个的小样本和小问题,进行累积推广。(实际上我们目前所做的一些实验研究,因为很难做到严格意义上的随机抽样，其推广性也难免是有局限性的。）

（三）加强资源的流动和共享，推动学术界的交流

实践研究需要进行资料库的建设，参与者作为研究者或者被研究者都会受到锻炼，得到提高。我们提倡建立开放性的资料库，加强资源的共享。通过发表研究报告，让更多的教师在阅读过程中，产生思想上的共鸣，启发新的思想，使自己在今后的实践和研究中更加具有创造性。同时，通过建立交流研究成果的网上平台，推动学术界的交流。

需要指出的是，实践研究目前还处于前期理论构想阶段，很多想法还不成熟、不完善，有待于在实际的研究中加以完善。

第二节　对外汉语教师实践性知识的个案研究[①]

研究教师在教学实践中真正运用的实践性知识，是教师专业发展研究领域的重要课题之一。对教师实践性知识的研究源于对"教师实际上知道什么、在课堂上运用了什么"的关注。传统的教师培训课程主要向教师输入外在的教学理论和技能，而教师的内在知识却没有得到应有的关注。随着教师教育领域研究的不断深入，研究者开始认识到，教师实践性知识在教师教学活动中起

---

① 本节选自江新、郝丽霞《对外汉语教师实践性知识的个案研究》，《世界汉语教学》2010年第3期。

关键作用。它依赖于教师过去的经验，存在于教师当前的教学生活中，并预测着教师未来的教学活动。教师实践性知识是教师专业发展的主要知识基础。

但是，在对外汉语教师研究领域，教师实践性知识还是一个几乎全新的概念，有关研究尚未引起对外汉语教学界的关注。本文通过对4名对外汉语教师实践性知识的个案研究，探讨对外汉语教师的实践性知识，以期引起人们对对外汉语教师的实践性知识的关注和深入研究，并为汉语教师发展研究和教师培训提供启示。

一 教师实践性知识的定义及其相关研究概述

（一）教师实践性知识的定义

教师实践性知识（Practical Knowledge）指教师在教学实践中使用或表现出来的对于教学的认识。它融合了教师个人的观念、价值、技能、策略、情感等因素。教师实践性知识的构成包括以下六个方面的内容：教师的观念、教师的自我知识、关于学生的知识、情境知识、策略性知识和批判反思知识。[①]

实践性知识具有五个特征：（1）情境性，即它在特定的教学环境中产生。（2）具体性，即它是具体教学情境的具体回应。（3）综合性，即在教学过程中各种知识相互作用，知识不是根据类型而是根据问题来组织的。（4）经验性，即它受个体工作、

[①] 陈向明《实践性知识：教师专业发展的知识基础》，《北京大学教育评论》2003年第1期。

生活经验的影响。（5）情感性，即它不是纯客观的，每一位教师实际所拥有的知识都具有价值、情感、审美等特征。[①] 有些实践性知识属于内隐知识，不能通过语言、文字或符号进行逻辑的说明，只能在行动中展现、被觉察、被意会。[②]

实践性知识的概念最早由 Elbaz 提出，她认为这是教师以自己独特的方式拥有的一种特别的知识，强调教师知识的"实践性"。[③]Clandinin 提出"教师个人实践性知识"的概念，强调教师实践性知识的"个人"特点，[④]Golombek 也使用这一概念。[⑤]

在中国，陈向明根据教师知识实际存在方式的不同，把教师知识分为理论性知识与实践性知识，认为理论性知识"通常可以通过阅读和听讲座获得"，包括"学科内容、学科教学法、课程、教育学、心理学和一般文化等原理性知识"，实践性知识"是教师真正信奉的，并在其教育教学实践中实际使用和（或）表现出来的对教育教学的认识"[⑥]。还有学者从知识的功能性出发研究教师知识的构成，认为教师知识可以分为本体性知识、条件性知

[①] 杨翠蓉、胡谊、吴庆麟《教师知识的研究综述》，《心理科学》2005年第5期。

[②] 陈向明《实践性知识：教师专业发展的知识基础》，《北京大学教育评论》2003年第1期。

[③] Elbaz, F. The teacher's "practical knowledge": Report of a case study. *Curriculum Inquiry*, 11(1), 1981.

[④] Clandinin, D. J. Personal practical knowledge: A study of teachers' classroom images. *Curriculum Inquiry*, 15(4), 1985.

[⑤] Golombek, P. R. A study of language teacher's personal practical knowledge. *TESOL Quarterly*, 32(3), 1998.

[⑥] 同②。

识和实践性知识三类。①

（二）英语教师实践性知识研究概况

20世纪60年代中期至70年代中期，受行为主义理论的影响，教师研究关注的主要是教师有效的教学行为，忽略了支撑教学行为的知识结构。由于认知心理学的兴起，70年代中期，教师研究的焦点转向了教师认知过程的研究。

Shulman提出的有经验的教师的知识框架，为教师知识的研究奠定了基础。他和同事通过对在职教师的个案研究，归纳出了教师知识的七种类型，即学科内容知识、一般教学知识、课程知识、学科教学知识、关于学生及其特征的知识、教学环境知识和关于教育目标的知识。② 但一些学者认为，Shulman罗列出的教师各类知识过于抽象概括，很难与教学实践相结合。Elbaz提出实践性知识的概念，③ 并对它进行了研究，此后许多教师研究者也将研究视角转向教师的实践性知识。④

在英语作为第二语言教学（TESOL）领域，关于教师实践性知识的研究开始于20世纪90年代。研究者认识到，仅仅研究教

---

① 辛涛、申继亮、林崇德《从教师的知识结构看师范教育的改革》，《高等师范教育研究》1999年第6期。

② Shulman, L. S. Knowledge and teaching: Foundations of the new reform. *Harvard Educational Review*, 57(1), 1987.

③ Elbaz, F. The teacher's "practical knowledge": Report of a case study. *Curriculum Inquiry*, 11(1), 1981. Elbaz, F. *Teacher Thinking: A Study of Practical Knowledge.* Croom Helm, 1983.

④ Connelly, F. M., Clandinin, D. J. & He, M.-F. Teachers' personal practical knowledge on the professional knowledge landscape. *Teaching and Teacher Education*, 13(7), 1997.

师外显的课堂行为是不够的,还需要研究教师知识。[①] 这方面的研究主要关注教师的实践性知识,即关注教师"实际上知道什么"和"在教学实践活动中使用和表现出来什么"。

自 20 世纪 90 年代始,西方关于英语教师知识的实证性研究迅速增加。Golombek 采用课堂观察、课后访谈与刺激性回忆报告的方法研究了 2 名在职学习的年轻英语教师的个人实践性知识,将教师个人的道德、情感和审美因素也纳入实践性知识的范畴。[②]

Gatbonton 采用刺激性回忆报告的方法对 7 名有经验的普通英语课教师的实践性知识进行了研究,发现有七类教学思想占主导地位,它们占教师所报告的思想的 69%,具体为:(1)语言处理(Language Management),即对学生的语言输入和输出的了解和处理。语言处理类思想出现频率最高,占 20%。(2)关于学生的知识(Knowledge of Students),即关于学生个性特征、能力、需要等的知识。(3)检查教学过程(Procedure Check),即了解学生是否正在完成学习任务。(4)评估学生的进展(Progress Review),即了解学生是否完成学习任务、完成任务的方法是否恰当。(5)观念(Beliefs),即教师关于语言、语言学习和语言教学的观念。(6)注意学生的反应和行为(Note Student Reaction and Behavior),即了解学生反应、行为。(7)做出决

---

① Freeman, D. The "unstudied problem": Research on teacher learning in language teaching. In D. Freeman & J. C. Richards (eds.), *Teacher Learning in Language Teaching*. Cambridge University Press, 1996. Richards, J. C. *Beyond Training*. Cambridge University Press, 1998.

② Golombek, P. R. A study of language teacher's personal practical knowledge. *TESOL Quarterly*, 32(3), 1998.

策（Decision），即在教学过程中如何决策的知识。[①]

Mullock 对 Gatbonton 的研究进行了部分重复，她的研究结果与 Gatbonton 的发现有一致之处，表明英语作为第二语言教学的教师具有大致相同的实践性知识。[②] 虽然 Mullock 在研究中提到了只有 3 个月 TESOL 经验的教师与其他 3 位教师相比差别很小，但她没有系统比较经验少的教师与经验多的教师的实践性知识的差异。

在中国，21 世纪初有不少学者开始研究英语教师的实践性知识，[③] 多数研究采用叙事研究的方法探讨英语教师的实践性知识，这与国内其他学科教师的相关研究[④]在理论和方法上是基本一致的。但还没有看到采用刺激性回忆报告的方法对教师实践性知识的研究。

（三）对外汉语教师实践性知识研究现状

近些年在汉语作为第二语言的教学领域，汉语教师作为汉语国际推广"三教"难题中的关键，吸引了越来越多的研究者的关注。

[①] Gatbonton, E. Investigating experienced ESL teachers' pedagogical knowledge. *The Modern Language Journal*, 83(1), 1999.

[②] Mullock, B. The pedagogical knowledge base of four TESOL teachers. *The Modern Language Journal*, 90(1), 2006.

[③] Zhang, L. Exploring EFL teacher's personal theories: A reconceptualization of language teacher education. Beijing Foreign Studies University Doctoral Dissertation, 2004. 李峻《英语教师实践知识的叙事研究》，西北师范大学硕士学位论文，2006 年。金晓敏《外语教师个人实践知识的叙事研究——以一位大学英语教师为个案》，《柳州职业技术学院学报》2008 年第 2 期。崔丽涛《大学新手英语教师实践知识的叙事研究》，西北师范大学硕士学位论文，2009 年。

[④] 鞠玉翠《教师个人实践理论的叙事探究》，华东师范大学博士学位论文，2003 年。彭凤琴《对教师个人实践知识的叙事研究——以一位小学语言教师为例》，华南师范大学硕士学位论文，2005 年。李佳琳《初任教师与经验教师实践性知识比较个案研究》，东北师范大学硕士学位论文，2008 年。

但关于汉语教师的讨论大多集中在对外汉语教师应该具备什么样的知识结构、能力和素质,[①]还没有看到探讨汉语教师"实际上拥有什么知识"的论文,也没有看到直接从教师的具体教学活动出发,探讨汉语教师的实践性知识的研究,可以说关于汉语教师实践性知识的研究尚属空白。

令人高兴的是,最近孙德坤将教师认知研究的术语和理论引入对外汉语教学界,认为开展教师认知研究,探讨教师观念、思想、知识结构及其对教学实践的影响的研究,对促进汉语教师的发展、推进汉语国际推广事业,有着非常重要的意义。而且,孙德坤在讨论语言学习经历、师资教育、环境等因素对教师认知的影响时,还提供了自己研究的生动的案例。[②] 这篇论文在某种程度上预示着教师认知、教师思维、教师实践性知识、教师观念等研究课题将引起对外汉语教学研究者越来越多的关注。

(四)本文研究的具体问题

本文针对目前对外汉语教师教育研究存在的问题,借鉴国内外有关英语教师知识研究的理论和方法,特别是 Gatbonton[③] 和 Mullock[④] 的框架和方法,对对外汉语教师的实践性知识进行研究。为了比较的方便,在下面的具体研究中,我们采

---

① 张和生《对外汉语教师素质与培训研究的回顾与展望》,《北京师范大学学报(社会科学版)》2006 年第 3 期。张洁《对外汉语教师的知识结构与能力结构研究》,北京语言大学博士学位论文,2007 年。

② 孙德坤《教师认知研究与教师发展》,《世界汉语教学》2008 年第 3 期。

③ Gatbonton, E. Investigating experienced ESL teachers' pedagogical knowledge. *The Modern Language Journal*, 83(1), 1999.

④ Mullock, B. The pedagogical knowledge base of four TESOL teachers. *The Modern Language Journal*, 90(1), 2006.

用 Gatbonton 和 Mullock 研究中"教学思想"（Pedagogical Thoughts）这一术语来指代教师在课堂教学中实际思考、运用的"实践性知识"。

本文探讨的主要问题为：（1）对外汉语教师运用的教学思想类型中哪些占主导地位？是否跟英语教师基本一致？（2）新手与熟手对外汉语教师的主要教学思想类型有何异同？研究这些问题，探讨对外汉语教师在实际课堂教学实践中思考、使用的教学思想即实践性知识，可以帮助我们认识、了解对外汉语教师实践性知识的特点及其发展过程，细化对外汉语教师知识研究的框架，为促进汉语教师的专业发展以及汉语教师教育的研究提供参考。

二 研究方法

（一）研究对象

本文以北京语言大学 4 名对外汉语教师为研究对象，其中 2 名从事对外汉语教学 11 年的教师作为熟手教师（称为教师 A、B），已获语言学专业的硕士或博士学位；2 名课程与教学论专业硕士生（属于对外汉语教学的职前教师、学生教师）作为新手教师（称为教师 C、D），已作为兼职教师从事了为期 3 个月的汉语教学，其中教师 C 还有过 4 年中学语文的教学经验。这 4 名教师均为女性，所授课程为初中级汉语综合课。教师 A、B、C、D 授课的教材分别为《成功之路·顺利篇》（北京语言大学出版社，2008 年）、《汉语教程·第二册（下）》（北京语言文化大学出版社，1999 年）、《成功之路·跨越篇》（北京语言大学出版社，2008 年）、《阶梯汉语·中级精读 1》（华语教学出版社，2004 年）。她们教授的学生都主要来自欧美和东南亚国家,年龄在 18 到 35 岁之间,每个班有 8 至 20 名学生。

(二)资料搜集过程

本文采用刺激性回忆(Stimulated Recall)[①]的方法收集资料,即对教师的课堂教学进行录像,然后以教师本人的教学录像为刺激物,请教师观看录像并报告其教学活动过程中的想法,研究者对教师的回忆报告进行录音、转写和分析,从教师所报告的教学思想中归纳出教师的实践性知识。该方法的使用基于如下假设:(1)教师课堂上的行为有其思想或心理上的根源。(2)教师对其专业思考有一定程度的了解,并且这种思考可以用语言来报告。[②] 刺激性回忆报告是目前研究者常用的了解教师思维过程的方法之一,[③] 而且,由于教师的课堂教学是教师实践性知识最集中的表现,因此刺激性回忆报告也是研究教师实践性知识的较为有效的方法。

搜集资料时,首先对每名教师一个半小时(两节课)的自然课堂教学进行录像,教师没有为此做特别准备。除教师 B 以处理练习为主外,[④] 其他 3 名均以讲授新课为主。在录像的当天或第二天,请教师边看录像边回忆教学行为背后的思想,将她们的口

[①] Gass, S. M. & Mackey, A. *Stimulated Recall Methodology in Second Language Research*. Erlbaum, 2000.

[②] Calderhead, J. Developing a framework for the elicitation and analysis of teachers' verbal reports. *Oxford Review of Education*, 13(2), 1987.

[③] Mullock, B. The pedagogical knowledge base of four TESOL teachers. *The Modern Language Journal*, 90(1), 2006.

[④] 由于录像时设备或操作有些问题,教师 B 的录像在观看时发现只有图像而打不开声音,研究者第二天又对教师 B 的课重新进行了录像,但那天的课有很多处理练习的部分。

头报告用 MP3 录音,然后转写为文本,作为编码和分析的原始资料。转写的文本共计 8 万多字。

(三)资料分析

对资料的分析参照 Gatbonton[①] 和 Mullock[②] 的方法和框架进行,并征求了 1 名对外汉语教学专家的意见。教师的教学思想类别的分析框架见表 3-1,实际分析中共包含 23 类教学思想[③]。

具体分析包括以下步骤:第一步,将转写的文本进行切割、命名和分类,即将文本切割为小的单元,然后根据教学思想对每个单元命名,称为思想单元(Thought Units);第二步,剔除与当时教学活动无关的思想单元,确定和保留本研究要分析的资料;第三步,根据分析框架(见表 3-1)对保留的思想单元进行教学思想类别的划分。文本的切割、命名和分类工作由研究者和几名对外汉语专业二年级硕士研究生完成。

表 3-1 教师的教学思想类别的分析框架

教学思想类别	具体说明或举例
1. 语言处理	给出与动词搭配的名词;引导学生说出目标句
2. 关于学生的知识	学生 A 不活跃;学生 B 在班里水平最高
3. 注意学生的反应和行为	发现学生还想往下说;注意到有几个学生点头了

---

① Gatbonton, E. Investigating experienced ESL teachers' pedagogical knowledge. *The Modern Language Journal,* 83(1), 1999.

② Mullock, B. The pedagogical knowledge base of four TESOL teachers. *The Modern Language Journal,* 90(1), 2006.

③ Gatbonton 的框架共包含 20 类教学思想。本文在实际分析的过程中发现"准备教具""利用手势"以及"利用并评价多媒体设备"无法归入 Gatbonton 的框架,因此增加了这 3 个新的类别。

续表

教学思想类别	具体说明或举例
4. 检查教学过程	上课首先查看预习情况；明确生词处理环节结束了
5. 评估学生的进展	少部分学生明白了；学生C没听懂
6. 做出决策	决定改变方法；决定换一个学生回答问题
7. 观念	听写是集中学生注意力的一种方式；听写不能完全没有
8. 情感	不挫伤学生的积极性；对比较差的学生很宽容
9. 自我反思	反思自己的个性、喜好；反思自己上课的特点
10. 小组活动	安排学生两两问答；组织小组讨论
11. 监控时间	学生D读的时间太长；1分钟后还有学生没有写完
12. 内容	"V.+不了"是前一课的很重要的语法；"接送"是本课新词
13. 自我批评	批评自己的失败和缺点；课上意识到准备不够充分或某部分没处理好
14. 过去的经验	学生当堂能复述课文但第二天一般就做不到了；学生的错误常常有共性
15. 检查可理解程度	发现学生可以或不可以理解
16. 是否为计划好的行动	是计划好的或临时想起来的
17. 适应教学阶段与课程	考虑学生在初级阶段而不主动区别近义词；考虑初级阶段只要求掌握基本语法
18. 考虑并评论机构、制度	考虑所在单位对汉字的要求；评价考试对上课的影响
19. 评论材料	评价材料的难度；评价课文的特点
20. 搜索知识	思考近义词的区别；思考如何解释学生的句子不合理

我们以下面的文本的分析来说明文本切割、思想单元的命名和教学思想类别的划分方法：

> 这个法国学生呢[1]，问题很大，他的发音[2]。但是我觉得在这里你要是一个字一个字地纠音首先是浪费时间[3]，再一个对于他的自尊心是一种伤害[4]，所以我就用一两个（停顿）[5]，选一两个词纠音[6]，我在他的一句话里面纠正了两个词[7]。（教师C）

这段报告被切割为7个部分，每个部分代表一个教学思想单元。单元[1]被命名为了解学生的国别，归为"关于学生的知识"的教学思想类别；单元[2]被命名为了解学生的发音情况，仍归为"关于学生的知识"类；单元[3]是考虑逐字纠音浪费时间，归入"监控时间"类；单元[4]是保护学生的自尊心，归入"情感"类；单元[5]话未说完不归类；单元[6]是决定选一两个词纠音，归入"做出决策"类；单元[7]纠正学生的发音，归入"语言处理"类。

最后，对已分类的资料进行定量统计，即统计每位教师报告的各类教学思想的频次，并将新手与熟手教师进行比较。

三 结果

（一）占主导地位的7类教学思想

在4名教师的刺激性回忆报告中，各种不同的教学思想总共出现1977次，平均每位教师每分钟报告5.5个教学思想。

在本研究建立的23类教学思想中，处在前7位的教学思想的频率之和占78%,在教师所报告的教学思想中占主导地位,其余16类占22%。这7类教学思想分别是语言处理、关于学生的知识、注意学生的反应和行为、做出决策、检查教学过程、评估学生的进展和观念。而且,在这7类占主导地位的教学思想中,"语言处理"类所占的比例远远高于其他6类(见表3-2)。

表3-2 教师报告的占主导地位的7类教学思想的频次、频率和排序

教学思想	频次	频率（%）	排序
1. 语言处理	558	28	1
2. 关于学生的知识	258	13	2
3. 注意学生的反应和行为	212	11	3
4. 检查教学过程	124	6	5
5. 评估学生的进展	116	6	5
6. 做出决策	174	9	4
7. 观念	101	5	7
其他	434	22	
总数	1977	100	

（二）新手与熟手的教学思想

表3-3显示了4名教师各自报告的不同教学思想的频率。从表3-3可以看到,4位教师报告的前7类思想及其排序总体上是一致的,但也存在一些差别。新手教师报告"语言处理"类的频率远远高于熟手教师,另一类"是否为计划好的行动"的频率也明显高于熟手。而且新手的前7类教学思想中包含"自我批评",熟手不包含。

"观念"在熟手教师报告的思想频率等级中进入前5位,但

新手教师的这类思想并未进入前 7 位。此外，熟手报告的"关于学生的知识""过去的经验"的频率都明显高于新手教师，特别是熟手教师 B 对"过去的经验"的报告占到了 6%，在这位教师的思想频率等级中这一类排在了第 6 位。

表3-3 4名教师进入前7位的教学思想的频率（%）和排序

教学思想类别	熟手教师						新手教师					
	A		B		平均		C		D		平均	
	频率	排序	频率	排序	频率	排序	频率	排序	频率	排序	频率	排序
1. 语言处理	27	1	18	2	22.5	1	33	1	33	1	33	1
2. 关于学生的知识	11	2	23	1	17	2	9	4	13	3	11	3
3. 注意学生的反应和行为	8	3	13	3	10.5	3	11	2	14	2	12.5	2
4. 检查教学过程	7	6	5		6	6	8	5	2		5	6
5. 评估学生的进展	6	7	6	6	6	6	5	7	7	5	6	5
6. 做出决策	8	3	8	4	8	4	11	2	9	4	10	4
7. 观念	8	3	7		7.5	5	2		2		2	
8. 情感	3		3		3		2		3	6	2.5	
9. 自我反思	3		<1		2		<1		3	6	2	
10. 小组活动	3		1		<1		0		<1		<1	
11. 监控时间	2		2		2		1		3	6	2	
12. 内容	<1		0		<1		0		0		0	
13. 自我批评	4		1		2.5		7	6	3	6	5	6
14. 过去的经验	3		6	6	4.5		<1		1		<1	

续表

教学思想类别	熟手教师						新手教师					
	A		B		平均		C		D		平均	
	频率	排序	频率	排序	频率	排序	频率	排序	频率	排序	频率	排序
15. 检查可理解程度	0		0		0		<1		<1		<1	
16. 是否为计划好的行动	<1		<1		<1		5	7	3	6	4	

注：空格表示排序不在前7位之内。所有数据以原论文为准（编者按）。

四 讨论

（一）占主导地位的7类教学思想在教师之间存在共性

本研究发现，教师报告的频率最高的7类教学思想为语言处理、关于学生的知识、注意学生的反应和行为、做出决策、检查教学过程、评估学生的进展和观念。这7类思想的总频次共占78%，占主导地位。而且，4位教师的前7类思想及其频率排序在很大程度上是一致的，即7类占主导地位的教学思想在不同的教师之间存在共性。

值得注意的是，本研究所发现的前7类思想及其频率排序与Gatbonton[1]和Mullock[2]的两项研究的结果非常一致（见表3-4）。

---

[1] Gatbonton, E. Investigating experienced ESL teachers' pedagogical knowledge. *The Modern Language Journal,* 83(1), 1999.

[2] Mullock, B. The pedagogical knowledge base of four TESOL teachers. *The Modern Language Journal,* 90(1), 2006.

表 3-4　与前人研究中教师所报告的占主导地位的教学思想比较

排序	本研究	Gatbonton 的研究	Mullock 的研究
1	语言处理（28%）	语言处理（20%）	语言处理（25%）
2	关于学生的知识（13%）	关于学生的知识（11%）	关于学生的知识（21%）
3	注意学生的反应和行为（11%）	检查教学过程（9%）	检查教学过程（10%）
4	做出决策（9%）	评估学生的进展（8%）	评估学生的进展（7%）
5	检查教学过程（6%）	观念（7%）	注意学生的反应和行为（7%）
6	评估学生的进展（6%）	注意学生的反应和行为（7%）	情感（5%）
7	观念（5%）	做出决策（7%）	监控时间/自我反思（4%）
总计	78%	69%	79%

7 类占主导地位的教学思想在本研究的 4 位教师之间总体上一致，而且本研究与前面的两项研究的结果也基本一致，这表明，这些教学思想是大部分语言教师在课堂上广泛使用的。从三项研究的数据来看，这种共性不但在一定程度上超越了学生语言能力水平、课程类型、课程重点、教师的经验以及环境背景等因素，更重要的是，它还表明，英语教师和汉语教师的占主导地位的教学思想类型是基本一致的。

在 7 类占主导地位的教学思想中，"语言处理""关于学生的知识"在三项研究中都排在了前两位。首先，"语言处理"的频率高居首位，这可能与关于语言教学的一个合理的假设有关：语言教学的性质决定了教师不可避免地将大量的注意力放在语言项目的处理和语言技能的培养上，教师总是尽可能地为可理解的输入和输出提供机会。由于语言教学中语言既是教学内容又是教学媒介，教师自然会对语言处理投入更多的关注。并且，在语言教学法中的交际法的广泛而深刻的影响下，对外汉语教师也可能会在课堂上为语言输入和营造尽可能真实的交际活动而投入更多的注意力。

其次，"关于学生的知识"排在第二位。前人的很多研究已经有类似发现。例如 Breen 发现教师在教学中所使用的将近一半的方法都可以用"关注学习者"来解释；[1]Mullock 发现一个好的 TESOL 教师被提到最多的特点是了解并理解学生，了解学生的需要、优点和弱点。[2] 此外，Gatbonton[3]和 Mullock[4]的研究也一致表明，有经验的 TESOL 教师的一个重要特点是了解自己的学生并能调整自己的教学以适应学生的需要。这一发现在普通教育学领域也得到印证。[5] 在我们的研究中，对外汉语教师在教学中也频繁使用"关于学生的知识"，这是可喜的现象。

（二）新手与熟手教师的教学思想存在差异

本研究发现，"语言处理""自我批评"和"是否为计划好

---

[1] Breen, M. P. Understanding the language teacher. In R. Phillipson, E. Kellerman, L. Selinker, M. S. Smith & M. S. Swain (eds.), *Foreign/Second Language Pedagogy Research*. Multilingual Matters, 1991.

[2] Mullock, B. What makes a good teacher? The perceptions of postgraduate TESOL students. *Prospect*, 18(3), 2003.

[3] Gatbonton, E. Investigating experienced ESL teachers' pedagogical knowledge. *The Modern Language Journal,* 83(1), 1999.

[4] Mullock, B. The pedagogical knowledge base of four TESOL teachers. *The Modern Language Journal,* 90(1), 2006.

[5] Clark, C. M. & Peterson, P. L. Teacher's thought processes. In M. Wittrock (ed.), *Handbook of Research in Teaching* (3rd ed.). Macmillan, 1986.

的行动"这 3 类思想被新手报告的频率明显高于熟手。可能刚接触对外汉语教学实践的新手更专注于对语言项目的处理,因而在"语言处理"上分配了较多的注意力;"自我批评"在新手报告的思想中排在第 6 位,而在熟手的报告中并没有进入前 7 位。这跟新手的自信程度远远低于熟手可能有很大关系。在报告中,新手教师 C 提到自己"信心不足",新手教师 D 则说"心里总是很紧张,总是觉得备课没备好,怕被学生问倒",并且学生质疑时"就想赶快承认错误"。相反,熟手教师 B 则这样评价自己"很自信,学生随便问,不管怎样都能自圆其说"。

新手报告的"是否为计划好的行动"明显高于熟手可能因为新手在课前有更多的设计,两位新手都花了很长的时间备课,而熟手则已经"自动化"了,特别是熟手教师 B 解释那套课本"已经上过很多遍,很多东西不用准备了"。熟手教师在课堂上不会像新手教师一样比较多地考虑课前的设计和准备。

熟手教师报告的"观念""关于学生的知识""过去的经验"这 3 类思想的频率都明显高于新手教师。"观念"被熟手报告的频率排在第 5 位,但新手教师的这一类思想则并未进入前 7 位。这一结果并不令人意外,Clark & Peterson 认为成熟的专业的教师的特点是他们更有能力将他们对学习者、课程、主题和教师任务的隐性理论和观念明晰化。[1] 在 Gatbonton 对两组有经验的教师的研究中,"观念"被报告的频率也都排在了前 7 位,[2] 本研究中

---

[1] Clark, C. M. & Peterson, P. L. Teacher's thought processes. In M. Wittrock (ed.), *Handbook of Research in Teaching* (3rd ed.). Macmillan, 1986.

[2] Gatbonton, E. Investigating experienced ESL teachers' pedagogical knowledge. *The Modern Language Journal,* 83(1), 1999.

的熟手教师的数据也为此提供了支持证据，而新手教师似乎还不具备这一"成熟的专业的特点"。

熟手教师运用了更多关于学生的知识，在课堂上考虑学生的情况的频率更高，这可能是经验丰富的或者优秀的教师的特点，Mullock 也已经发现"知道并理解学生"是一个好的 TESOL 教师被提到最多的特点。[①] 关于"过去的经验"这类教学思想，熟手教师有更多可以报告的内容并不令人奇怪，长期的实践自然使他们拥有比新手丰富得多的经验。

新手与熟手教师的上述差异除了我们讨论过的原因之外还可能有很多解释，包括4位教师所使用的教材、课程重点和目标、学生群体以及所在的教学单位不同，还有不同的教师之间的个体差异等，这些都需要进一步研究。

五 本研究的启示与可进一步研究的问题

（一）本研究对汉语教师研究和教师培训的启示

1. 要重视教师实践性知识的研究

教师实践性知识是教师专业发展的主要知识基础。传统的教师培训课程主要向教师输入外在的教学理论和技能，而教师的内在知识却没有得到应有的关注。有关教师实践性知识的研究提示我们，教师实践性知识在教师教学活动中起关键作用，"开发教师的实践性知识也许比灌输学科知识、教育理论以及模仿教学技

---

① Mullock, B. What makes a good teacher? The perceptions of postgraduate TESOL students. *Prospect*, 18(3), 2003.

艺更重要"①。因此,教师培训课程要关注教师实践性知识的研究。我们不能只关心"教师应该知道什么""教师应该具备哪些能力",而更要关心"教师实际上知道什么""教师在教学中实际表现出来什么"。

教师培训者要认识到,"实践性知识既来自教师自己个人经验的积累、领悟(直接经验),同行之间的交流、合作(间接经验),也来自对'理论性知识'的理解、运用和扩展"②。应当认可、理解教师具有自己独特的实践性知识,"教师不只是知识生产线终端的被动消费者,他们也是知识的生产者,每时每刻都在生产着自己的实践性知识"③。

2. 教师的教学录像及其刺激性回忆报告的转写文本可作为教师培训课程的资料

在教师培训课程中,可以使用教学录像以及教师所做的刺激性回忆报告的转写文字、分析等。使用自然的课堂录像及其回忆报告等材料有很多好处:这些材料可以向新手教师(包括学生教师)展示教师在课堂活动中教学思想的复杂性;为新手教师进行教学提供参考的模型;有助于新手教师反思、修正自身的一些关于教学的不正确的、模糊的、矛盾的思想。

不同教师的自然课堂录像及其回忆报告可以展示多元化的教学模式,借此可以帮助新手教师消除这样的思想:只有一种最好

---

① 陈向明《实践性知识:教师专业发展的知识基础》,《北京大学教育评论》2003 年第 1 期。
② 同①。
③ 同①。

的对外汉语教学的方法。例如，在本研究中，熟手教师 B 称自己"刚上课想法比较死板，我们单位有比较成熟的套路，我就觉得那是唯一的最好的方法，现在（上课上了）这么长时间以后，不管什么方法觉得都可以拿来一试，教学思想很开放"。一种开放的教学理念会使教师受益匪浅，而类似教师 B 的这种观念的转变，既可以通过多年的实践之后实现，也可以在教师培训课程的帮助下实现观念的转变或加快观念的转变。

传统的教师培训课程也经常使用教学录像，但是缺乏对录像中授课教师的教学思想的讨论，或者讨论缺乏有关材料的支持，即培训者对教师教学活动背后的思想的分析是否符合教师的真实意图，难于证实。阅读教师回忆报告的转写文本是必要的，因为"有时候你听课你未必能听到教师的意图"（教师 A）。

3. 应注意培养教师关注学生的意识

本研究以及前人的研究都发现"语言处理"是在课堂上被教师考虑最多的教学思想。但在课堂上关注学生的重要性丝毫不亚于语言项目的处理和语言技能的训练，甚至更为重要。调整、改进教学要在注意、了解学生的基础上才能实现。在教师教学专长发展的三阶段理论中，关注学生是在关注生存、关注情境的阶段之后出现的，是教师发展的最高层次。意识到关注学生的重要性并付诸实践有利于促进教师的发展。

4. 要重视建立教师的自信心

本研究发现，与熟手教师相比，新手教师的"自我批评"类的思想频率较高，这可能反映出新手教师自信心的不足，而自信心不足又使新手教师在面对学生时紧张、害怕被问倒，并且学生一旦质疑教师就想赶快认错（正如研究中的教师 D 所报告的），显然这种状态并不利于教学活动的开展。教师自信心的重要性在传统的培训中并没有得到足够重视。在教师培训课程中培养、建立新手教师的自信心是非常重要的。

(二) 可进一步研究的问题

1. 教师样本的问题

首先，本研究为个案研究，教师的样本量很小，只有4名教师，新手和熟手教师各2名。因此本研究所发现的结果，包括新手与熟手的差异的结论，需要进一步的研究来检验。其次，本研究中的新手教师为正在学习的学生教师，学生教师与第一年从事教学的正式教师（即传统意义上的新手教师）之间可能存在一些差异，因此未来的研究可选择第一年从事教学的正式教师作为新手教师。

2. 课型和班级的问题

本文只研究初中级阶段综合课的教师的课堂教学，并不包括其他的水平、其他课型。在高级阶段，或者口语、听力等课型上，教师运用的教学思想是否与本研究的发现一致，存在哪些差异，也值得更深入的研究。

3. 教学思想的分类框架问题

本文对汉语教师教学思想类别的分析框架，主要借鉴西方学者关于英语教师的分类框架，还有一些不合理之处，例如在教学思想类别的框架中，一些类别不容易界定，还有一些类别相互有交叉。在未来的研究中要进一步探讨更为合理的分类框架，更好地研究汉语教师与英语教师实践性知识的共性和个性。

第三节　论汉语书面正式语体的特征与教学①

《汉语书面用语初编》②（以下简称《初编》）将由北京语言大学出版社出版。它是我十余年来研究汉语韵律语法的一个副产品，也是我从事训诂学和对外汉语教学的一个综合产物——韵律语法的理论引导我发掘出一批批的嵌偶单音词和合偶双音词；而对外汉语教学则不仅帮我发现了它们的书面正式语体的特征，而且逼我汇之成编，方便学生。我们知道，书面语体惯于文白兼容，因此不仅古代句式（如"为……而……"），就是文言单字也可融于当代白话，于是"特大""特具""特通知如下"中的"特"可以同时并现于书面语中。面对这种古今杂糅的局面，若不从训诂的角度来分辨，则不知何为古、孰为今，遑论它们彼此之间的区别（譬如，说"特没劲"可以，但说"*特具备"则不好）。简言之，韵律帮我发现了它们的语法属性，对外汉语教学帮我揭示了它们的语体特征，而训诂学则帮我鉴定它们的古今差异。这就是这本《初编》的简单来历。

该书包含三部分内容：嵌偶单音词、合偶双音词和常用古句式。嵌偶单音词为《现代汉语词典》所不收者（短语韵律词），故与《现汉》适可互补。合偶双音词从《汉语水平词汇与汉字等级大纲（修订版）》（经济科学出版社，2001年）丙级以下词汇

---

① 本节选自冯胜利《论汉语书面正式语体的特征与教学》，《世界汉语教学》2006年第4期。

② 冯胜利《汉语书面用语初编》，北京语言大学出版社，2006年。

中选出,以此见出书面正式语体的韵律语法。常用古句式则集当代书面语体所用古句式于一编,逐条译成白话,可使读者了解汉语文白两说之不同。[①]当然,汉语的书面语并非只由这三部分组成,但它们是书面用语的主体。为什么呢?这牵涉到当代书面语的定义。我们认为,当代汉语书面语应该定义为"汉语书面的正式语体"。

什么是汉语书面的正式语体呢?我们为此特制了一个汉语口语及书面语体示意图,以期说明诸如"口语""书面语""白话""文言""正式""非正式"等概念的范围及其交叉和界域。这个图形以"白话"为中介分上下两极:上端为"典雅极"(亦即最"文"的文体),下端是"俚俗极"(亦即最"俗"的语体,"土话"也可归入此类)。"一般口语"就是我们通常所说的"普通话"。《现代汉语词典》(第5版)里"白话文"的定义是:"用白话写成的文章。也叫语体文。"据此,白话文既是口语也是书面语。显然,这里的"白话文"是一个共时的概念,和历时的"文言—白话"的对立不同,这是要说明的第一点。第二,白话文既是口语的书面形式,那么它就不是我们所说的"正式语体"。我们认为,汉语的正式语体是近百年来独立发展而成的一种新语体,这就是图形中既包含白话而又相对独立的、由"自生系统"(以合偶词及其语法为主)和"典雅语体"(以嵌偶词+古句型及其语法为主)组成的正式语体。

---

① 《初编》中由"文"而"白"的转说形式未必都是口语形式,因为在很多情况下"文"的说法没有"白"的对应形式,所以"白"可以视为"文"的一种解说形式。无疑,这是一个有待进一步研究和处理的问题。

第三节　论汉语书面正式语体的特征与教学

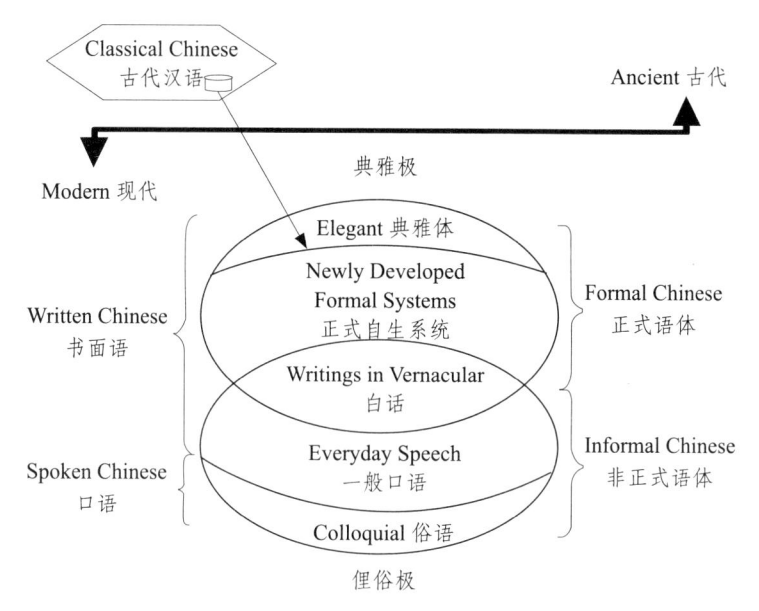

图 3-1　汉语口语及书面语体示意图

这个图形里有几个重要概念需要特别说明。第一，正式语体与非正式语体的对立以及口语与书面语的对立，其间的关系是相互交叉，而非严格对应。换言之，书面语不一定都是正式语体；同时，书面正式语体也不是不能说的（它也是一种语体）。第二，古代汉语和现代汉语必须分开，不能混淆。这一点很重要，因为现代汉语的正式语体有两个来源：一是自身发展的产物（独立于文言的正式体[①]），二是取自文言的结果（典雅体[②]）。更重要的是，即使取自文言的典雅体，其中所含的文言成分也必须是活的（即今人耳听可懂的），同时必须是经过当代正式语体系统加工

[①]　冯胜利《书面语语法及教学的相对独立性》，《语言教学与研究》2003 年第 2 期。

[②]　冯胜利《汉语韵律语法研究》，北京大学出版社，2005 年。

而成的。我们所以将嵌偶词和今用古句型汇集成编的一个目的，就是力图穷尽现代汉语中可用的文言成分，[①]从而避免误解，甚至盲目袭古的弊病。换言之，我们主张在学习掌握现代汉语的书面正式语体时，如果习得者有文言的基础固然很好，但不必一定要先学好文言文再学书面语。

那么，怎么才能学好书面正式语体呢？我们建议从以下几个方面入手。

一 了解汉语书面语的主要特征

前面说过，所谓"书面语"是指现代汉语的正式语体，它不但是用来写的，也是可以说的。汉语书面正式语体使用的范围很广：政府文件、报刊社论；学术著作、美文随笔；商业协议、公司合同、往来信件以及电台新闻、广告、报告等，凡属正式的场合都要使用正式的语体。对学汉语的人来说，不但要能"说正确地道的口语"，而且要会"写正式典雅的文章"。

汉语的口语和书面语之间有很大的差异，这是书面语的第一个特征。比如口语说"一样"，书面语说"同"；口语说"甭"，书面语说"不宜"；口语说"去"，书面语说"往"。假如美国政府给中国政府写信，就某一件事说"我国政府出于相同的考虑，认为不宜前往"，这是正式语体，清楚得体，没有问题。可是，如果这句话用口语说成"咱想的跟您一样，就甭去啦"，就不但有失大雅，而且还有损国家尊严。由此可见，该正式的场合不能

[①] 这是我们最终的目标，尽管目前的成果距离这个目标还相差很远。

用非正式的语言；不仅国家与国家是这样，就是个人与个人也是如此。

汉语的书面正式语体和英语的正式语体很不一样。譬如"善良"，日常说话的时候英美人用一个音节的 kind 就够了。但若是正式语体，则要用四个音节的 benevolent；也就是要用所谓的"大词儿"（big word）。汉语和英语正相反，越是典雅，用词越短，这是书面语的第二个特征。比如平时中国人说"拜访"，是两个字的词儿。但到了书面正式语体里，用一个"访"字就够了。再如，通常嘴里说的"学校"，在典雅的说法里就可以只用一个"校"字。

不难看出，汉语正式典雅的词汇不但比一般嘴上说的"短"，而且可以直接从两个字的词里取出一个来使用。这就是我们所说的"拆双用单"的方法。从这个角度看，汉语似乎比英语容易，因为记住了两个字的"学校"，也就记住了其中的"校"；不像英语那样，得去记两个完全不同的词：一个是 kind，另一个是 benevolent。然而，汉语里典雅的"小词"跟英语里典雅的"大词"的用法很不一样。英语中典雅的"大词"和它对应的"小词"的用法是一样的。譬如：说"Confucius is a kind man."可以，说"Confucius is a benevolent man."也行。但是，汉语里典雅的"小词"却不能单独使用。比如：

（1）*他想访著名学者。／*您的友来这儿，我一定热情招待。

就是说，汉语典雅的"单音词"必须经过一些加工才能合法使用。譬如：

（2）他想遍访著名学者。／贵友来此，定热情招待。

不难看出，因为典雅的单音词不能独立使用，所以必须和另一个单音词组织成一个双音节的形式，才能合法。双音节好像是一个模块，典雅的单音词必须嵌入这个模块才能独立出现。比如：

(3) *他想普遍访著名学者。/ *高贵友来此，定热情招待。

"普遍访""高贵友"都超出了"双音节模块"的要求，因此都不合法。我们把这种必须嵌入双音节模块才能使用的单音词叫作嵌偶单音词。《初编》收集了将近240个这样的嵌偶单音词，它们是从古代文言文里直接继承下来用在现代汉语里的。[①] 这是汉语书面语的又一个特征。学习汉语书面语，最终得掌握这批单音节文言词。

除了上述近240个文言嵌偶单音词以外，现代汉语书面语体还自己发展出一批"双音节"书面词汇。譬如"进行、加以、从事、埋葬、损害、种植、阅读、伟大、光荣"等等，要求至少和双（或两个以上的）音节搭配。这批双音节词汇古代没有，[②] 口语里也不用，它们只在书面正式语体里出现，因此，我们称之为"书语词汇"。书语词汇是书面语体的主要词汇。在这批书语词汇里面，有一些成员必须在严格的韵律制约之下才能使用，因此特别值得注意。譬如（"？"表示拗口）：

(4) 无法学习 *无法学 ？无法认真地学
　　 禁止说话 *禁止说 ？禁止随便地说

---

① 彻底穷尽这批词，还有待进一步的研究和收集。
② 不排除其中某些曾在古代出现过，但与它们现代的语法或用法也并不一样。

第三节　论汉语书面正式语体的特征与教学

 经受批评　*经受批　?经受不断地批
 加以改造　*加以改　?加以不断地改

显然，上面这些双音词全都要求和另一个双音词组织成一个"[双+双]"的韵律格式，只有这样才能合法使用。我们把这种"双配双"的双音词，称之为合偶双音词。现代汉语里有将近300个合偶双音词[以《汉语水平词汇与汉字等级大纲（修订版）》（2001）中丙级以下的词汇为准]。学习汉语书面语，忽视这批词就不免犯错误。这是书面语的第四个特征。

汉语书面语体中不仅有一套自己的词汇（嵌偶单音词、双音书语词、合偶双音词），而且还使用了大量口语里没有的书面语句型。譬如：

 （5）为现代化而努力奋斗（为……而……）/少而精（A而A）/岂……乎？（难道……吗？）

这些句型也是从古代传承下来只用在书面正式语体中的表达方式，我们称之为书面语句型。现代汉语里有将近300个常用书面语句型，[①]它们是正式语体词汇组织的框架。这是书面语的第五个特征。

总的来说，汉语的书面语至少有上述五方面的特征。学习汉语书面语就是要积累词汇、掌握语法。从嵌偶单音词和合偶双音词的例子里还可以看出，书面语的词汇和语法紧密相连。嵌偶单音词是[单+单]、合偶双音词是[双+双]。[单+单]和[双+双]是韵律问题，而哪些单可以加哪些单、哪些双需要加哪些双、

---

① 这也是初步的统计，使之完善仍有待大量的工作。

加在哪儿、怎么加等等，都是句法问题。因此，书面正式语体语法的主要特点就是韵律和语法的相互作用，即韵律语法。嵌偶词和合偶词好像都是带榫的砖，不两两交合就不能严丝合缝。书面语的句型就好像是每间屋子的框架，而韵律语法则是整个楼房的结构。书面语这座大厦，就是靠韵律语法这个整体的结构，把那些带榫的词汇放进句型的框架里才建立起来的。对学习汉语书面语的人来说，不但要掌握韵律语法，而且要记住哪些是书面语词汇，哪些是嵌偶单音词，哪些是合偶双音词，以及书面语句型有哪些。

要克服这些困难，不必再逐字逐条地从浩瀚的书刊里一个一个地寻找。《汉语书面用语初编》中收集了当代书面正式语体中一般常用的嵌偶单音词、合偶双音词及书面语句型。因此，"哪些是"的问题基本得到了解决，剩下来的就是怎么教、怎么学的问题了。无论是"教"还是"学"，首先都要从理论上搞清正式语体的构成机制。这就是下面所要谈的内容。

二 掌握"韵律不同则雅俗有别"的基本原理

要学好汉语书面语，首先要了解韵律语法；要了解韵律语法，就不能不知道什么是韵律。什么是韵律呢？我们知道，人们说话的时候有的地方轻，有的地方重；有的音长，有的音短。这就是韵律。然而，轻重长短不能随便，这就是韵律语法。譬如：英文可以说 bigger，但是不能说成 * beautifuler；汉语可以说"天天（＝每天）"，但是不能说"* 礼拜礼拜（＝每个礼拜）"。这是词法的韵律要求。句法亦然，比如我们可以说"负责这个工作"，但是不能说"＊负责任这个工作"。为什么呢？因为"天天"和"负责"都是两个音节的形式。在汉语里，两个音节组成一个音步，一个音步组成一个韵律词。汉语里的合成词都是按照韵律词的大小造出来的。因此，如果超出了韵律词的模式，就不能成为复合词（或句法词）。这样一来，凡是句法或者词法要求必须是一个词的地方，就都有了韵律词的限制。

虽然韵律词是现代汉语的一大要求，但是口语里仍然有许多独立使用的单音词。譬如"猫、狗、手、脚"等等。怎么理解这种矛盾呢？首先，这些独立使用的单音词都是从几千年前传下来的基本词汇。和这些古老的基本词汇相比，"新词儿"在现代汉语里几乎全都是双音节（或多音节）的，譬如"电视、电话、冰箱、西服、拖鞋、火车"等等。新词很少有单音节的（除了科学领域的新词，如"镍、铀"等）。这就是说，除了一些古老的单音节基本词以外，现代韵律构词法要求所有的"新词"都必须至少是一个韵律词，不如此则不上口。

如果说新词在口语里"不足两个音节就不上口"的话，那么在书面语里，双音节（或多音节）的形式还发挥着另一个重要的作用。我们知道语气正式则音长语重，我们还知道单音轻，双音重。在这两个原则的作用下，双音节的形式自然就被用来表达正式庄重的语气了。虽然双音节的词汇不限于书面语，但是书面语的词汇一般都是双音节。譬如：

（6）官方 国家 辨别 改造 伟大 光荣 立即 逐渐 倘若 然而

前面曾说，嵌偶单音词属于书面语中的典雅词汇，然而口语里也有很多单音词。上面还说，新造的词汇是双音节的，但是庄重的词汇同样取双音节的形式。这是不是相互矛盾呢？其实不然。基本单音词和嵌偶单音词不一样。基本单音词是绝对自由的（如"手、脚、猪、狗"等等），"嵌偶单音词"则必须在双音节的模块里使用才合法。双音模块正是保证它们典雅风格的韵律条件。因此，独立自由的单音节是口语的，必须成双使用的单音词是典雅的。这两类不同的单音词正好处在汉语语体风格中正式与非正式的两个极端。

那么双音节词是不是口语和书面的混杂呢？前面说过，在口语里新词不双就不上口，在书面语里单字不双就不成话。由此而言，双音节的韵律功能是跨类的——既在口语出现，又为书面语所使用。就是说，在口语里话要上口则必双（单音节的基本词除外）；在书面语里话要典雅也必双（嵌偶单音词也不例外）。前者是韵律构词的要求，后者是典雅文体的需要。因此，在雅俗这两种语体里虽然都有双音节的形式，但导致它们出现的原因是不同的。

因此，双音节形式在表达正式与非正式的区别上是有规律可循的。一般说来，凡是带有（或趋向于）轻声的是口语的形式；凡是表达正式语体色彩的都没有轻声或不能轻读。如：

(7) 脱落　〈口〉tū·lu　〈书〉tuōluò
　　吉祥　〈口〉jí·xiang　〈书〉jíxiáng

由此可见，正式和非正式的双音词语，还可以从重音的分布来分辨。当然，如果轻重不明，那么也就雅俗难辨了。发音之于雅俗，亦大矣哉！

如果"话要典雅则词语必双",那么我们可以推论:口语单音词比较多,书面语双音词比较多。通过比较下面的词发现,书面语的双音节词比口语里的单音节词要抽象得多:

(8) 家:国家 好:嗜好 人:人民 考:考试
买:购买 连:连接 走:行走 偷:偷窃
跑:奔跑 住:居住 打:殴打 占:占领
叫:叫喊 照:照耀 爱:热爱 扮:扮演

学习汉语,尤其到了高年级以后,要能够分辨哪些是日常生活的词汇,哪些是正式场合的词汇,哪些是具体的,哪些是抽象的,更重要的是要掌握哪些日常的词可以加工成抽象典雅的词。所谓"加工"就是把单音节的词变成双音节的词。这里简单介绍几种学习方法。

1. 学双知单。要知道复合词里的两个字(Morphemes)拆出来以后哪个可以用,哪个不能用。譬如,"朋友"里的"朋"和"友",只有"友"可以拆出来用,而"朋"字除了"亲朋好友"少数几个固定组合以外,几乎丧失了构词和造语的能力。在哈佛大学的书面语教材里,我们把可以拆出来使用的单音词做如下标记:

(9) 国家 人民 眼睛 学校 热爱 嗜好

这样,学习一个双音词不仅可以知道和它对应的单音词,而且知道其中的哪个具有再生力。

2. 组单成双。知道了和双音节对应的单音词后,还要学会怎样把这个单音词组合成双音节来使用。譬如,知道了"友"在组词造语上具有能产力后,还要进一步了解哪些单音词能够和它组成新的双音节形式。就"友"而言，我们应该知道有"校、学、室、好、贵"等单音词可以和它组合，变成"校友、学友、室友、好友、贵友"等词或短语。拆双组单的能力越强，汉语的水平就越高。

3. 综合训练。把上面两种方法结合起来进行综合式的拆合扩展练习。譬如，从"法律"一词中拆出"法"字，然后组成"守法、国法、家法、法庭、法官、法制、法则"等，这是第一个回合。下面再从"守法"中拆出"守"字，造出"守规矩、守本分、守信用、不守承诺、守着老一套"等短语，以及组成"守约、守职、严守、遵守、坚守"等词。这样就会像滚雪球一样，循环往复，越积越多。

三 掌握"文白相间"与"典雅适度"的写作技能

（一）当代书面正式语体的基本成分

正式语体当然要用正式的词汇和典雅的句型，但这并不意味着越典雅越好。前面说过，嵌偶单音词和书面语句型都是从古代传承下来的，正因如此，如果为求正式而全用典雅的词语和句型，那么写出的文字就会变成文言文而不再是当代的白话语体了。因此，当代书面语体必须文白相间，亦即用一部分古代典雅的成分，再用一部分白话和口语的成分。如果百分之百地使用口语的形式，那么就不正式了；如果全用典雅的文言，那么就不是白话文了。为什么会是这样呢？原来，当代的书面语体是以口语为基础、以韵律规则为框架发展出来的一种新语体。除了口语、方言和外来语以外，它还提取了大量文言文中的词语成分。因此，我们可以把现代书面语定义为：以口语、方言、外来语，还有文言词语以及自生词语为材料、以韵律语法为框架、建立在口语语法基础之上的一种正式语体。

（二）书面正式语体的典雅度

上面说，书面正式语体既不能太"文"，又不能太"白"，必须文白相间。那么，在一句话或一段文字里用"多少文"和"多少白"才叫文白相间呢？这是文和白的分布与比例的问题。

先说分布。文白相间不仅要以句子为单位，而且还要以段落为单位。就是说，在一个句子里，有的地方要文，有的地方要白。比如：

（10）如果说小气就算是小人**之一种**，那么……

这句话的前一部分"小气就算是小人"是口语里说的，但后面的部分"之一种"则是书面语里的表达方式。又如：

（11）**足称为君子者**，实在太少了。

这句话里，上半句"足称为君子者"是典型的文言，下半句"实在太少了"则是典型的口语。这是以句子为单位的文白相间。

文白相间主要表现在文章的段落里。请看下面这段取自王力《小气》（《王力全集23·龙虫并雕斋琐语》，中华书局，2015年）的文字（黑体字是"文雅"的说法，括号中的阿拉伯数字为语段数）：

（12）吝啬的人①，我们说他小气②；妒忌的人③，
　　　　白主题　　　　白句子　　　　　白主题

我们也说他小气④。小气⑤，**自然不够**
　　白句子　　　　白主语　　文谓语

伟大⑥；即使不是 十足的小人⑦，
　　　　　文连词白动词　文定语　白名词

至少该说是具体而微的小人⑧。但是⑨，如果
　　　文句子　　　　　　　　　　白连词　　文连词

小气的人就算是小人之一种⑩，　则　小人满天下⑪，
　白主语+表语　　　　　　文谓语中心词　文连词文句子

而　　足称为君子者⑫，实在太少了⑬。
文连词　文定语+主语　　　　白谓语

　　可见，文白相间基本上是文雅句和白话句之间的交替使用，这是文白相间的一大原则，也是正式语体构成的基本原则。其次，虽然文和白必须轮流出现，但是它们交替的频率既不能过于频繁，也不能过于集中。不能过于频繁是说，要避免通篇"一句文一句白，又一句文再一句白"这种依次交替的机械方法。不能过于集中是说，不能用"一连五六句都是文，又一连五六句都是白"这种把文和白先集中起来，再进行交替的生硬做法。比较适中的方法是"三四句白话接两三句雅语"的方式，同时兼以句内的文白交替为过渡。就是说，文和白二者必须取"三两结伴、交替而行"的原则。

　　例（12）开始一连用了两句白话，接下来立刻转入典雅用语。不难看出，文与白在句内和句间，虽取一往一来的交替方式，但它们基本上都是结伴而行。如果我们抽掉原文，只取上面的文白标记来看的话，那么"三两结伴、交替而行"的原则就看得更清楚了：

〔白主题，白句子〕；〔白主题，白句子〕。〔白主语，文谓语〕；〔文连词 白动词 文定语 白名词，文句子〕。〔白连词，文连词 白主语+表语 文谓语中心词〕，〔文连词 文句子〕，〔文连词 文定语+主语，白谓语〕。

不难看出，文章开头全是白话，到第三句（按句法成分计算）开始转向，主语为白而谓语转文，这样就自然而然地引出下面一文一白的往来交错。待过渡到第五句的中心词，笔锋突重，起用典型的文言虚词"之"，于是下面句子全都结伴而文，一连两个文言句式，把语言典雅的风格推向最高潮。然而，高雅之后紧接一个白俗谓语，峰落千丈，戛然而止，和开头的白话又有遥相呼应之妙，奏出一曲跌宕起伏的文白相间交响乐。文白相间的原则和艺术，由此可见一斑。

交替的次数还可以从文白语段在段落中的出现频率看出二者在实际使用中的模式。这里以每一个停顿为单位（所以叫作语段），全文一共有13个语段。如果我们把这些语段的文白比例计算一下，可知：白=8，文=5，这样，我们可以大致说，上面那段文字具有38%的典雅度。利用同样的方法我们可以计算任何一段文字的典雅度。譬如：

（13）一个人舍不得钱，叫做小气。本来吗！钱是我辛辛苦苦挣来的，**捐借固然**不能轻易答应，就是送礼请客，**又岂能毫无盘算**，使它等于"白花"的冤枉钱？**积极方面**，应该是能**积谷时先积谷**；消极方面，应该是**得揩油处且揩油**。气越小，肚皮越大；量越大，肚皮越瘦。一毛不拔**自有**一毛不拔的哲学。**今日拔一毛，明日拔一毛**，名声传开了，四万万五千万同胞每人都希望来拔一根,这还得了吗?

这里全文有 22 个语段,其中典雅的 9 个,白话的 13 个,所以该文的典雅度为 40%。

那么,典雅度多少才合适呢?典雅度的上限和下限又以多少为宜呢?这当然首先要看是什么文体,同时也是一个有待研究的大问题。不仅如此,典雅度的测量标准也有待进一步的研究和精化。然而,无论如何,就目前的教学而言,我们可以把上述方法当作一把尺子,一个测量的标准,从而启动我们的书面语教学与研究。

(三)典雅语体的写作训练

如果说汉语的书面正式语体是近百年来才发展出来的一个新型语体,那么无论是"教"还是"学",我们都必须把它当作一种和汉语口语不同的新型语言来看待。如果是这样的话,那么无论教学中的老师,还是习得中的学生,都应该对该语言的独立性有足够的认识和思想准备:汉语的书面语不是靠个人的偏好,随手选几篇报刊小说来读就能学好的,其中的嵌偶词、合偶词、书面词汇、书面句型等等,必须通过集中学习、专门训练才能打好基础。没有牢固的基础,最终还是在书面语的大门之外,扼腕徘徊。

集中学习、专门训练都离不开方法,而方法则可以无穷无尽。这里只原则性地介绍几种训练的基本方法。

1.文与白的鉴别训练。学习书面语,对外国学生而言最头痛的就是区分文白,因此书面语训练的第一步就是文与白的鉴别训练。像上面的例子那样,给出一段文白相间的典型原作,让学生标出哪些是文,哪些是白。

2. 变文为白的转述训练。这种训练是把已知的那些和"文"对应的白话词语,连成日常口语里的话。换言之,就是把书面语翻译成口语。这种训练不仅可以增强和加深学生对书面语的理解,同时还可以训练学生对白话口语的熟练运用。譬如,上举王力《小气》可以转述为:

(14)吝啬的人,我们说他小气;妒忌的人,我们也说他小气。小气,当然算不上伟大;就是不是地地道道的小人,最少也得说他是个太爱计较的小人。可是,要是小气的人就算一种小人的话,那么谁都是小人了,够得上君子的就实在太少了。

3. 变白为文的转述训练。这是书面语训练的基本功,即把一句或一段白话改写成书面语体。可以分两步做:首先是词或短语的对译,其次是整句对译。兹举例如下:

(15)【白话示例】她偷偷地爱班长爱了好长时间了,可是一直不敢跟他说。

【词语对译】偷偷地爱→暗恋 好长时间了→已有多年 可是→但 一直→始终 跟他说→明言

【书面结果】她暗恋班长已有多年,但始终不敢明言。

以上从几个方面简单介绍了我们对书面正式语体的教学和写作的一点儿想法。毋庸置疑,上述种种——无论是理论研究、教学实践,还是我们这本《初编》的内容和体例都还在初创阶段,距离所期的目标相差仍远。然而,不积跬步无以至千里,而若要积步千里，则尚需方家学者的不吝指教。

第四节　论汉语语言、文化的教学体系①

什么是"文化"或者什么是"中国文化"？这个问题如果问汉语老师，很多人有可能觉得自己心里知道，但是很难给这个概念一个明确的定义。那么专家学者是如何解释这个概念的呢？Sapir 是这样讲的：

> 我们现在要了解的文化，包括在这个世界上某个种族的人民特有的态度、观点和文明的表示方式。文化的焦点不是一个民族从事什么或者信仰什么，而是这个民族所从事的和所信仰的在他们一生中起到什么作用，对他们的生活有什么影响。②

换句话说，文化的内涵跟一个民族的风俗、习惯和信仰有直接的关系。如果文化只限于这个范围的话，那么，一个对语言文化没有进行过研究的人可能会认为文化跟语言并没有什么直接的关系，因为一个人说的话不一定能直接反映他的生活习惯和信仰。但是研究语言和文化的专家却认为"语言和文化是

---

① 本节选自邢志群《试论汉语语言、文化的教学体系》，《世界汉语教学》2010 年第 1 期。

② Sapir, E. *Culture, Language, and Personality*. University of California Press, 1949.

人类生活中不可分割的部分"[①]。事实好像也证实了这一点。如果我们把语言和文化在实践中分开来，在社会交际中就有可能出现不协调的现象。比如，一个外国人来到中国以后，如果他只会说汉语，但是不懂中国文化（礼貌、风俗、习惯等），这个外国人跟中国人的交往就容易出现尴尬、难堪，甚至不愉快等现象。这正像Thomas所说的："用非母语交际的人常常被认为语用不当，但是他们自己并不知道。在母语和非母语者的谈话中，这种语用不当的现象常常会导致交际的失败和对非母语者的偏见。"[②]

显然，对把汉语作为第二语言的人来说，仅仅学习汉语是不够的，他们必须在学习语言的同时，了解中国的文化，以便在使用汉语进行交流的过程中，顺利、成功地达到交流的目的。这一点以往已经有很多学者论证过。Kramsch指出："如果把学习语言看成是社会实习的话，文化就是语言教学的核心。文化知识必须看成是提高语言能力的手段，也是衡量语言能力的标准。"[③]Brody也有类似的论述："在第二语言教学中，语言和文化是相辅相成的。文化通过语言得以定性；语言反过来解释文化

[①] Kramsch, C. Culture in language learning: A view from the United States. In Kees de Bot, R. B. Ginsberg & C. Kramsch (eds.), *Foreign Language Research in Cross-Cultural Perspective*. John Benjamins, 1991.

[②] Thomas, J. Cross-cultural pragmatic failure. *Applied Linguistics*, 4(2), 1983. Thomas, J. Cross-cultural discourse as "unequal encounter": Toward a pragmatic analysis. *Applied Linguistics*, 5(3), 1984.

[③] Kramsch, C. *Context and Culture in Language Teaching.* Oxford University Press, 1993.

内涵和价值。"① 这些论述清楚地表明文化在语言教学中的重要性。那么如何把文化内容系统地容纳到语言教学中,这是本文重点探讨的问题。不过在讨论这个问题之前,有必要先看看目前汉语语言和文化教学的现状。

随着对外汉语教学的不断发展,汉语语言教学和文化教学如何合理地结合也成了近十几年来对外汉语教学研究的一个焦点。不少学者不断地探索,试图对文化在对外汉语教学中的界定、语言教学与文化教学的关系等问题展开讨论,② 迄今为止,的确也取得了很大的收获,特别是对文化在对外汉语教学中的界定问题有了比较明确的认识,但是正像李晓琪在总结过去文化教学、展望未来对外汉语教学时说的:"跨文化交际理论与文化教学实践的结合研究仍有很大空间。"③ 我们很少看到如何把对外汉语文化教学的理论应用到课程设计、课堂教学中的研究结果。虽然很多教师都认为,文化是汉语语言教学中不可分割的一部分,而且也试图通过不同的方式方法让学生了解中国文化,但是由于文化内容还没有像汉语语法内容那样,已经在汉语教学领域形成一套有系统的教学法(关于汉语语法和教学法,有兴趣的读者可参阅吕叔湘主编,1980;刘月华等,2001;Xing,2006;邓守信,

---

① Brody, J. A linguistic anthropological perspective on language and culture in the second language curriculum. In D. L. Lange & R. M. Paige (eds.), *Culture as the Core: Perspectives on Culture in Second Language Learning*. Information Age Publishing, 2003.

② 张占一《试议交际文化和知识文化》,《语言教学与研究》1990 年第 3 期。刘珣主编《对外汉语教学概论》,北京语言文化大学出版社,1997 年。李晓琪主编《对外汉语文化教学研究》,商务印书馆,2006 年。

③ 李晓琪主编《对外汉语文化教学研究》,商务印书馆,2006 年。

2009等[①]），而且有些教材已经把语法条例按照初、中、高三个等级编排在教材中（参阅邓守信，2006[②]），但是我们还没有看到把文化内容系统地介绍给学生的教材。此外，有的中文系所或中文教师缺乏对中国文化的了解和研究，因此很难系统地把文化内容加到语言教材中，并在课堂上传授给学生；也有的中文系所或教师则认为在语言习得中，文化认知能力不重要或者没有语言能力重要，所以也没有把文化教学放到语言教学的议事日程上去。鉴于这些情况，笔者认为很有必要在中文教学界，鼓励各位老师就如何建立一个合理有效的汉语语言和中国文化教学体系展开讨论。下面笔者先将自己对这个问题的一些粗浅的看法和建议提出来，以此为将来的讨论开个头。

一 关于汉语语言、文化教学体系的定位问题

对把汉语作为第二语言学习的学生来说，毫无疑问他们的最终目的是提高汉语的交流能力，所以要为汉语语言和文化教学体系定位，我们必须明确四点：第一，提高语言能力是语言教学的主要目的；第二，文化知识是提高语言能力的手段，所以任何能够帮助学生提高语言能力的文化知识都应该在适当的时候用适

---

① 吕叔湘主编《现代汉语八百词》，商务印书馆，1980年。刘月华、潘文娱、故铧《实用现代汉语语法（增订本）》，商务印书馆，2001年。Xing, J. Z. *Teaching and Learning Chinese as a Foreign Language: A Pedagogical Grammar*. Hong Kong University Press, 2006. 邓守信《对外汉语教学语法》，文鹤出版社，2009年。

② 邓守信《语法项目的分级》，《对外汉语语法及语法教学研究》，商务印书馆，2006年。

当的方法介绍给学生;第三,语言能力随着文化认知能力的提高而提高;第四,语言课上的文化内容跟用学生母语上的中国文化课应该有所区别,前者注重所谓的"语言交流文化",也就是用汉语交流时需要的文化内容,后者涉及所谓的"知识文化",泛指需要用学生的母语讲解的文化内容(对语言跟文化的关系有兴趣的读者可参阅张占一对"语言交流文化"和"知识文化"的界定[①]以及刘珣对结构、功能、文化三者的解释[②])。在明确了语言和文化在教学中的地位以后,我们就可以着手下一步的工作:先辨别不同类型和等级的文化内容,然后把这些内容用合理的方法跟语法教学结合起来,形成一套有效的语言文化教学法。

在对外汉语教学中,要明确文化教学内容,还要首先辨别文化的种类,西方研究文化教学的学者[③]通常把学生的母语文化当作第一文化,把学生的第二语言所属的文化(也就是这里讨论的中国文化)当作第二文化,把多元文化混用的情形当作第三文化。研究中国文化教学和汉语教学的学者与西方学者对文化分类的角

---

① 张占一《试议交际文化和知识文化》,《语言教学与研究》1990年第3期。
② 刘珣主编《对外汉语教学概论》,北京语言文化大学出版社,1997年。
③ Bryam, M. *Cultural Studies in Foreign Language Education*. Multilingual Matters, 1989. Kordes, H. Intercultural learning at school: Limits and possibilities. In D. Buttjes & M. Byram (eds.), *Mediating Languages and Cultures: Towards an Intercultural Theory of Foreign Language Education*. Multilingual Matters, 1991. Robinson, G. Second culture acquisition. In J. E. Alatis (ed.), *Linguistics and Language Pedagogy: The State of the Art*. Georgetown University Press, 1991. Kramsch, C. Culture in language learning: A view from the United States. In Keesde Bot, R. B. Ginsberg & C. Kramsch (eds.), *Foreign Language Research in Cross-Cultural Perspective*. John Benjamins, 1991. Kramsch, C. *Context and Culture in Language Teaching*. Oxford University Press, 1993. Hinkel, E. *Culture in Second Language Teaching and Learning*. Cambridge University Press, 1999.

度似乎完全不一样,如上文提到的他们把正式的文化(像文学、历史、哲学、政治等)称作"大文化"或"知识文化",把普通的社会习俗称作"小文化""语言交流文化"或"行为文化",[①]这些学者基本上都认为要提高学生的第二文化能力是比较困难的。此外西方的学者强调文化和语言教学的互动,而东方的学者好像还没有把文化和语言教学看作是同一个教学系统。笔者认为如果我们采用对比分析的方法(Contrastive Analysis Method),也就是把第一文化和第二文化相对比,然后让学生重点学习两种文化的差异,也许对他们来说会容易一些,因为这样学生知道哪些是他们母语文化中有的,哪些是他们母语文化中没有的,他们只需学习那些母语文化中没有的就可提高他们的文化能力。这一道理跟学生学习语言语法特点是一样的。在学习汉语语法点的时候,英美学生不需要特别花精力学习跟自己母语相同的语法点(如:基本语序——主谓宾——的语用功能),但是必须花时间认真学习自己母语里没有的、汉语特有的语音、语法,比如,声调、主题评论句(Topic-comment)、"把"字句等(对"对比分析法"和它在句法教学中的应用有兴趣的读者,可参阅陈俊光,2008;邓守信,2009;邢志群,2009 等[②])。

那么,谈到文化教学的内容,我们首先需要罗列出来的应该是第一文化和第二文化差异的内容,不仅如此,我们还需要把它

[①] 张占一《试议交际文化和知识文化》,《语言教学与研究》1990 年第 3 期。吕必松《对外汉语教学概论(讲义)》,国家教委对外汉语教师资格审查委员会办公室,1996 年。

[②] 陈俊光《对比分析与教学应用》,文鹤出版社,2008 年。邓守信《对外汉语教学语法》,文鹤出版社,2009 年。邢志群《浅谈对外汉语教学》,台湾大学华语文研习所论文讲座,2009 年。

们像语法条例一样分成不同的层次,以便融合到不同语言等级的教学中。下面笔者试图把文化教学内容分成三个等级,即初级阶段、中级阶段和高级阶段。这三个阶段跟语言教学的三个阶段相对应。划分这三个等级的文化内容标准主要以汉语语言教学不同等级的目标为基础,即初级阶段以学发音、汉字和简单的句型为主,中级阶段以学句子的交际功能为主,高级阶段以学篇章、语体和典雅度为主(有关汉语教学语法等级的划分可参阅 Xing,2006;冯胜利等,2008;邓守信,2006、2009 等[①]),所以初级语言阶段的文化内容主要包括由不同的字和词表示的各种文化含义。最早提出这一观点的是 Wierzbicka(1997),Myers(2000)把此观点介绍到汉语教学中。[②] 中级语言阶段的文化内容主要包括可以用汉语不同的或特有的句型表示的文化概念,当然任何一个文化概念不一定非要用某种句式表达,但是如果学生学会了汉语常用的句式,就应该可以表达日常生活中常见的,也就是中国人一般的风俗和习惯;高级语言阶段的文化内容比中级又进了一步,包括用汉语不同的篇章、语体模式表述的比较复杂、抽象的文化概念。那么从文化的层次来说,初级阶段的文化内容层次主

---

① Xing, J. Z. *Teaching and Learning Chinese as a Foreign Language: A Pedagogical Grammar*. Hong Kong University Press, 2006. 冯胜利等《汉语书面语体特征及其自动测量法》,第十六届汉语教学国际研讨会,2008 年。邓守信《语法项目的分级》,《对外汉语语法及语法教学研究》,商务印书馆,2006 年。邓守信《对外汉语教学语法》,文鹤出版社,2009 年。

② Wierzbicka, A. *Understanding Cultures through Their Words: English, Russian, Polish, German, and Japanese*. Oxford University Press, 1997. Myers, D. Teaching culture with key words in Chinese as a foreign language: The state of the field. *Journal of the Chinese Language Teachers Association*, 35(3), 2000.

要体现在用"X是什么?""X有哪些?"或者"X叫什么?"这类由"什么"引出的问句所得到的答案,比如"某人叫什么名字?""最常见的汉字形式是什么?""中国有哪些节日?"等。在中级阶段,文化内容的层次主要体现在由"怎么"引发的问题的答案,比如"中国人怎么过春节?""怎么举行婚礼?""怎么表示客气?"等。要回答这些问题,就需要能够用句段表达的能力。相比较到了高级阶段,学生的文化知识层次应该体现在由"为什么"引发的问题的答案,比如"中国人为什么过春节?""为什么中国的家庭观念跟西方的不一样?",这类问题需要的语言层次要比中级的高,也比较复杂,在词汇上需要辨别近义词、反义词以及词汇的典雅度;在语法方面,不但需要熟悉各种句子的语用功能,而且要了解各种文体的特点,具备连接各种语篇的能力。这里值得说明的一点是,以上这种把文化教学分成三个层次的方法,也许从某个角度看,可能不够具体,不过如果我们按照上文提到的教学前提,就是把文化内容当作语言学习的手段,那么,尽管文化内容的罗列似乎没有什么系统,但是至少这种分法是从语言层次可以表述的文化内容出发的。

下面我们先看看初级阶段应该包括哪些内容。

<u>初级语言阶段的一些文化教学内容</u>:姓名(起名、含义);汉字(形式、形成、发展);普通话、方言;颜色和颜色的含义;文房四宝;简单的中国饮食;中国家庭结构;十二生肖;简单的人际交流方式方法;简单的日常生活习俗(问候、表示感谢等)。

这里需要说明一下,上面所列的不一定把所有初级阶段的文

化内容都包括在里面，但是从列出来的内容不难看出教师如何通过让学生学习表达这些概念的字或词了解中国人简单的日常生活习俗，也就是说"以词带文化"的教学法。比如，中国人一般起什么名字？传统的中国人一般都想给男孩子起个响亮的名字，给女孩子起个漂亮的名字。有些乡下的老人喜欢给儿孙起跟喜庆、吉祥、富裕有关的名字，像"有庆""二喜""富顺""福荣"等；而城市里的有些父母则绞尽脑汁要给他们的孩子起个典雅的名字，像"意文""珊珊""月祺""茗怡"等。也有的父母希望孩子的名字跟大自然连起来，比如"云淼""岩峰""宇川""海棠"等。还有的父母按照孩子的生辰属相起名字，比如，鼠年生的孩子有人说应该起有"宀"或者"亻"旁的字（如"宝宇""安宏""健伟"）以保护不受众人喜爱的老鼠；牛年出生的孩子，有人认为应该选带有"氵"或"忄"旁的名字（如"思怡""慢洁""源情"），因为水牛需要水和人的精心照顾。这些名字，无论是按照哪个意念起的，是不是很有道理，这里且不追究，不过它们都表明中国人起名字的传统习惯，通过这些名字表达前辈对晚辈的寄托和希望。没有一个中国人愿意给孩子起一个带有不吉利或负面意思的名字，人们甚至忌讳用那些虽然本身没有负面意思但是可能跟有负面意思的字同音的字，比如，"嗣"这个字的本义是"继承"，但是由于它跟"死"同音（尽管声调不同，历史上有些名人选此字为名），一般老百姓则不会选它。另外像"奔"表"向前"的意思，可是它跟"笨"同音，所以也很少人用这个字作为名字。此外，"奔"跟"走、跑、跳、拿、卧、躺"等一样是没有褒、贬之分的普通动词，这类动词一般不作为名字，不过如果动词有褒义则可以，比如，"奋、爱、升、学、保卫、胜利"等等。对把汉语作为第二语言的学生来说，无论他们愿不愿意起中文名字，通过起名字这个活动，不仅可以练习发音、学习汉字（初级阶段最重要的两个学习内容），而且可以了解一点儿中国人起名字的依据，以及不同名字的含义。有经验的教师甚至可以通过这一阶段的教学帮助学生了解中国的历史、掌握汉语基本的构词法（即现代汉语中占多数的双音节词是怎么构成的），为他们以后的语言学习和交流打下一个良好的基础。这里应该指出，在不同的阶段，特别是初级阶段，教师在说明学生学习的有关文化内容时，有必要适量地使用学生的母语解释，至于教师应该怎么解释或使用多少学生的母语解释，本文暂不做考虑，未来的研究可单独探讨这个问题。

下面我们再看看中级阶段应该包括哪些文化内容。

<u>中级语言阶段的一些文化教学内容</u>：中国人怎么过传统的节日；中国各民族的特点和风俗习惯怎么分辨；中国人的家庭生活和习惯（包括婚姻、家庭关系等）；人际关系怎样；教育和人的社会地位怎样；中国的饮食和特点；中国人的处世哲学；中国人的生活水平和相对的社会地位；中国艺术（如歌舞）；中国的医药（即中医）；中国的健身文化（如武术、气功）；中国时事。

中级语言阶段的文化教学内容跟初级阶段相比，最大的不同是这些文化概念需要用句段来解释说明，只用字和词构成的简单句子很难解释清楚。我们知道，在中级阶段，学生学习的语言重点在于掌握句子在一段话里的交际功能，即用句段表达的能力（参

阅 Xing，2006①），那么上面列举的中级阶段的文化概念也正需要用句段的语言形式来表达，这样把语言和文化的内容结合在一起，就可以比较有效地提高学生语言、文化的交际能力。当然上面所列的内容也不可能包揽所有学生在中级语言阶段应该或可以学到的文化知识，但是从上面列出的各项标题应该可以看出，每一项都需要回答"怎么（样）"或者"如何"这类疑问词引出的问题。比如：中国人怎么过节？在初级语言阶段，学生同样可以学习跟中国的节日有关的内容，但回答的不是"怎么过节"的问题，而是"中国有什么主要的节日"的问题。后一个问题可以用词或词组来回答（如：春节、中秋节、元宵节等），但是前一个问题必须用句段来回答（如：过春节以前，家家户户都要打扫房子，除夕要做年夜饭、放鞭炮。春节的那一天，大家都穿新衣服，孩子们要给长辈拜年，长辈给孩子们压岁钱。等等）。因此，笔者建议中级语言阶段的文化教学应该采纳"以句型带文化"的教学法。有教学经验的汉语教师都知道中级阶段学生应该掌握哪些句型，比如：主题评论句、各种不同的动补结构、句尾语气词的语用功能等（对如何教句型感兴趣的读者可参阅邓守信，2006、2009；Xing，2003、2006 等②）。这些句型都是印欧语里面没有

---

① Xing, J. Z. *Teaching and Learning Chinese as a Foreign Language: A Pedagogical Grammar*. Hong Kong University Press, 2006.

② 邓守信《语法项目的分级》，《对外汉语语法及语法教学研究》，商务印书馆，2006 年。邓守信《对外汉语教学语法》，文鹤出版社，2009 年。Xing, J. Z. Toward a pedagogical grammar of Chinese: Approach, content, and process. *Journal of the Chinese Language Teachers Association*, 38(3), 2003. Xing, J. Z. *Teaching and Learning Chinese as a Foreign Language: A Pedagogical Grammar*. Hong Kong University Press, 2006.

的语法现象,应该说用这些句型介绍中国特有的文化概念可以让学生真正了解中国的语言和文化是如何融为一体的。

最后,我们看看高级阶段应该包括哪些文化内容。

> <u>高级语言阶段的一些文化教学内容</u>:家庭观念;道德观念;民族观念;中国人的思想意识;饮食和健康;社交习惯;具有历史意义的人和事;社会问题(妇女问题、人口问题);宗教信仰;审美观;艺术欣赏;时事政治;经济。

上面列出的高级阶段的文化教学内容,虽然不可能罗列所有这个阶段学生应该学习掌握的文化知识,但是从列出的这些题目看,它们都是抽象的有关中国人思想意识、文化修养、社会观念方面的问题。显然这些问题跟初级和中级的文化内容不一样;不论从哪个角度看,都比初、中级阶段的内容深,而且难掌握。学生如何能够在语言课上有效地学到这些文化知识便成了语言教师深思、讨论的问题。邢志群提出,在高级语言阶段,学生学习的重点应该放在篇章结构(Discourse Structure)、话语模式(Discourse Mode)、语体风格(Genre,包括典雅度)上面,而不应该停留在词汇和句法这两个初、中级的语言学习范畴内。[1] 那么在语言学习的高级阶段,除了重点学习篇章结构,笔者建议加上文化的内容,这样构成一种以篇章带文化的语言文化教学体系。也就是说,把高级阶段的语言重点和文化内容结合在一起,以语言带文化,又通过文化促进语言的学习。比如,学生在高年级的语言课

---

[1] 邢志群《高年级汉语篇章连贯教学法》,《对外汉语书面语教学与研究的最新发展》,北京语言大学出版社,2005年。邢志群《对外汉语教师培训:篇章教学》,《汉语教学:海内外的互动与互补》,商务印书馆,2007年。

上学习如何用准确、精练的语言说明某种观点，这时候把"中国人的家庭观念"这个文化课题注入语言的学习中，如果学生能用准确、精练的语言表述中国人的家庭观念跟西方人的相比为什么不一样，那么他们就学到了高级语言的某些表述技能。但是这个阶段的文化内容，也不可能跟用学生的母语讲授的中国文化课的内容和深度一样，因为即使是高年级的学生（即三、四年级），他们的汉语水平也很难达到近乎母语的水平，所以高年级要学的文化内容仍然受学生语言能力的限制。

总结上面讨论的语言、文化教学三个阶段的教学内容，笔者认为这三个阶段的文化内容应该紧紧地跟语言语法结合在一起学习。也就是说初级阶段的教学模式应该以字、词带动文化，中级阶段以句段带文化，到了高级阶段应该以篇章带文化，这样才能形成一套由简入繁、从具体到抽象的语言、文化教学系统，从而使学生有效地学习汉语，了解中国文化，最终使他们能够准确有效地用汉语交流。

二 语言、文化教学法

上文着重讨论了对外汉语语言、文化教学的内容和两者如何结合在一起的教学体系，下面我们就如何按照这个教学体系，对这个问题进行课堂实践，做一些实例示范。从前面介绍的三个语言阶段的文化内容看，我们实际上可以把各个阶段的文化内容分别在不同的语言阶段讲授，也就是说由于各个阶段文化概念的层次不同，因此它所需的语言表述能力也不同。下面我们用"讲礼貌"这个文化概念当作汉语课堂实践的范例，讨论一下如何在语言课的三个阶段让学生学习这个文化概念。

在讨论教学法之前，有必要首先明确对外汉语、文化教学的背景。如果授课的对象是西方学生，那么第一文化就是"西方文化"，第二文化是"中国文化"，两种文化的差异则是"中西文化表达礼貌不同的形式和方法"。当然授课教师要对中国的礼貌问题有一定的了解，能够回答跟"礼貌"有关系的一些基本问题。比如：什么是"礼貌"？它的历史背景，它在人们交际活动中的作用等。我们知道孔子早在《礼记》中就讲到"夫礼者，自卑而尊人"。虽然这是两千多年前儒家学说对"礼"的解释，实际上跟21世纪中国人对"礼貌"的理解差不多，就是"谦卑自己，礼貌别人"。当教师有了对"礼貌"这个概念的基本知识，就比较容易把跟礼貌有关的语言内容介绍给学生。下面是笔者为初级阶段的学生学习"礼貌"提出的语言教学大纲：

・跟中国人（不同身份、不同背景、不同年龄）见面时应该怎么称呼（如：您／处长／老王／师母／老师／叔叔／阿姨）

・怎么打招呼（如：您好！／早！／吃了吗？／怎么样？）

・怎么引出话题、结束话题（如：您贵姓？／您请！／我来。／对不起。／不客气！／那就这样吧。／再见！／您慢走。）

・如何表达"谦逊"（如：哪里哪里。／我不行，还差得很远呢。）

值得注意的是上面的这些有关"礼貌"的教学内容都属于两种文化差异的范畴，或者说是中国文化的特点，也是中西方文化的不同。跟美国人见面时的称呼没有那么复杂，熟悉的成人大多直呼其名，不熟悉的人称"某先生"或"某太太"比较保险，打招呼没有"你"和"您"之分。美国人不会认为"谦卑自己、抬高别人"是一种美德；也不会故意用一些"谦逊"的字眼。至于教师如何在课堂上讲授这些语言、文化知识，笔者认为可以根据教师、学生的情况以及教学条件选择最佳的教学法。有的教师擅长用听说的方法或认为学生应该通过听说来提高读写的能力，有的因为种种原因喜欢用读写的方法。不过无论用什么教学法，学生在初级阶段学习的重点都应该放在汉语的发音、词汇上，同时了解、掌握简单的中国文化交际知识。当然这并不意味着这个阶段的学生不学句型，笔者的观点是，在初级阶段简单的句型当然要学，只不过它们不是这个语言阶段最重要的，或者说唯一的学习重点而已。

到了中级语言阶段，由于学生学习的重点是句段结构，他们对"礼貌"这个文化概念的了解也会随之不断地加深。对于汉语中的重点句型，以往有不少专著和论文（如：吕叔湘主编，1980；Li & Thompson，1981；刘月华等，2001[①]），这里就不多讲了。大部分的专家和教师都认为把汉语作为第二语言的学生都应该掌握下面这些汉语特有的句型的语用功能：主题评论句、反问句、句尾语气词（如：吧、呢、呀等）、各种动补结构、特殊句型（如："把"字句、"被"字句、"连"字句、"是……的"等）。那么如何把这些句型用到学习"礼貌"这一文化概念当中，

---

① 吕叔湘主编《现代汉语八百词》，商务印书馆，1980年。Li, C. N. & Thompson, S. A. *Mandarin Chinese: A Functional Reference Grammar.* University of California Press, 1981. 刘月华、潘文娱、故铧《实用现代汉语语法（增订本）》，商务印书馆，2001年。

第四节　论汉语语言、文化的教学体系

我们先看一段如何邀请朋友到家里吃饭的对话：[①]

甲：这个周末，来我家吃饭**吧**。

乙：不，太麻烦**了**。

甲：麻烦什么**呀**，菜都是现成的。

乙：那也得烧**啊**。

甲：你不来我们也要吃饭**嘛**。一定来啊，不来我可生气**啦**。

乙：好**吧**，那就随便一点儿。

这段对话虽然文字很简单，在初级阶段学生基本上都学过了，但是这段对话所表达的文化内涵却比较复杂，它包括中国人的"真诚""礼貌"和"脸面"等文化概念。再看看表达这些文化概念的句段，我们发现基本上都是通过句尾语气词（"吧、了、呀、啊、嘛、啦"等）引导的句型表达出来的。这里不难看出汉语的句尾语气词的语用功能很强，在西方语言里很难找到直接对应的词或句型。虽然初级阶段的学生对这些词的用法有所接触，但是能够用句尾语气词表达上面这段话的含义的学生恐怕不多，至少要到中级阶段通过重点学习、比较这些句型的语用功能后才有可能掌握（如表示建议、委婉、肯定等语气）。当学生掌握了这些句型的语用功能后，句段里表达的文化含义也就应该有一个比较清楚的概念。上面这段话只是用句尾语气词表达一个文化概念的例子，用心的读者会很快发现我们可以用汉语中任何一个特有的句型表达中国文化的某一个特点。按照这样的程序进行教学，笔者认为中级阶段的学生不仅能学好汉语的句段结构、语用功能，学好用句段结

[①] Gu, Y.-G. Politeness phenomena in modern Chinese. *Journal of Pragmatics*, 14(2), 1990.

构表达的中国文化概念,更重要的是可以为高级阶段的语言、文化学习打下扎实的基础。

在高级阶段,学生在语言方面对汉语的词汇和句法都有了一定的了解,在文化方面也具备了一定的基础知识,因此高级阶段的语言学习就从句段转到以篇章、语体为主,文化知识也从基本的风俗、社交习惯转到抽象的思想意识。我们知道有关篇章结构和语体风格的学习内容很广,对于把汉语作为第二语言的学生来说,到底哪些内容是他们必须掌握的,哪些可学可不学,对汉语教师来说一直是一个没有定论的问题。这里参考Xing提出的建议,要求高年级的学生除了学习汉语各种不同的句段连接方法(如:用各种连接词、不同的语序等),还要学习篇章的各种模式(如:不同风格的文章如何开头,如何结尾,如何记叙、叙述、辩论等)以及不同的语体(如:书面语、口语)。① 最近,冯胜利等设计出一套用计算机测试文章"典雅度"的软件,② 也就是通过"典雅度"来衡量高年级学生汉语水平的标准,这无疑为高年级的汉语语言学习提出了另一个目标。有了这类语言教学指导大纲和上文提出的文化内容,我们只要把这两方面的内容结合在一起便是高年级教学的材料。现在我们看下面这段选自高大威《永恒的叮咛》(台北,1990年)的一篇短文:

> [1]礼,是中国文化很重要的一部分,看过一些论礼文章的现代人,很容易觉得它抽象、遥远、甚至过时。[2]平心论之,

---

① Xing, J. Z. *Teaching and Learning Chinese as a Foreign Language: A Pedagogical Grammar*. Hong Kong University Press, 2006.

② 冯胜利等《汉语书面语体特征及其自动测量法》,第十六届汉语教学国际研讨会,2008年。

礼的某些风貌，或依古礼而建构的某些制度，在今日社会不得不重新调整，甚至不得不废弃。但从文化整体来看，礼固然因时代的变迁有所革新，本质却没有变化。[3] 礼来自人与人之间的日常相处，是传达人们情意的桥梁。[4] 人的外在表现大致分为两种：一是语言，一是动作。[5] 遇到身份不同的人，我们的相对立场也随之变化，立场一变，外在表现也就跟着改变。所以语言、操作表达合宜的人，不仅是有教养的人，几乎称得上是应对进退的艺术家。因为他知道在某一种特定的情境下，该表达什么，怎么表达，什么时候表达，不能失言，也不能失态，否则就失礼了。

这是一段论说文，也有散文的特点。通过摆事实、讲道理的方法说明中国人为什么"讲礼"。这种语体逻辑性比较强，从文章的选词（如：风貌、建构、平心论之、固然等）和句段连接的手段（如：主题评论句、排列、对比、省略等）方面都体现了高年级汉语的一些特点。为此，笔者认为是一段比较适合高年级学生学习的语言、文化教材。学生在学习的时候可以先看一两遍，判断一下哪些地方能看懂，哪些地方不懂或不太懂，然后着重学习不懂的地方。笔者建议高级阶段的学生在学习新课文的时候根据个人对课文篇章的理解把它分成不同的小段（参看上文用[ ]标出的五个小段），这样就可以看清楚段与段之间是怎么连接的（即语义、语法各方面）。学生对于不懂或不肯定的小段可以进行重点学习。比如上面这段话，对英美学生来说比较难懂的可能是第五小段，即[5]后面的句段，因为这段话的主题连贯手段跟英语的很不一样。学生会对"谁"遇到身份不同的人，"什么"

或"谁的"的立场,"谁的"外在表现等问题有疑惑,因为英语的语法会清楚地表明这些问题。

When *we* run into people of different backgrounds, our attitude might change accordingly. When *our* attitude changes, *our* outer expression changes as well. Therefore, people with proper language and behavior are not only considered cultivated, but also an artist who can handle any situation impeccably. This is because they know under a certain circumstance what to say and how to say it. They cannot have a slip of the tongue, nor can they lose their poise; otherwise, they lose their civility.

当然这段英语不是上面那段文章第五句段的唯一翻译,但是可以肯定的是,无论怎么翻译,汉语和英语中这段话的句子、篇章连接方法都不同,英语所有的句子都得有主语和谓语,从句中的主语必须跟主句中的主语一样,而汉语句子则没有这些要求,因此句与句之间、段与段之间主要靠语义上的逻辑关系来连接。当学生掌握了这些不同,他们对文章中谈的"礼"也会迎刃而解的。

三 结语

本文从中国文化在对外汉语教学中的作用出发,探讨了文化在语言教学中的重要性。笔者建议文化内容应该跟语言内容一样分成三个对等的教学阶段。这样,在教初级阶段学生发音、识字和简单句型的同时,给他们介绍简单的中国文化知识,比如,中国人如何进行简单、有礼貌、有分寸的交谈。在中级阶段，教学的重点转移到句段结构上，所以学生在学习不同句型的语用功能的同时，需要学习基础文化知识，比如，中国人如何用不同的句段表达谦虚、真诚、平和、文雅、修养等文化内涵。到了高级阶段，语言教学的重点是篇章语法，所以教师可以用不同的篇章结构和语体（叙述文、对话、论说文等）帮助学生学习有一定深度的人文思想和文化意识，最终使他们的语言交际不受文化知识欠缺的影响。但是无论怎么说，这里探讨的文化内容是在语言课里讲授的文化知识，不是用学生的母语上的中国文化课，所以文化内容受语言表述能力的限制。此外，本文提出的语言、文化教学模式只是一个比较粗浅的、框架式的教学尝试，要建立一个完整有效的语言、文化教学体系，还需要这个领域的同人在教学和研究过程中不断地实践、探索和总结经验。但是，笔者认为有一点是可以肯定的，那就是要提高学生的语言交际能力，除了让学生掌握汉语的语言特点（即各种不同的语言形式的功能），他们应该掌握两种文化的差异和特点，如果这两者不能协调的话，那么外国人和中国人的交流，就会像本文开始时引用的 Thomas[①] 的话，只能停留在某个不协调的阶段。

[①] Thomas, J. Cross-cultural pragmatic failure. *Applied Linguistics,* 4(2), 1983. Thomas, J. Cross-cultural discourse as "unequal encounter": Toward a pragmatic analysis. *Applied Linguistics*, 5(3), 1984.

第五节　课堂教学非预设事件及其教学资源价值[①]

一　预设事件与非预设事件

英国哲学家和数学家怀特海在《教育的目的》中有这样一个观点："当你凭据经验来分析教育的中心任务时,你会发现,圆满完成这一任务取决于对多种可变因素做精妙的调整。这是因为我们是在与人的大脑而不是与僵死的物质打交道。"[②] 根据怀特海的思想,我们可以把课堂过程看作是一系列复杂事件的组合,这些事件体现出一定程度的随机性,而教学效果则依赖于教学互动过程,其中包括教师对"多种可变因素"进行调整。

邹为诚在论及语言习得时特别关注"语言输入的机会"。他认为,"高效的语言输入不仅要依靠教学材料和课程设置,更重要的还必须依靠教师捕捉语言输入的机会。教师在合适的机会出现时,要及时、大量地提供能被学生理解的输入。这就要求我们密切关注教师是如何与学生交流的,这种交流是否出现在最佳时机,是否最有效地组合了语言的输入和输出,是否促使了学生将输入转化为'吸收'?大量的教学实践与研究证实,从语言输入

[①] 本节选自吴勇毅、石旭登《CSL课堂教学中的非预设事件及其教学资源价值探讨》,《世界汉语教学》2011年第2期。

[②] 怀特海《教育的目的》,徐汝舟译,生活·读书·新知三联书店,1950/2002年。

第五节　课堂教学非预设事件及其教学资源价值

转化为语言吸收的关键是'机会'"①。他关于教师"在合适的机会出现时，要及时、大量地提供能被学生理解的输入"的观点正暗合了怀特海"对多种可变因素做精妙的调整"的教育思想。"机会"一词是很耐人寻味的：如果教师的教学预设是封闭的和按部就班的，理论上就只需考虑何时"输入"的简单问题，而所谓"合适的机会（出现）"显然不是指某个具体的已预先规定好的简单时间刻度，而是指一种随机发生的课堂境遇。这种境遇是靠"捕捉"而不是"预设"获得的，预设对这样的境遇不具有可控性，这也就意味着，决定这些境遇出现的还有非预设的因素。

我们所说的 CSL（汉语作为第二语言）课堂教学中的预设事件主要是指课堂教学的预案和设计，也可以理解为备好的教案或设计好的教学思路，它是教师预先准备好的（有经验的教师甚至在教案中已"预测"到一些课堂教学中可能发生的事件，并且制定了应对策略）。教案设计与课堂教学是相辅相成的，可以说是课堂教学的"打印预览"。② 从这一点上说，实际的课堂教学过程就是预设事件的逐一发生。以往的对外汉语教学研究和教师培养、培训多注意预设事件（崔永华和杨寄洲主编，2002；教育部对外汉语教师资格审查委员会办公室编，2003；姜丽萍主编，2006；郑艳群编著，2009③），比如教案的设计与准备，包括各

---

① 邹为诚《语言输入的机会和条件》，《外语界》2000 年第 1 期。
② 教育部对外汉语教师资格审查委员会办公室编《对外汉语教学课堂教案设计》，华语教学出版社，2003 年。
③ 崔永华、杨寄洲主编《汉语课堂教学技巧》，北京语言大学出版社，2002 年。教育部对外汉语教师资格审查委员会办公室编《对外汉语教学课堂教案设计》，华语教学出版社，2003 年。姜丽萍主编《教师汉语课堂用语教程》，北京语言大学出版社，2006 年。郑艳群编著《汉语多媒体教学课件设计》，北京语言大学出版社，2009 年。

种教学手段和教学技术的介入与运用。恰如赵金铭所说:"教案是教师以某种教学理论为指导,根据自己的理解,将教材中有关材料重新编排、处理和加工,使之更利于学生理解、吸收和掌握。所以,教案是教师在授课前以课时或以单元为单位编制的具体教学方案。它是授课的主要依据,是保证教学质量的重要措施。……它是一种训练型的课堂操作程序。"[①] 但对外汉语教学界对 CSL 课堂教学中的非预设事件几乎没有什么专门的研究。

所谓非预设事件,就是指课堂教学进程中出现的一系列不在教师预先准备范畴内或预设内的课堂事件。它们具有一定的偶发性和随机性,会影响教师预设的教学进程,并引起教师对教学内容、教学思路及教学方法的调整。这些非预设事件所具有的教学资源价值将在下文进一步阐释。

二 非预设事件的分类

我们尝试从来源角度将非预设事件分为四类。

(一)随机产生的非预设事件

这类事件通常发生在课堂上,但跟教学无直接关系,属于非教学事件。它包括课堂的背景事件和学生的非学习行为两类。背景事件可以是天气变化(如刮风、下雨、起雾、天色、冷热等)、电器故障(如忽然停电、电脑死机、录音设备或空调故障等)、课堂造访(如学生走错教室、办公室通知活动、教师或实习生听

[①] 赵金铭《论"教案"(代序)》,《对外汉语教学课堂教案设计》,华语教学出版社,2003 年。

课等)、每日的师生着装打扮及用品(如发型变化、服饰及用品的样式、颜色变化等)、教室的清洁卫生(如垃圾未及时清理、黑板未擦、桌椅摆放等)、环境噪音(如手机铃响、装修噪音、操场喧闹等)等等。学生的非学习行为主要包括纪律事件和行为动作事件,例如迟到、早退、缺席、打哈欠、打瞌睡、开小差、发呆、闹肚子、上厕所、赶苍蝇、拍蚊子、削铅笔、讲闲话等等。

这类事件与教师事先的教学预设无关,具有不可预测性,但语言教师和学生常常会对这类事件做出回应。课堂上学生听到手机铃声忽然响起时,听课的注意力就会分散;教室外面突然天色漆黑、大雨倾盆时,关注点也会从教学内容转移到窗外;闹肚子或烟瘾上来了要暂时离开教室,就会产生一定的动静并影响教师和其他学生的情绪状态。教师受其影响,也常常会回应这类事件,例如看到外面下雨就可能将教学的例句、话题跟下雨、天气等事件相关联;听到突然有人敲门,也可能为了回应这个外部事件而将教学内容、方法和过程进行调整。

(二)由预设产生的非预设事件

这类事件在汉语教学的课堂中是频发的,其表现形式一般是由预设引发或导致的学生意外提问、质疑,也可表现为由于预设失误、不足而产生的意外事件。例如在课堂学习时,学习者会有意无意地将新学的语言内容与以前所学的进行对比、辨析。教师在教"根据"这个词时,有学生就要求辨析这个词跟"按照"的区别。而这些需要对比或辨析的内容有时(甚至常常)不在教师的预设之中,例如有教师在教"毕竟"前,准备好了"毕竟"和"究竟"的辨析,但没想到上课时学生却要求辨析"毕竟"和"反正"。有的学生在教师对某些词语或规则做出辨析或解释后还会根据自己所"掌握"或所"理解"的语言事实来质疑教师所讲的内容。学生在学完某一语言形式的用法后,有时会尝试侧向迁移到另一个情景中去,他们会问"老师,可不可以这样说?……",以求得教师的确认。有时,这种"移植"(可能是"活用"也可能是"过度泛化")会出乎教师的意料。这些都是由预设引发或产生的非预设事件。

学生在操练和运用语言的过程中会出现一些错误,这些错误除了学习者自身的因素外,有一部分可能是由教师的预设失误或不足所导致的。教师的失误或不足包括词汇、语法、语用规则解释力不强,提问不切合实际,预设的操练方式不佳,高估或低估了学生的认知能力和语言水平等等。而学生的操练或运用错误既可以向教师提示学习者自身的或中介语的某些特点,也可以映射出教师的教学预设水平。

(三)由学生偶发兴趣产生的非预设事件

这类事件通常是由学生提问引发的,但它与上一类事件不同,它是由教学预设间接激发出来的,与教学预设之间的相关度较低,有更大的偶然性。例如某老师在教学生坐出租汽车的常用套语时,准备好的是"向左拐""向右拐""慢一点儿""快一点儿"等,可学生突然用英语问"turn around"和"back up"用汉语怎么说。学生的提问在某种意义上其实也是对教师的提示,在一定程度上显示出这两个套语的实用性和重要性。有的教师在遇到这样的情形时就会立刻在相关内容里增补这两个套语的教学。同样是教学生如何坐出租汽车,别的教师就可能被学生问及如何用汉语表达"请打开后盖箱"和"上高架",但却没有被问及怎么说"掉头"和"倒车"。由此可见,同样一个情景,不同的学生有不同的关注点和兴趣点。再举一个比较极端的例子，某教师组织学生讨论，话题跟交通规则有关。某学生或许是从交通规则这个当下话题中联想、跳跃到了跟"警察"有关的思绪上，看上去似乎没有来由地突然问了一句："老师，中国的警察有没有狗？"这个问题本身跟教师的教学预设的关系比较远，基本上属于学生偶发的个人兴趣事件。

由预设直接产生的非预设事件有一定的必然性和课堂共性，而由预设间接引发的非预设事件，常因不同的学生、不同的兴趣点和不同的课堂环境而改变，具有较大的偶然性和离散性。

（四）由教师偶发兴趣或灵感产生的非预设事件

这类非预设事件用通俗的话说就是教师在课堂上的"心血来潮"。第一种情形是教师被某个情景或细节触发，突然对某一个问题或话题产生兴趣，暂时离开自己的教学设计，引领学生朝着自己的兴趣方向展开（是否属于"跑题"，"跑"了多远，要视具体情况而定）。这种情形许多教师都有切身体会。第二种是教师突发灵感或者说"灵光闪现"，认为自己在课堂上临时、当下想出的设计和内容比原来预设的要好，从而及时调整、修改自己的预设甚至抛弃原先的预设。举个例子来说，某教师在教经贸汉语课时，碰到"理性"和"感性"两个词依次出现。这位教师原先的预设是通过让学生讨论下列三个问题来掌握这两个生词：（1）学数学和学画画儿的人有什么不一样？（2）请谈谈对后面两个句子的看法："我太喜欢这个房子了，我现在就可以付给你钱。""这房子是不错，但是缺点也很多，你能不能再降一点儿价？"（3）有个女人特别喜欢买衣服，可是买回来的很多衣服一次都没穿过。请评价一下她的消费行为。可是在刚问完第一个问题之后,原先的设想在闪念之间被推翻,第二个问题变成了:"在看一个让人伤心的电影时,女人哭了起来。男人告诉她:'不用哭,这只是一个电影,生活不是这样的。'请你评价一下这个男人和女人。"这个问题得到了学生的热烈回应,因为新的调整要优于原先设想的问题。这样的成功调整是大脑的一次偶然"擅自行动",它在"鬼使神差"中完成,并非由现实场景直接或间接地引发。这类突发教学灵感,其出现机理也许很难把握,但从根本上说或许源于教师深层的知识结构和教学经验的积累。

三 非预设事件的教学资源价值

所谓教学资源,通常指可以用于教学的一切事物和条件,包括在课堂里能够产生教学价值的各种事件。邹为诚指出:"语言输入的最佳项目是学习者身边的事物和思想。因为这些地方的知识和概念最具有可理解性、重复率和突显性,同时也最能引起学生的兴趣、共鸣和参与热情。"[1] 这也就是 Ellis 所说的"遵守'此时此地'原则"(Adherence to the 'here-and-now' principle)[2]。当非预设事件在 CSL 课堂教学中发生时,它是否能成为"此时此地"的教学资源,其价值何在?我们将在这一节中讨论。

(一)非预设事件向教学资源的转化

上文所说的第一类非预设事件,即随机产生的非预设事件,其教学资源特性,如果放在一般意义上的大中小学课堂里有可能

---

[1] 邹为诚《语言输入的机会和条件》,《外语界》2000 年第 1 期。
[2] Ellis, R. *Understanding Second Language Acquisition.* Oxford University Press, 1985; 上海外语教育出版社, 1999 年.

第五节 课堂教学非预设事件及其教学资源价值

会被质疑,因为它们与当下的教学内容无关。但从第二语言教学的角度来看,它们却具备教学资源的特征。一旦它们与语言学习发生关联,并用于教学,就可以成为教学资源,显现其价值。也就是说,这些事件一旦真实发生,就是可理解输入出现(同时也是表达输出)的机会,尤其对汉语水平较低的学生来说更是如此,因为这些事件本身的解释力强,有助于学习者理解相关的语言知识和语言表达。例如,某位老师在教副词"才"时,恰好有一名学生姗姗来迟,于是这位老师就发问,"你怎么才来呀?别的同学早就来了"。依赖即时场景,学生很容易体会到"才"所表达的事情发生得晚的意思。

不过,这类非预设事件要转化为教学资源,被教师所利用,还需基于教师对学生汉语水平的了解和对事件的敏感性。例如上课时突然有人敲门,这是一个偶发事件,如果教师的教学对象是程度很高的汉语学习者,这一事件就可能被忽略。教师在开完门(处理事情)后继续自己的教学过程,因为他/她并未将这件事视成教学资源。如果教学对象是初级学习者,老师就有可能故意先不开门,而大声说"请进""你找谁"或"你有什么事儿",也可能故意说"教室里没有人"或"我们都不在"之类的话,以达到操练相关句型或功能的目的,那么敲门这个事件就被用于教学,变成了教学资源。当然,如果教师对此类事件不敏感,它们也不会自动转化为教学资源。

有时这类偶发事件会和正在执行的教学设计产生高度关联,因而受到某些教师的"偏爱"。例如某位教师上课时教室里的日光灯突然掉下来,虽然没有砸到人,但让大家非常吃惊和后怕。巧合的是,这位老师正在教的语言项目是"大吃一惊""大叫一声"

和"吓了一跳"等动量补语结构，于是在后怕之余教师马上带着学生"活学活用"这个语言形式。这种事件出现的概率虽然很小，但小概率事件的发生却造就了语言吸收和教学的良机，甚至会让师生终生难忘。在研究中我们发现，教师会利用不同的非预设事件来教授和操练同一个语言点。例如有的老师利用学生迟到事件操练"刚刚来"；有的老师则利用学生上厕所事件操练"刚刚出去"；有的教师看见学生吃面包就故意让其请已经用过早餐的学生吃，以引出"刚刚吃过"这样的口头表达。一个语言点的教学可以依赖几个不同的非预设事件，这就给了我们一个启示：如果将这些随机产生的非预设事件进行细致的梳理、总结、归类，并将其与特定的汉语结构、功能教学相联系，建立起一些关联范式的话，这些非预设事件的教学资源价值就会更大程度地显现出来。如何将非预设事件转化为预设事件，我们将另文探讨。

（二）非预设事件的辅助、检验和修正功能

第二类非预设事件实际上是由教学预设产生的，或者说是由教师的教学所引发的，由于它们是频发的，因此大多数教师都会应对此类事件，尽管他们应对此类事件的具体态度（典型的消极应对是"中国人就是这么说的""这是中国人的习惯"等）和投入时间有很大差异。一般来说，教师应对完学生的提问或质疑后会尽快回到自己原先预设的轨道上来，即"言归正传"，但也有教师，尤其是"新手"表示，有时应对此类事件会很费劲，且并不能如自己所愿很快回到原先预设的轨道上来，会耗费比最初预想更多的时间和精力，甚至有可能导致整堂课教学的失败。当然相反情况亦有，例如，有教师在教"妩媚""婀娜""娇嫩"这三个词时原本觉得会有些困难，但意想不到的是班上已经有几个

女同学很快理解了意义并开始运用。她们指着一个经常生病的女孩说"她很娇嫩",指着另一个身材和形体特别好的女孩说"她很婀娜",还争先恐后地指着自己说"我很妩媚"。这种出乎教师预想的正确运用当时就成为课堂教学的资源,并帮助班上其他同学理解了这三个词的意义,体现了"语言输入的最佳项目是学习者身边的事物和思想"[①],而这样的非预设事件作为一种教学资源辅助了教学的顺利进行。

由预设产生的学生的提问和质疑等通常是跟预设的教学内容相关但又经常指向教材和教案之外的内容,教师很难回避,若善加利用可以成为很好的课堂教学资源。例如教师对学生实际运用汉语而产生的偏误(有经验的教师会对一些典型偏误进行预设,但不可能概全)可以即时纠正、辨析并解释成因,或可成为当下教授内容的扩展和深化。

由于这类非预设事件的产生源于教学预设,是学生对课堂教学的即时反馈,因此它们不仅具有直接利用的价值,还在一定程度上具有检验和修正教学预设及其实施的功能。它们可以透露出两方面的信息:一是教学预设是否存在自身的缺陷,二是学习者在学习过程中的实际难点和教学预设中的难点是否一致。尽管此类事件的产生会挤压教师有限的课堂时间,但其向教师昭示的很可能是对学习者至关重要的某个方面。如果教师是个有心人,比如课后做教学日志,这类非预设事件就有可能帮助他们增补和修改教学预案,甚至成为教材修订的基础之一,变为另一种新的具有实际利用价值的教学资源。教师在教学预设的增补和修正过程

---

① 邹为诚《语言输入的机会和条件》,《外语界》2000年第1期。

中既能增加自己关于语言及教学程序的结构性知识，也能储备关于不同特点学习者的非结构性经验等。

（三）兴趣事件对教学效果的作用

第三类非预设事件是由学生在课堂上的偶发兴趣产生的（或者说是由教学内容间接引发的），有时并非直接针对教学内容。再举个例子，有位教师上课讲到"宠物"这个生词时，有个美国同学忽然冒出一句，"我捡了一只猫"，这个话题与教学设计还算关联，但接下来其他同学的兴趣一下子转移到该不该收养流浪猫的问题上，随之学生自发展开的讨论与教学预设拉开了距离。

对待这类非预设事件，教师的态度是不同的。有的教师认为没有必要对此类兴趣事件投入关注和热情，更没有必要支持，理由是在课堂教学中，教学计划和进度是第一位的，任何对此不利的事件都应该排除。有的教师则认为可以对此类事件给予适当关注，但不需要投入太多的时间来处理。比如举上面例子的那位教师就说："我碰到这样的问题时，一般会先顺一顺学生，先不打断他们，让他们稍微发展一下自己的话题后，再总结一下他们的结论，然后回到自己的教学轨道上来。"这部分教师偶尔会有舍弃原先的预设而迁就学生的情况，但在大部分情况下还是会将学生的这种"自由发挥"拉回到原来的教学计划中去的。但也有教师认为教语言不能太死抠书本，只要学生产生了兴趣，哪怕是放弃原先设计好的内容也在所不惜（"信马由缰"或许是个比较恰当的比喻）。有位教师叙述了自己听一堂口语课的经历：授课教师因早晨晚起未吃早饭，带着一包饼干进了教室，估计是打算课间休息时吃。有学生看到后发问："老师，你是不是没吃早饭？你现在吃吧，没关系。"接着这位同学似乎对这包饼干产生了兴趣，又问:"这是中国的饼干吗?"老师觉得学生对中国食品有兴趣需要回应,于是就开始与班上同学聊关于中国及各国食品的话题,包括巧克力、冰淇淋、奶酪、葡萄酒、比萨饼、麦当劳等等,从食品包装聊到食品质量,再从食品质量聊到食品安全,最后又聊到健康,整节课完全抛弃了教材内容。听课教师课后抱怨说:"这算怎么回事?这不是脚踩西瓜皮吗?整个一个意识流。"

其实,教师的不同态度反映了他们对此类事件是否可作为教学资源的不同看法,第一种态度是不认可这类事件具有教学资源的价值;第二种态度是承认或认可这类事件具有一定的教学资源价值;第三种态度显然是高估了这类事件的教学资源价值。我们认为,课堂教学是计划性与自发性、控制与自由之间的一场博弈,由于教学理念的不同,教师对这类非预设事件采取的立场也不同,但注意两极之间的平衡却是十分重要的。

兴趣事件也是情绪事件。Zajonc 提出的情感优先假说认为,对刺激的简单情感属性加工要比更高级的认知属性加工的速度要快得多。[1] 这一看法意味着对学生兴趣的正确把握能使课堂教学获得事半功倍之效。从 CSL 课堂教学的微观层面上考察这类偶发的兴趣事件至少可以得到两方面的启示:(1)学生的兴趣常常是由交际需求推动的,而交际需求与教材的顺序、教学的顺序可能不同步(也许根本就不可能同步)。当学生表现出交际方面的合理需求和相关兴趣时,输入的最佳时机已经出现。如果教师在此时告诫学生,"你别打断我,我们先把这个练习做完",那就

---

[1] 转引自 M. W. 艾森克、M. T. 基恩《认知心理学(第四版)》,高定国、肖晓云译,华东师范大学出版社,2000/2004 年。

是舍近求远的资源浪费。范梅南在《教学机智——教学智慧的意蕴》一书中指出，教育时机位于我们教学实践的中心，"在教育时机的这一瞬间你必须行动"[①]。学生偶发的兴趣事件作为一种教学资源，教师不应该浪费，关键是如何把握，如何合理利用。（2）教师对学生兴趣的深入了解也是重要的课堂资源。不同国别的学生，语言背景、文化背景的差异原本就很大，而其个体差异则更大，对学生兴趣的充分了解会给课堂教学带来很多输入便利，对学生的学习动机也会有激发作用。同时，跨文化交际的敏感性和对学生文化背景的把握会有助于教师充分了解学生的兴趣。

态度和兴趣会作用于学习效果，由学生偶发兴趣产生的非预设事件，若教师善加诱导且利用得当，可有效地提高课堂学习效果，自然就具备了教学资源的属性。加涅指出，在激发学生学习兴趣过程中所"暗含的管理活动是旨在以有效方式完成学习的任何系统所必需的。显然，它们是教师要完成的最重要的职能"[②]。教师需要有把学生的兴趣事件转化为教学资源的能力，使其成为有效的语言学习的手段，起到促进语言学习的重要作用。

（四）教师的自控与学生的互动

第四类非预设事件有两种情形，其中之一是由教师被课堂教学的某个情景或细节触发而产生的，它可以使我们看到教师在教学过程中所流露出来的突发的自我兴趣。尽管由此引发的偏离教学预设的现象的程度和频率因人而异，但确有其积极的一面。伊丽莎

---

① 马克斯·范梅南《教学机智——教育智慧的意蕴》，李树英译，教育科学出版社，1991/2001年。

② R. M. 加涅《学习的条件和教学论》，皮连生、王映学、郑葳等译，华东师范大学出版社，1985/1999年。

白·琼斯和约翰·尼莫认为，教师自身的积极性可能被自己的兴趣激发或者调动，教师自我兴趣的带入会给受教育者更积极的知识和情感的双重影响。[①] 当然，在此类事件中，教师应保持相应的自我纪律，即应以学生的兴趣和关注为准绳。我们认为教师偶发的兴趣如果不能和学生的兴趣产生互动，那就不是合理的教学资源。如果教师的偶发兴趣与学习者兴趣之间出现了交汇点，这类事件就具备了教学资源的属性，若善用，教学的好机会出现的概率就会增加。当教学者对教学的内容充满激情时，其感染力是不同寻常的，而双方兴趣的互动共振则会激荡出意想不到的效果。

在此类事件向教学资源的转化中，教师的"元认知监控"能力是尤其重要的。"元认知监控"是"认知者对自己认知活动的监视与控制"[②]，教师对自己教学活动一般都会进行有意识的监察、评价和反馈，对自己的教学进行调整、修正和有意识的自控。在自我兴趣产生时，教师需要运用"元认知监控"能力以避免远离教学目标的"天马行空"，也需要运用它去寻找与学生兴趣的交汇点。至于另一类突发的教学灵感事件，即所谓"灵光乍现"，其实也是跟"元认知监控"能力有关的。

人类经验中的灵感事件不能被设计，因为灵感具有稍纵即逝、无法重复的特点。可是很多教师都经历过被自己灵感点燃的课堂，灵感会让先前平庸的预设一下子变得灵动和充满生机。"灵光乍现"是每位汉语教师都拥有的潜在财富，是教师进入课堂时就"随身携带"的潜在教学资源，这是任何现代化教学技术手段都无法

---

① 伊丽莎白·琼斯、约翰·尼莫《生成课程》，周欣等译，华东师范大学出版社，1994/2004年。
② 鱼霞《反思型教师的成长机制探新》，教育科学出版社，2007年。

替代的。这种潜在资源向现实资源的突然转化有时会给课堂带来令人惊奇的效果,尽管教师们不一定知道这种转化是否会来又何时发生。教师们有时会用"今天状态很好""今天很出彩"这样的话语来自我评点今天的"发挥",在这里,"今天"指称的兴许就不是一个必然发生的预设事件,而是一个即时的、临场的,甚至是出乎意料的非预设事件。灵感虽然稍纵即逝,但如果把握住这类事件且进行适当的教学反思,不但可以对教学预设大有裨益,而且对提高教师的临场机智也富有意义。

由教师偶发兴趣或灵感产生的非预设事件,其价值在于可以调整教学者在课堂中的即时状态和教学思路,让其发挥出超常的热情和创造力,把非预设事件转换为一个杰出的教学事件。

四 结语

我们在研究中发现,当论及上述四类非预设事件的教学资源价值时,CSL 教师都比较肯定和重视那些看上去能与教学设计发生关联的非预设事件,而并不关注它们究竟是由何种原因形成的。这些非预设事件由于和教学内容、教学目标的相关性比较大,因而被教师所利用,成为教学资源,帮助教师巧妙地达成了自己原先设定的教学目标,所以得到了教师的肯定。教师对未与教学发生关联的非预设事件似乎兴趣不大,可事实上,这些非预设事件大部分都有与教学关联的可能性,只是很多被错过了。非预设事件如果未与教学关联就只具有潜在教学资源价值,其资源价值从理论向实践转换时需要一个必要条件,那就是必须和教学产生互动和关联。"教育的任务不是避免这种偶然事件,而是充分发挥文化、旅游等在广度和深度上的密切交流，海内外特别是海外，对特定领域的"业务汉语""工作汉语"等实用汉语存在着巨大的潜在市场需求。

不仅如此，中国政府在大量派出留学生赴海外高校学习的同时，也积极促进来华留学教育事业的发展。2010年9月29日，由教育部主办、北京大学承办的"新中国接受外国留学生六十周年纪念活动"在北大隆重举行，刘延东在讲话中强调："新中国成立60多年特别是改革开放30多年来，中国政府高度重视来华留学教育，来华留学工作取得显著成绩。"并指出："不久前中国颁布的教育规划纲要强调，要继续扩大教育对外开放，提高教育国际化水平，当前来华留学教育面临蓬勃发展的大好机遇，真诚欢迎各国青年来华留学。"[①] 而进入我国高等院校接受教育的来华留学生，如果汉语水平是从零起点开始或未能达到相应的入系学习专业的汉语水平，那么省时有效的办法就是进行预科汉语即专业汉语教学。

二 CSP 相关研究与现状评估

早在20世纪80年代初改革开放以来，伴随着来华留学生的人数、规模和学习层次的增加，以非洲等第三世界来华留学生为主，留学生开始进入我国高等院校学习相关专业，从那时起国内有关院校就先后开设了科技汉语、医用汉语、理工汉语等课程，

---

① 冯慧文《新中国接受外国留学生六十周年纪念活动在北大举行》，北京大学新闻网，2010年9月30日。

并编写了相关的教材。① 据不完全统计，20 世纪 80 年代以来，国内出版的各类 CSP 教材不少于 150 种，其中商贸类汉语教材占绝大多数。随着专门用途汉语教学的开展，CSP 的教材编写和教学研究也陆续开展起来。最早出版的 CSP 教材当属《外贸洽谈五百句》（北京语言学院和北京对外贸易学院合编，外文出版社，1982 年）。90 年代初出版了《商业汉语》（黎杨莲妮、李更新，华语教学出版社，1990 年）、《经贸初级汉语口语》（黄为之编著，对外贸易教育出版社，1993 年）、《商用汉语会话》（郭力编著，北京大学出版社，1993 年）等等，90 年代末期和进入 21 世纪以来，CSP 教材的种类和数量不断增加，到 2006 年，仅商务汉语教材就至少已有 45 种。②

中国境内最早一篇基于对外汉语教学来探讨科技汉语词汇和句法特点的文献是《汉语科技文体的语言特点》③。文章指出科技汉语的一些特点：（1）大量使用专门术语（正数、负数）。（2）大量使用抽象词语（物体、体系）。（3）保留部分文言词语和严谨的书面表达方式（如：设有两个变量 X 和 Y，若对于 X 的变化范围内……）。（4）外来科技词语、科技反义词使用较多（伏特、夸克）。（5）连词、介词和具有关联作用的副词用得比较多。（6）科技汉语文体中多用陈述句，疑问句和祈使句主要见于习题和操作说明中，几乎不用感叹句和倒装句。（7）科技文体在描述试验、下定义、表达定理时，有许多固定

---

① 吕必松《对外汉语教学发展概要》，北京语言学院出版社，1990 年。
② 路志英《商贸类汉语教材编写和研究的基本情况述评》，《汉语研究与应用（第四辑）》，中国社会科学出版社，2006 年。
③ 杜厚文《汉语科技文体的语言特点》，《语言教学与研究》1981 年第 2 期。

格式和词组（与……成正比/反比、把……分解成……、由此可见）。(8) 科技文体中单句复杂化，并较多使用假设、条件、让步等复句。由此，我们可以了解科技汉语的语汇、语法、语体和语用上的某些特征。此后不断有 CSP 教学研究及教材编写研究的文献，例如：黄慰平《科技汉语教材的"五性"》[1]、石金才《关于编写外交人员初级汉语教材的设想》[2]、王砚农《谈谈"中医汉语"系列教材》[3]、张黎《商务汉语教学需求分析》[4]、赵悦《基于目标与对象差异的商务汉语课程体系框架设计》[5]、程乐乐和朱德君《医学汉语教材编写刍议》[6]、李晓琪《系列商务汉语教材编写探索》[7]、张晓慧和李扬《关于研制商务汉语教学功能大纲的思考》[8]，这些研究成果对 CSP 教材建设和 CSP 教学无疑有着重要启发和借鉴意义。

综上不难看出，专门用途汉语教学与 20 世纪 80 年代初以来国内普遍开展的通用汉语教学几乎是同步进行的，并且在教

---

[1] 黄慰平《科技汉语教材的"五性"》，《对外汉语教学研究会第二次学术讨论会论文选》，北京语言学院出版社，1987 年。

[2] 石金才《关于编写外交人员初级汉语教材的设想》，《世界汉语教学》1990 年第 3 期。

[3] 王砚农《谈谈"中医汉语"系列教材》，《世界汉语教学》1992 年第 4 期。

[4] 张黎《商务汉语教学需求分析》，《语言教学与研究》2006 年第 3 期。

[5] 赵悦《基于目标与对象差异的商务汉语课程体系框架设计》，《国际汉语教学动态与研究》2007 年第 4 期。

[6] 程乐乐、朱德君《医学汉语教材编写刍议》，《海外华文教育》2008 年第 2 期。

[7] 李晓琪《系列商务汉语教材编写探索》，《对外汉语教学与研究（第 1 期）》，南京大学出版社，2009 年。

[8] 张晓慧、李扬《关于研制商务汉语教学功能大纲的思考》，《第九届国际汉语教学研讨会论文选》，高等教育出版社，2010 年。

学体制、教学模式、教学方法以及教材编写和研究等方面取得了一定的成果。专门用途汉语教学是对外汉语教学研究和学科建设的重要组成部分，其建设和发展不但拓展了对外汉语教学的空间和领域，也标志着汉语作为外语教学逐步走向完善和成熟。其中：（1）80年代中后期由于有关部门的重视，科技汉语（包括医学汉语）教学研究及教材编写曾经"小热"了一阵子，遗憾的是这种发展势头没有保持下去。（2）21世纪以来由于中外经贸交流的扩大，经贸汉语特别是商务汉语教学研究及教材编写呈现一花独秀的趋势。先后召开有关研讨会10余次，"目前国内已出版的商务汉语教材已逾80种"[①]。另外，有关部门研制了《商务汉语考试大纲》（北京大学出版社，2006年），商务汉语考试（BCT）已在新加坡、韩国、美国、日本、泰国、法国等20多个国家举行。所有这些都表明，商务汉语在各种CSP教学研究中不仅走在了前面，而且方兴未艾。

然而，总的来看，专门用途汉语教学、教学理论研究、教材编写及研究还相当薄弱。表现在：（1）现有对外汉语教学学科理论体系研究的重要论著及相关文献，基本上都没有提及这一领域。当然这并不意味着学者们完全不认可这类教学的学科地位，但却表明人们对这一领域重视不够。（2）CSP教学自身的基础理论研究还没有广泛地开展起来，迄今还没有形成一套成熟的专门用途汉语教学理论和多种完善的教学模式。（3）各类专业汉语教学还缺乏教学大纲、教学标准和教学规范。（4）现有专门

---

① 李晓琪《系列商务汉语教材编写探索》，《对外汉语教学与研究（第1期）》，南京大学出版社，2009年。

用途汉语教学领域还不够宽泛，发展也不够平衡。（5）教材种类还不够齐全，缺乏品牌教材，许多领域尚无正式出版的教材。（6）现有教材研究成果主要集中在早期的科技汉语和近年的商务汉语教材的编写研究，而且大都是教材编写构想或所编教材的理论和实践总结，这当然是需要的，但仅有此还不够。据我们考察和估计，迄今有关专门用途汉语教学及教材研究的文献不足百篇，专著更是凤毛麟角。（7）此外，专门用途汉语教学师资队伍建设亟待加强，目前专业化从教人员少之又少。

以上情况表明，专门用途汉语教学虽然起步不算晚，也取得了一些教学经验和研究成果，但总体上并没有受到应有的重视，亦没有获得应有的发展，更谈不上与通用汉语教学并驾齐驱。这种状况不适应学科发展和建设的需要，也不适合近年来汉语教学快速发展的形势需要。因此，大力开展专门用途汉语教学理论研究和教材建设，已成为海内外汉语教学特别是专业汉语教学从业人员的紧迫任务，政府主管单位、出版界及高校专家学者和广大同人亦应给予大力支持并积极参与，以便不断完善学科建设，满足各类专门用途汉语学习者的需求。

三 CSP 教学理论基础与 CSP 学科内涵构成探讨

专门用途汉语教学的发展，不但有汉语学习市场的需求，更是学科自身发展的必然，亦有相关理论的支撑。

首先，常规的、通用的外语教学一般以全面地培养学习者听、说、读、写综合语言能力为目标，这自有其理论依据和客观需求。如听和说、读和写是难以截然分割的，甚至听、说、读、写四项基本能力总体上都是相互关联、相互促进的；而四项能力齐头并进、综合发展，更是全面体认和掌握一种外语的体现，也是外语学习者竞争实力的体现。然而，外语教学和外语使用的实践表明：对于许多学习者来说，听说读写样样俱佳只是一种理想化的目标，实际很难做到；而现实语言生活中，许多时候并不是听说读写全面使用，往往主要使用一种或一两种言语技能，比如"说"（如导游），"听"（收听信息）或"听说"（一般交流），口译或笔译（通用外语和专业外语的口译、笔译），阅读（通用外语和专业外语文献阅读、文献检索等），写作（一般工作交流、信息发布等），等等。实际生活、工作、学习和交流对外语的专门化、实用化需求更是多种多样，而语言需求的多元化不仅对外语教学目标的多元化提出了要求，更为开展各种各样专门用途外语教学提供了可能和必要。

其次，相关的语言学理论、语言教学法和语言教学理论，为专门用途汉语教学的发展提供了理论基础和方法论支撑。例如，社会语言学明确语言的社会属性、交际功能和社会变体，系统功能语言学强调语言的人际功能、语篇功能，以及复句与词组理论、语域与语类理论、语言教学和文体学等语言应用理论，都为专门用途语言教学提供了坚实的理论基础和语言分析的方法论基础。又如，外语教学的功能法认为，人们的职业不同，对外语的需要也不尽相同，不可能也没有必要学会所有的词汇，因此，应根据外语学习者的具体目标和实际需要来选择相应的教学内容，"学生将来用什么，教学中就教会他们什么"[1]，功能法主张"学习语

---

[1] 陈莉萍《专门用途英语研究》，复旦大学出版社，2000年。

言从功能到形式,从意念到表达法"[①],这些看法和主张几乎直接构成了专门用途外语教学的理论基础和核心理念。再如,现代外语教育强调以学习者为中心,而专门用途外语教学正是这种教育原则最直白的体现,真正做到了根据学习者的特定需要开设课程、编写教材。此外,专门用途汉语教学与美国外语教学界制定的21世纪外语学习的五个标准(沟通、文化、贯连、比较、社区)中的"贯连"亦有着某种理念上的契合。贯连就是联系其他学科,即用所学习的目的语与其他学科衔接,学习从一个新的视角去获取新知。[②]专门用途外语教学强调外语教学跟不同学科的专业结合、跟语言运用的不同领域和业务结合,这是专门外语联系其他学科和领域的表现,也是外语教学在整个教育体系中的地位和作用的体现。

可见,专门用途汉语教学的开展绝不是一时兴起的权宜之计,而是汉语作为外语教学科学建设应有的内涵,它的发展和完善是学科发展和深化的必然。因此,应该把专门用途汉语教学及其研究看作汉语作为外语教学的一个分支学科。实际上,专门用途外语教学就是外语教学的一个分支学科,英语作为外语教学的理论和实践,20世纪80年代以来对外汉语教学发展的理论与实践,都证明了这一点。这里强调加强专门用途汉语教学研究,是针对这一领域的教学和研究目前还相当滞后的现实。因此,我们呼吁应站在学科建设的高度,着眼于不同汉语学习群体对汉语使用的多元需求,来研究和规划专门用途汉语教学学科建设问题。这项工作,在汉语加快走向世界,学习者对汉语的需求多样化、实用化、

---

① 盛炎《语言教学原理》,重庆出版社,1990年。
② 陈绂《五个"C"和AP汉语与文化课教材编写》,《语言文字应用》2006年第S1期。

专门化的今天，尤其显得重要和紧迫。

专门用途汉语教学研究关乎汉语作为外语教学学科建设的发展和深化，关乎不同汉语学习者对汉语的实际需求，关乎专门用途汉语教学规律的探寻和教学质量的提升。因此，必将涉及诸多理论问题、学术问题及教学实践中的各种问题，这些问题构成了专门用途汉语教学研究的基本内容、基本框架。当然，"这些问题"究竟是哪些问题本身就是一个值得研究的问题。这里就专门用途汉语教学研究的基本问题举例如下，意在能起到引玉之效。

1. 定性定位研究。包括专门用途汉语教学的第二语言教学属性，专门用途汉语教学与通用汉语教学之共性与个性，专门用途汉语教学与通用汉语教学之关系，专门用途汉语教学的范围和主要类型研究，等等。

2. 理论基础研究。包括专门用途汉语教学的语言学基础、篇章语言学基础，教学法基础、教学理论基础、学习理论基础，以及具体相关专业基本知识和理论研究，等等。

3. 基本理论研究。包括专门用途汉语教学的教学目标、教学原则、教学方法研究，教学起点及课程设置、课程研究、教学模式研究，等等。

4. 需求分析研究。包括专门用途汉语教学的目标需求分析、学习需求分析、专业需求分析研究，需求分析的方法研究、需求分析的原则研究，以及教学内容、教学设计、课程设计、教学实施研究，等等。

5. 教学大纲研究。包括不同专业类型及不同用途汉语教学大纲，教学标准的研究和建设，专门用途汉语教学评估标准研究与评价体系建设，教材的评估标准研究，等等。

6. 教材编写研究。包括专门用途汉语教材编写的基本原则，编写设计模式，专业知识的体现及体现的程度，教材内容的呈现方式（综合型、单一技能型等），等等。

7. 教师发展研究。包括如何建立专门用途汉语教师队伍，特别是专业汉语教师队伍的建设问题，教师自身"汉语"和"专业"两个方面知识与技能发展问题，等等。

这些问题不可能覆盖专门用途汉语教学研究的所有问题，如中医汉语实际上必然还要涉及中国的传统文化、中国古代的哲学思想，如阴阳五行、天干地支等等，但是仅上述这些问题目前均尚未得到全面的研究，许多议题甚至根本未曾进行过研究和探讨。上述许多问题实际上涵盖了多样的具体内容，如不同专业或不同用途的大纲就可以包括专业词语大纲、专业功能与意念大纲、专业话题与场景大纲，乃至专业文化大纲（如中医文化、商务文化）等。可见，专门用途汉语教学研究任重道远。

四 结语与余言

本文强调，专门用途汉语教学是汉语作为外语教学的一个组成部分，并建议视之为对外汉语教学的一个分支学科。专门用途汉语，并不是与日常广泛使用的通用汉语完全不同的另一种语言。相反，其词法、句法及篇章语法等与通用汉语并无二致，或者说本质上并无区别；所不同的主要不是语言本身，而是用途、场合、应用范围、专门化程度等。当然，在词汇专业化、短语固定化、表达方式专门化、单句复杂化和复句常用化等方面，在不同语法成分、不同句式和不同语法结构的使用频率等方面,二者亦有明显的差别,从这个意义上说,专门用途汉语与通用汉语在语言上也是很有差别的,这也正是区分二者的重要理据,但主要还是语言的使用目的、交际领域、应用范围、文体语域、语篇语体等不同所致。

把外语教学大而别之为通用外语教学与专业外语教学,从理论到实践都是必要和可行的。专业外语教学是外语教学实践发展的必然产物,是全方位多领域国际交往,特别是国际政治、经济、商贸、科技、文化发展和交流的必然需求。事实上,诸如英语这样强势语言的专业外语教学和研究已经相当发达,不仅如此,专业外语教学的某些理念已经渗透在通用外语教学之中,如"对ESP发展起着里程碑式作用的需求分析已在EGP教学中得到了推广"[①],外语教学中复合型、应用型人才培养观念的确立亦是专门用途外语教学影响的体现。总起来说,CSP教学是国际汉语教学的重要组成部分,是扩大和提升汉语国际化的重要途径,目前已经呈现出"热需"的市场,并且也将是一个潜在的巨大市场。因此,应该站在学科发展和建设的高度,积极规划和发展专门用途汉语教学,并加强基础理论和应用研究。

我们呼吁有关部门和学术团体应加强专门用途汉语教学师资队伍的规划与建设,因为这是学科建设和发展的关键因素和根本因素。现有从业教师亦应积极主动地发展自己的知识结构和能力结构。汉语教师出身的教师应努力向"专业"汉语教师发展,也即学习和吸收相关专业或领域的知识和理论并运用于教学实践,专业教学出身的教师应努力向"汉语"教师发展,也即学习和吸收汉语知

---

① 束定芳《外语教学改革:问题与对策》,上海外语教育出版社,2004年。

识和理论以及外语教学的知识和理论,并运用于教学实践。可以说,"汉语知识与教学技能+相关专业知识与教学技能"这种复合型知识结构,是专门用途汉语教师合理的知识和能力结构。

第七节 现代语言教学的十大原则[①]

现代语言教育在近20年来受到了三大领域科学研究成果的极大影响。这三大领域分别是:语言习得研究、认知心理学以及教育学。就第二语言习得领域而言,在过去的50年中,研究者通过各种实验研究,如语言对比、错误分析、语言普遍原则、认知心理学、语言获得过程等方面的实验,对不同语言的习得顺序、习得速度、语言输入及输出的作用、课堂过程、学习策略等方面进行了系统研究,得出了不少定论。这些研究成果形成了第二语言教学领域的部分教学原则。就认知心理学来看,研究者从普遍学习理论,人类认知过程,大脑记忆、储存、加工等语言的处理过程,记忆储存方式,输入频率,视觉、听觉凸显性,反例对比等方面,提出具体的语言学习理论及第二语言教学策略,极大地影响了第二语言课堂过程及学习过程的教学原则。就教育学来看,研究者强调教学要以学习者为中心,要让学习者参与学习过程,进行各种合作及个人化的教学,强调与实际经验结合起来。从这一理论出发形成了多种第二语言教学方法,它们强调以学生为中心,以

[①] 本节选自靳洪刚《现代语言教学的十大原则》,《世界汉语教学》2011年第1期。

沟通为目的，通过任务教学的方式达到第二语言教学的目的。

　　这些领域的科学研究及学科发展成果引入第二语言教学领域后，语言教学领域发生了巨大变革和根本性转变。这一根本性转变表现在语言教学的六个方面：第一，就语言教学原则（Methodological Principles）而言，现代语言教学在教学经验的基础上，更重视借鉴科学的实证研究来指导教学（Empirically Motivated Methodological Principles）；第二，就教学内容（Instructional Content）而言，现代语言教学不再是单一的语言知识的学习，而是跨越三种交际模式的交流及跨学科的语言应用学习（Language Across 3 Communicative Modes[①]）；第三，就语言能力的标准（Language Standards）而言，现代语言教学在四种技能的基础上，明确提出培养学习者全方位、多方面的语言能力标准（Performance Standards），并以此来统一外语教学的标准；第四，就课程设计（Curriculum Design）而言，现代语言教学从注重教学过程转变为注重教学结果，课程设计要以结果为出发点进行反向设计（Design with the End in Mind）；第五，就教学策略/方法（Instructional Strategies）而言，现代语言教学更重视语言形式与功能相结合，主张采用以语言使用为中心的任务教学方法（Ask-based Instruction）；第六，就测试（Assessment）而言，现代语言教学不再将测试重点放在语言的单一技能上，如听、说、读、写，而是放在寻找能够测量语言综合应用能力的测量方法与单位上，强调利用不同的真实任务（Performance Tasks）来测试

　　[①] 三种交际模式是指美国《21世纪外语学习标准》提出的教学中应涵盖的三大交际模式（Three Communicative Modes）：理解诠释（Interpretive）、人际交流（Interpersonal）、表达演说（Presentational）。

学习者完成任务、解决问题的实际能力。

本文将集中讨论第二语言教学原则。所谓第二语言教学原则，指的是具有普遍意义的教学设计、实施原则，是基于第二语言习得实验研究、认知心理学以及教育学的最新研究成果而建立的原则。最早 Doughty & Long 提出应从十个方面考虑现代语言教学的原则，以指导实际课堂教学。[①] 尽管这十大原则理论性强，有实证基础，可以概括第二语言教学中"教"与"学"的诸多方面，但并不完整，例如，语言输出（Language Output）、学习策略等重要习得因素并没有涵盖在内。从语言学习的角度，能够涵盖的方面也很多，本文在此不一一列举。但本文提出，在十大原则的基础上再加一个重要原则，即"有效语言输出"（Pushed Output），以便突出其在教学中的作用，同时本文将合作学习与个人化教学的教育理论合二为一。这十项第二语言教学原则参见图 3-2：

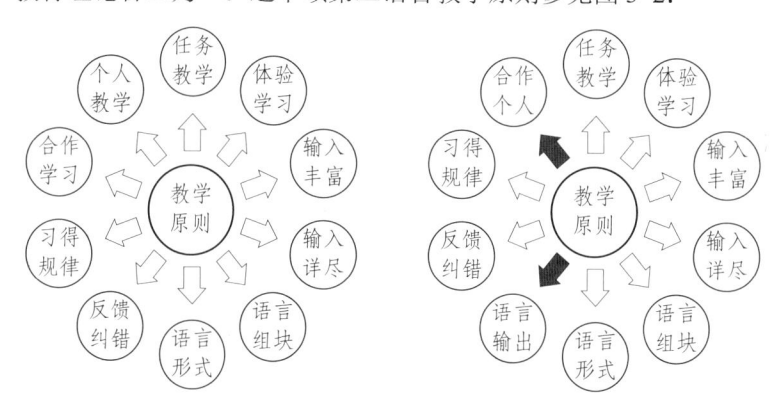

图 3-2 在 Doughty & Long（2003）原则基础上提出的十大现代语言教学原则

---

① Doughty, C. J. & Long, M. H. (eds.). *The Handbook of Second Language Acquisition*. Blackwell, 2003.

Doughty & Long 还提出，一套切实可行的语言教学原则必须依据三个标准确立：理论解释的充分性（Sufficient）、原则应用的必要性（Necessary）、教学实施的辅助性（Facilitative）与有效性（Efficient）。[①] 从下面的论述中，读者可以了解现代语言教学的十大原则是建立在这三个标准基础上的现代语言教学理论，也是每一名专业教师都应该熟悉掌握的教学原则。十大原则的讨论顺序具体如下：（1）以任务为语言教学基本单位（Task as a Basic Unit of Analysis）。（2）教学采用"体验学习"（Learning by Doing）。（3）语言教学提供丰富的输入（Rich Input）。（4）语言教学提供详尽的扩展性输入（Elaborated Input）。（5）语言学习是一种组块学习（Chunk Learning）。（6）语言教学注重语言结构的练习（Focus on Form）。（7）语言教学强调在大量输入基础上的有效输出（Pushed Output）。（8）语言教学强调纠错性反馈（Negative Feedback），培养学习者的差异意识。（9）语言教学尊重学习者的语言发展规律（Respect Learner Syllabuses）。（10）语言教学采用多种形式的个人化合作学习（Cooperative and Collaborative and Individualized Learning）。

对外汉语教学是第二语言教学领域的一个分支，是一个逐渐趋于专业化、不断扩大发展的重要的第二语言教学领域。因此，对外汉语教师也必须了解现代语言教学的理论研究，遵循科学教学原则及方法进行教学。首先，对一名专业的汉语教师来说，除了了解、掌握、应用这十大原则外，还应该知道教学原则

[①] Doughty, C. J. & Long, M. H. (eds.). *The Handbook of Second Language Acquisition*. Blackwell, 2003.

（Principles）是有限的，但应用、实施的程序（Procedures）是无限的。其次，专业汉语教师应了解教学原则的实施是一个有选择的决策过程。教师应根据具体的教学环境、教学对象、学习阶段、教学目的等来实施教学原则。这一教学实施过程将受到教师的教学思想、个人风格，学习者的年龄、语言能力、智力、学习风格、认知能力，教学条件等因素的影响。在实施原则过程中，教师要讲求灵活，因地制宜，因人而异。下面详述每一个原则的理论基础、语言教学应用。

一　现代语言教学十大原则的内容

（一）原则1：以任务为语言教学基本单位

任务教学是一种以语言使用为中心的语言教学及测试方法。从20世纪90年代起，任务教学开始成为语言习得研究及教学的中心问题。这是因为学习者的任务实施过程不仅揭示学习者中介语的发展、完善过程，而且较为客观地反映语言使用者的实际语言沟通能力。[1] 任务教学法通常以任务为教学的基本单位，而不是以课文或语法结构为基本单位。教学目标及教学结果以学习者能够完成的任务种类、数量及质量来统计评估。

这一方法与传统教学有许多不同之处，主要表现在任务的七

---

[1] Willis, J. *A Framework for Task-based Learning.* Longman, 1996. Skehan, P. *A Cognitive Approach to Language Learning.* Oxford University Press, 1998. Lee, J. F. *Tasks and Communicating in Language Classrooms.* McGraw-Hill, 2000. Bygate, M., Skehan, P. & Swain, M. (eds.). *Researching Pedagogic Tasks: Second Language Learning, Teaching and Testing.* Longman, 2001. Ellis, R. *Task-based Language Learning and Teaching.* Oxford University Press, 2003.

个方面：第一，任务要有明确的交际目的和具体的预期结果；第二，任务中的语言理解与表达是出于交际的必要，而不是出于礼貌或来自教师的压力；第三，任务是一种涵盖操练、应用的语言使用活动，并不是单纯的语言操练；第四，任务的关键是交流，是传达交换信息，在真实场合下使用真实语言；第五，任务要涵盖表达或理解任务，口头或书面完成的任务；第六，任务实施的目的是使学习者在任务中进行各种认知性语言处理活动，如对信息的转换、选择、推理、分类、排列、分析、评估等；第七，任务可以起到测试的作用，即任务完成与否，有无预期结果可以用来衡量语言交际能力。由此可见，任务教学是对传统教学的补充及进一步完善。任务教学强调帮助学生建立语言的两类知识：一是语言的陈述性知识（Declarative Knowledge），即语言规则及其表现形式，二是程序性知识（Procedural Knowledge），即语言的交际应用，而不是只强调以语法为中心的陈述性知识的教学，忽略语言使用能力或程序性知识的培养。此外，任务教学并不排除语言形式练习的必要性，而是通过任务将语言各方面的学习与真实的语言使用接轨，让学习者进一步明确语言学习的最终目的是完成生活中的各种任务，解决生活中的各种问题。

任务教学设计一般须包含三个任务阶段及五个基本组成部分。任务的三个阶段分别是：前期任务、核心任务、后期任务。前期阶段是任务准备阶段，多在课下完成。前期任务的目的是激活学习者已有知识，为新的语言学习奠定基础。从语言输入、信息来源、交际背景等方面为学生提供语言及交际框架（Scaffolding），帮助学生顺利进入核心任务阶段。因此，这一阶段的教学主要以激活已有知识、处理语言输入为主，活动多以理解诠释性阅读、听力为主。核心任务阶段包含两个方面的教学：一是以语言形式为中心的教学，目的是给学习者建立完成核心任务的交际框架，帮助学习者整合信息；二是以语言使用为中心的任务模拟、教学实施，多以口语输出、人际交流的方式在课上完成。核心任务的目的是提供具有一定认知及语言复杂度的模拟任务，让学习者有目的地使用目标语言，完成任务，取得预期结果。主要形式为，首先合班学习语言形式，然后分组互动，完成信息交换、信息组合、意见交换等任务。后期阶段是任务总结、反思、实际生活应用阶段，多以实地操作、书面输出或口头演说的方式在课上或课下完成，主要采用书面总结、实地调查、口头报告等形式。

根据 Ellis 的归纳，每个任务循环应包括五个基本组成部分：教学目标、语言输入、任务条件、任务程序、预期结果。[1]

教学目标（Goals）指执行任务时要求学生掌握的语言形式、功能及策略。语言形式包括交际任务实施时使用或涉及的词汇、结构、定式（句型、程式）、策略等；语言功能包括完成任务涉及的叙述、陈述、分析、说明、比较、评估等功能（源自 Bloom 等的分类系统[2]）。

语言输入（Input）指完成任务时所需要的信息、语言、交际框架、背景知识等，包括文章、听力材料、图片、任务说明等。这些语言输入可以给学生提供完成任务的框架，让学生在下一步的任务互动中有效地完成任务。

---

[1] Ellis, R. *Task-based Language Learning and Teaching*. Oxford University Press, 2003.

[2] Bloom, B., Englehart, M., Furst, E., Hill, W. & Krathwohl, O. *Taxonomy of Educational Objectives: The Classification of Educational Goals. Handbook I: The Cognitive Domain*. Longman, 1956.

任务条件（Conditions）指任务实施中对信息的控制、调配。任务教学讲求有目的、有计划地分配信息，以促进任务参与者的积极参与及互动。例如，参与者掌握部分还是全部信息，信息交换为单向（如只听不说）还是双向（如又听又说），信息由单人掌握还是大家分享，任务包含信息断层还是不包含等。不同的任务条件均可导致不同的任务结果。任务教学的大量实验研究（Skehan & Foster，1997、1999；Skehan，1998；Lee，2000；Robinson，2001a、2001b；Kong，2002；Doughty，2003；Ellis，2003 等[1]）已证实，双向、有断层、信息分配多样化的任务条件可以促使学习者主动参与任务，主动进行交流，最终影响学习者语言输出的流利度、准确度以及复杂度。

任务程序（Procedures）指实施任务时教师使用的操作方式。任务教学讲求任务完成要遵循一定的程序。例如，任务由个人、双人、小组还是全班完成，任务前有无准备时间，任务中实施

---

[1] Skehan, P. & Foster, P. Task type and task processing conditions as influences on foreign language performance. *Language Teaching Research*, 1(3), 1997. Skehan, P. & Foster, P. The influence of task structure and processing conditions on narrative retellings. *Language Learning*, 49(1), 1999. Skehan, P. *A Cognitive Approach to Language Learning*. Oxford University Press, 1998. Lee, J. F. *Tasks and Communicating in Language Classrooms*. McGraw-Hill, 2000. Robinson, P. Task complexity, cognitive resources, and syllabus design. In P. Robinson (ed.), *Cognition and Second Language Instruction*. Cambridge University Press, 2001a. Robinson, P. Task complexity, task difficulty and task production: Exploring interactions in a componential framework. *Applied Linguistics*, 22(1), 2001b. Kong, D. K. Effects of task complexity on second-language production. University of Hawai'i at Mānoa Master's Thesis, 2002. Doughty, C. J. Instructed SLA: Constraints, compensation, and enhancement. In C. J. Doughty & M. H. Long (eds.), *The Handbook of Second Language Acquisition*. Blackwell, 2003. Ellis, R. *Task-based Language Learning and Teaching*. Oxford University Press, 2003.

时间有无限制，任务后有无总结报告等。实验研究（Pica *et al.*, 1987；Ellis *et al.*, 1994；Loschky，1994；Skehan，1998；Jin，2010[①]）证实，任务由双人或小组完成，有一定的准备时间，任务后有总结，这对任务的完成有正面的影响，而且可以使学习者语言输出更为流利、复杂。

预期结果（Predicted Outcomes）指任务完成后要有一个或数个明确、具体预期的结果。例如，通过组合信息找出凶手，通过交换信息了解事情的经过，通过讨论找出解决问题的办法，通过分工合作整合信息比较结果等。实验研究证实，有预期结果的任务在语言输出的复杂度与表达量方面都较无预期结果的有效。

在任务中进行的各种认知性语言处理活动都可以用具体的复杂度来衡量、控制。根据 Skehan（1998）、Skehan & Foster（2001）、Robinson（2001a）、Ellis（2003）[②] 的调查，不同的任务复杂度

[①] Pica, T., Young, R. & Doughty, C. J. The impact of interaction on comprehension. *TESOL Quarterly*, 21(4), 1987. Ellis, R., Tanaka, Y. & Yamazaki, A. Classroom interaction, comprehension, and the acquisition of L2 word meanings. *Language Learning*, 44(3), 1994. Loschky, L. Comprehensible input and second language acquisition: What is the relationship? *Studies in Second Language Acquisition*, 16(3), 1994. Skehan, P. *A Cognitive Approach to Language Learning*. Oxford University Press, 1998. Jin, H.-G. Task complexity and its effects on interaction and production: An experimental study of task-based instruction. *Journal of the Chinese Language Teachers Association*, 45(2), 2010.

[②] Skehan, P. *A Cognitive Approach to Language Learning*. Oxford University Press, 1998. Skehan, P. & Foster, P. Cognition and tasks. In P. Robinson (ed.), *Cognition and Second Language Instruction*. Cambridge University Press, 2001. Robinson, P. Task complexity, cognitive resources, and syllabus design. In P. Robinson (ed.), *Cognition and Second Language Instruction*. Cambridge University Press, 2001a. Ellis, R. *Task-based Language Learning and Teaching*. Oxford University Press, 2003.

牵涉不同的认知资源。复杂度的高低也可以决定并影响任务中语言学习者的注意力分配、语义协商的频率,进而导致语言重构等。任务复杂度通常由两个因素引起。一是任务本身所使用的语言形式复杂度(Code Complexity),如任务中所涵盖的熟悉或非熟悉词汇、高频或低频词汇、复杂或简单词汇、专业或普通词汇,以及任务中所使用的结构复杂程度或结构类型等。这些语言因素都会直接影响任务的实施结果。二是任务实施过程中所牵涉到的功能或认知复杂度,包括:(1)话题熟悉度,即任务涉及学习者熟悉或不熟悉的话题。(2)信息分配方式,即信息由所有参加者共享还是分享(如信息断层中部分任务信息由A组掌握,另一部分由B组掌握)。(3)任务交流方向,即要求任务参加者单向交流(如一方叙述,一方聆听)还是双向交流(如交换讨论)。(4)任务设计方式,即学习者同时完成单项任务还是多项任务。(5)任务实施步骤,即在完成任务前,学习者有无准备时间。(6)任务结果,即任务的实施有无预期结果,是共同协商后的结果(如分组讨论、解决问题、达成协议)还是个人完成任务后得出的结果(如信息组合、找出凶手、个人结论)。

从以上任务教学原则可知,任务教学的目的就是将语言学习的不同侧面及信息处理的不同阶段与有目的、有意义的真实交际或生活任务结合起来,让学习者在完成任务的同时学习语言的各个方面,包括语言形式及功能,语言输入及输出,口语及书面交际,以及交际的三种模式:理解诠释、人际交流、表达演说。在任务教学中,教师不仅要注重学习者语言形式的掌握,而且要在实际的任务中检验学生的掌握程度。作为一名专业的教师,不仅要了解任务教学的理论研究,掌握任务设计的原则,还要有意识地利用任务这一教学的基本单位，设计行之有效的两类任务：一是教学任务，帮助学习者掌握任务涉及的语言形式、功能及策略，二是设计测试任务，即通过完成任务来评估测试学生的语言能力及教学效果。总之，以任务为中心的教学方法强调把语言教学过程与语言使用过程结合起来。

（二）原则2：强调语言应用，采用"体验学习"

体验学习很早就在欧洲及美国得到应用。从早期教育界流行的蒙台梭利教学法（Montessori Method），到现今流行的解决问题学习法（Problem-based Learning），其出发点都是强调"做中学"（Learning by Doing）、以学习者为中心、实行全面教育（Whole Person Education）的教学观念。这种教学方法认为学习是一种合作完成、自我发现、增长经验的过程。因此，利用生活经验，动手操作来完成的学习过程是一种最有效的学习方式。Kohonen提出体验学习有四大特点：一是协助学习者的个人成长；二是帮助学习者适应社会变化；三是符合学习者各自的特点；四是容易满足学习者需求及教学考量。[1]Nunan指出，亲身体验等教学方式可以将抽象的概念及复杂的理论转换为通俗易懂、易于实际应用的知识及技能。[2]Gijselaers在提倡解决问题学习法的同时曾提出，课堂使用的教学方法要能够引起学生的兴趣，让学习者愿意主动参与解决问题，课堂上所讨论的问题应是学生非常关注的问

---

[1] Kohonen, V. Experiential language learning: Second language learning as cooperative learner education. In D. Nunan (ed.), *Collaborative Language Learning and Teaching*. Cambridge University Press, 1992.

[2] Nunan, D. *Second Language Teaching and Learning*. Heinle & Heinle, 1999.

题，与生活息息相关，能与个人经验进行联系。[①] 换句话说，如果所学知识可以辅助记忆，将知识及技能应用于生活，学生就会产生极大的兴趣，进行主动学习。其实，这种以动手操作（Hands on）为基础的教育方法很早就被医学教育采用，医学界衡量能力的办法很简单，如果没有临床经验，即使有再多的理论也不能获得医生执照，成为一名称职的医生。只是到了近几十年，这种教学法才被其他教育领域采用。

前面提到，任务教学的核心就是将语言学习的不同侧面及信息处理的不同阶段与有目的、有意义的真实交际或生活任务结合起来。任务教学就是"体验学习"的一种表现形式。任务教学的方法就是从学习者的实际需求出发（如用第二语言与目标语国家的人交流、学习、工作、合作、解决问题等），设计模拟及真实任务，让学习者在完成任务的过程中使用语言、体验文化，最终获得语言。此外，有预期结果的教学任务都具有相当大的参与、实际操作和解决问题的成分在内。

事实上，体验学习的教学原则更易于在目标语国家的留学项目内实施。语言教学很容易利用当地的设施和条件设计教学或测试任务。例如，如果教学生问路（教学目标），首先是让他了解真正的中国人会如何问路（语言输入），在课堂上，利用地图或 GPS 以配对方式模拟问路（任务条件），找到一个地图上的真实的地方（任务程序）。然后把学生送出教室，通过询问路人，找到课上模拟过的地方，并实地完成另一个任务（如

[①] Gijselaers, W. H. Connecting problem-based practices with educational theory. In L. Wilkerson & W. H. Gijselaers (eds.), *Bringing Problem-based Learning to Higher Education: Theory and Practice*. Jossey-Bass, 1996.

跟一个人见面，参观一个地方，采访一个人）再返回教室（预期结果）。

总之，现代语言的课堂教学必须结合实地进行体验学习，让学习者身临其境，亲自走完真实任务的全过程。这样的教学远比阅读他人经历或聆听他人叙述的课文更为真实，更可理解，更易记忆。

（三）原则3：提供丰富的语言输入

语言输入研究可以说是第二语言习得研究中最为集中、成果最多、应用最广的理论。有代表性的有"输入假设"（Input Hypothesis）[1]。这一理论提出语言学习首先要接触大量、丰富的语言输入，只有在大量丰富输入的基础上才有可能让学习者将部分输入转换为"可理解输入"（Comprehensible Input）[2]。Beebe指出，学习者对输入的接受与处理并不是被动地全部接受，而是一个主动地选择的过程。[3] 学习者的"输入选择"（Input Preference）是根据他们对语言的观察及需求决定的。之后，Yano et al. 比较了"简化输入"（Simplified Input）与"扩展性输入"（Elaborated Input）的不同，提出扩展性输入要比简化输入

---

[1] Krashen, S. D. The input hypothesis. In J. E. Alatis (ed.), *Current Issues in Bilingual Education*. Georgetown University Press, 1980. Krashen, S. D. *Principles and Practice in Second Language Acquisition*. Pergamon, 1982. Krashen, S. D. *The Input Hypothesis: Issues and Implications*. Longman, 1985.

[2] 可理解输入是 Krashen 20 世纪 80 年代提出的语言习得理论。他认为不是任何输入都可被学习者理解。只有当普通语言输入转变为学习者可理解的输入时，学习者才会进入下一步的语言习得。

[3] Beebe, L. M. Input: Choosing the right stuff. In S. M. Gass & C. G. Madden (eds.), *Input in Second Language Acquisition*. Newbury House, 1985.

有效得多。[1] 因为扩展性输入不但能帮助学习者理解交流内容，而且能提供丰富的输入，扩大学习者所需要的不同语言形式（发音、词汇、语法等）。Gass 提出只有当交流双方就语言输入进行"互动调整"（Interaction Modification）时，即对不明白的输入进行质疑、澄清、要求说明时，输入才可能转为"可理解输入"；最终让学习者了解目标语言的结构内涵（详见下一节的讨论）。[2] 反映在教学实施上，丰富输入原则并不只是强调语言结构的丰富性，而是包括语言输入在各个教学环节及层面的信息量、信息质量、种类、技能涵盖、材料真实性、材料相关性等方面。

输入信息量及信息质量的丰富性表现在，语言输入注重提供大量有系统、不杂乱、有规律地重复的信息，如重复核心功能、核心词汇及结构的材料。例如，描述个人特点要用到不同的形容词及情感动词："我奶奶为人善良，处处替别人着想，一辈子辛辛苦苦做事，从不抱怨。"这样的描述功能，在传统的课本中，最多只以课文的形式出现一次，之后不再谋面。要想让学习者重复使用，就要依靠授课教师。有经验的教师会自己创造多个情景，让学习者接触语言，利用不同的语言输入练习进行输入加强。例如，下面例（1）举出例子让学生根据语境判断，并重复使用核心功能及结构：

---

[1] Yano, Y., Long, M. H. & Ross, S. The effects of simplified and elaborated texts on foreign language reading comprehension. *Language Learning*, 44(2), 1994.

[2] Gass, S. M. *Input, Interaction, and the Second Language Learner*. Lawrence Erlbaum Associates, 1997.

（1）如果一个人说"对我没关系，只要你高兴就好了，我怎么都可以"，从这句话你可以知道他是一个＿＿＿＿。

A. 辛辛苦苦做事的人　　B. 处处替人着想的人

C. 从不抱怨的人

但没有经验的教师也许只会局限在课本提供的材料，原句重复，好像只有形容"奶奶"这个人物才能用到这类描述，造成输入匮乏。以语言应用为本的任务教学强调提供由母语者完成的三至四个情景，将核心结构及功能在不同的上下文中重复出现。

语言材料种类的丰富性表现在语言输入采用多种媒体呈现（Multiple Modality），不拘泥于课文这一种形式。同样一个故事可以用图像、录像、听力、阅读等几种不同方式呈现，或采用组合方式呈现。如陈述性的材料用阅读呈现，但对话则用听觉或视觉材料呈现更为真实。教师应选择媒体材料、视觉材料、网络信息等既真实又有趣的材料，然后经过选择加工，变成教学材料，作为语言输入进行教学。

语言输入所涵盖的语言技能种类也需要有丰富性。设计活动要考虑综合使用语言技能，视听结合、听说结合或读写结合。理想的活动要做到读时有说、说完有写。如看完一篇文章后，与同伴进行讨论，然后写出报告；听完一段对话，用录音的方法录下自己的看法或向全班提出解决的办法。活动绝不能单一、简化。语言输入材料要包括口语和书面语、正式语和非正式语、真实与改写材料。

除了文字材料的输入以外，课上"教师语"（Teacher Talk）也是向学生提供语言输入的另一种渠道。教师在课上与学生互动时，要使用丰富多样的提问，要将教学提问和信息提问[①]相结合、[②]浅层提问与深层提问相结合。[③]在任务活动中所提供的语言输入也要有创造性，丰富多样。

总之，语言输入丰富性原则强调在教学材料、教师语以及课堂活动等方面尽量丰富多样，以便帮助学习者大量接触不同形式的第二语言。

（四）原则4：提供详尽的扩展性输入

如前所述，语言输入是理论与实验研究最集中的领域之一。所谓扩展性输入指的是语言使用者语言调整的现象。这种现象也被许多研究者称为"对外交流语"（Foreigner Talk）。如同多种实验证实的"教师语""儿童语"（Baby Talk）一样，"对外交流语"是母语者与外国人交流时所使用的语言。在母语者与非母语者交流时，母语者往往会本能地在语言上做出调整以便让使用外语者理解自己说的话。这种经过调整的扩展性输入常常

[①] 教学提问（Display Question）与信息提问（Referential Question）的概念最早由 Long & Sato（1984）提出。Jin（2004a）将此概念应用于语言教学，并译为教学提问及信息提问。教学提问是指教学中常用的有答案的、明知故问的问题。如课文中提到一位学生选了物理课，但是教师提问学生"这个学生选了什么课？"，这一问题通常有固定答案，属于你知我知的教学提问，用来进行语言练习。信息提问是指没有答案的交流性问题。如"你打算毕业后做什么？"这一问题没有固定答案，用来进行交流。参见脚注②③。

[②] Long, M. H. & Sato, J. Methodological issues in interlanguage studies: An interactionist perspective. In A. Davies, C. Criper & A. P. R. Howatt (eds.), *Interlanguage*. Edinburgh University Press, 1984.

[③] Bloom, B., Englehart, M., Furst, E., Hill, W. & Krathwohl, O. *Taxonomy of Educational Objectives: The Classification of Educational Goals. Handbook I: The Cognitive Domain*. Longman, 1956. Jin, H.-G. The importance of CFL teacher training on elicitation techniques. *Journal of the Chinese Language Teachers Association*, 39(3), 2004a.

发生在一方不懂、一方为其解释的"语义协商"（Negotiation of Meaning）过程中。

从20世纪70年代起，有20多项实验研究对扩展性输入进行深入研究。这些研究比较了不同交流形式对学习者口语对话或书面文章理解度的影响。交流的表现形式有三类：（1）经过简化，（2）详尽解释，（3）无改动原文。虽然这20多项研究目的各有不同，但这些研究均得出一个共同的结论，即非母语学习者的理解成绩在1类（经过简化）、2类（具有详尽解释）的口语或书面材料上都较3类（无修改的原文材料）高得多，[1] 其中2类材料的成绩最高。这也就是说，简化输入或无改动原文都不如扩展性输入对学习者的理解有帮助。Long & Ross 还指出，包含详尽解释的输入不但能保证理解度，比简化过的输入更接近真实原文，而且还能帮助学习者加深对输入中的新词语及新的语法结构的记忆。[2] 由此可见，为学习者提供详尽的解释性输入为最佳选择。

扩展性输入的教学原则应用到教学中时，教师应该了解，这类输入可以以书面材料、口语或听力方式呈现，也可以以师生互动或生生互动方式呈现。以书面或听力呈现的材料可以配有用目标语详细解释的辅助材料，用作前期任务中的语言输入，帮助学生在核心任务中使用，也可以辅助学习者在阅读与听力方面的训练。例如，在信息交换任务中，前期语言输入可以以如下方式分

---

[1] Yano, Y., Long, M. H. & Ross, S. The effects of simplified and elaborated texts on foreign language reading comprehension. *Language Learning*, 44(2), 1994.

[2] Long, M. H. & Ross, S. Modifications that preserve language and content. In M. Tickoo (ed.), *Simplification: Theory and Application*. SEAMEO Regional Language Centre, 1993.

给两组学生：

(2) A 组：阅读故事的前半部分，听力理解故事中的对话；B 组：阅读故事的后半部分，听力理解故事中的对话。

以师生或生生互动为呈现方式的扩展性输入均已为大量第二语言实验研究所证实（Long, 1983a、1983b; Varonis & Gass, 1985a、1985b; Ellis, 2003; Jin, 2010[①]）。互动主要包括三种形式：(1) 语义澄清（Clarification Request），要求对方解释或说明刚说的话。(2) 理解确定（Confirmation Checks），确定自己理解的准确度。(3) 表达检测（Comprehension Check），确定对方理解自己所说的话。具体实例见表 3-5，表中的三个例子均来自 Jin（2010）[②] 实验数据。

[①] Long, M. H. Does second language instruction make a difference? A review of research. *TESOL Quarterly*, 17(3), 1983a. Long, M. H. Native speaker/non-native speaker conversation and the negotiation of comprehensible input. *Applied Linguistic*, 4(2), 1983b. Varonis, E. M. & Gass, S. M. Miscommunication in native/nonnative conversation. *Language in Society,* 14(3), 1985a. Varonis, E. M. & Gass, S. M. Non-native/non-native conversations: A model for negotiation of meaning. *Applied Linguistics*, 6(1), 1985b. Ellis, R. *Task-based Language Learning and Teaching.* Oxford University Press, 2003. Jin, H.-G. Task complexity and its effects on interaction and production: An experimental study of task-based instruction. *Journal of the Chinese Language Teachers Association*, 45(2), 2010.

[②] Jin, H.-G. Task complexity and its effects on interaction and production: An experimental study of task-based instruction. *Journal of the Chinese Language Teachers Association*, 45(2), 2010.

表 3-5 三种语义协商类型

语义协商类型	举例
语义澄清	A：他的教授给他建议。 B："建议"是什么？ A："建议"是帮他决定，给他，告诉他应该做什么。 B：明白了。
理解确定	A：在美国，哦，不是，在中国，在中国，他得自己做这个事情，所以他有一点儿怕，他有一点儿担心。 B：所以，在中国，他得做所有的东西？
表达检测	A：倒不是因为饭菜不干净，而是因为中餐太好吃，所以他吃得太多。你明白？ B：嗯，对，对，对。

此外，还有一类被称为交际重复，如部分或全部重复对方信息，重复自我或重复他人，大意重述等。在语义澄清、理解确定、表达检测的同时，交际重复及解释扩展往往会同时发生。

根据 Varonis、Gass[1] 的研究，语义协商的过程是一个有规律可循的语言处理过程。这一过程包括两个阶段：协商引发（Trigger）与协商结果（Resolution）。协商引发是指在交流过程中有碍理解、可能引起交际疑问的话语/话题；协商结果是指经过解释而解除疑惑的交际结果。这两个过程均是提供输入的最好机会，能够为学习者提供扩展性输入以及丰富输入（见图 3-3）。

---

[1] Varonis, E. M. & Gass, S. M. Miscommunication in native/nonnative conversation. *Language in Society,* 14(3), 1985a. Varonis, E. M. & Gass, S. M. Non-native/non-native conversations: A model for negotiation of meaning. *Applied Linguistics,* 6(1), 1985b. Gass, S. M. *Input, Interaction, and the Second Language Learner.* Lawrence Erlbaum Associates, 1997.

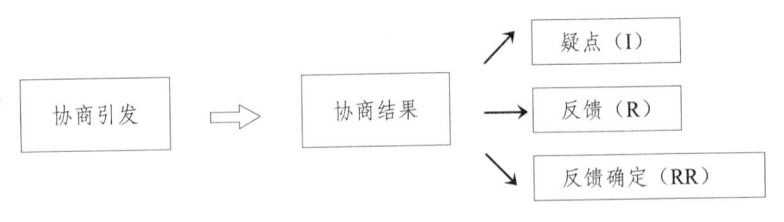

```
协商引发  ⇒  协商结果  →  疑点（I）
                        →  反馈（R）
                        →  反馈确定（RR）
```

图 3-3　语义协商的两个阶段及三个子程序

协商结果又包括三个子程序（见图 3-3）：（1）疑点（Indicator，I），即引起对方理解困惑的语言点。（2）反馈（Response，R），对疑惑点的解释、说明、确定、重复或强调。（3）反馈确定（Reaction to Response，RR），即对交流对方解释说明的反应。如表 3-6 所示：

表 3-6　语义协商程序举例

语义协商主程序	举例	子程序
协商引发	A：他的教授给他建议。	
协商结果	B："建议"是什么？	疑点（I）
	A："建议"是帮他决定，给他，告诉他应该做什么。	反馈（R）
	B：明白了。	反馈确定（RR）

从认知语言处理的角度看，语义协商的两个阶段加三个子程序形成一个单位。我们把这一单位称为语义协商单位。这一单位反映了语义协商在语言处理的不同阶段具有不同的过程。例如，一个语义协商单位有两个阶段：协商引发及协商结果。其中协商结果阶段的语言处理异常重要。因为这一阶段包括了两个重要的语言处理过程。"疑点"实际上是学习者注意到某一语言点对交际理解形成障碍，继而进行选择性注意，然后开始语义协商的阶段。"反馈确定"又是一种不但让对方进行详尽扩展性解释，且

是对对方解释进行肯定或否定的反应。在确定的过程中，学习者使用不同的方式表示理解对方的解释，且有可能重复对方的解释。这也是学习者将反馈输入转化为可理解性输入的过程。

从教学的角度看，第一，以任务为本的教材要提供大量的扩展性解释性语言输入，例如，大量举例，用目标语解释（使用已知词语来解释说明新的语言现象）。第二，无论是书面材料还是课上练习，教师要尽早介绍语义协商时所用到的不同策略及其语言表达形式。尤其是语义澄清、理解确定及表达检测三种策略，其语言形式越早介绍越好。例如，要求语义澄清时所用的语言程式"……是什么意思""我没听懂，请再说一次""对不起，请你慢一点儿"，表示理解确定时常用的"明白""对啊""是的"以及大意重复常用的"你的意思是不是……""你是不是说……"，进行表达检测时常用的"你明白吗""你说是不是""是这么回事吗""你同意吗"等等。第三，在日常的交流互动及练习中要鼓励学习者进行语义协商，练习与母语者一边交流一边协商。第四，教师应教学生注意使用明确具体的"疑点"来引起有效的互动，如"刚才你说的'建议'是什么意思"要比简单的"什么""我没听懂"有效得多，因为"疑点"很明确。在互动完成后应有清楚的"反馈确定"，如"你是不是说……"。在出练习时，要想到如何让学生使用目标语进行语义协商，如何学会扩展性解释而不是简化表达。

总之，扩展性解释性语言输入原则在第二语言学习中非常重要。

（五）原则5：利用人类信息记忆及处理规律，进行组块教学

认知心理学认为，人类的学习是通过规则学习和样例学习两个系统完成的。语言教学除了注重语法规则外，也要注重词汇的搭配规律及其上下文，交际时常用的固定套语及程式，交际中常

用的约定俗成的搭配样例等。组块处理（Chunking）就是样例学习，是一种规律性的信息处理方式。Wray 提出所谓组块，即出现频率高，可作为整体储存、提取和产出的较大单位的信息块。反映在语言学习上，语言也可以以组块的形式学习。[①]

语言组块也叫语块，是一种语言处理方式。人类进行语言处理、记忆、储存时，他们往往利用大量的预制语块（通常是由一系列固定搭配成分组合而成），使大脑有限的记忆单位扩大，可以存储和记忆更多的信息。我们平常语言的使用，就是对这些语块进行选择，并将这些语言单位串联起来的过程。[②]

语言组块也是一种习得方式。第一语言习得的研究证实，儿童习得语言时常常采用语块组合方式，即对一个句子内的具体成分不加分析，而是以整句或整个单位记忆并处理。多数儿童似乎都要经历一个从语块表达、语块分析、语块解体，最后到语言再组织的过程。[③] 例如，儿童最初会说出整句正确的话"Mommy made a cake."，可是后来却变成错误的"* Mommy maked a cake."，最后又变成正确的"Mommy made a cake."。由此可知，儿童的语言最初是一个未经分析的定式，最后才发展成一系列可分解的语言单位。再如，儿童在两岁左右就可以说"My hair's dried off." "I'm sticking this in here." 等整句，但是成年人很少在初学时能完全无误地掌握这些结构，原因在于成年学习者较少使

[①] Wray, A. *Formulaic Language and the Lexicon*. Cambridge University Press, 2002.

[②] Nattinger, J. R. & DeCarrico, J. S. *Lexical Phrases and Language Teaching*. Oxford University Press, 1992.

[③] Brown, R. *The First Language: The Early Stages*. Harvard University Press, 1973.

用语块策略进行语言处理及习得。

语言组块教学原则强调在成人的第二语言教学上，应多鼓励学习者使用语块策略。Doughty & Long 提出在任务教学过程中，应在实施任务之前，为学习者以语块形式提供语言输入及任务框架，以便使学习者在核心任务中利用整体预制语块或语言程式，完成任务，训练语言能力。① Jin 提出定式教学法，② 这一方法利用 Krashen & Scarcella 的理论③ 将语言教学中的语块定义为定式。语言定式有两种类型：一种为"程式"（Routine），一种为"句式"（Pattern）。前者是指以整句或整段为单位进行学习记忆的语言形式，例如"好久不见，最近怎么样？"；后者是指利用句中部分固定成分作为填充或替换的句型，例如"这个问题引起世界各国的关注 / 重视 / 批评 / 注意"。此外，Ellis 指出语言定式也指交际过程中固定使用的整段定式，如"谢谢你"对应"不客气"，"对不起"对应"没关系"。④ 由于这些结构通常较为固定，而且可以推测下文，因此学习者可以整体习得。

作为一种记忆单位，语块表现为不同层次上的语块单位。在词汇层次上，语块表现为两种：（1）词组语块（Lexical

---

① Doughty, C. J. & Long, M. H. (eds.). *The Handbook of Second Language Acquisition*. Blackwell, 2003.

② Jin, H.-G. The role of formulaic speech in teaching and learning patterned Chinese structures. *Journal of the Chinese Language Teachers Association*, 39(1), 2004b.

③ Krashen, S. D. & Scarcella, R. On routines and patterns in language acquisition and performance. *Language Learning*, 28(12), 1978.

④ Ellis, R. Formulaic speech in early classroom second language development. In J. Handscombe, R. A. Orem & B. P. Taylor (eds.), *On TESOL '83: The Question of Control*. TESOL, 1984.

Chunks），如中文的"执行计划／政策""采用方法／措施"，英文的"remind of""pay attention to"。（2）惯用语块（Formulaic Speech），如中文的"说老实话""总而言之"，英文的"wait a minute""hang on"。在语法、段落层次上，语块表现为：（1）句子层次定式（Structural Chunks），如中文的"听得懂听不懂他说的话？"，英文的"to reach an agreement on"。（2）篇章层次定式（Discourse Patterns），例如中文的"之所以……，是因为……"，英文的"If I have had..., I would have..."。在语篇及交际会话层次上，语块表现为交际程式（Routines）。如："A: Thank you.（谢谢）／ B：You are welcome.（不客气）"

Jin 提出，由语块组成的教学定式，是基于第二语言习得研究、教学策略研究，经教学专业人员系统整理，用详细的文字公式说明、解释的，贯穿各种课型的语言形式教学重点。[①] 作为一名专业语言教师，应该利用组块理论及教学原则来指导教学。第一，语言定式应与母语者常用语块及心理语块相吻合，其选择标准能够反映一个教程的教学重点（Curricular Focus），应该作为任务教学的一个重要环节在教学中强调。第二，教学意义上的语块应包括上面提到的三个层次的两种类型，即程式与句式。换句话说，语言定式既包括段落层次，又包括句子层次的定式。在教学中，教师要有意识地使用两类定式，不能顾此失彼。第三，语块不但是语言处理过程中所需要的语言形式，也是沟通过程以及语言学习过程中可以利用的策略。在教学中，教师应以定式的形

[①] Jin, H.-G. The role of formulaic speech in teaching and learning patterned Chinese structures. *Journal of the Chinese Language Teachers Association*, 39(1), 2004b.

式呈现教学重点。以定式为单位提供语言输入,以定式为重点提供任务框架,进行练习。第四,这种语块原则的使用旨在利用有效的教学定式帮助学习者完成从语言模仿到创造性使用语言的习得过程。因此,教师要掌握系统地、有效地呈现程式与句式的技巧。

总而言之,语块教学的目的是把语言形式与语言功能有效地结合起来,以便让学习者学会使用与内容、谈话题目相应的语言形式进行自由交流,最终获得美国《21世纪外语学习标准》提出的三种交际能力:理解诠释、人际交流及表达演说能力。

(六)原则6:注重语言结构的练习

近20年的第二语言习得研究(Pienemann,1984;White,1991;Gass,1997;Doughty & Williams,1998[①])还证实,第二语言习得,尤其是成人的习得,必须进行一定程度的语言结构练习(Structural Practice),有意识地提高对语言规则的认识(Consciousness Raising)以及强化语言输入(Enhance Input)。研究者认为以语言为中心的结构练习(Form-focused Instruction)是掌握语言规律的一种重要方式,也是使语言结构变为语言系统(Language System)的必经之路。[②]

[①] Pienemann, M. Psychological constraints on the teachability of languages. *Studies in Second Language Acquisition*, 6(2), 1984. White, L. Adverb placement in second language acquisition: Some effects of positive and negative evidence in the classroom. *Second Language Research*, 7(2), 1991. Gass, S. M. *Input, Interaction, and the Second Language Learner*. Lawrence Erlbaum Associates, 1997. Doughty, C. J. & Williams, J. (eds.). *Focus on Form in Classroom Second Language Acquisition*. Cambridge University Press, 1998.

[②] Gass, S. M. *Input, Interaction, and the Second Language Learner*. Lawrence Erlbaum Associates, 1997. Doughty, C. J. & Varela, E. Communicative focus on form. In C. J. Doughty & J. Williams (eds.), *Focus on Form in Classroom Second Language Acquisition*. Cambridge University Press, 1998.

在分析语言学习过程（Language Processing）的基础上，第二语言研究者特别是课堂分析专家对课堂中第二语言学习者的语言行为进行了实验分析，发现有一些认知因素可以直接影响上述语言处理及习得的三个阶段。[1] 这些因素是：（1）语言结构的高频反复（Frequency），如高频率、大剂量地重复某一重点结构。（2）大脑中新旧知识的联系性（Prior Knowledge），如有意识、有系统地将新的语言结构与以前所学结构联系起来。（3）语言结构突出效应（Saliency）[2]，包括两种：一种为视觉或听觉效应，如视觉效应利用不同方法（字体、颜色、加黑等）在视觉上突出语言结构的特点，听觉效应利用教师的音量、语速、强调、口气、抑扬顿挫等突出语言的结构特点；另一种为对比效应，如利用结构对比突出强调不同结构的差别，以使学习者的注意力集中在重点结构或结构差异上。（4）语言反例（Negative Evidence），如

---

[1] Doughty, C. J. Second language instruction does make a difference: Evidence from an empirical study of SL relativization. *Studies in Second Language Acquisition*, 13(4), 1991. Lightbown, P. M. What have we here? Some observations on the influence of instruction on L2 learning. In R. Phillipson, E. Kellerman, L. Selinker, M. S. Smith & M. Swain (eds.), *Foreign/Second Language Pedagogy Research*. Multilingual Matters, 1991. Ellis, R. A theory of instructed second language acquisition. In N. C. Ellis (ed.), *Implicit and Explicit Language Learning*. Academic, 1994. Ellis, R. *The Study of Second Language Acquisition*. Oxford University Press, 1994. Gass, S. M. *Input, Interaction, and the Second Language Learner*. Lawrence Erlbaum Associates, 1997.

[2] 本文所提到的语言突出效应源于第二语言习得的认知理论（Gass, 1997; Doughty & Williams, 1998；参见上页脚注②）。这一理论强调在第二语言习得过程中突出效应不但起重要作用，而且具有不同的表现形式，其中包括：（1）某一结构在交际应用中的出现频率可以决定语言结构获得的先后。（2）目标结构与母语结构的差异大小可以直接影响习得顺序。（3）不同的目标结构的呈现形式（视觉或其他）可以影响学习者对该结构的语言意识，进而影响语言学习的效果。

纠错、错误分析、错误讲解、比较中介语与母语的不同等语言反馈。

（5）结构意识（Consciousness of Structures），如使学习者对语言结构的了解上升为有意识的了解，而不是下意识的使用。

经过不同语言的第二语言课堂实验分析，结果证实，以上五种认知因素均可应用在第二语言课堂中，以帮助学习者获得语言。[1] 以语言形式为中心的结构教学，对第二语言习得来说，不但十分必要，而且需要相当系统的教学技巧与之配套，以便帮助学习者完成第二语言的学习。

围绕第二语言习得的认知过程，如学习者的注意力、语言反例、高频反复、结构意识等，第二语言教学领域的一些学者开始将这些认知概念引入语言教学，形成了一种教学方法，即语言形式教学法（Form-focused Instruction）。这种方法强调利用不同的教学处理技巧（Pedagogical Treatments）来提高学习者的语言结构意识以及对语言结构特点的选择性注意，最终帮助学习者习得第二语言。[2] 这种方法强调在语言形式教学中，针对不同的复杂结构或"问题"结构进行教学上的集中处理，如同医生治病一样，教学处理可以在一段时间内密集进行，如集中做四次到六次的教学处理活动，然后观察其效果。教学处理的角度各有不同。到目前为止，被实验肯定并为外语教学专家接受的教学处理技巧

---

[1] Gass, S. M. *Input, Interaction, and the Second Language Learner*. Lawrence Erlbaum Associates, 1997. Doughty, C. J. & Williams, J. (eds.). *Focus on Form in Classroom Second Language Acquisition*. Cambridge University Press, 1998.

[2] Doughty, C. J. Cognitive underpinnings of focus on form. In P. Robinson (ed.), *Cognition and Second Language Instruction*. Cambridge University Press, 2001. Ellis, N. C. Memory for language. In P. Robinson (ed.), *Cognition and Second Language Instruction*. Cambridge University Press, 2001.

有六个基本类型：大剂量输入（Input Flood）、加强性输入（Input Enhancement）、输入处理（Input Processing）、纠错性反馈（Explicit and Implicit Feedback）、语义协商（Negotiation of Meaning）、加强性输出（Output Enhancement）。这六种技巧，有的从输入着手，有的把视觉突出作为突破口，有的在输出上做文章。不同的方法均利用不同认知及习得因素进行第二语言结构教学，并且在不同程度上得到实验数据的证实以及语言教师的认可。由于篇幅限制，这里不做详述，六种教学技巧的说明详见 Jin（2005）[1]。

（七）原则7：进行有大量丰富输入基础上的有效输出

"有效语言输出"是指由教师提问引出，由学习者完成的，符合或稍稍超出学习者语言水平，且有重点结构、语义准确、交际功能完整的语言表达。Swain 早就提出，第二语言学习者不仅需要大量语言输入来建立第二语言系统，而且需要通过基于语言使用的语言输出来检测对语言规律的各种假设，进而调整语言，以便最终建立第二语言系统。[2] 因此，教师的课堂任务除了为学习者提供语言输入、语言理解的活动外，还应该为学习者提供大量的语言使用及表达机会。换句话说，教师应该有意识地通过各种互动活动"促进"（Push）学习者在交流中使用符合交际场合的各种语言结构。

在之后的论文中，Swain 又提出语言输出的四个功能，即

---

[1] Jin, H.-G. Form-focused instruction and second language learning: Some pedagogical considerations and teaching techniques. *Journal of the Chinese Language Teachers Association*, 40(2), 2005.

[2] Swain, M. Communicative competence: Some roles of comprehensible input and comprehensible output in its development. In S. M. Gass & C. G. Madden (eds.), *Input in Second Language Acquisition*. Newbury House, 1985.

帮助学习者有选择地注意不同的语言结构及规律（Noticing or Triggering）、测试学习者对第二语言的规则假设（Hypothesis Testing）、发展自动化语言使用能力（Automaticity in Language Use）、发展元认知能力（Metalinguistic Awareness）。[1]Swain还强调输出过程可以引导学习者注意到他们还没有完全获得、掌握的语言结构，意识到使用第二语言时无法表达的意思或"语言漏洞"（Language Holes），因而使其注意力及其语言处理不仅仅集中在语义上，还集中在语法层次上，如复杂的语言结构或语法"断层"（Gap）/语法错误，也就是母语者与第二语言使用者在结构使用上的不同。[2]用输出假设的观点说，这种表达时产生的"断层"可以让学习者"注意"到两个方面的问题：一是其中介语的不足之处，二是目标语输入中的一些特别结构，如中文中无重音的"得"结构。这一过程被称为与"可理解输入"相对的"可理解输出"。[3]

Swain还指出，第二语言学习者的"有效语言表达/输出"需要通过不同的课堂教学活动及技巧来完成。[4]这一原则在教学

---

[1] Swain, M. Focus on form through conscious reflection. In C. J. Doughty & J. Williams (eds.), *Focus on Form in Classroom Second Language Acquisition*. Cambridge University Press, 1998.

[2] 同[1]。

[3] Swain, M. Communicative competence: Some roles of comprehensible input and comprehensible output in its development. In S. M. Gass & C. G. Madden (eds.), *Input in Second Language Acquisition*. Newbury House, 1985.

[4] Swain, M. The output hypothesis: Theory and research. In E. Hinkel (ed.), *Handbook of Research in Second Language Teaching and Learning*. Lawrence Erlbaum Associates, 2005.

上表现为不同的课堂技巧。如"加强性语言输出"就是一种帮助学习者进行语言表达的教学处理方法。这一教学方法强调除了给学生提供大量的语言输入及说话机会外,教师还需要设计出有针对性的交际任务,不但有口头及书面输出练习,而且对学习者的语言表达提出明确的、有一定挑战性的结构要求,如列出需要使用的结构来完成任务,让学生围绕规定的组织框架进行表达演说练习。近10年来,有很多研究者对有效输出教学进行了实验研究,并与其他形式的教学处理方法做了比较(Izumi,2002;Song & Suh,2008;靳洪刚和章吟,2009[①])。结果发现,如果在课堂上实施"有效输出",学习者在语言结构的准确性的成绩上较无加强的对照组、大剂量输入组、加强输入组等都有统计意义上的不同。因此,加强输出教学处理不失为一种有效的教学方法。

有效输出原则在教学上的表现形式可以很多。常见的多以任务为基础,多采用技能综合的方法,即口头交流与书面总结、小组讨论与正式报告等相结合。任务形式包括信息交换(一人掌握一半信息,口头讨论)、解决问题(帮助市长分析问题,找解决办法或制定政策)、看图写作、视听评论、故事改写、总结活动、口头报告等。此外,还有的教师提出,以小组为单位的集体写作也是一种有效的输出教学。

语言输出教学法十分注重学习者与教师互动时语言表达的

[①] Izumi, S. Output, input enhancement, and the noticing hypothesis: An experimental study on ESL relativization. *Studies in Second Language Acquisition*, 24(4), 2002. Song, M.-J. & Suh, B.-R. The effect of output task types on noticing and learning of the English past counterfactual conditional. *System*, 36(2), 2008. 靳洪刚、章吟《"选择性注意"与"差异效应"在汉语"得"字方式补语习得中的作用》,《世界汉语教学》2009年第4期。

质与量，例如，学习者在对话中话语的 T 单位数量（Average Number of T-units）、语义协商数量、交流的话轮（Turn Taking）次数、表达话语的平均句长等。这些都跟学习者语言表达的流利度、准确度以及结构复杂度有关。[1] 此外，这一理论还强调语言输出须达到三个认知功能：一是意识功能（Noticing Function），因为学习者在有意义的语言表达时方能意识到自己的语言与目标语的差异；二是语言假设功能（Hypothesis Testing Function），学习者只有在与他人的互动交流中方能检验规则的限定性，并通过别人的反馈来再分析或重组其第二语言系统；三是语言上升为规则功能（Metalinguistic Function），学习者在语言表达的同时可以将不同的语言材料转化为有系统的语言规则，并纳入第二语言系统，进而获得第二语言。

（八）原则 8：纠错性反馈

"纠错性反馈"原则强调通过直接（Explicit）或间接（Implicit）的纠错性反馈的方法，让学习者意识到自己的中介语表达与母语的差异，并增加自我纠错或调整语言表达的能力，最终促使学习者重构中介语系统。[2] 纠错的教学原则主要基于语言反例、结构意识等认知理论及第二语言实验研究。语言反例是指在语言发展过程中为学习者所犯错误提供的反馈信息。[3] 它可以是直接的，

---

[1] Skehan, P. & Foster, P. Task type and task processing conditions as influences on foreign language performance. *Language Teaching Research*, 1(3), 1997. Skehan, P. *A Cognitive Approach to Language Learning*. Oxford University Press, 1998.

[2] Ellis, N. C. Memory for language. In P. Robinson (ed.), *Cognition and Second Language Instruction*. Cambridge University Press, 2001.

[3] Gass, S. M. *Input, Interaction, and the Second Language Learner*. Lawrence Erlbaum Associates, 1997.

也可以是间接的。在第二语言发展过程中,学习者的语言习得有不同渠道,其中一种是通过犯错误、被纠正而了解第二语言的结构规律。

从20世纪80年代到现在,对于纠错性反馈的实验研究不少,主要集中在使用什么样的纠错技巧最为有效。尽管各种实验的结论不尽相同,但有一点没有争议[1]:课堂上的第二语言纠错可以为学习者提供必要的语言对比。这种对比包括第一语言与第二语言、正确与错误、母语者与非母语者表达之间的对比,其作用是促进学习者对目标语言结构的再分析(Restructure)。由此推出,纠错性反馈对第二语言学习具有辅助作用。此外,纠错性反馈为学生提供三个方面的语言信息:(1)目标结构在语言规则及使用上的限定性。(2)学习者的第一语言系统与目标语系统的差异性。(3)学习者中介语表达与母语者或教师表达之间的差异。

纠错原则可以通过两种形式来实施:一种为计划性纠错,多采取直接反馈、课堂讲解、诱导纠错等方式;另一种为自然交际中随机纠错,多采用直接或间接反馈、自我修正、重述等方式。计划性纠错技巧分两种[2]:一是直接反馈法,即就学生错误在课上直接分析举例(Problem Illustration),目的是让学生意识到目标结构的语言规则;二是导出错误法(Garden Path

---

[1] White, L. *Universal Grammar and Second Language Acquisition*. John Benjamins, 1989. DeKeyser, R. The effect of error correction on L2 grammar knowledge and oral proficiency. *The Modern Language Journal*, 77(4), 1993. Gass, S. M. *Input, Interaction, and the Second Language Learner*. Lawrence Erlbaum Associates, 1997. Long, M. H. *Task-based Language Teaching*. Blackwell, 1999.

[2] Ellis, R. *The Study of Second Language Acquisition*. Oxford University Press, 1994.

Technique)①，即先将学生带到容易混淆或扩大化使用规则的语言点，诱出学生可能出现的语言表达错误后，马上根据情况进行纠正。例如在讲解中文形容词搭配名词的规则时，教师可从单音节形容词使用规则开始，如"单音节形容词+名词"，"好人""大房子""小桌子"，然后过渡到双音节形容词，如不能说"*好看+人"，需要加上"的"来形成"好看的人"，最后引出"双音节形容词+的+名词"的规则。这种方法的好处是可以通过错误诱导使学习者注意到规则的限制及范围。

自然交际中顺便纠错可分为三种：一是自发性纠错（Self-initiated Error Correction）。这一方法是引导学习者自己找错，如教师说"不对"或"再试试"，但不提供正确答案，以便让学生自己完成纠错过程。二是交际中，在不打断交流的前提下直接改正学习者的错误。如：

教师：今天怎么样？
学生：*我一点儿累。
教师：我<u>有</u>一点儿累。（强调"有"字）
学生：啊，对，我有一点儿累。

三是间接纠错（Recasting），可以有五种方式。第一是用升调重复学生的错句；第二是询问其他学生句子是否正确；第三是用升调重复错句，紧接着提供一个对句；第四是先回答错句的问题但随即进行纠错。除了以上四种方式以外，间接纠错的一种主要技

---

① Tomasello, M. & Herron, C. Down the garden path: Inducing and correcting overgeneralization errors in the foreign language classroom. *Applied Psycholinguistics*, 9(3), 1988. Tomasello, M. & Herron, C. Feedback for language transfer errors: The garden path technique. *Studies in Second Language Acquisition*, 11(4), 1989.

巧是重述（Recasting）。重述是最近几年第一语言及第二语言习得研究的一个重要课题。Doughty & Varela 用实验的方法证实教师有策略地重复学生的错误，不但可以起到纠错的作用，而且可以引导学习者进行规则对比。[①] 间接纠错强调使用语言停顿及语调功能，采用打断不唐突、改错不直接的重复法，顺着学习者的原来的语料进行边交流，边纠错。间接纠错的方法有两种：一是故意重复学习者的错误，进行主动语义协商，以便引起注意；二是在重复学习者的语句时随即进行改错。如：

> 学生：*这件衣服比我的不舒服。
> 教师：*比我的不舒服？你的意思是不是……（语调提高，语速放慢，句尾加疑问声调）
> 学生：噢，这件衣服不……
> 教师：这件衣服没有我的舒服。（突出"没有"）
> 学生：这件衣服没有我的舒服。
> 教师：那你买了吗？

相对于直接纠错，间接纠错技巧对教师的挑战较大，要求教师具备丰富的教学经验。在纠错过程中，教师要学会利用各种暗示（如声调、停顿、手势、板书、眼光等）清楚点出交流中的错误点。没有一定的经验或训练，教师很难做得完美。因此，系统训练十分必要。

Lightbown 指出，一堂成功的语言课意味着教师要把握好改

---

① Doughty, C. J. & Varela, E. Communicative focus on form. In C. J. Doughty & J. Williams (eds.), *Focus on Form in Classroom Second Language Acquisition*. Cambridge University Press, 1998.

错的时间，要将改错集中在学生自发性表达时，并使学生清楚地意识到，不同的话题、观念、思想、感觉须通过其特定的语言结构及表达方式来完成交流。[1]

（九）原则9：尊重学习者的语言发展规律

第二语言习得40年的研究早已证实，第二语言的发展是遵循一定的规律的。第一，无论学习什么语言，学习者似乎都经历一个类似、有共同特点的过程。这些共同特点包括：（1）多数学习者在习得过程中会借助母语，经历母语转移。（2）扩大化或简化使用第二语言规则。（3）语法发展系统由杂乱有误到建立规律，由不稳定到稳定。（4）所有学习者的错误都有类似之处，类型大同小异，错误类型不会超出预期范围。（5）中介语发展的停滞阶段，出现化石化的过程都大致相同。第二，第二语言的发展似乎遵循几乎相同的习得阶段及习得顺序。例如，早有定论的英语否定式发展四阶段[2]，英语关系子句发展的六阶段[3]，英语

---

[1] Lightbown, P. M. What have we here? Some observations on the influence of instruction on L2 learning. In R. Phillipson, E. Kellerman, L. Selinker, M. S. Smith & M. Swain (eds.), *Foreign/Second Language Pedagogy Research*. Multilingual Matters, 1991.

[2] Schumann, J. H. The acquisition of English negation by speakers of Spanish: A review of the literature. In R. W. Andersen (ed.), *The Acquisition and Use of Spanish and English as First and Second Languages*. TESOL, 1979. Pica, T. Adult acquisition of English as a second language under different conditions of exposure. *Language Learning*, 33(4), 1983.

[3] Gass, S. M. From theory to practice. In M. Hines & W. Rutherford (eds.), *On TESOL '81*. TESOL, 1982. Eckman, F. R., Bell, L. & Nelson, D. On the generalization of relative clause instruction in the acquisition of English as a second language. *Applied Linguistics*, 9(1), 1988. Doughty, C. J. Second language instruction does make a difference: Evidence from an empirical study of SL relativization. *Studies in Second Language Acquisition*, 13(4), 1991.

问句发展的三阶段等。第三，语言习得规律似乎不会受到教学的影响，不会因教学的介入而改变其发展顺序或跨越某个阶段。[1]为此，Pienemann 提出，所谓第二语言的可教性（Teachability）完全受限于语言的可学性（Learnability）。[2] 可见，教师教什么，学生就能学会什么的理念是错误的。第四，虽然语言的可学性不会受到第二语言教学的影响，但是多种实验证实，语言教学得法可以加快习得速度，提高语言的准确度，最终达到语言习得的终点。[3] 作为专业教师，我们要了解学习者语言发展的这一内在规律是不可违抗的，也是不可调整的。如何将这一语言发展规律纳入课程设计及教学安排中，使语言发展与语言教学相互有效促进，对每一名教师都是一个很大的挑战。

第一，教师要了解学习者"内在规律"的内涵，熟悉第二语言研究的成果。第二，教师要采纳"反向课程设计"的方法，根

---

[1] Lightbown, P. M. Exploring relationships between developmental and instructional sequences in L2 Acquisition. In H. W. Seliger & M. H. Long (eds.), *Classroom-oriented Research in Second Language Acquisition*. Newbury House, 1983. Ellis, R. Are classroom and naturalistic acquisition the same? A study of the classroom acquisition of German word order rules. *Studies in Second Language Acquisition*, 11(3), 1989.

[2] Pienemann, M. Is language teachable? Psycholinguistic experiments and hypotheses. *Applied Linguistics*, 10(1), 1989.

[3] Long, M. H. Instructed interlanguage development. In L. M. Beebe (ed.), *Issues in Second Language Acquisition: Multiple Perspectives*. Newbury House / Harper and Row, 1988. Pienemann, M. Is language teachable? Psycholinguistic experiments and hypotheses. *Applied Linguistics*, 10(1), 1989. White, L. Adverb placement in second language acquisition: Some effects of positive and negative evidence in the classroom. *Second Language Research*, 7(2), 1991. Doughty, C. J. Instructed SLA: Constraints, compensation, and enhancement. In C. J. Doughty & M. H. Long (eds.), *The Handbook of Second Language Acquisition*. Blackwell, 2003.

据学习者在不同阶段的实际学习结果设计课程并安排教学。其主要方法是根据学习者在某一阶段学习结束时的能力测试结果决定课程的语言内容及教学顺序。第三，教师要意识到语言习得的过程是螺旋式上升的过程，受到内在规律的牵制，教师不可违背自然规律，一味按照自己的意愿安排课程或期待学习者在课后"一步到位"。第四，使用有针对性的"教学处理"（Pedagogical Treatment）可以促进目标结构的准确度，加快学习步伐。第五，课程设计要讲究"以学生为中心"，了解不同学生的学习规律，利用各种电脑及网络技术辅助学生自然习得。第六，课程设计要加入各种频繁、有效的能力测试，随时了解学习者的学习进度及掌握度，不断调整课程安排，使得课程安排与学生的习得规律相吻合。

（十）原则10：提倡合作学习及个人化教学

合作学习是教育学理论早已认可的教学方法，尤其是建构主义学习理论（Constructivist Theory of Learning）、Piaget 认知发展理论[①]及 Vygotsky 认知改变理论[②]都提倡合作学习的教育方法。这种方法利用学习的社会性，强调教师要鼓励学生进行合作，让学生在互动合作中发现、理解复杂的现象及概念，让学习者在小组示范的过程中确定自己的理解程度，联系不同领域的知识，接受同伴的建议及批评。合作学习的研究（Barnes，1976；Webb，

[①] Piaget, J. *The Language and Thought of the Child.* Routledge and Kegan-Paul, 1952.

[②] Vygotsky, L. S. *Mind in Society: The Development of Higher Psychological Processes.* Harvard University Press, 1978.

1991；Holt，1993[1]）早已证实，以学生为中心的合作学习对知识的长期记忆具有正面效果。第二语言研究的成果（Long & Porter，1985；Pica et al.，1996；Oxford，1997；Jacobs，1998；Liang et al.，1998[2]）也得出同样的结论。

合作学习的方式多数是由四人或两人小组组成。语言活动往往以任务为基础，以小组为单位在课上或课下完成。合作学习的关键是活动目标要明确，条件能引起互动，程序要清楚，而且要有具体的任务结果。常用的语言活动的类型见表3-7：

表3-7 16类常用的任务类型总结

角色扮演类	信息交换类	问题讨论类	其他类
角色扮演	脑力激荡	解决问题与决策	语言游戏
模拟	信息断层	讨论/意见交换	课题
采访	信息拼凑	看图讨论	探宝
演剧	寻找差异	分组辩论	当地探索

---

[1] Barnes, D. *From Communication to Curriculum*. Penguin Books, 1976. Webb, N. M. Task-related verbal interaction and mathematics learning in small groups. *Journal for Research in Mathematics Education*, 22(5), 1991. Holt, D. D. (ed.). *Cooperative Learning: A Response to Linguistic and Cultural Diversity*. Center for Applied Linguistics, 1993.

[2] Long, M. H & Porter, P. Group work, interlanguage talk, and second language acquisition. *TESOL Quarterly*, 19(2), 1985. Pica, T., Lincoln-Porter, F., Paninos, D. & Linnell, J. D. Language learners' interaction: How does it address the input, output, and feedback needs of language learners? *TESOL Quarterly*, 30(1), 1996. Oxford, R. L. Cooperative learning, collaborative learning, and interaction: Three communicative strands in the language classroom. *The Modern Language Journal*, 81(4), 1997. Jacobs, G. M. Cooperative learning or just grouping students: The difference makes a difference. In W. A. Renandya & G. M. Jacobs (eds.), *Learners and Language Learning*. SEAMEO Regional Language Centre, 1998. Liang, X.-P., Mohan, B. A. & Early, M. Issues of cooperative learning in ESL classes: A literature review. *TESL Canada Journal*, 15(2), 1998.

个人化教学（Individualized Teaching）的研究无论在教育界还是语言教学界早有定论，教学应针对个人差异进行设计。尤其是现在区分式教学（Differentiated Instruction）是教学设计以及课堂教学必须考虑的一环。这是因为任何学习都不可避免地受到个人因素的影响。个人差异表现在很多不同的方面，如个人动机、学习风格、学习策略、个人兴趣、认知方式、语言能力、智商等（Logan，1973；Altman & James，1980；Wesche，1981；Harlow，1987；Sawyer & Ranta，2001[①]）。近几年的研究（Grigorenko *et al.*，2000；Ehrman & Leaver，2001；Ellis，2001；Miyake & Friedman，2001[②]）进一步证实，个人化的教学对语言学习尤其

[①] Logan, G. E. *Individualizing Foreign Language Learning: An Organic Process*. Newbury House, 1973. Altman, H. B. & James, C. V. (eds.). *Foreign Language Teaching: Meeting Individual Needs*. Pergamon, 1980. Wesche, M. Language aptitude measures in streaming, matching students with methods, and diagnosis of learning problems. In K. C. Diller (ed.), *Individual Differences and Universals in Language Learning Aptitude*. Newbury House, 1981. Harlow, L. L. Individualized instruction in foreign languages at the college level: A survey of programs in the United States. *The Modern Language Journal*, 71(4), 1987. Sawyer, M. & Ranta, L. Aptitude, individual differences, and instructional design. In P. Robinson (ed.), *Cognition and Second Language Instruction*. Cambridge University Press, 2001.

[②] Grigorenko, E. L., Sternberg, R. J. & Ehrman, M. E. A theory-based approach to the measurement of foreign language learning ability: The Canal-F theory and test. *The Modern Language Journal*, 84(3), 2000. Ehrman, M. E. & Leaver, B. L. *Development of a Profile Approach to Learning Style Diagnosis*. Unpublished Manuscript. Foreign Service Institute, 2001. Ellis, N. C. Memory for language. In P. Robinson (ed.), *Cognition and Second Language Instruction*. Cambridge University Press, 2001. Miyake, A. & Friedman, N. F. Individual differences in second language proficiency: Working memory as "language aptitude". In A. F. Healy & L. E. Bourne (eds.), *Foreign Language Learning: Psycholinguistic Studies on Training and Retention*. Lawrence Erlbaum Associates, 2001.

有帮助。任务教学的基础是个人化、合作性质的教学。这种教学方法较为注重学习者个人之间的差异。此外，单班个人辅导，虽然耗资耗力，但是效果远比大班好。此外，电脑科技将人们之间的距离大幅缩短，网络的个人化教学现已成为现实。特别是远程Skype、MSN等网络个人辅导都是适应个人化教学的不同形式。

二 总结

上述的现代语言教学十大原则反映了语言教学是一个专业领域，是建立在系统理论与实验基础上的学科。其教学原则遵循人类认知、学习及教育的科学规律，涵盖了语言教学的六个层面：活动方式、输入方式、学习过程、输出方式、习得规律、教学方法（见表3-8）。对外汉语教师应该经常利用这十大原则检查自己的教学过程，在科学的基础上进行有效的教学。

表 3-8 十大语言教学原则

		教学原则	教学实施举例
活动方式	原则1	采用任务教学法，以任务为教学基本单位进行教学	利用任务教学框架设计课程，教学单元以功能/任务为基本单位，任务涵盖目标、语言功能及形式、条件、程序、预期结果等；强调任务排序的认知及语言难易程度
	原则2	强调语言应用，采用"体验学习"	设计生活工作中实际使用的真实活动/任务，让学生去现场完成任务

续表

		教学原则	教学实施举例
输入方式	原则3	强调为学习者提供不同数量、质量、种类、训练不同技能的丰富输入	前期任务包括多种技能、媒体的输入；课上教师语的使用及提问技巧的培养
	原则4	强调在丰富输入的基础上，为学习者提供并非简化或低于现有水平的扩展性输入	培养学习者语义协商策略及语义协商时使用的语言定式；提醒学生有效利用疑点引出反馈，并做出反馈确定
学习过程	原则5	教学时要利用人类信息记忆及处理的规律进行组块教学	了解语言的程式及句式；进行词汇、句法、篇章组块教学
	原则6	在沟通互动的前提下，注重语言结构的练习	在教学中进行不同的语言形式教学；针对不同结构使用不同的教学处理
输出方式	原则7	在理解输入的基础上，强调有目的、有一定复杂度、准确度及流利度的有效输出	利用加强输出法；采用综合技能的有效输出法
	原则8	强调培养学习者的差异意识，全程纠错，有效反馈	培养全程纠错意识；强调直接纠错与间接纠错相结合；不断摸索不同的纠错技巧
习得规律	原则9	探索语言学习者在不同阶段对不同语言成分的敏感度及可学性，尊重学习者的语言发展规律	了解语言学习者习得的内在规律；根据学习者学习结果进行反向课程设计；课程安排与习得规律相吻合
教学方法	原则10	语言教学采用多种形式的合作学习方式，提倡多种持续性的生生互动；强调并注重个人化教学	采用分组任务活动；进行区分性教学；开设单班课，有针对性教学

第四章

海外汉语教学研究：新探索与新进展

第一节 美国中文教学的理论与实践[①]

随着中国国际地位的变化与提高，美国大学的中文教学项目在市场经济的作用下，也呈现出上下起伏但逐步升温的趋势。面对新的挑战，如何抓住中文作为第二语言教学在海外的发展机遇，对从事汉语第二语言教学的工作者来说，是需要深入分析与认真对待的。

本文拟从评介美国大学的中文教学项目的现状入手，着重剖析两所州立大学的中文教学项目，以找出难题所在，挖掘发展的潜力，并试图从汉语教学法的角度进行探讨，在此基础上提出针对性的措施。

一 中文教学在美国大学的现状

中文教学在全球范围内逐步升温，其原因是显而易见的：中国经济政治地位的迅速提高，中国文化历史的源远流长，说中文的人口占世界人口的巨大比重，以及中国华侨在世界各地的广泛

[①] 本节选自王晓钧《美国中文教学的理论与实践》，《世界汉语教学》2004年第1期。

分布……根据美国2000年的人口普查结果，亚裔人口从1990年到2000年的10年内增加了48.3%，总人口约为1000万，而华裔为243万，约占亚裔人口的23.7%，美国总人口的1%。人口的增加必然影响到社会文化和教育等各个方面。

（一）中文教学项目的设立

美国无论在大学的数量以及开设中文作为外语课程的大学的数量上，均为全球之冠。根据 Enrollment Survey of Chinese Class in the United States Four-year Colleges（Chinese Language Teacher Association, May, 1999），美国大专院校开设中文课程的数量从20世纪70年代的两位数上升到20世纪80年代的三位数，至1988年已达300多所（不包括未交回调查问卷的院校）。根据台湾师范大学华语文教学研究所的进一步调查，开设中文课程的美国大学的数量呈逐年增多趋势，而且主要集中于近十几年（统计数字见图4-1）。

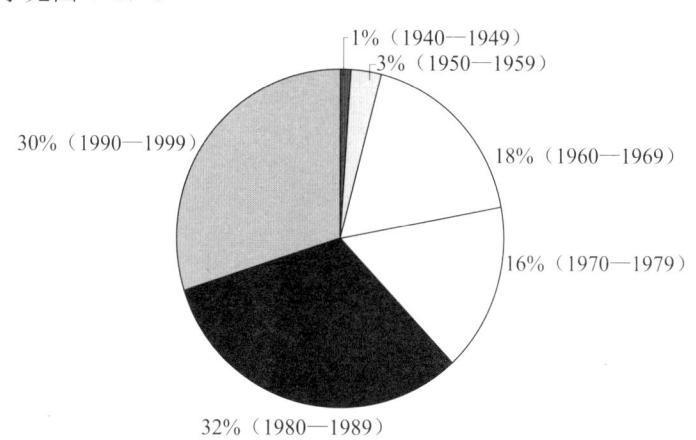

图 4-1 美国大学设置中文课程的起始时间

以美国西密歇根大学（Western Michigan University）为例，

全校每年共有学生约 28 000 人，建校近 100 年，到 1996 年为止，该校从未开设过中文课程。直到 1997 年秋季，在学校上下的一致努力下，经当时副校长黎天睦教授（Dr. Timothy Light）的倡导，创办了亚洲中东语言系，而中文成了该系的三大支柱语种之一。中文教学项目在该校由此应运而生。

（二）学生概况

随着中文教学项目在美国各大学的增加与发展，选修中文课程的学生数量也呈现逐年增多的好势头。据统计，1990 年在美国大学选修中文的学生占选修外语学生总数的 1.6%，1995 年增加到 2.3%，学生人数为 17 000 人。以美国亚利桑那大学为例，1990 年学生选修中文课程的人数，包括从一年级到四年级，从现代汉语到古汉语，一共不超过六七十个人。而到 1995 年，注册人数已达到 130 人。美国西密大起步较晚，从 1996 年的零起点，在五年内发展到每学期有近 100 人注册。

（三）师资来源与培训

美国各大学的中文教学项目，一般都由一至数名长期正式任职的教授主持。根据教学需要，往往雇用全职讲师，讲师下面又有半职讲师和研究生助教，视情况而定。主管中文教学的教授的专业背景往往是不同的。以亚利桑那大学为例，以前主管中文教学项目的教授大多是学文学、历史专业出身的，教中文是他们的副业。直到近些年，教授的招聘条件中才开始强调语言学或第二语言习得专业。

这不仅反映了中文教学越来越重要，而且也逐步建立了汉语语言学及语言教学法的学术地位。对师资的培训，主要是采取互相听课、共同备课、以老带新的方法。鼓励教师参加各类学术和教学研讨会，互相交流教学经验和心得，也是教师培训行之有效的办法之一。图 4-2 是在台湾师范大学华语文教学研究所 2000 年统计的基础上所做的统计图。

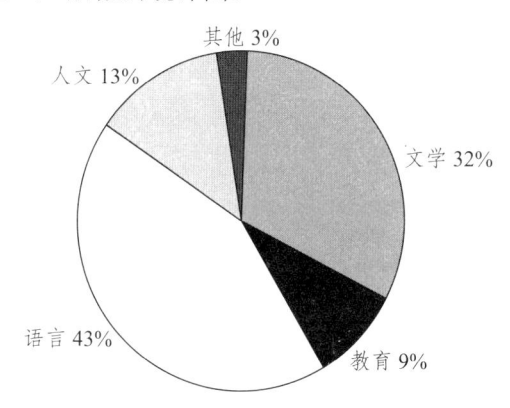

图 4-2 中文教授主修专业统计表

（其他 3%，人文 13%，语言 43%，教育 9%，文学 32%）

（四）教材的编写与选用

由于美国大学中文课程没有统一的教材，所以各学校使用的中文教材可以说是百花齐放。以亚利桑那大学为例，早期使用 DeFrancis 的 *Beginning Chinese*，20 世纪 90 年代开始用陈大端等编写的 *Chinese Primer*，近些年开始用 *Integrated Chinese*。教材的选用与变化，直接反映了教学法的发展与变化，表 4-1 是教材使用情况的排名。

在美国大学也常有因人设课的现象，但开设每门课，一般都需要由该课的主讲教师向系里提出具体方案，经系里推荐，报到学院的课程设置委员会讨论。如通过，再由学院和大学的主管教学的办公室批准立案。一般来说，中文课程的名目虽较多，但大致上都按初级、中级、高级划分，并配备其他相关的课程。

表 4-1 美国大学中文课程教材使用情况

排名	教材名称
1	*Integrated Chinese*（Ⅰ）
2	*Practical Chinese Readers*（Ⅰ）（Ⅱ）
3	*Integrated Chinese*（Ⅱ）
4	*Practical Chinese Readers*（Ⅱ）
5	*Taiwan Today*（by Teng and Perry）
6	*Chinese Primer*
7	*A Chinese Text for a Changing China*
8	*A Trip to China*
9	*Beyond the Basics*
10	*Chinese Breakthrough*
11	*International Reader of Modern Chinese*
12	*Communication in Chinese*
13	*Chinese Perils and Promise*
14	*Glimpses of Chinese*
15	*A Chinese Text for a Modern China*
16	*Beginning Chinese Reader*（Ⅰ）（Ⅱ）（for Chinese heritage students）

二　中文教学在美国大学所面临的挑战

尽管中文教学在美国各大学得到较快的发展，但前进路上面临着不少难题与挑战。具体来讲，美国大学外语教学的语种设置与选修不同语种的学生在数量分布上很不平衡，且不稳定，往往随着就业市场的变化而变化。中文目前仍属于学生选修较少的语种之一(Less Commonly Taught Foreign Language)。这种情况的产生自然也跟中文教学本身有关。

(一) 汉语言、文化的特色与难点

汉语具有十分丰富的内涵,无论从语音、词汇到语法、修辞以至书写系统,都独具特色。然而正是这些优点和长处,却成了非汉语为母语的学生的学习难点。单单是读写汉字一项,就足以使以字母拼写为母语的学生望而生畏。汉语除了书写、发音、词汇和语法各有特点以外,真实生活中的遣词造句还包含着中国文化的因素,有时甚至是难以用语言描述清楚的。

(二) 汉语的书写与拼写系统

目前繁简两体的同时存在成了海外发展中文教学的难题之一。美国大学各中文教学项目往往有不同的汉字政策,有的是先繁后简,有的是先简后繁,有的是繁简并用,有的是识繁写简……这样,自然不免造成学生甚至教师的困惑,也给学生转学或出国留学带来不少麻烦。为满足学生不同的需要,只好采取折中办法。据台湾师大华语所的统计,目前两种字体都教的美国学校占67%(见图4–3)。其结果是使汉字学习难上加难。

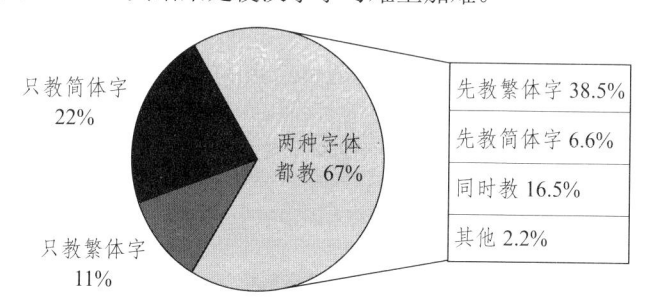

注:数据依据原论文。

图4–3 美国大学中文教学项目汉字的字体选择

汉字的拼写系统也存在不统一的情况。在美国，至少有五种拼写汉语的方式。可喜的是，使用汉语拼音系统的学校占了压倒性优势，约为92%。

（三）课程设置与就业前途

美国各大学的中文课程虽有较大差别，但大体上有一致性，即从初级到中级，再到高级。而中文课一般都是综合性课程，包括听说读写的综合训练，很少分门别类地开设语音、语法等课程。除此而外，只有为数不多的中文教学项目开设除基础汉语以外的其他专业汉语课程，诸如商业汉语课等等。这样，自然就弱化了学生学习中文的兴趣及目的性。在教过的学生中，学生凭借中文学习背景找到工作的相当少，不少美国学生学中文只是满足个人兴趣或满足大学的要求而已。

（四）学生的语言文化背景

美国大学中文教学中的另一个难题是学生背景各不相同，汉语语言文化程度参差不齐，因此很难在同一起点上进行教学。如果按程度编班，又可能造成部分班级学生太少，学校没有经费开班等问题。据统计，华裔学生约占初级班、中级班和高级班学生总数的四分之一到三分之一。

三 中文教学的发展前景与几点设想

根据在美国的教学实践，深感发展中文作为第二语言教学的重要。然而可以说，中文教学效果一般来说并不理想。有的学生下了苦功学习汉语，结果几年过去了，还是张不了口；有的学生则学了一两个学期就找借口停止学习中文，等于前功尽弃。正如

第一节 美国中文教学的理论与实践

柯彼德教授所说的金字塔状态,想学汉语的不少,但能说好汉语的不多,说得通畅、正确、流利的更少,说得字正腔圆,能够用汉语深入进行探讨的简直是屈指可数。按照美国 Foreign Service Institute 和 Defense Language Institute 的调查和分类,中文对以英语为母语的学生来说,属于第四类即最难学的语言之一。难怪有的学生说:"学汉语像在大海里游泳,游得越远,越看不到头。"表 4-2 是根据美国国防语言学院的统计而做的各语种达到中等水平所需时间的对比。

表 4-2 各语种达到中等水平所需时间对比

分类	代表（性）语种	所需的学习时间（以小时计）	所需在大学学习的学年（以每年两个学期,每学期十四周,每周五节课计）
I	西班牙文、法文、意大利文	875	6
II	德文	1190	9
III	俄文、希腊文、希伯来文、波斯文、波兰文	1644	12
IX	中文、日文、阿拉伯文、韩文	2205	16

很显然,绝大多数美国学生是不愿意也不可能投入这么多的时间来学习一门语言的。因此,我们有必要针对这种情况,从汉语教学法方面进行改进,以获得更好的教学效果。

我们在以往的教学中,探讨过各种教学法,听说法也好,多媒体教学也罢,最中心的问题是要以学习者即学生为中心。有人说过,看看你自己怎么学的,你就应该懂得怎么教。这句话的核心也就是以学习者为中心。我们的教学目的、教材编写、教学方法都不能离开以学生为中心。为了达到这个目的，有以下四点基本想法。

（一）语言教学与文化教学相结合，增加趣味性

在教学实践中，我们常常自觉或不自觉地把语言教学和文化教学对立起来。实际上，我们开设中国文化课以后，不但增加了学生来源，而且激发了学生的积极性。在美国常常看到有人文身，而常常有学生甚至球星把一个或几个汉字永久地刻在自己身上。问他们为什么选这个字，回答常常是"有意思"，而他们却并不知道怎样读写这个字。可见，美国学生渴望了解不同的文化，他们学习某种语言往往是为了了解这种文化。有的中文教学项目主张不教或少教汉字，实际上有的学生正是为了了解汉字或受汉字的吸引而选学汉语课。如果我们自觉地挖掘汉语中反映出来的中国文化，并把文化和语言教学结合起来，一定会收到一举两得的效果。

（二）基础中文教学与专业中文教学相结合，加强实用性

在美国，不少汉语教学项目把基础汉语作为教学重点，把提高日常会话能力作为教学目标。这些都是无可非议的。然而，在我们的日常会话中，已渗入了很多商业、旅游等内容，而不少学生学习汉语的目的正是为了以后能够同中国人做生意。以西密大的中文项目为例，学习初级中文的学生中，有 35% 来自商学院；中级班的学生中，有 31% 来自商学院，31% 来自文理学院。可见，有商业专业背景的学生所占的比例相当高。因此，会一点儿日常交际是不够的，因为他们不只是要到中国玩玩，还要在中国做事、打交道，所以必须要有专业的词汇。只有把基础汉语教学与专业

汉语教学适当地结合起来,才能使学习汉语的学生真正尝到学习汉语的甜头。

(三)课堂教学与多种教学形式相结合,培养自觉性

对美国大学生来说,如何安排学习时间是一个十分重要的问题,而学习一门外语所需要的时间投入是巨大的。成年人常常感叹小孩子学习一门语言多么轻而易举,学得又是多么地道,殊不知小孩子习得一种语言的诀窍在于练习的时间。因为他们往往要花上万个小时耳濡目染地学习一种语言。对比之下,美国大学的学生如果选修一门外语,他们一学期在课堂上的学习时间一般只有 70 小时。如果达到中等汉语水平需要 2205 个小时的话,等于要在大学学习 16 年才行。因此,课外的练习是十分必需的,而多种形式的练习方式则是十分必要的,诸如会话伙伴、网上练习、汉语俱乐部、汉语比赛等等,都是行之有效的,而且能培养学生的学习自觉性。

(四)教学目标与学生的认知能力相结合,提高科学性

尽管成年学生学习汉语有很多不利因素,诸如记忆力不强、模仿能力较差、怕丢面子等等,但是他们的认知能力,包括逻辑推理、分析比较等能力,却是小孩子无法相比的。因而在教材、教法上,都需要充分考虑到学生学习的特点。填鸭式的教学法,肯定会使学生感到没意思。在大学的汉语教学中,应有针对学生认知特点的课堂教学设计,并允许在语法、课文内容等方面的跳跃。

第二节 探寻美国汉语教学的新路：分进合击[①]

美国的汉语作为外语的教学在过去的几年里虽然有所发展，但是我们在美国没有看到出现在东亚和东南亚国家那样的"汉语热"。美国现代语言学会下属的外语系联合会所做的调查结果显示，大学在校学生（包括研究生、本科生、大专生）学习汉语的人数2002年秋季比1998年秋季增长了20%，但是2002年秋季美国大学在校学生学习汉语的人数所占学习外语学生总人数的比例与1998年秋季一样，依然是2.4%，没有增长。与此同期，学习日语的大学在校学生人数增长了21.1%，所占学习外语学生总人数的比例由3.6%变为3.7%。[②] 这其中的原因耐人寻味。虽然中国的经济快速发展、国力日益强大，但如果中美关系在政治上还不能达到"和而不同、异而互信"的境界，学习汉语人数的增长仍会受到影响。可以说，美国汉语教学的兴衰最终取决于中国是否能继续保持稳定和快速的发展，进而使中国在物质、精神、政治三方面都达到世人景仰的新的文明高度。在美国学习汉语人数增长不快的另一个重要原因是：美国非华裔的大学生学习汉语比学习其他印欧语系语言要花费更多的时间和精力。尽管我们并不愿意承认汉语难学，但这却不仅是美国非华裔大学生的亲身体

[①] 本节选自印京华《探寻美国汉语教学的新路：分进合击》，《世界汉语教学》2006年第1期。

[②] Welles, E. B. Foreign language enrollments in United States institutions of higher education, Fall 2002. *ADFL Bulletin*, 35(2), 2004.

会，也是美国外语教师多年教学实践的经验。[1] 作为汉语教师，我们有责任通过对教学的不断改进让更多的学生有效地学好汉语。

一 寻找汉语教学新路势在必行

对美国大学生来说，学习汉语更富有挑战性不仅是因为汉语和印欧语系语言之间差别大，而且也因为美国大学的初级汉语教学大多采用的是"语文一体"的教学路子，即"语文并进、文随语便"。对于学习热情高、理解能力强、学习方法灵活的部分研究生、大学本科高材生来说，"语文并进、文随语便"的教学路子尚可行得通，但却使众多的普通学生对汉语学习不是望而却步就是浅尝辄止。"语文并进、文随语便"的教学路子常使那些还要同时学习其他科目课程的大学生在学习汉语时出现"认知超载"的现象。汉语课上要学、要练、要记的内容使这些学生不堪重负。要让更多的学生愿意学汉语、继续学汉语，就要有新的教学路子。中国对外汉语教学界的前辈吕必松先生经过几十年的对外汉语教学实践，积几十年的对外汉语教学经验，在多年前就指出："……我们至今还没有找到一条符合汉字和汉语特点的教学路子。"[2] 后来又进一步指出："现在占主流地位的教学路子，基本上是西

---

[1] Kubler, C. C. Some thoughts on the relationship between spoken Chinese and written Chinese and implications for teaching basic-level Chinese to non-native learners,《语言研究》2001 年增刊。

[2] 吕必松《汉字教学与汉语教学》，《汉字与汉字教学研究论文选》，北京大学出版社，1999 年。

方语言教学路子的翻版。教学路子不对头,就不可能取得最佳教学效果。"① 美国的汉语教学又何尝不是如此。

我们知道,外语教学一般都按照语言习得的规律,遵循"听说领先、读写跟上"的原则,即注重"听说",其中特别注意让"听"先于"说"。"听"与"说"的技能得到充分训练后,就不失时机地训练"读"与"写"。这样,"听、说、读、写"训练有序,相得益彰。对于使用拼音文字的语言来说,这是科学和行之有效的。包括"听说领先、读写跟上"这样的外语教学原则在内的主要外语教学理论毕竟来源于以拼音文字语言作为外语教学的实践。汉语作为外语的教学也大都照此行事,可是作为汉语载体的却是以表意为主的汉字。在初级阶段,汉语"听说"技能对"读写"汉字技能的助益微乎其微。而"读写"汉字技能的训练所需要的时间常常又占去很多本可以用来训练"听说"的时间。那种"训练有序、相得益彰"的情形在汉语作为外语教学的初级阶段荡然无存。如果只教汉语拼音而不教汉字,才能找到点儿"听说领先、读写跟上"的感觉。美国汉语教学界,曾有人尝试过"语文分开"的做法,就是把汉语课本一分为二,分成拼音本和汉字本。用拼音本来保证"听说"为主,"听说"领先,用汉字本来教授"读写"。在"读写"不能两全时,就采用"写"滞后的"先语后文"的做法。即便如此,从实质上来说,还是没能改变"文随语便"的状况。

我们在汉语作为外语教学中如其他外语的教学一样十分注重语言的交际性和实用性,汉语教材都以最常用的词汇、生活用语为先,逐渐向其他用语扩展、延伸。可以说是尽量按照语言使用

---

① 吕必松《汉语教学路子研究刍议》,《暨南大学华文学院学报》2003年第1期。

的规律编排教材、计划教学的。但是,由于"语文并进、文随语便"造成"我眼识我说、我手写我口"的局面,例如"你好""谢谢"都是汉语教材里出现非常早的日常用语,可又是相当复杂的合体字。这样按照语言教学的顺序去教汉字的读写,违背了有效学习汉字的规律。如果再看看"你好"和"谢谢"这些日常用语的发音,我们会发现它们的发音也不简单。说"你好"时,要求发上声调的"你"变为半三声;说"谢谢"时,首先汉语拼音中"x"这个音在英语里是没有的,需要特别的讲解和练习,同时,第二个音节又要变为轻声。对起始阶段的学生来说,这样的教学路子不仅不能帮助他们减少学汉字和声调的困难,反而会增加他们学习和掌握汉字书写和发音的困难。在理论上和实践上都说明现行的汉语教学路子,特别是起始阶段的教学路子存在问题。要提高汉语教学的成效,探寻一条符合汉语特点的教学新路势在必行。

二 根据汉语的特点和规律施教:"分进合击"

我们设想并正尝试着在学生学习汉语的起始阶段走出一条新路,这条教学新路就是"分进合击"①。汉语最突出的特点就是汉字和声调,而这两大特点正是初学汉语的学生感到最困难的,是初学者学好汉语的两大障碍。因此,我们针对这两大障碍,分而治之。声调和汉字根据其各有的内在规律分开教学,把初学者顺利地领进门,帮助他们奠定好学习汉语的基础。学生经过至少

---

① Yin, J.-H. Proceed separately and strike together: A dual-track approach to teaching Chinese characters. A paper presented at 2001 Chinese Language Teachers Association Annual Meeting, Washington D.C., 2001.

一学期的"分进"(在汉字课学习掌握汉字的基础知识和技能,在汉语口语课学习掌握汉语发音知识和技能并学习掌握日常生活用语),再开始"合击",即把听说读写技能的教学合为一体,进行综合教学。我们期待"分进合击"的教学新路为大多数学生扫除汉字和声调两大障碍,使他们从畏惧学习汉字和声调转为乐于学习汉字和声调。

(一)按照汉字的内在规律开设起始阶段的汉字课

在美国大学里单独开设汉字课虽不多见,但也不是新鲜事物。这些单独开设的汉字课主要有两种模式。

一种汉字课是针对毫无汉语学习背景的初学者开设的。这样的汉字课一般以学生所学的汉语教材为主,按照汉语教材中汉字出现的先后,增加一些汉字笔画、笔顺和汉字结构的知识,并配有汉字练习课本,如北京语言学院编写的《实用汉语课本:汉字练习本》[1]、北京语言学院来华留学生三系编写的《初级汉语课本:汉字读写练习》[2]等。虽然从形式上是单独开设了"汉字课",帮助学生增加了汉字的基础知识,但是基本内容仍然按照随文识字、写字的方式与汉语课的内容同步进行,没有真正按照汉字的规律来进行教学。因此单独设课的意义往往并不显著,进而使汉字课的内容常常不是被压缩就是被支解地糅合到汉语课里。

另一类汉字课是针对有些汉语学习背景的中级学生开设的。这些学生常常经过了一两年的汉语学习,但是由于在听说方面下了比较多的工夫而对汉字知识和技能的掌握相对滞后,因此需要

---

[1] 北京语言学院编《实用汉语课本:汉字练习本》,商务印书馆,1982年。
[2] 北京语言学院来华留学生三系编《初级汉语课本:汉字读写练习》,北京语言学院出版社,1986年。

在复习和总结的基础上进一步提高汉字的系统知识和技能水平。为此类学生开设的汉字课，采用有关汉字的专著作为教材，比如尹斌庸和罗圣豪编写的《现代汉字》[①]等。虽然不以学生使用的汉语教科书为纲，但是授课内容以陈述性知识为主、程序性知识为辅。因为教学对象不是真正的初学者，所以这种模式的汉字课也就谈不上对初学者有什么帮助了。

我们面对的是从未学习过汉字的学生，并且是每天没有大量时间来学习汉语的非汉语专业的学生。我们所设置的汉字课就要按照汉字的内在规律来安排授课内容，同时也要考虑到学生有比未成年学生更强的形象和抽象综合思维能力，他们可以此来分析和记忆汉字。因此，汉字教学应充分利用汉字的形象性和汉字结构的逻辑性。

我们以汉字起源、发展、变化的脉络和规律为基础，选出最基本和具有代表性的汉字来进行汉字教学。也就是说，先教独体字，再教合体字。在教授独体字时，则先教象形字，再教指事字；教合体字时先教会意字，再教形声字。我们并不要求学生辨别象形、指事、会意、形声等造字方法，而只是根据这些造字法的大致顺序来安排汉字教学内容。笔画和笔顺的教学在教独体字的同时实施。以独体字为基础的偏旁部首的教学贯穿于合体字的教学当中，同时通过那些形变较大的部首来进行笔画变形规律的教学。

我们知道，汉字初创时期，在有音有义而无字表意的情况下，常借用同音异义的字来代替，借用时间长了，约定俗成，形成假借字。有时假作真时真亦假。假的乱了真的，真的（原义字）就

[①] 尹斌庸、罗圣豪编《现代汉字》，华语教学出版社，1994年。

不得不让位于假的（假借字），另外造字表示原义以示与假借字所表意义的区别。例如"七"（原为"切"义）、"八"（原为"分"义）、"九"（原为"臂肘"义）等表示数字的汉字和"南"（原为"钟"义）、"西"（原为"栖"义）、"北"（原为"背"义）等表示方向的汉字。还有一些是由于汉字长期发展，经过"金文""篆书""隶变"或"简化"而成为部件字，如"四"（原为四横表示四根算筹，曾是指事字）和"东"（原为"日在木中"的"東"，曾是会意字，亦有学者认为"東"是两头扎起来的包袱，曾是象形字）。类似这样的假借字和部件字，如果是独体字又是日常生活中常常用到的汉字的话，在起始阶段汉字课的教学内容中也适当包括。

汉字集音、形、义于一体。基本汉字的形与义之间的联系十分密切，汉字课抓住汉字的形与义之间的密切联系，把汉字形与义之间的联系作为学习的重点。学生不必具有汉语语音的系统知识和技能，更不需要去记忆课程内容包括的汉字的发音。这使得学生可以把注意力集中在基本汉字的形体和结构及其所表达的意义上，而不必为一个汉字的发音是什么而烦恼，更不必为记忆某个汉字的发音而受困扰。只在形和义上下功夫，能认能写不必会说，大大降低了学生"认知超载"的可能性。即使是没有任何汉语背景或没有上汉语口语课的学生也可以选修。

形声字在汉字课结束前作为课程最后的内容教授给学生。这时学生在汉语口语课上学到的汉语语音知识和技能可以用于形声字的学习。由于汉字课所教授的形声字不多，另外表音的声旁都是学生在之前已经学过的熟悉的字形，所以要求学生记忆字形与字音之间的联系，难度已经大大降低。即便此时还记不住每个形声字的发音也没有关系，记住字的意思并知道形声字是怎么构成的就可以了。至此，学生已经认识了200多个基本常用汉字，已经具备了汉字的基本知识，面对一个没有学过的汉字，他们可以分析其结构，猜测其意义，并能够基本按照汉字的笔顺把汉字书写出来。也就是说，他们的汉字基础知识足以使他们进入口语和汉字齐头并进的"合击"阶段。

我们单独开设汉字课，"语文分进"，按照汉字造字和结构的规律进行教学，通过200多个精选汉字的教学，来帮助学生了解、熟悉汉字规律并掌握汉字的结构。汉字课的教学内容可以在一个学期（15周，每周1小时）内完成。①

（二）按照汉语的特点设置汉语口语课

"分进"的另一门课程就是口语课。口语课的目的在于帮助学生学习掌握汉语发音的知识和技能，与此同时学会一些日常用语。按照"语文并进、文随语便"的教学路子，起始阶段的汉语教学要花一些时间来学习发音，认读汉语拼音。北京语言学院编写的《实用汉语课本》②第一册（共30课）用前12课的篇幅来处理汉语语音。虽然其中还有汉字和日常会话用的内容，如果教师耐心地、有板有眼地教完这12课，如果同时学生也能克服因听说读写一起上可能造成的"认知超载"的困难，他们就能获得全面的汉语语音知识，得到比较扎实的汉语语音技能的训练。可是，有些新出版的汉语教科书只用几课的篇幅来处理。还有的汉语教科书干脆完全抛弃汉语语音的教学内容，似乎汉语语音系统

---

① 印京华《在起始阶段开设"汉字课"的必要与实践》，《云南师范大学学报（对外汉语教学与研究版）》2004年增刊。

② 北京语言学院编《实用汉语课本》，商务印书馆，1981年。

和汉语拼音方案对学生来说，是可无师自通的。这多少反映了我们的一些老师和教材编写者希望能尽快地度过甚至"跳"过"乏味"的语音阶段，让学生早学说话、多学说话。让学生在学习说话的过程中学习掌握汉语语音的知识和技能。

早说多说，在说的过程中学习掌握汉语语音的知识和技能，是没有错的，但是问题是"早说多说"不等于"说得复杂"，而我们却往往让学生过早地说得过于复杂。一段对话，多次问答，其中不乏长句，如果要求不仅语音要听会说好，而且声调也要听清说对的话，能驾驭的学生不多。但是，在实际教学中，往往在还没有完全说好的情况下，读写对话中的汉字任务又接踵而至，接下来又是一个新的对话。结果，不少学生的汉语语音知识和技能都没能在这种"早说多说"的过程中学好、学扎实。他们再继续学说汉语犹如在沙滩上建筑高楼。没有坚实的汉语发音和汉字书写的基础，汉语大厦越建越困难，越高越易塌。汉语语音的学习和训练不应操之过急，更不该省之略之。因此，作为"语文分治"的与汉字脱钩的汉语口语课，汉语语音的学习和训练是重要的课程内容，语音的学习和训练不必枯燥无味，更不是要与日常交际会话绝缘。只要语音练习和训练能与日常交际会话结合在一起，学生就容易对语音的教学产生兴趣。问题就在于怎样结合。

汉语是一字一音，这"一音"就是一个音节，每一个音节都有声调，相同音节带有不同声调就代表不同的意思。此外，这"一字"在古汉语里多为一个词，而在现代汉语里多为组成双音节词或多音节词的语素，而且在现代汉语中，仍有不少常用的单音节词。这是我们都知道的汉语的一些特点。这些特点恰恰是我们的汉语口语课可以充分利用的规律。学生学说一个带声调的音节并不困难，困难的是说出一连串带有不同声调的音节。既然说出一个带声调的音节不困难，说出这个音节又有可能表达意思、传递信息，我们为什么不先教会学生用单音节来完成一些日常交际任务呢？用单音节词来进行交际是每一个以汉语为母语的人在学习母语初期必经的一个阶段。如此教学也符合汉语习得的规律，学生对一个音节的声调不仅会更为敏感，也能够分配足够的注意力去练习掌握。带声调的单音节掌握后，就可成双练习。用双音节来表达的范围和能力就都增大了。单双成三，双双成四，汉语音节的发音和声调就可以这样由简至繁地在使用汉语会话交际的氛围中掌握，同时学生的汉语会话交际能力亦可在汉语语音学习和训练中得到发展。

"语文分进"，口语课没有汉字的桎梏，重点可放在汉语语音和声调发音的技巧和准确性上，发音的学习和训练可与会话交际有机地联系在一起。学生不但要掌握汉语语音的系统和汉语拼音，而且要学会运用上百句 1 至 4 个音节的日常用语。口语课的教学内容可以在一个学期（15 周，每周 3 至 4 小时）内完成。

汉语里同音异义的音节很多。学生要区分这些音节的不同含义，可以靠情景，靠上下文，但是最能代表一个音节的意义并区别于其他同音音节意义的是汉字。汉语作为外语教学要按照汉语本身的特点和规律来教学，应以"字"为本的道理就在于此。学生在跟同音异义的音节有多次接触后，就会进一步想知道用什么不同的字来表示。因此，"分进"至此收尾，"合击"水到渠成。

第一个学期的"分进"为第二个学期开始的"合击"做了充分的准备和铺垫，第二个学期开始的"合击"又可以对第一个学期的"分进"进行综合与提高。

三 结语

"分进合击"是我们策划并仍处于实践探索中的教学新路。这一新路的关键在于"分进"。只有"分进"才能使汉字和汉语语音摆脱相互的纠缠,只有"分进"才能使汉字和汉语语音按照各自的特点和规律去教、去学,只有"分进"才能帮助更多的学生打好汉语的基础,帮助更多的学生筑起汉语的高楼大厦。我们要继续努力研究和实践,走出一条以美国大学生为教学对象并符合汉语自身特点的汉语教学新路。

第三节 美国中文教学面临的挑战与对应策略[①]

美国的中文教育在过去的十几年中经历了空前的发展。这些发展,不论起首于政府还是来自民间,都给我们带来欣喜和机会。机会本身常常蕴含着挑战。这些挑战,有的表现在较宏观的层面,更多地集中在领导者、校方或行政的决策与协调上,有的表现在微观层面,直接涉及教师的课堂教学。本文旨在讨论后者。本文从三个方面探讨美国中文教学所面临的挑战与应战策略。第一,挑战的来由与背景;第二,我们面临的挑战;第三,应战的策略

---

① 本节选自温晓虹《美国中文教学面临的挑战与对应策略》,《世界汉语教学》2011年第4期。

与思考。

一 挑战的来由与背景

1. 众所周知，中文教育飞速发展的背景是中国经济的崛起和中国在国际关系中所具有的重要地位。在短短的 30 年中，中国的经济奇迹般地发展，从"世界工厂"转变为"世界市场"，从"技术输入"转变为"产品输出"。中国的经济令世人瞩目，而了解中国、与中国建立商业伙伴和贸易关系的一个得力工具便是汉语。学习汉语的需求不仅仅来自于和中国做生意的商界或是研究中国的政界，同时也来自于教育界，来自广大的学生和家长。

2. 美国中文教育发展的另一个背景来源于近年来华裔和亚裔人口的迅速增加。这一点我们可以从美国人口普查数据资料中得知。1990 年在家说中文（包括方言）的人数为 125 万，2000 年的人数为 202.2 万，2003 年为 219 万，2007 年为 247 万，平均每年增长率为 5.75%。另一个指标是在中国出生但在美国居住的人口，1990 年为 53 万，而在 2000 年就增加到 152 万，10 年的增长率为 187%。至 2000 年，华裔占亚裔人口的 23.7%，占美国总人口的 0.9%。亚裔人口占美国总人口的 3.6%（数据参见 The US Census Bureau, 2000、2003、2007[①]）。华裔、中国人和亚裔人

---

① 数据详细网址是: http://www.census.gov/prod/2001pubs/cenbr01-1.pdf; http://www.census.gov/prod/2004pubs/censr-17.pdf; http://factfinder.census.gov/servlet/DTTable?_bm=y&-geo_id=D&-ds_name=D&-_lang=en&-mt_name=ACS_2007_1YR_G2000_C16001; http://factfinder.census.gov/servlet/DTTable?_bm=y&-geo_id=D&-ds_name=D&-_lang=en&-mt_name=ACS_2003_EST_G2000_P034。

口的不断增加对他们的子女学习中文无疑起了促进的作用。然而随之而来的是学习者的文化背景差异加大,语言水平参差不齐,成为对中文教学的一个严峻的挑战。

3. 在上述两个大背景之下近十几年来,美国中文教育领域出现了三项重要发展,即 SAT II 中文考试、AP 中文考试和 AP 中文课程的建立、中文被美国政府认定为关键语言(Critical Language)。它们在给中文教育带来根本性突破的同时也带来了挑战。

首先是 1994 年 SAT II 中文考试的首次举行,使中文成为美国大学入学外语考试中的选择之一。这说明中文教育受到各阶层的重视,介入美国的主流教育。SAT II 中文考试有力地推动了全美中文学校的发展。美国两大中文学校协会正是在 1994 年分别成立的(全美中文学校联合总会 National Council of Associations of Chinese Language Schools;全美中文学校协会 Chinese School Association in the United States)。美国各地的中文学校如雨后春笋般地出现,又如火如荼地发展起来。中文学校面临着众多的挑战。对于教师来说,其中一项挑战是如何用教授第二语言(而不是第一语言)的方式方法来教美国的华裔儿童。尽管绝大多数的儿童能够听懂而且似乎也能讲不少,他们的汉语有着中介语的特征,是他们的第二语言。

第二项重要发展是 2003 年年底,美国大学委员会(The College Board)为"响应相互联系正在不断增加的全球经济以及美国日益成长的多元文化的需要",做出了开发 AP 中文项目的决定。这是一件对美国中文教育影响意义深远的决定。此后在各方的积极努力下,从美国大学委员会、中国国家汉办到美国各州的地方学区，筹备AP中文考试和开设AP中文课程的工作紧锣密鼓地开展起来。不少高中在2006年开始教授AP中文课程。2007年5月首次举办AP中文测试。参试人数每年以平均25%的速度递增。①AP中文考试的设立使得美国的中学必须正视主流教育中开设中文课这一问题，因而促进了美国中小学开设中文课和中文项目的进程。也就是在2002到2006四年间，学习中文的人数剧增，这一点可以从美国现代语言学会（Modern Language Association）所做的高校学习中文人数调查中体现出来。1998年至2002年的增长率为20%，而2002年到2006年的增长率一跃为51%。学习中文人数的飞跃给从事中文教育者提出多方面的要求，不仅仅包括高中与大学课程的衔接、教学标准的一致等"宏观"方面的问题，而且包括如何组织进行大班课教学等问题。

第三项重要发展是中文作为"关键语言"受到美国政府的高度重视，同时作为"宏观战略的组成部分"②受到中国政府的有力支持。美国方面2006年年初提出国家安全语言计划（National Security Language Initiative），旨在提高美国学生的外语水平。这一项目由政府的国务部、教育部、国防部和国家情报局联合管理执行。目标有三：第一是普及，增加从小就掌握关键语言的学习者人数；第二是提高，提高掌握高级外语水平的人数；第三是师资培训，扩充外语教师的人数和教学资源。比如已经连续进行了五年（2007—2011）的STARTALK旨在通过组织K–16的暑期

---

① 陈雅芬《美国大学先修（AP）中文考试趋势分析：比较其他AP外语考试结果》，第九届世界华语文教学研讨会，2009年。

② 崔希亮《汉语国际教育"三教"问题的核心与基础》，《世界汉语教学》2010年第1期。

语言学习班和对教师的培训来扩大学习汉语的人数。这一项目于 2011 年遍及美国 50 个州。再比如 Flagship Language Programs，作为一个长期的学校的语言项目，不仅仅在大学，还分布于中小学，从幼儿园到大学（K-16）一贯制；并与学习者的专业对口，提供去中国进行语言沉浸学习与自己专业实习的机会。在中国方面，政府资助的各种项目，如孔子学院、孔子课堂、中文教师志愿者等，也给开设或巩固已有的中文项目带来一派生机。从 2004 年年底在韩国建立起第一个孔子学院，到目前全世界已有 691 所孔子学院和课堂，仅在美国就有 86 所孔子学院和 51 个孔子课堂（2011 年 2 月孔子学院总部/国家汉办官方网站）。两国政府从不同的角度、根据不同的利益需求开拓了中文教育事业。而目前的当务之急，就是海外中文教育能否办得好，能否健康地持续下去。

二 美国的中文教学面临的挑战

上述的决策、项目以及华裔和亚裔人口发展情况都给美国的汉语教学带来了空前的机会，同时也给教师带来了尖锐的挑战。挑战可总结为如下四点：（1）学生语言文化背景和学习动机的多元化，令教师必须了解自己的学生并能适应如此的环境。（2）由学习动机的多元化和中文的难度较大而引起的生源流失和升班率低的趋向。（3）急速扩大的中文师资队伍，亟待坚实的文化素质和较高的专业水平。（4）建立从小学、初中、高中到大学的完整的中文教学体系和课程衔接已经提到了日程上。

1. 学生语言文化背景的差异和学习动机的多元化。这一现象要求教师必须能够因材施教，而"因材施教"的第一步是对"材"

的了解。首先是学生成分的问题。就语言文化背景而言,所谓有背景的学生(Heritage Students),他们中间所接触到的汉语和他们的汉语能力的差别很大。第一类学生有较强的语言背景,同时也对中国的文化习俗有一定的了解;第二类学生只能听懂会说简单的中文;第三类学生既不会说也基本上听不懂,比如生长在民族混合的家庭,只有父亲或母亲说汉语或某一方言,或者先辈较早移民到美国,父母虽然都是华裔却并不说汉语,他们都属于具有一定的华裔家族背景(with a particular family relevance[①])或是有中华民族传承性动机的学习者(learners with a heritage motivation[②])。根据笔者最近对分布在北卡、德州、加州三所州立大学317名修初、中、高级汉语课的学生所做的语言背景和学习动机的调查,学生中基本上属于双语者118名,占总人数的37.2%。在家中有一定的中国文化接触但没有什么语言接触的58名(18.3%),完全没有语言文化背景的学生(非华、亚裔者)141名(44.5%)。如果我们能把不同背景的学生分班自然好,但很多学校没有这样的条件。即或分班以后,教学仍然存在因材施教的问题。

学生背景的不同,除了表现在汉语能力方面外,还反映在心理、社会、情感如学习动机和学习态度上。Kondo-Brown调查了日裔的后代在美国学习日语的情况,发现日裔学生虽然与非

[①] Fishman, J. 300-plus years of heritage language education in the United States. In J. K. Peyton, D. A. Ranard & S. McGinnis (eds.), *Heritage Languages in America: Preserving a National Resource.* CAL, 2001.

[②] Van Deusen-Scholl, N. Toward a definition of heritage language: Sociopolitical and pedagogical considerations. *Journal of Language, Identity, and Education*, 2(3), 2003.

日裔的学生在语言的学习掌握过程上没有显著的差别，但在学习者的情感方面却存在着较大的不同。[1] 学习者的学习动机和学习目的直接影响到他们在学习过程中所付出的努力和学习成绩的取得。[2] Wen 在对上述 317 名修中文课的学生所做的学习态度和动机的调查[3]中，确定了六项学习态度和动机[4]，归类为：（1）正面的学习态度与体验，（2）工具型动机，（3）对当代文化有兴趣，（4）主观的策略性努力，（5）社会氛围，（6）外语是必修课。

---

[1] Kondo-Brown, K. Differences in language skills: Heritage language learner subgroups and foreign language learners. *The Modern Language Journal*, 89(4), 2005.

[2] Gardner, R. C. *Social Psychology and Second Language Learning*. Edward Arnold, 1985. Wen, X.-H. Motivation and language learning with students of Chinese. *Foreign Language Annals*, 30(2), 1997.

[3] Wen, X.-H. Chinese language learning motivation: A comparative study of heritage and non-heritage learners. *Heritage Language Journal*, 8(3), 2011.

[4] 六项学习态度和动机来源于 Gardner 的社会教育模式（Gardner，1985、2001）和 Dörnyei 的内在动机结构研究框架（Dörnyei & Clément，2001；Dörnyei & Csizér，2002；Csizér & Dörnyei，2005），并考虑到在美国中文学习的环境及学习者的特点，实验得出。Gardner, R. C. *Social Psychology and Second Language Learning*. Edward Arnold, 1985. Gardner, R. C. Language learning motivation: The student, the teacher, and the researcher. A paper presented at Texas Foreign Language Education Conference, University of Texas at Austin, Austin, 2001. Dörnyei, Z. & Clément, R. Motivational characteristics of learning different target languages: Results of a nationwide survey. In Z. Dörnyei & R. Schmidt (eds.), *Motivation and Second Language Acquisition, Technical Report. No. 23*. Second Language Teaching and Curriculum Center, The University of Hawai'i, 2001. Dörnyei, Z. & Csizér, K. Some dynamics of language attitudes and motivation: Results of a longitudinal nationwide survey. *Applied Linguistics*, 23(4), 2002. Csizér, K. & Dörnyei, Z. The internal structure of language learning motivation and its relationship with language choice and learning effort. *The Modern Language Journal*, 89(1), 2005.

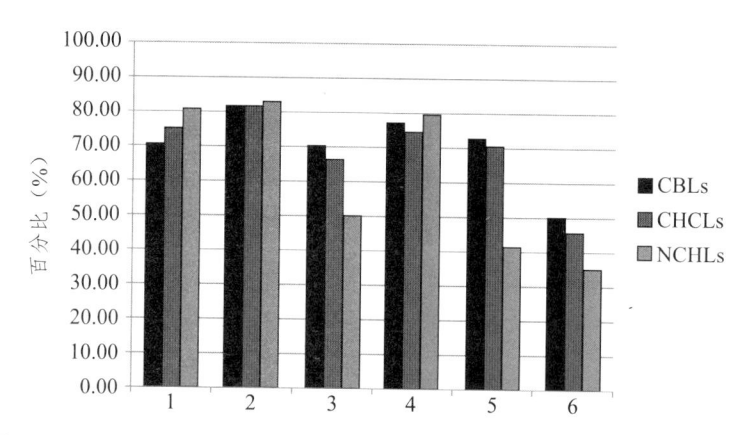

注：1. 正面的学习态度与体验（Positive learning attitudes and experience），2. 工具型动机（Instrumentality），3 对当代文化有兴趣（Interest in current culture），4. 主观的策略性努力（Intended strategic efforts），5. 社会氛围（Social milieu），6 外语是必修课（Language requirement）。
CBLs: Chinese Bilingual Learners;
CHCLs: Chinese Heritage Connected Learners;
NCHLs: Non-Chinese Heritage Learners。

图 4-4　不同背景的学生汉语学习动机平均值

Wen 的调查结果说明以下几点：（1）有一些文化背景的学生，在六项学习态度动机方面介于华裔双语者和无背景群体之间，在更多的方面更接近于前者。（2）没有背景的学生更明显地呈现出正面的学习态度与体验，更计划继续修中文。（3）有背景的学生更多地受到家庭的影响或"社会氛围"的鼓励，但他们的学习动机却不如没背景的学生持久。（4）不论是怎样背景的学生，都希望能够通过掌握中文技能，为将来的工作或生活带来好处或机会（工具型动机）。（5）正面的学习态度和学习体验最能预测学习者是否要继续修中文课。

总结起来，学生语言文化背景和学习情感动机的多元化，要求我们必须首先承认、了解学生的类型与学习特点，才能在中文教育中尽可能顾及和满足各类学生的汉语水平与学习动机。这不但要求灵活多样的教学内容和课程设计，更要求教师有意识地了解学生，并提供对应的教学措施。

2. 生源的流失是另一个尖锐的挑战。尽管政府、社会、家长和学生对中文课的开设有强烈的要求、积极的支持和参与，但至2009年，在大学学习汉语的人数仅占学习外语的学生人数的3.6%，① 仍然不够普及，这无疑与初级学生不能持续升班学习中文有关。以大学为例，从一年级升二年级时，60%以上的学生就不继续修中文课或日语了。② 注册保持率低的原因是多方面的，而普遍原因有三点：

第一，对母语为英语的学习者来说，中文的难度比较高。美国 Foreign Service Institute 和 Defense Language Institute 的数据统计把汉语列为第四类语言，意味着美国人学习汉语所要花费的时间是学习法语或西班牙语的三倍以上。虽然这些数据来源于怎样的教学环境与教学途径有待考究，③ 但从一侧面提供给我们可作为参考的数据。

---

① Furman, N., Goldberg, D. & Lusin, N. Enrollments in languages other than English in United States institutions of higher education, Fall 2009. *Modern Language Association*, Web Publication, December 2010.

② Samimy, K. & Tabuse, M. Affective variables and a less commonly taught language: A study in beginning Japanese classes. *Language Learning*, 42(3), 2010.

③ 吕必松先生《组合汉语和组合汉语教学》（待发表）在"字本位"理论的基础上提出了"二合的生成机制"和"组合汉语"的新概念。"组合汉语"既是一种汉语语法体系，也是一种汉语教学的方法。这一方法从认识科学的角度出发分析汉语语言特征，从事语言教学。其精髓之一是学习者总是在已知的基础上学未知，把新内容的学习建立在自己现有的认知框架下，组合渐进，使得汉语学习变得容易起来。

第二,学生对学习难度估计不足,特别是有背景的学生。Wen的调查结果说明有背景的学生对"社会氛围"的打分很高(图4-4),然而"社会氛围"在判断是否继续修汉语课时却是负预测指标(表4-3)。①

表4-3 多元回归:不同汉语水平对将来的汉语学习的预测

系数 Coefficients	初级		中级		高级	
	Beta	*t*	*Beta*	*t*	*Beta*	*t*
1. 自信心	0.13	1.67	−0.03	−0.26	0.28	2.18*
2. 正面的学习态度与体验	0.25	2.69**	0.17	1.56	0.29	1.94
3. 工具型动机	0.27	3.04**	0.42	3.62***	−0.21	−1.49
4. 社会氛围	−0.28	−3.07**	−0.20	−1.73	−0.05	−0.33
5. 主观的策略性努力	0.06	0.75	0.02	0.16	0.05	0.42
6. 融入型动机	0.08	0.92	0.19	1.70	0.24	1.59
R^2	0.30		0.27		0.28	
F	10.50***		5.08***		4.18***	

*** $P \leqslant 0.001$, ** $P \leqslant 0.01$, * $P \leqslant 0.05$。

这个发现和之前的研究结果不一致(Clément, 1980; Gardner, 1985; Csizér & Dörnyei, 2005②),尽管Wen在研究中所采用的社

---

① Wen, X.-H. Chinese language learning motivation: A comparative study of heritage and non-heritage learners. *Heritage Language Journal*, 8(3), 2011.

② Clément, R. Ethnicity, contact and communicative competence in a second language. In H. M. Giles, W. P. Robinson & P. M. Smith (eds.), *Language: Social Psychological Perspectives*. Pergamon, 1980. Gardner, R. C. *Social Psychology and Second Language Learning*. Edward Arnold, 1985. Csizér, K. & Dörnyei, Z. The internal structure of language learning motivation and its relationship with language choice and learning effort. *The Modern Language Journal*, 89(1), 2005.

会氛围的概念和内涵与前人的研究是一致的，都是关于父母和家人对学习者的学习动机的作用。研究结果的不一致可以用两个因素来解释。首要因素跟中国、亚洲的文化价值观有关。在看重孝道文化的价值观里，不管孩子的个人喜好如何，听从父母的建议是很重要的。这种动机从本质上带着外在性和被动性，并不能激励学生继续汉语学习。因此这种价值观只起到激励学习者开始学习汉语的作用。另一个因素是对汉语学习的期望值。许多有中国背景的学生对中国的某种方言有一定的语言基础。由于这种背景，他们可能期望自己在班上有优势，和没有背景的学生相比，他们需要付出的努力会少一些。这些学生注册汉语课程除了因为他们对自己的文化感兴趣并且受到父母的影响外，还期待着汉语课会比其他课程容易。但是，当发现实际汉语课的要求与他们所期待的差距甚大，要投入更多努力才能完成汉语课的要求时，那些不愿意做出更多努力的学生就可能中断汉语学习。

第三，不同年级的学生对学习中文有不同的目的。Wen 的研究表明（表 4-3），大学一二年级的学生学习目的相近，预测他们是否能继续学习的显著变量都是工具型动机（汉语的用处和感受到的汉语水平的实用效应，比如有利于今后找工作）。[1] 他们在达到或是自认为进入某一水平，即能够做简单交际时，可能就不继续修中文课了。三年级的显著变量与一二年级不一样，是语言学习的自信心，是一种内在的、对自己能力与成功把握的驱使，即一种自尊心效应。

---

[1] Wen, X.-H. Chinese language learning motivation: A comparative study of heritage and non-heritage learners. *Heritage Language Journal*, 8(3), 2011.

既然 Wen 的调查结果表明,"正面的学习态度与体验"(其中子项包括学习中文是一种脑力挑战,学中文有意思,想与班上的同学说中文,喜欢交际性的课堂活动等),是预测是否继续修中文的第一变量指标(表4-4);工具型动机,比如学习者期望达到一定的语言能力,能用汉语成就他的工作与事业,是预测是否继续修中文的第二变量指标(表4-4)。这两个变量在持续生源、避免生源流失方面是至关重要的。这就需要教师设计好课堂教学、培养学生积极的学习态度并提供给他们正面的学习体验;也需要在教学中强调语言的运用,让学生明显地感到自己能用语言做事情完成任务,感觉到自己语言能力的进步,有利于他们做出继续修中文的决定。

表4-4 多元回归:学习动机与学习者因素对汉语课程成绩和将来的汉语学习的预测

系数 Coefficients	汉语课程成绩		将来的汉语学习	
	Beta	t	Beta	t
1. 自信心	0.26	4.24***	0.14	2.49**
2. 正面的学习态度与体验	0.02	0.30	0.23	3.45***
3. 工具型动机	0.02	0.33	0.17	2.59**
4. 社会氛围	0.05	0.65	−0.16	−2.10*
5. 主观的策略性努力	−0.00	−0.02	0.05	0.92
6. 融入型动机	−0.09	−1.14	0.15	2.37*
7. 民族背景	−0.05	−0.64	0.08	1.13
R^2	0.07		0.24	
F	3.55***		13.50***	

***$P \leqslant 0.001$,**$P \leqslant 0.01$,*$P \leqslant 0.05$。

3. 海外中文教师的素质亟待提高。近几年来,随着美国中文教师队伍的急剧发展，对中文教师的培训也更加丰富多彩，内容侧重教学法和教学内容，涵盖从课程设置到课堂活动的组织安排等各个环节；培训组织者包括民间组织，如各地的中文教师学会、中文学校协会，教育机构，如大学理事会下的全国各地的暑期培训（Summer Institute），以及孔子学院、STARTALK 等；培训的时间各异，从几个小时到数天；参加者的背景多元，从正要改行准备当汉语教师的预备队员到有多年经验的教师。众多的师资培训，对中小学和社区大学因为缺中文教师而不能开设中文课的燃眉之急无疑起了雪中送炭的作用，使得中文教育从星星之火发展到燎原之势。这种救急型的师资培训，本身已蕴藏着某些不稳定和不巩固的因素。例如：以母语优势而进入中文教师队伍的人，缺乏汉语语法知识，也不了解中文作为第二语言的习得规律，用学习母语的方法教授外语。这样的课堂把语言当成内容来传授，不但缺少互动和学生的积极参与，而且教师自己也不时地觉得窘迫，严重地影响了教学的有效性。

4. 最后，小学、中学和大学中文教育课程的衔接问题亟待解决。美国中学里的 AP 课程允许学生在高中阶段先修大学课程，如通过 AP 考试就可获大学学分。这意味着高中的课程与大学的课程必须有较好的衔接，既有利于学生的学习和升入大学后的水平分级，又有益于不同教育机构的沟通协作。而高中中文课程与大学中文课程的衔接绝非一件易事。此外建立从小学、初中、高中到大学 K–12 的中文教学整体系统也需要课程的衔接，Flagship Language Program 的 K–12 与出国学习的 Immersion、FLAP Programs 等项目之间都需要衔接，就是社区的中文学校与公立学校之间也需要衔接。即使在同一教学机构中，这种衔接也是非常重要的。比如一所高中的 AP 中文课，是四年八个学期中文教学的成果。从一年级起，每一级和上一级必须紧密衔接才能有 AP 中文课的开设。而我们面临的现状是：在不同教育体系、学校之间没有一个正式的平台供中文教师进行广泛交流和多方协调。这种沟通衔接的缺乏，将教师限制在自己所处的局部教学环节之内，容易使教学设计和实践片面狭窄，缺乏效率和效果，与当前美国汉语教学发展的良好势头不匹配。

三 应战的策略与思考

虽然下文中对上述各项挑战的回应措施侧重在微观层面上，但在宏观层面上的举措也很重要。比如各个教学机构和层次的中文教育的衔接问题，就必须有行政决策的参与和互动才可能顺利进行。在微观层面上，一个重要的任务是要认同一个科学的、综合互补且针对性强的教学理念和由此而建立的教学环境。所谓"综合互补"，是指教学理念和方法应是开放的、多样的、能博采众长有较高的普适性和较强的包容性。"针对性强"指教师要能够针对具体的学生和教学情景把理论研究、新的教学理念、多种教学方法和技巧有选择地、创见性地运用于教学中。为此，本文提出"一个中心、两项重点"的教学策略和加强师资培训的应对措施。

1. "一个中心"是以学生为中心。以学生为中心既是教学理念又是教学方式，这一观点的提出已有 30 年的历史。Prabhu 认为语言学习是一种"做中学"的体验，[①] Piaget 认为认知发展是一

---

① Prabhu, N. *Second Language Pedagogy*. Oxford University Press, 1987.

个同化（Assimilation）和顺应/调节（Accomodation）的过程。[1] 此外还有 Vygotsky 的社会文化取向的观点，以及 Deci & Ryan 自我决定理论（The Self-determination Theory, SDT）。[2] 这些理论研究均表明：学习是一个学生的自主过程。但现在为什么要继续强调以学生为中心这一观点呢？第一是传统的教学观念和教学方法（教师中心论，如教学是知识的传授，学习是知识的接受）延续了几千年，成为一种习惯的自动衍生。即使明确了以学生为中心的观念，在教学中还会常常出现以教师为中心的行为。第二是教师对"以学生为中心"这一理念的认识并不一致，对其定义没有明确的认同。本文认为，"以学生为中心"应该强调两点：（1）了解自己的学生、尊重他们的语言水平、语言习得阶段以及社会、情感等个体因素。（2）强调互动的教学原则。

第一，要了解自己的学生，不仅仅在他们的语言能力方面，还应该在社会背景、文化兴趣、心理情感、学习动机和学习方法等方面都予以重视。比如在文化兴趣方面，不少同学喜好交友、喜欢社团活动，教师要着意提供机会发展他们的兴趣。比如鼓励他们成立一个团体，如中文俱乐部，让这些学生有机会在一起感受中国文化，并促进他们之间的相互帮助、彼此鼓励。再比如在心理情感方面，学习外语的学生都容易有较高的焦虑，教师要尊重学生的情感个性，可以在学期伊始用几分钟的时间，请学生填写一个问卷调查表，内容应该包括可能的焦虑来源，个性需要和

---

[1] Piaget, J. *The Child and Reality*. Penguin Books, 1973.

[2] Vygotsky, L. S. *Mind in Society: The Development of Higher Psychological Processes*. Harvard University Press, 1978. Deci, E. L. & Ryan, R. M. *Intrinsic Motivation and Self-determination in Human Behavior*. Plenum Press, 1985.

学习动机，以便对他们的心理情感需求做一个摸底，在教学中提供给他们一个压力最小、鼓励他们参与的教学环境，在课堂上，无论是学生的对话还是发言都应给予表扬，提供正面的反馈。即使学生说错了，也要以"Nice try!"来鼓励他们继续积极参与。

教师对学生的了解，还表现在对他们的习得进程的了解上，以便适时提供教学输入与引导。教学进度并不一定是学习进度。教材中出现过、课堂上练习了不一定就意味着学生学到了。[1] 如果向学生所介绍的语法超过了他们目前的习得水平，即使在课堂上做了讲解练习，学生也仍不能习得。过早地教授学习者语言水平还达不到的内容，或过急改学习者某方面的错，有可能造成事倍功半的结果。

第二，强调互动的语境设计和具有灵活性和独创性的课堂活动。互动是学习的一个基本特征，是教学的一个基本原则。认知心理学的研究（Ellis, 2010; Pütz & Sicola, 2010[2]）表明，在语言学习的过程中，从对输入信息的加工处理、储存、内化到语言的输出，无一不是学习者与内容和环境积极互动的结果。以 Long 为代表的学者提出了互动假设（Long, 1981、1983a、1996; Pica &

---

[1] Pienemann, M. Psychological constraints on the teachability of language. In C. W. Pfaff (ed.), *First and Second Language Acquisition Processes*. Newbury House, 1987. Pienemann, M. Language processing capacity. In C. J. Doughty & M. H. Long (eds.), *The Handbook of Second Language Acquisition*. Blackwell, 2003.

[2] Ellis, N. C. Construction learning as category learning. In M. Pütz & L. Sicola (eds.), *Cognitive Processing and Second Language Acquisition: Inside the Learner's Mind*. John Benjamins, 2010. Pütz, M. & Sicola, L. (eds.). *Cognitive Processing and Second Language Acquisition: Inside the Learner's Mind*. John Benjamins, 2010.

Doughty, 1985[①]),认为在会话中(或是学习者和本族语者,或是学习者与学习者)学习者所从事的不仅仅是一般的会话练习,更是意义的协商沟通(Negotiation for Meaning),语言的生成。协商的过程把输入信息和学习者内在的语言能力以及有选择的注意力都调动起来了,再加上语境的提示,学习者就能够对输入信息做出较迅速、准确的理解吸收。Long 进而提出互动调节(Interactional Modifications)促使输入的语言材料有效地被学生理解吸收。[②] 在互动活动中,双方的调节能够疏通交流中的障碍。不理解的地方或是提问或是澄清或是确认,不断地得到反馈,明确对方的意思,清楚对方的用意。Nation 在综合评价这方面的研究时指出:意义协商(Negotiation for Meaning)的价值在于它能帮助学习者在不同的、新的语境中注意并明白词汇和一些句式的意义及用法。[③] 换句话说,新语境中的用法帮助学习者有选择地注意到了输入信息,获得了较深的理解吸收,从而促进了语言的生成。

在学生的语言文化背景多元、程度参差不齐的情况下,以学生为中心的教学途径,比如合作学习、生生互动,更显出其优越

---

① Long, M. H. Questions in foreigner talk discourse. *Language Learning*, 31(1), 1981. Long, M. H. Does second language instruction make a difference: A review of research. *TESOL Quarterly*, 17(3), 1983a. Long, M. H. The role of the linguistic: Environment in second language acquisition. In W. C. Ritchie & T. K. Bhatia (eds.), *Handbook of Second Language Acquisition*. Academic Press, 1996. Pica, T. & Doughty, C. J. Input and interaction in the communicative language classroom: A comparison of teacher-fronted and group activities. In S. M. Gass & C. G. Madden (eds.), *Input in Second Language Acquisition*. Newbury House, 1985.

② Long, M. H. Native speaker/non-native speaker conversation and the negotiation of comprehensible input. *Applied Linguistics*, 4(2), 1983b.

③ Nation, P. *Learning Vocabulary in another Language.* Cambridge University Press, 2001.

性和必要性。教育学方面的研究（Slavin，1996；Oakley et al.，2004[1]）表明，合作学习、积极学习和交际语言教学（Lee & VanPatten，2003；Spada，2007；Felder & Brent，2009[2]）等不仅有利于学习者语言运用能力，而且有益于认知、情感及社会各因素的发展。语言习得研究结果[3]表明：提供丰富多样且容易理解并能引起学习者注意的教学输入（Comprehensible Input；Noticing Hypothesis）能够有效地帮助学习者获得正确得体、成段的表达（Pushed Output）。体验学习和合作学习建立在建构主义学习理论（Constructivist Theory of Learning）的基础上，要求教师提供相应的情境和恰当的社会文化环境，从而使学生通过意义理解来构建自己的学习，并与同学讨论交换意见，通过互动达成共识。合作学习鼓励学习者之间的互相讨论，活动或是2人一组，或是3—5人，可在课上或课后完成。在组织学生把语言形式练习掌握后，给学生提出语言上的具体要求和在活动上的明确任务。活动可长可短，只要设计得好（条件是能引起说话者双方意义上的互动、有信息的传递、目的清楚、要求明确），都适合学生之间的

---

[1] Slavin, R. E. Research on cooperative learning and achievement: What we know, what we need to know. *Contemporary Educational Psychology*, 21(1), 1996. Oakley, B., Felder, R. M., Brent, R. & Elhajj, I. Turning student groups into effective teams. *Journal of Student Centered Learning*, 2(1), 2004.

[2] Lee, J. F. & VanPatten, B. *Making Communicative Language Teaching Happen* (2nd ed.). McGraw-Hill, 2003. Spada, N. Communicative language teaching: Current status and future prospects. In J. Cummins & C. Davison (eds.), *International Handbook of English Language Teaching*. Springer, 2007. Felder, R. M. & Brent, R. Active learning: An introduction. *ASQ Higher Education Brief*, 2(4), 2009.

[3] Gass, S. M. & Selinker, L. *Second Language Acquisition: An Introductory Course* (Previous ed.). Lawrence Erlbaum Associates, 2003.

互动合作。这样的活动如:采访、申请工作、申请学校或奖学金等面试、讨价还价、协商、按指令行动,角色表演、侦探调查、辩论、互动阅读,语言游戏等。

组织互动合作学习时需要注意五点:(1)小组活动前要先有对语言形式的练习,以使学生互动时在语言上能较顺利进行。(2)教师在设计活动时要创造互动的条件,要顾及实用性和趣味性。(3)活动要有一定的步骤,由易到难,循序渐进。(4)合作学习任务完成后应有不同形式的检查,比如在班上汇报或口头表演,作为对学习结果的评估。(5)一般来说应该把有背景和无背景的学生,程度高的和程度低的学生搭配起来,有利于学生之间互相学习、取长补短。这样也缓解了学生语言程度不齐的挑战。

以学生为中心的课堂活动,讲究的是灵活性和独创性,课堂活动的灵活多样体现的是一个实用的原则。① 在科学性的基础上教学方法和课堂活动要综合运用。只要效果好,使用容易,能激发学习者兴趣的都是可取的。比如,虽然人们对听说法的理论基础,行为主义心理语言学做出了批评,认为其致命弱点是把学生看作被动的,把学习看作接受性的。但是,听说法的教学活动,还是很有借鉴作用的。例如替换练习可以从初级开始;又可以用于中级水平的学生,启发他们用句型说长一点儿的句子,使语言形式与内容相结合,成为有意义的交际活动。运用哪一种层次的练习取决于学生的水平、课堂活动的目的等具体教学情况。因此教师必须创造性地运用教材,创造性地针对自己的学生和不同的

---

① 吕必松《华语教学讲习》,北京语言学院出版社,1992年。程棠《对外汉语教学目的原则方法》,华语教学出版社,2000年。

教学情景做调整，以把所有的学生都发动起来。

2. 两项重点。教学策略的两项重点是培养学生对语言的使用能力和培养学生对学习策略的使用能力。1999年美国ACTFL（American Council on the Teaching of Foreign Languages）提出了《21世纪外语学习标准》（下文为《标准》）。《标准》把三种交际模式、四项语言技能、五个标准范围有机地连为一体。该标准侧重于两点：第一是对语言的运用和对交际能力的培养（Communication，Cultures，Communities），第二是对学习策略的培养（Comparisons，Connections）。

学生的交际能力是通过对语言形式、意义与功能（Form，Meaning and Function）的映射练习和对语言的使用而获得的。近年来人们所讨论的热点之一是注重语言形式的教学（Form-focused Instruction，如Doughty & Williams，1998；Williams，2005[1]），这一教学观念建立在培养交际能力的基础上，在交际语言教学的框架下进行（Communicative Language Teaching，CLT）。Garrett在对语法教学与交际能力的关系进行分析论述时指出，学习者的一个任务就是把功能范畴特征用恰当的形式表现出来，即习得两者之间的"映射"（Mapping）。[2] 因此教学的重点应放在语言形式和与其对应的语用功能规则（Mapping Rules）的练习上。从交

---

[1] Doughty, C. J. & Williams, J. (eds.). *Focus on Form in Classroom Second Language Acquisition.* Cambridge University Press, 1998. Williams, J. Form-focused instruction. In E. Hinkel (ed.), *Handbook of Research in Second Language Teaching and Learning.* Lawrence Erlbaum Associates, 2005.

[2] Garrett, N. Theoretical and pedagogical problems of separating 'grammar' from 'communication'. In B. Freed (ed.), *Foreign Language Acquisition Research and the Classroom.* Heath, 1991.

际情景出发,把语用情境化,以意义交流协商为内容,以语言的形式为重点。语言的内容、功能和形式往往有内在的一致性。比如交际题目是求职面试,语言的内容就会包括谈论自己的经历,语用的功能为强调性的陈述,语言的形式则会用到某些句式,如:"是……的",动词后缀"一过""一了",句尾"了"和时间短语及句子中语序等。教学的组织从练习单句开始,到具体情景会话交际,再到角色扮演模拟找工作面试,螺旋式循序渐进。表4-5举了求职面试以及定面试的时间和地点的例子。

表4-5 语言的内容、功能、形式的三统一

交际情景	意义	语用功能	语言形式
求职面试定约	确定面试的时间、地点	请求、提问、允许、建议	1) S. 有时间 V. Obj.。 2) S. + Time + PL. + V. +（Obj.）。 3) Sentence, 好吗？能不能……？ 4) N. 呢？
问方向找面试地点	1) 描述方位、寻找地方 2) 问方向	询问、请求、描述、说明、澄清	1) S. 在 PL.（Adv.）。 2) Modifier 的 N.。 3) S. 在 N. 的方位词。 4) N./（在）N. 的方位词有 N.。 5) N. 的方位词是 N.。
求职面试申请奖学金/学校面试	1) 谈自己的经历 2) 叙述过去的经验 3) 表达愿望	请求、强调、表白、询问、建议	1) 是……的。 2) Subj. V. 过……。 3) S.V.(Obj. V.) 了 Time Duration（了）。 4) Subj. V. 了 Time Duration（的）N.。 5) 时间短语；……以前/以后,句子。

第二项重点是培养学习策略的使用能力。学习者的背景不同、语言水平有异、词汇量和语法习得程度不一,但有一样却是常量:不论什么样的学习任务都会用到认知技能和学习策略。对这方面的培养训练关系到学习者能否自发地、有目的地运用认知技能,

独立地分析解决问题。有效地运用学习技能，能够使困难的中文学习任务变得容易起来，可以对应中文班生源难以为继的挑战。这一点在第二语言学习中显得尤为重要。学习策略的使用虽然在第一语言中时时用到，但开始学习第二语言时，甚至中级汉语水平的学生都不常用到。这是因为开始学习一种新语言时，学生丢失了安全感，不愿意冒险也怕出错。由于猜测意思有出错的可能，所以学习者常常回避。只是随着第二语言水平的提高，这些学习策略才渐渐地得到发展。

对学习策略和认知技能的培养应该与汉语语言的特征结合起来。"在已知的基础上学习未知"是认知心理学的一个重要观念。新内容的导入要能够与学习者现有的知识结构连接起来，学习任务就变得容易起来。[1] 学习者的语言习得从同一形式与意义的配对（one form, one meaning / function[2]）开始，在同一个形式的基础上逐渐加入多义项（相同的形式不同的意义，如多义词），或在同一意义的基础上逐渐学习不同的形式（相同的意义不同的形式，如同义词）。汉语的一个特点是形式或意义上的组装性。[3] 比如语言组块，是出现频率高，可作为整体记忆储存、提取和运用的单位。语言组块由一系列固定搭配成分组合而成，使得大脑有限的记忆单位扩大，从而可以存储和记忆更多的信息。我们平常语言的使用，就是对这些语块定式进行选择组构，将这些语言

---

[1] 吕必松《组合汉语和组合汉语教学》，待发表。

[2] Andersen, R. W. The one to one principle of interlanguage construction. *Language Learning*, 34(4), 1984.

[3] 赵金铭《教外国人汉语语法的一些原则问题》，《语言教学与研究》1994年第2期。吕必松《汉语与汉语作为第二语言教学》，北京大学出版社，2007年。

单位串联起来的过程。① 赵金铭提出的语法教学的六项重要原则之一就是组装语法。② 作为一个主题突出的语言，汉语的主题形式确定谈话的中心，引出谈话内容，而且建立相对的语境。语境的建立又帮助学习者做猜测与推论，通过对语言形式的识别而达到对语言内容的理解与运用。比如下列完成句子练习学习者对句中主题内容和语序位置的敏感性：

（1）根据新的经济政策，_____。
（2）作为国家代表团，_____。
（3）到上月30日，_____。
（4）为了_____，_____。

汉语句法如此，词汇也如此，汉语的复合词可以以不同的形式出现（偏正、动补、联合），在单字的基础上生成新的意义。复合字的构成也如此，如左右、上下、里外结构等。用这样的汉语组合方式来教学，可以帮助学生把要学的新内容有机地建立在已知的基础上，使学习有意义而且变得容易起来。

对认知技能、学习策略的培养还应该放在对学习者的母语和目的语的类比上以及学习者容易出偏误的地方。采用分类比较的认知技能，引导学生注意到汉语和英语中有关词的不同特征非常必要。比如离合动词就是母语为英语的学生会遇到的障碍。学习者无论从语义上还是逻辑上都得不到提示："进步"不可以离

---

① Nattinger, J. R. & DeCarrico, J. S. *Lexical Phrases and Language Teaching*. Oxford University Press, 1992.
② 赵金铭《教外国人汉语语法的一些原则问题》，《语言教学与研究》1994年第2期。

合但是"跑步""散步"可以;"休息"不可以离合,但"睡觉"可以;"工作""学习"不可以离合,但"打工""游泳""洗澡"可以。再如,一个动词是否能带宾语在英语和汉语之间差距颇大。语义上的提示并不能告诉学习者为什么某些动词必须带宾语,某些可带可不带,某些不能带。动词"走"和"离开"与英文中意义相对的是一个词"to leave",但英文的"to leave"用法要灵活得多。类似的动词还有"见面""结婚""服务""介绍"等。"帮忙"和"帮助"一字之差,意义相同但语法不一样。在学生积累了一定的经验后,教师引导学生把已学的内容加以比较、归纳,概括总结,使之成为学习者自己语言系统的一部分并能根据不同的语境和交际的目的来运用。

3. 能否继续汉语教学的良好发展之势,关键之一是教师。外语教学走过了漫长的道路,拥有众多的教学法,中文教学也借鉴了很多其他外语教学的理论和方法。近年来中文教学界出版了多种多样的教材,教材的作者来自本土和海外,教材的对象从学前儿童到成人高级班应有尽有。多样的教学资源和多种教学途径对教师来说固然是好事,但采用怎样的教学法,选择什么教材,组织怎样的课堂教学活动等问题,都考验着教师的教学理念和专业水平。因此以"一个中心、两项重点"为基本内容,强化师资的培训,就是回应了上述四项挑战。

教师不但要随着理论研究的发展不断更新自己的教学理念,还要根据各自具体的教学环境、学生的不同而做出调节,提高对教学方法和教材使用的有效性。正像崔希亮所指出的,"汉语教师不仅仅要擅长教书,还应该兼善研究,因为有很多问题是没有现成答案的，需要我们自己去研究，寻找答案"①。只有当教师能够从理论研究中发展自己的见解，才能对五花八门的教学资源和多媒体资源有一个清楚的认识、有鉴赏水平，才能不盲从、有能力去做选择，才能独立地发现、解决问题。

学生是否继续修中文常常取决于他们是否喜欢中文课，喜欢中文课的课堂氛围。而课堂的各种氛围却离不开教师的组织与培养。不少研究表明（Dörnyei，1994；Dörnyei & Ottó，1998；Mandell，2002；Wen，2011②）学生之所以要继续学外语是因为他们有正面的学习态度和学习体验。正面的学习体验来自中文课的组织是否新颖，活动是否有意义，教学是否有效率，学生能够感到自己的语言能力在提高。③正如崔希亮所指出，在"三教"（教师、教法、教材）问题中，教师是核心："因为好的教材是好的教师编写出来的，教学法也要靠教师来实践。换言之，没有合格的教师，就不会有优秀的教材和教学法。即使有了好的教材和教

---

① 崔希亮《汉语国际教育"三教"问题的核心与基础》，《世界汉语教学》2010年第1期。

② Dörnyei, Z. Motivation and motivating in the foreign language classroom. *The Modern Language Journal*, 78(3), 1994. Dörnyei, Z. & Ottó, I. Motivation in action: A process model of L2 motivation. *Working Papers in Applied Linguistics*, 4, 1998. Mandell, P. On the background and motivation of students in a beginning Spanish program. *Foreign Language Annals*, 35(5), 2002. Wen, X.-H. Chinese language learning motivation: A comparative study of heritage and non-heritage learners. *Heritage Language Journal*, 8(3), 2011.

③ Dörnyei, Z. & Ottó, I. Motivation in action: A process model of L2 motivation. *Working Papers in Applied Linguistics*, 4, 1998. Mandell, P. On the background and motivation of students in a beginning Spanish program. *Foreign Language Annals*, 35(5), 2002.

学法，一个没有经过训练的教师也可能会把学生吓跑。"①

　　针对上文所讨论的挑战，本文对师资培训提出三点建议。第一，培训应该更系统化，改变百花齐放，一阵春风一阵雨，桃花开完杏花开的现状。培训应该用课程设计的方式，面向不同文化背景、教育程度和教学经验的中文老师、系统地循序渐进地进行。要做到这一点，每一个州应有一个协调服务机构，其作用是提供建议或计划，协调来自不同机构所组织的培训。各机构组织在设计培训前可先向他们咨询，知道哪些题目在什么时候哪些地区已培训过了。建立在已培训的基础上，以后的培训在内容上循序渐进，过一定的时间有所轮换与改变。第二，不论是什么题目的培训或是怎样的培训，都需要给参加者提供充分交流互动的机会，让他们交流经验和信息。内容可以是对教材的处理方面（如进度、自做的补充材料、裁剪增加不同形式的内容等），如何把具体的教学内容巧妙地与某种教学手段结合起来；也可以是对教学标准、课堂管理、考试或教学评估等方面的某些感触。交流形式可以是小规模的座谈，也可以是三五人一组的专题，以互通有无。通过这样的交流，教师能够在 K-12 的衔接问题上获得感性知识和具体的帮助，对应目前衔接困难的挑战。第三，培训的内容不仅限于理论知识和课堂实践方面，也要注重开拓一些对语言教师基本素质的培养。一名汉语教师所需要的是对理论知识的了解，并如何把理论研究贯穿到教学实践中（Research-based Instruction），从而具备语言教师的素质与专业技能。那么培训的内容就应该以

---

　　① 崔希亮《汉语国际教育"三教"问题的核心与基础》，《世界汉语教学》2010 年第 1 期。

这些为重点从不同的程度来满足需要。对中文教师基本素质的培养包括语言表达能力、组织能力、现代教育技术应用能力，能够熟练变换教学方法而且明白变换的原因与结果，能够预测学生在学习过程中可能遇到的语法障碍和语用困扰而且能够采取有针对性的措施，能够对学生有亲和力，等等。这些内容在培训中都需要有针对性和示范性的统筹安排。

　　本文探讨了中文教学所面临的挑战与应战策略。中文教学的飞速发展给我们带来了空前的机遇同时也带来严峻的挑战。这些挑战包括：（1）学生语言文化背景和学习动机的多元化。（2）生源流失、升班率低的问题。（3）师资培养要帮助教师发展坚实的基本素质和较高的专业水平。（4）中小学、高中到大学整体系统的建立和课程的衔接问题。应对这些挑战既要在宏观层面也要在微观层面着手，要以科学的、综合互补且针对性强的教学理念和教学环境来应对。本文提出"一个中心、两项重点"，加强师资培训的建议。"一个中心"是以学生为中心，强调互动的教学原则、博采众长的教学途径，鼓励学生的积极参与和合作学习。"两项重点"为培养语言的使用能力、培养学习策略的使用能力。对语言使用能力的培养从交际情景出发，以意义协商为内容，以语言的形式为重点，把语言的内容、功能和形式融为一体。对学习策略使用的培养要与汉语语言的特征结合起来，"在已知的基础上学习未知"。在加强师资培训方面，建议向系统化发展，面向教师的不同的程度，循序渐进地进行。另外，培训要给参加者提供充分的交流机会，促进课程在不同机构中的衔接。

第四节　美国汉语教学的现状与进展分析①

美国的汉语国际传播近十几年来在不同的层面取得了引人瞩目的发展。这些发展有的来自于学生，如生源背景的多元构成，学生的多种多样的学习目的与要求。有的来自于教育机构，如学校能够及时有力地在课程设置、教学实施等方面采取措施满足学生的需要、适应新情况的发展。有的来自于教师，如教师能够不断地了解学生的变化与形势的发展，并且用新的教学研究结果和教学理念来指导教学实践。此外，汉语国际传播与国际汉语教育人才培养必须时时倾听一线教师的呼声；而一线的汉语教学者必须了解新时代的发展变化，不论这些发展是来自于理论研究、课堂教学还是学生的需求等方面。

本文建立在几项研究基础上，对当前美国的中文教学进行分析探讨，目的不仅在于反思当前汉语教学的现状，更希望能够展望未来把美国汉语国际传播做得更坚实持久，在深入与拓展方面更上一层楼。美国中文教师学会在纪念成立50周年之际，于2012年年底进行了一次问卷调查。②参与调查者均为北美（主要是美国）各大学中文部负责人（$N=216$）。调查涵盖的内容广泛，包括学校类型、课程结构、师资情况、学生构成、教材、教学实践、

---

①　本节选自温晓虹《美国汉语国际传播：学生、课程、教师》，《汉语国际传播研究（总第9辑）》，商务印书馆，2017年。

②　Li, Y., Wen, X.-H. & Xie, T.-W. CLTA 2012 survey of college-level Chinese language programs in North America. *Journal of the Chinese Language Teachers Association*, 49(1), 2014.

评估方法，以及诸如海外学习及电脑科技应用等近年来出现的新问题。本文结合几项研究仅讨论跟学生、课程与教学、教师相关的论题。包括三个方面：生源背景的多元构成，不同学习目的与要求；课程设置、教学实施；教师与师资培训。

一 学生成分和生源背景

（一）生源背景的多元构成

中国改革开放之前美国中文课堂都云集在高校，学生则是为数不多的立志汉学研究的白人。这一现象已成为过去。十几年来，学生民族文化的构成有了很大的变化。各大学修中文课的学生的族裔呈现了多元特征。研究[1]表明，族裔背景作为一个动态变量，在直接或间接地影响着学习者。目前大学中文课的学生的民族文化背景的分布情况是这样的：白人50.68%，拉丁美洲裔10.05%，黑人5.61%，亚裔11.47%，而华裔学生则占20.97%。[2]学生们的母语（方言）也是不尽相同。尽管英语居多，其他语言，如西班牙语、汉语普通话和汉语广东话以及不同的亚洲语言均有。

---

[1] Yang, J. Motivational orientations and selected learner variables of East Asian language learners in the United States. *Foreign Language Annals*, 36(1), 2003. Fuligni, A. J., Witkow, M. & Garcia, C. Ethnic identity and the academic adjustment of adolescents from Mexican, Chinese, and European backgrounds. *Developmental Psychology*, 41(5), 2005. Wen, X.-H. Chinese language learning motivation: A comparative study of heritage and non-heritage learners. *Heritage Language Journal*, 8(3), 2011.

[2] Li, Y., Wen, X.-H. & Xie, T.-W. CLTA 2012 survey of college-level Chinese language programs in North America. *Journal of the Chinese Language Teachers Association*, 49(1), 2014.

表 4-6　北美 154 所大学学生族裔背景百分比与学生注册数字

族裔背景	百分比（%）	学生数（人）
Caucasian	50.68	7557
Mandarin-speaking	14.12	2106
Non-Chinese speaking Asian	11.47	1710
Latin American	10.05	1499
Cantonese-speaking	6.85	1022
African American	5.61	837
Other	1.21	181

注：数据依据原论文。

美国中文教育的迅速发展与近年来美国华裔和亚裔人口的迅速增加有密切的关系。这一点我们也可以从美国人口普查资料中得知。如表 4-7 所示，在美国的家庭中说中文（包括方言）的人数 1990 年为 125 万，而到 2007 年则增加到 247 万。另一个指标是在中国出生但在美国居住的人口，1990 年为 53 万，而在 2011 年增加到 223 万。表 4-8 是至 2000 年华裔和亚裔占美国人口的比例。亚裔人口占美国总人口的 3.6%，华裔则占亚裔人口的 23.7%，占美国总人口的 0.9%。

表 4-7　美国人口普查（The US Census Bureau）

年度	美国家庭中说中文的人数（人）	中国出生在美国居住的人数（人）
1990	1 249 213	530 000
2000	2 022 143	1 520 000
2003	2 190 000	N/A
2007	2 470 000	N/A
2011	N/A*	2 231 000
Annual rate(%)	4.09（1900—2007）	7.08（1990—2011）

* N/A，Not Applicable，不适用。

表 4-8　亚裔和华裔的比例（The US Census Bureau，2000）

族裔	人数（人）	占美国总人口的比重（%）	占亚裔人口的比重（%）
亚裔	10 200 000	3.6	N/A
华裔	2 430 000	0.9	23.7

（二）生源增长的背景

华裔、旅美华人和亚裔人口的不断增加有利于中文课生源的稳步发展。这些家庭往往希望子女学习中文。此外，近十几年来，美国中文教育领域取得了三项主要发展：SAT Ⅱ 中文考试的设置、AP 中文考试及 AP 中文课程的开设、中文被美国政府认定为关键语言。这些都给美国的中文教育，特别是初中级教育带来根本性的突破。首先是 1994 年 SAT Ⅱ 中文考试首次举行，使中文成为美国大学入学外语考试中的选择之一。美国两大中文学校协会正是在 1994 年分别成立。第二项重要发展是 2003 年年底，美国大学委员会（The College Board）做出开发 AP 中文考试项目的决定。AP 中文考试的设立使得美国的中学必须正视在主流教育中开设中文课这一重大举措，因而促进了美国中小学开设中文课程与中文项目的进程。虽然 AP 中文课程和考试只是设在高中，其影响范围却远远超过了高中教育的领域。它标志着汉语教学重点和教学对象在扩大，即汉语教学变得普及起来，走出高校在各学制下扎根生长。也就是在 2002—2006 年间，美国高校学习中文的人数剧增，1998—2002 年的增长率为 20%，而 2002—2006 年的增长率则为 51%。[1] 学习中文人数的飞跃给中文教育者提出多

---

[1]　Furman, N., Goldberg, D. & Lusin, N. Enrollments in languages other than English in United States institutions of higher education, Fall 2009. *Modern Language Association*, Web Publication, December 2010.

方面的要求,不仅涉及高中与大学课程的衔接、教学标准的一致等宏观性的问题,而且包括如何针对多元文化背景学生的需求设计课程、组织课堂教学等具体问题。第三项重要发展是中文作为"关键语言"受到美国政府的高度重视,同时作为宏观战略的组成部分受到中国政府的有力支持。就美国政府来说,国家安全语言计划由政府部门管理执行。目标有三:一是普及,增加从小就掌握关键语言的学习者人数;二是提高,增加掌握高级外语水平的人数;三是师资培训,扩充急需解决的外语教师的师资和教学资源。比如已经连续进行了十几年的 STARTALK 项目和 Flagship Language Programs。后者作为一个长期的语言项目,不仅在大学实施,还分布于中小学,从幼儿园到大学(K-16)一贯制,并提供赴中国用汉语进行自己专业实习的机会。在中国方面,政府资助的各种项目,如孔子学院、孔子课堂、中文教师志愿者等,为开设或巩固已有的中文项目带来一派生机。两国政府从不同的角度建立了长期的国家级机构,开拓了中文教育事业。

(三)不同的学习动机和目的与要求

上文提到,20多年前修中文的学生的学习动机大多是为了成为在历史、艺术史、文学、哲学、政治学方面有所造就的汉学家,或是研究中国的过去,或是研究当代中国。[1]20多年后的今天,汉语学生的学习的目的发生了根本性的改变,比如现在很多学生的学习目的是为了中美两国之间在经济、文化、政治等领域的往来合作。在今天的中文课堂里,来自不同种族背景的

---

[1] Linnell, J. D. Chinese as a second/foreign language teaching and research: Changing classroom contexts and teacher choices. *Language Teaching Research*, 5(1), 2001.

学生修中文课的动机都很客观务实,如希望对未来的工作创造更多的机会或发展新的全球视角。[1] 学习者的学习动机和学习目的直接影响到他们对学习所付出的努力和所用的自我调节学习策略等因素。[2] 中文学习动机研究表明不同背景的学习者在目的动机方面存在着显著不同。[3] 学习者的文化背景会反映在心理、社会和学习动机及学习态度上。较早的对东亚语言学习动机的研究[4]发现了一项"与不同族裔背景所相关的动机"(Ethnic Heritage-related Motivation),这一动机涉及的项目包括"这是我的传承语言""我想跟我的家人、亲戚交谈""我父母鼓励我修这门课"等。Rueda & Chen(2005)、Comanaru & Noels(2009)、Wen(2011)[5]从不同的角度研究了不同文化族裔的汉语学习者的学习态度与学习动机。结果显示,有背景的学习者认为学习自己民族的传承语言是自我认同(Self-identity)的一个重要组成部分,属内在动机。

---

[1] 温晓虹《汉语为外语的学习情感态度、动机研究》,《世界汉语教学》2013年第1期。

[2] Dörnyei, Z. *The Psychology of Second Language Acquisition*. Oxford University Press, 2009.

[3] Comanaru, R. & Noels, K. A. Self-determination, motivation, and the learning of Chinese as a heritage language. *The Canadian Modern Language Review*, 66(1), 2009.

[4] Sung, H. & Padilla, A. M. Student motivation, parental attitudes, and involvement in the learning of Asian languages in elementary and secondary schools. *The Modern Language Journal*, 82(2), 1998.

[5] Rueda, R. & Chen, C. B. Assessing motivational factors in foreign language learning: Cultural variation in key constructs. *Educational Assessment*, 10(3), 2005. Comanaru, R. & Noels, K. A. Self-determination, motivation, and the learning of Chinese as a heritage language. *The Canadian Modern Language Review*, 66(1), 2009. Wen, X.-H. Chinese language learning motivation: A comparative study of heritage and non-heritage learners. *Heritage Language Journal*, 8(3), 2011.

跟无背景的学习者相比，有背景的学生感受到两种压力：一种压力来自外界，社会与家庭。另一种是自我压力。自我压力涉及自己在文化族裔方面的归属感。从这个意义上来说，有背景的学习者在学习中文时经历了动机在社会与心理上的体验。[①] 而对无背景的学习者来说，学习中文给予他们认知上的挑战，有着自我实现（Self-fulfillment）的目的。[②]

Wen 对美国 317 名大学生的学习动机进行了调查。受试者的语言文化背景分为三个子群体：双语组（Chinese Bilingual Learners），中国文化传承组（Chinese Heritage Connected Learners）[③]，完全无背景组（Non-Chinese Heritage Learners）。研究结果表明三点：第一，文化传承组基本上介于双语组与无背景组之间。第二，有语言文化背景的两个小组与无背景组有明显的不同，有语言文化背景组比无背景组显示出两个显著的特点：对中国当代文化更有兴趣，选修中文更受到家庭、社区、朋友的影响。第三，无背景组对两个动机因素的打分高于有背景的两个小组，即正面学习态度与经验及学习策略与学习投入，这两个动机因子是受到动机驱

---

① Comanaru, R. & Noels, K. A. Self-determination, motivation, and the learning of Chinese as a heritage language. *The Canadian Modern Language Review*, 66(1), 2009. Wen, X.-H. Chinese language learning motivation: A comparative study of heritage and non-heritage learners. *Heritage Language Journal*, 8(3), 2011.

② Rueda, R. & Chen, C. B. Assessing motivational factors in foreign language learning: Cultural variation in key constructs. *Educational Assessment*, 10(3), 2005. Comanaru, R. & Noels, K. A. Self-determination, motivation, and the learning of Chinese as a heritage language. *The Canadian Modern Language Review*, 66(1), 2009.

③ Van Deusen-Scholl（2003）的定义为 Learners with a Heritage Motivation. Van Deusen-Scholl, N. Toward a definition of heritage language: Sociopolitical and pedagogical considerations. *Journal of Language, Identity, and Education*, 2(3), 2003.

使而对学习所做的投入,也是在学习过程中所获得的正面的学习经验。

表 4-9　不同背景小组六个动机因子的均值和标准差[①]

动机因子	双语组		文化传承组		无背景组	
	M	SD	M	SD	M	SD
1. 正面学习态度与经验	5.24	1.15	5.50	1.11	5.84	1.08
2. 工具型动机	5.92	0.90	5.92	0.78	5.98	1.01
3. 对当代文化有兴趣	5.19	1.45	4.97	1.36	4.02	1.35
4. 学习策略与学习投入	4.07	0.76	3.99	0.72	4.16	0.58
5. 社会氛围	5.37	1.02	5.25	1.02	3.51	1.07
6. 外语要求	3.99	2.01	3.75	1.99	3.11	1.76

单元方差分析表明语言文化背景对四个动机因子(正面学习态度与经验,对当代文化有兴趣,社会氛围,外语要求)均有显著效应,而没有显著效应的两个因子是工具型动机和学习策略与学习投入。换句话说,就前述的四项动机而言,双语组与文化传承组之间没差别,但与无背景的小组之间有差别。两个有语言文化背景的小组在选修中文与中文学习中与无背景的学生相比,对当代文化(如音乐、电视、电影)更加感兴趣,受到家庭、社区、朋友的影响(社会氛围)也更深,为了完成学校外语的要求的目的也更强。而无背景组受到正面学习态度与经验的影响更大,如"学习汉语很具挑战性;学习汉语很有意思"等。

所有的小组都受到工具型动机和学习策略与学习投入的影响,说明两点:第一,不同背景的学习者都觉得中文是一门有用

---

① Wen, X.-H. Chinese language learning motivation: A comparative study of heritage and non-heritage learners. *Heritage Language Journal*, 8(3), 2011.

的语言,学习中文对以后工作事业的发展有益、让自己有机会成为一名国际市场上的工作人员。第二,不同背景的学习者都认为要在中文学习中运用学习策略而且要有足够的投入。

学习策略与学习投入是关键因素,是指在动机因素的驱动下所表现出的学习行为(或称动机强度)。[1] 那么哪些动机因素和学习策略与学习投入有显著的关系?回归分析表明三个不同背景的小组有一个共同的预测指标,即正面学习态度与经验。这一结果说明,不论学习者有着怎样的语言文化背景,如果持有正面学习态度与学习经验,他们会更努力地学习并在学习过程中运用自我调节策略来督促自己。

(四)生源流失现象

参加调查的162所高校(包括大学四年制和大专两年制的)在2011—2012学年共有21 103名修中文课的学生,平均每所大学注册数为130名(这是课程注册数字而不是学生人数,有的学生可能同时注册一门以上的中文课)。数量最多的一个大学有956名学生,此大学提供了三个授课分班制(无背景班、有背景班、密集班)。学生数量最少的仅有5名。总的来说,一年级注册人数最多,占近半数(49%)。[2]

尽管北美的中文教学一直发展良好,但生源流失却是一个尖锐的问题。所调查的162所高校,16所(9.9%)只提供中文

---

[1] Gardner, R. C. *Motivation and Second Language Acquisition: The Socio-Educational Model*. Peter Lang, 2010.

[2] Li, Y., Wen, X.-H. & Xie, T.-W. CLTA 2012 survey of college-level Chinese language programs in North America. *Journal of the Chinese Language Teachers Association*, 49(1), 2014.

一年级的课程。可能这些学校在参加调查时正是第一年开设中文课，但也可能是由于生源流失，极少有人上二年级。此外，每升一个年级，中文学生人数就会流失不少。如从一年级升二年级，46.97%的学生选择不继续修中文课，而二年级升三年级、三年级升四年级时，学生流失比例分别是46.23%和48.24%。①

注册保持率低的原因是多方面的。第一，对母语为英语的学习者来说，中文的难度比较高。美国Foreign Service Institute和Defense Language Institute的数据统计把汉语列为第四类语言，即美国人学习汉语所要花费的时间最少是学习法语或西班牙语的三倍。第二，学生对学习难度估计不足，特别是有背景的学生。② 不少有背景的学生可能期望自己在班上有优势，和没有背景的学生相比，他们需要付出的努力会少一些。当发现实际汉语课的要求与他们所期待的差距甚大，要投入更多努力才能完成汉语课的要求时，那些不愿意做出更多努力的学生就可能中断汉语学习。第三，不同年级的学生对学习中文有不同的目的。温晓虹的研究表明，大学一二年级的学生学习目的相近，预测他们是否能继续学习的显著变量都是工具型动机（汉语的用处和感受到的汉语水平的实用效应，比如有利于今后找工作）。而在达到或是自认为进入某一水平，即能够做一定程度的交际时，学生可能就不继续修中文课了。三年级的显著变量与一二年级不一样，是语言学习的自信心，一种内在的、对自己能力

---

① Li, Y., Wen, X.-H. & Xie, T.-W. CLTA 2012 survey of college-level Chinese language programs in North America. *Journal of the Chinese Language Teachers Association*, 49(1), 2014.

② Wen, X.-H. Chinese language learning motivation: A comparative study of heritage and non-heritage learners. *Heritage Language Journal*, 8(3), 2011.

与成功把握的驱使,自尊心效应。表 4-10 是不同汉语水平对将来是否学习汉语的预测。①

表 4-10 多元回归:不同汉语水平对将来继续学习汉语的预测

动机因素 Coefficients	一年级		二年级		三年级	
	Beta	*t*	*Beta*	*t*	*Beta*	*t*
1. 自信心	0.13	1.67	−0.03	−0.26	0.28	2.18*
2. 正面的学习态度与体验	0.25	2.69**	0.17	1.56	0.29	1.94
3. 工具型动机	0.27	3.04**	0.42	3.62***	−0.21	−1.49
4. 社会氛围	−0.28	−3.07**	−0.20	−1.73	−0.05	−0.33
5. 主观的策略性努力	0.06	0.75	0.02	0.16	0.05	0.42
6. 融入型动机	0.08	0.92	0.19	1.70	0.24	1.59
R^2	0.30		0.27		0.28	
F	10.50***		5.08***		4.18***	

***$P \leq 0.001$,**$P \leq 0.01$,*$P \leq 0.05$。

二 适应性的课程设置与制度性的措施、学科的建立

(一)课程设置

生源的变化要求我们的领域必须迅速采取有力措施以保持汉语教学的发展和国际汉语传播。正如 Linnell② 所提出的,我们首先要清楚地认识到学生族裔的多元性和他们在语言发展上的多样性这一事实;其次必须根据学生需求的不断变化来制订计划以满

---

① 温晓虹《汉语为外语的学习情感态度、动机研究》,《世界汉语教学》2013 年第 1 期。

② Linnell, J. D. Chinese as a second/foreign language teaching and research: Changing classroom contexts and teacher choices. *Language Teaching Research*, 5(1), 2001.

足他们的要求。美国高校首先在课程设置有了很大的拓展。比如，以前只是在汉语课程的基础上增加了大量的用英文教授的课程，包括文化、文学、艺术、电影媒体等。同时用中文教授的课程也有发展，包括商业汉语、报刊汉语、古代汉语、法律汉语。法律汉语课开的学校不多，162所大学中只有6所（4%）学校开，其中4所用汉语教授，2所用英语教授。品种丰富的课程和教学方式的创新给学生提供了多元的学习内容和学习途径。表4-11是162所高校所推新的课程。

表4-11 参加调查的162所高校除汉语语言课外所提供的课程百分比（%）[1]

课程	开设的学校的百分比	英文教授	中文教授
中国文化	69	81	19
中国文学	59	66	34
中国历史	54	90	10
中国社会	53	80	20
中国电影媒介	51	79	21
中国宗教	44	93	7
中国艺术	34	91	9
商业汉语	33	15	85
古代汉语	33	40	60
汉语语言学	24	61	39
报刊汉语	18	3	97
中国音乐	17	78	22
法律汉语	4	33.3	66.7

[1] Li, Y., Wen, X.-H. & Xie, T.-W. CLTA 2012 survey of college-level Chinese language programs in North America. *Journal of the Chinese Language Teachers Association*, 49(1), 2014.

（二）教学实施

为了满足学生族裔多元对教学的要求，不少大学采取了分班制，对迅速增加的华裔学生增设双轨：把有背景和没有背景的学生分开，或提供密集班使学生在一个学期内完成一年的课程。不同的轨道（Track）所用的教学大纲和课程安排各有不同。表4-12是北美162所高校所设立的不同轨道的情况。双轨制在不同的语言水平均有，但一二年级居多。虽然有的学校提供各种分班，但更多的大学没有提供，即把有背景和没有背景的学生合在一起授课。各校不分班不采用双轨制的原因不一。比如有的是在经济方面有困难，更多的是考虑到其争议性。既然利弊均有，分班不一定就是一种理想的教学实施。这一问题直接涉及评估学生语言背景的准确性问题，应该把学生插在哪一语言等级或哪一轨道并不容易做到。

表4-12 教学实施的分轨授课数字与百分比[1]

教学实施	一年级	二年级	三年级	四年级	五年级
有无背景不分班	159	141	103	75	22
	98.15%	87.04%	63.58%	46.29%	13.58%
双轨制有背景和没背景分班	34	30	21	9	3
	20.99%	18.52%	12.96%	5.56%	1.85%
密集班	21	14	4	2	2
	12.96%	8.64%	2.47%	1.23%	1.23%

---

[1] Li, Y., Wen, X.-H. & Xie, T.-W. CLTA 2012 survey of college-level Chinese language programs in North America. *Journal of the Chinese Language Teachers Association*, 49(1), 2014.

(三) 学科发展

美国社会对中文教育的支持在20世纪90年代中期形成了明显的趋势，从国家机构的具体措施（如中文成为高考的外语选择之一和AP中文考试的形成及各种支持中文项目的基金纷纷问世）到基层中小学家长的强烈呼吁和社区不同机构的民间支持都成为美国中文教育发展的强劲东风。文化的多元、生源的发展、领域的扩建使中文作为一个学科以崭新的面貌出现了。很多高校的中文项目发展成为能够提供直接授予学士学位的新学科。[①]

中文课程长期以来为其他学科服务。东亚研究、亚洲研究、国际研究等学士或研究生学位都在某一具体的专业上有语言要求，比如东亚研究的学生如选中国为专业就需要修中文课。今天中文课为其他学科服务的功能不减当年，但在生源不断发展、需求走上多元的情况下，不少大学开设了中文研究、中国研究、中国语言文学等专业（Major）与辅修专业（Minor）。修中文的学生有机会通过完成必修课与选修课来直接获得学位。这是一种有效的正面促进，提供给学生的专业又反馈于学科的发展，有力地促进了生源的进一步的发展。由此可见，中文课程的设立和中文部的不断发展壮大对于各学科的建立与巩固及中文教育本身作为独立的学科的崛起起了事关大局的作用。

表4-13是目前北美高校提供有关中文学位的情况。[②] 主体分为两大类：中文研究（Chinese Studies）和中国语言（Chinese

---

[①] 王瑶《美国休斯顿大学正式设置中文专业 可授学士学位》，中国新闻网，2007年8月30日。

[②] Li, Y., Wen, X.-H. & Xie, T.-W. CLTA 2012 survey of college-level Chinese language programs in North America. *Journal of the Chinese Language Teachers Association*, 49(1), 2014.

Language)的专业(Major)与辅修专业(Minor)。前者强调除了四年的中国语言课程外还要有中国文化、文学、语言学、历史等(Content Courses)用英文教授的课程。后者要求除了四年以上的中国语言课程以外还有大多用中文教授的课程(Content Courses)。此外有的学校提供中文研究或中国语言重点(Concentration),这些课程往往为服务型课程,比如为亚洲研究和东亚研究分专业服务。应该注意到各个大学开设什么样的专业与辅修专业不尽相同,有的大学既有中文研究专业又有中文语言专业,还提供重点(Concentration)或证书。

还应该看到的是大部分的大学由于种种原因还没有学位设置。在参加调查的高校中,仅有35%的大学设有学士学位(Major),52%设有辅修学位(Minor),20%提供中文重点(Concentration),8%的学校提供中文证书。因此如果用是否提供中文学士学位(主修)来衡量中文教育的成熟度的话,那大多数(65%以上)参加调查的大学都还未达到此标准。

表4-13 目前北美高校提供有关中文学位的情况[①]

学位设置	开设学校数(所)	未开设学位数(所)	开设学位的学校数百分比(%)	回答此问题的学校数(所)
中文研究专业 Chinese Studies Major	48	116	29.3	164
中文语言专业 Chinese Language Major	48	115	29.5	163

---

① Li, Y., Wen, X.-H. & Xie, T.-W. CLTA 2012 survey of college-level Chinese language programs in North America. *Journal of the Chinese Language Teachers Association*, 49(1), 2014.

续表

学位设置	开设学校数（所）	未开设学位数（所）	开设学位的学校数百分比（%）	回答此问题的学校数（所）
中文研究辅修专业 Chinese Studies Minor	58	101	36.5	159
中文语言辅修专业 Chinese Language Minor	80	88	47.6	168
中文研究重点 Chinese Studies Concentration	25	117	17.6	142
中文语言重点 Chinese Language Concentration	28	112	20	140
中文研究证书 Chinese Studies Certificate	6	128	4.5	134
中文语言证书 Chinese Language Certificate	14	124	10.2	138

各高校所提供给学生的课程、授课方式、学位可谓是百花齐放、各有千秋，在很大程度上体现了各个机构都在努力开发利用自己有限的资源来满足学生的多元需求。这一点还表现在课时安排（Contact Hours）方面。中文一年级课程一星期的课时各校从2个小时到8个小时不等，但大多数学校在4—5个小时。二年级中文课时从2个小时到8个小时不等，但大多数学校在3—4个小时。三、四、五年级则大多数是3个小时。就学位来说虽然各个学校有别，但大多数的中文研究或中国语言要求主修专业（Major）为四年，辅修专业（Minor）为三年，中文重点（Concentration）则2—3年。可见北美大学的中文教学都在根据学生的需求和本校有限的资源为学生提供尽可能丰富多样的课程

种类、学位设置和时间安排。

下面以美国休斯敦大学为例做一个案例分析：休斯敦大学目前既开设了中文研究专业，又开设了中文研究辅修专业。中文课的设置和学科建设是从小到大不断地发展起来的。中文课始于1992年，在邓小平中国南方视察提出中国继续走改革开放的道路之时，美国中文教学有了回升，休斯敦大学正是在这一年首开了中文课。但生源不稳定、升学率低、生源流失现象严重。1994年大学设置了一个终身制的中文助理教授职位，以开创发展中文项目。1995年项目就有了起色，二年级有了十几名学生。在1996年有了三年级的学生之后，项目的发展逐渐走出了艰难阶段。1996年后休斯敦大学的中文项目能够较顺利发展的原因是多方面的，其中包括1998年建成了中文辅修专业（Minor in Chinese Studies）。中文辅修专业要求学生除了修满三年的中文课外再修一门商务中文，这样就保证了生源的稳定性与延续性。中文辅修专业的学生逐年递增，这促进了2006年中文研究学士学位（B. A. in Chinese Studies）的诞生。中文研究学士学位的成功是师生数年的努力和学院、大学、校董事会及州政府高等教育协调董事会的支持之结果。2004年，由选修中文课的学生发起了建立中国语言研究主修专业的请愿活动，两天之内近200名学生在请愿书上联合签名，使校方深切意识到学生对中文学习的渴望和成立中文研究专业的紧迫性。这一请求得到了人文社科学院院长的大力支持。中文部主任随之办理申请成立中文研究专业、课程设置、教学安排、人员配置与办学上的经济收益等事宜，几经与各层次人员的交涉，一步一步通过了审批。其过程严格，道路不曲折但颇漫长，经过系、院、校级各个委员会的申报，最后由校务主任报告学校董事会，然后递交州政府高等教育协调委员会审批。中文研究专业于 2007 年春季正式批准成立，丁 2007 年秋季正式招生。近 10 年来，平均每年有 10 名学生获得中文研究学士学位。他们中近一半的获得双学位（如中文研究学士与英语、心理学、政治学、经济学和一些理工科主修学位同时获得）。大量的中文研究毕业生在说中文的国家和美国公司找到工作，任职于教授英文行业、咨询与服务公司等。

休斯敦大学是一个多元族裔的大学。修中文课和中文研究专业与辅修专业的学生成分是怎样的呢？目前中文课在一二年级期间，有 35% 的华裔或华裔与亚裔的混血学生。但有华裔背景修中文研究专业的学生只占 25% 左右，因此大多数修中文专业的学生并没有中文语言背景。在 1998—2012 这十几年期间，大量华裔学生注册不同年级的中文课程特别是高级汉语课程，显著提升了休斯敦大学中文课程的注册率。彼时学生的要求远远超过中文部有限的教职人员所能提供的课程。中文部一方面向学校申请引进新教师，另一方面提供通过考试即可获得中文学分的措施（Credit-by-exam），为很多有语言背景的学生提供了可获得学分的便利途径。

就课时而言，休斯敦大学中文部选择了高质量高要求的办学理念。为了与这一办学理念吻合，课时采用的一直是一年级每周 5 小时，二、三、四年级每周 3 小时的上课时间。中文研究主修专业的学生要修四年以上的中文课，中文研究辅修专业的学生要修三年的中文课。就教学要求而言，即使在创业开始生源不足的情况下，坚守的还是高质量高要求的教学理念。相信如果课程设置教学安排高标准并处处为学生着想，就会吸引决心要学好中文的学生。20 年来语言课所采用的是明德学院暑假中文项目的教学模式。无论是语言课还是非语言课都有详细严格的对课程学习的要求和考核制度。学生每修完一门课程会感到学业上的显著进步,这种收获感是他们想继续修中文课的一个重要原因。中文研究专业的学生曾在 2004 年与 2015 年分别获得汉语桥比赛冠军和第一名。获得全美、德州和大休斯敦地区汉语桥和不同的汉语比赛的第一名或前三名的学生年年均有,这些学生大多是非华裔没有语言背景者。

在休斯敦大学中文研究专业所走过的路程中,几项措施起了较大的作用。一是不断发展提供与学课和学位紧密相关的项目,如组织暑期班去中国学习,使学生在暑期修完一年的语言课程,有力地加速了学生毕业的时间。再如提供商业汉语与不同语言水平的中文会话课,吸引了大量的学生。二是和其他学院、专业合作。休斯敦大学仅有人文社科学院对学生有学习两年外语的要求。中文部最初与商学院合作,为他们的专业提供服务,使得中文课的注册率明显增加。三是与社区和与驻休斯敦的中国领馆合作,在过去近 20 年中,每年都得到社区和领馆所提供的奖学金。奖学金不但提升了学生学习的热诚,同时对中文项目起到了有效的广告作用。

三 师资培训与教师的呼声

(一)中文课师资授课情况

近 20 年来美国大学里学中文的学生人数倍增,由此带来的严峻挑战是师资紧缺。不少学校有学生有教室,但没有能胜任中文教学的教师。一线的中文课的师资是怎样的构成？在美国大学教中文的老师有不同的类别，比如教授一级分正、副、助理教授级别；讲师在很多学校也有不同的级别，如高、中、初级讲师；代课教师（有的学校统称为讲师）有全职或兼职之分。2012年北美调查（表4-14）①显示高校中文课的任课教师绝大多数是讲师，其中兼职比全职的更多。其次是研究生助教，这些助教在研究型大学学习。这样的大学研究生项目，特别是跟语言教学有关的研究生项目多，因此常常可以选择到能够胜任中文教学的助教。教授级别的人员教中文课的现象不太多，特别是副教授平均每个大学只有三分之一个（0.33）。助理教授比副教授教语言课的情况多一些，但每个大学平均也只有不到半个（0.43）助理教授。教授级别的人员之所以教语言课程少有两个原因：第一，在研究型的大学（Research Institution）中，教授的工作量，授课仅占40%，做研究占40%，服务占20%。第二，在其40%的授课量中，教授人员所教的课程常常不是汉语语言课。而讲师或代课教师的主要任务就是教授语言课。表4-14还显示大学生做答疑的现象普遍存在，平均每一个参加调查的高校都会有至少一个大学生负责答疑。

因此当北美高校的中文教育面临师资短缺的挑战时，讲师或代课教师成为中文教学中的中流砥柱，迎来送去了一批又一批修中文课的学生。此外，对母语为英语的学习者来说，中文是一个比较困难的语言。大学生答疑给学生提供了课后补习的机会，特别是对掉队的学生更是雪中送炭帮他们紧跟上来。如此一来，新

---

① Li, Y., Wen, X.-H. & Xie, T.-W. CLTA 2012 survey of college-level Chinese language programs in North America. *Journal of the Chinese Language Teachers Association*, 49(1), 2014.

的讲师与代课教师(他们都有博士或硕士学位)就进入各高校中文部工作了。由此可见中文教育的发展在美国创造了就业机会,对美国的经济是有贡献的。表4-14展现了所调查的北美大学教授中文课的师资分布情况。

表4-14 每所大学不同教师类型教授中文语言课的平均数字

教师类型	每所大学此职位数字	职位总数	回答这一题的学校数字
兼职讲师 Part-time Lecturers	1.24	209	169
全职讲师 Full-time Lecturers	0.86	144	168
研究生助教 Graduate TAs	0.80	122	152
助理教授 Assistant Professors	0.43	70	163
正教授 Full Professors	0.36	60	169
副教授 Associate Professors	0.33	53	163
大学生答疑 Undergrad Peer Tutors	1.08	160	148

(二)师资培训

美国急速扩大的中文师资队伍亟待掌握坚实的文化语言基础和较高的专业水平。近10年来教师培训丰富多彩,内容侧重教学法和教学内容,涵盖从课程设置到课堂活动的组织安排等各个环节;培训组织者从民间组织,如各地的中文教师学会、中文学校协会,到教育机构,如大学理事会下的全国各地的暑期培训(Summer Institute),还有孔子学院、STARTALK等提供的培训;培训的时间各异,从几个小时到数天;参加者的背景多元,从正要改行准备当汉语教师的预备队员到有多年经验的教师。众多的师资培训,对中小学和社区大学因为缺中文教师而不能开设中文课的燃眉之急无疑起了及时雨的作用,使得中文教育从星星之火发展到燎原之势。但是这种救急型的师资培训，本身已隐藏着某些不稳定和不巩固的因素。例如：以母语优势而进入中文教师队伍的教师，缺乏汉语语法知识，也不甚了解中文作为第二语言的习得研究与教学，他们基本上是用学习母语的方法来教授外语。这样的课堂把语言当成内容知识来传授，不但缺少互动和学生的积极参与，而且教师自己也不时地觉得窘迫，影响了教学的有效性。

作为一名语言教师是不能缺乏一些基本素质的，如对理论知识的了解与如何把理论研究贯穿到教学实践中（Research-based Instruction）的能力。语言教师的素质与专业水平表现在各种能力上，如语言表达能力、组织能力、现代教育技术应用能力，能够熟练变换教学方法而且明白变换的原因与结果，能够预测学生在学习过程中可能遇到的语法障碍和语用困扰而且能够提供有针对性的措施，与学生的亲和力，等等。缺乏这些素质和专业训练的老师需要参加有针对性和示范性的师资培训。

Wen & Liu[1] 就中文教师师资培训的方式方法、内容以及教学评估与教师教学的反思做了调查，旨在直接倾听一线教师的需求与他们的呼声。问卷包括参试者的背景信息和针对五个研究问题所设计的7分量表题项。作者对其中的六名参试者进行了个人访谈。第一是就培训方法来说，研究结果表明教师希望以演示而不是告知的方法来学习（show how not tell how）。课堂教学是一个综合能力的表现，是建立在对教学理论和最新研究结果理解的基础上把备课和活动设计等脑力劳动在课堂上用交际的方式具

---

[1] Wen, X. & Liu, Y. Chinese language teacher training: Voice from teachers. CLTA Conference presentation at the ACTFL 47 Annual Convention, San Diego, CA, 2015.

体表现出来。因此培训应以展示的方式,包括同事间相互听课、教学的相互观摩等。① 第二是培训内容。教师希望参加针对性强的培训,比如有个体性,针对自己怎样提高课堂教学的有效性设计一个培训计划,并希望这样的计划能得到校方的支持。这样培训的内容能够对自己在课程设计和教学理论与实践上有实质性的帮助与提升。另外,教师希望受到有关对学生学习评估的方法和技巧上的训练,以使自己能够有专业化的评估能力。还有,教师很注重有关第二语言特别是汉语二语研究方面的知识与理解,以及教学方法与教学技巧方面的训练。第三是就教学评估的内容而言,多数教师认为不论是怎样的教学评估,和学生有关的方面是最重要的。因此他们对来自学生的反馈与跟学生有关的内容非常重视。其次教师重视学生的多元构成,希望能在多元文化的教学环境下从教并被鉴定。学生语言文化背景和学习动机的多元化,使教师希望了解自己的学生从而适应如此的环境。第四是教学信念(Teacher Beliefs)。教师普遍认为最好的学生能够自己发现问题、自己解决问题,最好的老师则能够帮助学生发展自主性学习,培养学生分析问题与解决问题的能力,能够锻炼学生举一反三的能力。

(三)对教学与师资培训的启迪

本文在数据分析的基础上讨论了北美中文教学现状:学生成分和生源背景、课程设置和学校对生源变化发展所采取的制度性

---

① Darling-Hammond, L. Teachers and teaching: Testing policy hypotheses from a national commission report. *Educational Researcher*, 27(1), 1998. Darling-Hammond, L. Teacher education and the American future. *Journal of Teacher Education*, 61(1-2), 2010.

的措施、师资培训和教师的呼声。第一部分在讨论学生语言文化的多元的基础上特别分析了他们的学习动机与学习要求。第二部分展现了北美大学在适应剧增的生源方面所提供的一系列具体教学设置,并以美国的一所大学为例进行了个案分析。第三部分展现了新补充的师资队伍对汉语国际传播起了雪中送炭的作用,但同时也对国际汉语教育人才培养提出了新的挑战。在数据的基础上分析了师资培训的内容与方式。

新时期的师资培训对于教师来说,首先要了解自己的学生。上述的中文学习动机的研究结果表明正面的学习态度与学习体验是预测是否继续修中文的显著变量。这些变量因素直接作用于内因动机的生成与对学习的投入。[①] 不论学习者的语言文化背景、汉语水平如何,在学习过程中他们学习态度与学习体验越正面,动机就会变得越有力。这就需要教师设计出恰当的语用环境,培养学生积极的学习态度,提供给他们正面的、成功的学习体验;这也需要在教学中强调语言的运用,让学生明显地

---

① Rueda, R. & Chen, C. B. Assessing motivational factors in foreign language learning: Cultural variation in key constructs. *Educational Assessment*, 10(3), 2005. Comanaru, R. & Noels, K. A. Self-determination, motivation, and the learning of Chinese as a heritage language. *The Canadian Modern Language Review*, 66(1), 2009. Campbell, E. & Storch, N. The changing face of motivation: A study of second language learners' motivation over time. *Australian Review of Applied Linguistics*, 34(2), 2011. Wen, X.-H. Chinese language learning motivation: A comparative study of heritage and non-heritage learners. *Heritage Language Journal*, 8(3), 2011. Cai, S.-R. & Zhu, W. The impact of an online learning community project on university Chinese as a foreign language students' motivation. *Foreign Language Annals*, 45(3), 2012. 温晓虹《汉语为外语的学习情感态度、动机研究》,《世界汉语教学》2013 年第 1 期。Ruan, Y.-J., Duan, X.-J. & Du, X.-Y. Task and learner motivation in learning Chinese as a foreign language. *Language, Culture and Curriculum*, 28(2), 2015.

感到自己能用语言做事情完成任务,感觉到自己语言能力的进步。要达到这些目的需要教师创造互动性强的课堂气氛与合作性的课堂活动。

教师对学生的了解,还表现在对他们的汉语习得进程上的了解,以便适时提供教学输入与引导。教学进度并不一定是学习进度。教材中出现过、课堂上练习了不一定就意味着学生学到了。① 如果向学生所介绍的语法超过了他们目前的习得水平,即使在课堂上做了讲解练习,学生也仍不能习得。过早地教授学习者语言水平还达不到的内容,或过急纠正学习者某方面的错误,有可能造成事倍功半的结果。

在学生的语言文化背景多元、程度参差不齐的情况下,以学生为中心的教学途径,比如合作学习、生生互动,更显出其优越性和必要性。合作学习、积极学习和交际语言教学不仅有利于学习者语言运用能力的提高,而且有益于认知、情感及社会交际各因素的发展。语言习得研究结果表明:提供丰富多样且容易理解并能引起学习者注意的教学输入(Comprehensible Input; Noticing Hypothesis)能够有效地帮助学习者获得正确得体、成段的表达(Pushed Output)。② 互动学习中,教师提供相应的情境和恰当的社会文化环境,从而使学生通过意义理解来构建自己的学习,并与同学讨论交换意见,通过互动达成共识。

---

① Pienemann, M. Psychological constraints on the teachability of language. In C. W. Pfaff (ed.), *First and Second Language Acquisition Processes*. Newbury House, 1987. Pienemann, M. Language processing capacity. In C. J. Doughty & M. H. Long (eds.), *The Handbook of Second Language Acquisition*. Blackwell, 2003.

② Mackcy, A. & Gass, S. M. Interaction approaches. In B. VanPatten & J. Williams (eds.), *Theories in Second Language Acquisition: An Introduction*. Routledge, 2015.

能否继续发展汉语国际传播事业，关键因素之一是教师。中文教学借鉴了很多其他外语教学的理论和方法。近年来中文教学界出版了多种多样的教材，教材的作者来自中国本土和海外，教材面向的对象从学前儿童到成人高级班都有涵盖。多样的教学资源和多种教学途径对教师来说固然是好事，但采用怎样的教学法、选择什么教材、组织怎样的课堂教学活动等问题，都考验着教师的教学理念和专业水平。教师要成为国际汉语的有效传播者，不但要随着理论研究的发展不断地更新自己的教学理念，还要根据各自具体的教学环境、学生的不同特点做出调节，提高对教学方法和教材使用的有效性。正像崔希亮所指出的，"汉语教师不仅仅要擅长教书，还应该兼善研究，因为有很多问题是没有现成答案的，需要我们自己去研究，寻找答案。"[1] 只有当教师能够从理论研究中发展自己的见解，在教学实践中提高各项能力，才有能力去做选择鉴定，才能独立地观察问题解决问题，成为一名国际汉语的有效、有力的传播者。

第五节 关于华文教学当地化的若干问题[2]

很长一段时期，汉语教学被笼统地分成两类：一是"对内"，包括汉民族的母语教学（称"语文教学"）和其他少数民族的汉

---

[1] 崔希亮《汉语国际教育"三教"问题的核心与基础》，《世界汉语教学》2010年第1期。

[2] 本节选自郭熙《关于华文教学当地化的若干问题》，《世界汉语教学》2008年第2期。

语教学；二是"对外"，指对外国人的汉语教学。随着事业的发展，人们开始认识到这种简单二分的局限性，在争议声中逐步形成了"华文教学"的概念，同时也对相关问题进行了一些思考和探索。① 所谓"华文教学本土化"就是在此基础上提出来的。

"本土化"这个概念大概是从英语 localization 翻译而来的。考虑到"本土"在汉语中的本来意义，② 我们觉得在讨论华文教学问题时用"当地化"或许更好些。因此在以后的讨论中我们将用"当地化"来代替"本土化"。近年来，围绕华文教学当地化已经有过一些探讨，如教材当地化问题、师资当地化问题等。

本文试图从语言传播的角度就华文教学当地化的依据、一些需要解决的问题等进行初步的讨论，其中不少只是作为问题提出来。

一 促使华文教学当地化的若干因素

（一）华文教学的特性

由于历史和现实的各种因素，华文教学呈现出一系列的特点：

1. 跨国、跨境性

几乎世界的每一个角落都有华人。为了自己文化的延续，许多居住在不同国家和地区的华人为自己的后代选择了学习华文。不同国家或地区的政治制度、教育体系和政策往往不同，迫使各地的华文教学走上不同的道路。例如，在新加坡，华语文虽是所

---

① 郭熙主编《华文教学概论》，商务印书馆，2007年。
② 《现代汉语词典》（第5版）："本土：❶乡土；原来的生长地：本乡～。❷指殖民国家本国的领土（对所掠夺的殖民地而言）。也指一个国家固有的领土。"

谓官方语言,但却是第二语文;在马来西亚,各民族都有接受母语教育的权利,但华语文却没有官方语文的地位。各国语言政策自然会影响到当地的华文教学。

中国香港、澳门和台湾地区也都有自己的特殊情况,形成了各自的华文教学传统和习惯。在跨国跨境情况下出现的所谓"坡式华语""港式中文""葡式中文"①等对当地的华文教学的影响显而易见。华语的跨国、跨境、跨语体、跨群体性等应该在华文教学中体现出来。

2. 跨文化性

文化是语言学习的重要方面。不管如何界定或划分各种文化,各地华人处在不同的文化圈内是不争的事实。不同的文明、不同的文化和风俗,构成了不同的交际环境。如何对生活在另一种文化圈中的华人进行华文教学,是我们需要直接面对的重要挑战。

3. 性质多样

华文教学的跨国、跨境和跨文化特点,决定了华文教学性质的多样性。郭熙曾经概括出海外存在四种性质的华文教学:(1)多元环境下的母语——华族共同语——的第一语言(也是母语文)教学,如马来西亚华人。(2)多元环境下的母语——华族共同语——的第二语文(也是母语文)教学,如部分新加坡华人。(3)多元环境下的母语——汉语方言——的第二语文(也是母语文)教学,如部分新加坡华人。(4)学龄阶段的汉语作为第二语言的教学。②

---

① 人们常用这些不同的名称来分别指新加坡、中国香港和中国澳门的"华语"或"中文"。

② 郭熙《海外华人社会中汉语(华语)教学的若干问题——以新加坡为例》,《世界汉语教学》2004年第3期。

如果考虑到华文教学的跨境性,情况就更为复杂了。

各个国家或地区的社会特点、所在地的文化传统和习俗,以及各地华文教学的具体性质,决定了华文教学模式和方法与各自的具体情况相结合,这成为华文教学当地化的一个重要动因。

(二)华语的地域化

以"地球村"为视角,可以看到语言传播中的许多值得注意的现象。英语世界已经出现了所谓"世界英语"(World Englishes)。随着范围的扩大以及学习者的增多,华语在各地"落地生根"的时候,受当地"自然条件"影响,也发生种种变异,正在呈现出越来越多的区域特征。华语地域化的现实摆在了人们面前。如何认识其区域特征及其在华文教学中的地位正在成为人们关注的课题。学界对这一现实也开始从最初的排斥演变为有限的接受。卢绍昌(1984)、吴英成(2003)、郭熙(2002、2007)[①]等分别就相关问题进行了论述和分析。

华语地域化的情况非常复杂。社会语言学的研究表明,变异是绝对的,地域、社群的差异存在于语言的各个方面。目前已有的研究多从客观方面进行分析。例如社会的分化、语言的接触等等;而言语适应理论则从语言妥协、语言自我调节的角度进一步进行了证明。无论如何,在当地的华文教学中,学习和使用当地华语是不可避免的。语言依赖于语言的使用而存在,语言学习是为了用,语言学习要通过研究交际活动来完成。华文教学理应考

[①] 卢绍昌《华语论集》,金昌印务,1984年。吴英成《全球华语的崛起和挑战》,《新加坡华文教学论文三集》,泛太平洋出版私人有限公司,2003年。郭熙《域内外汉语协调问题刍议》,《语言文字应用》2002年第3期。郭熙主编《华文教学概论》,商务印书馆,2007年。

虑这些语言实际。

(三) 华人社会的多样性

华人社会的多样性是华文教学当地化的又一客观依据。

华人社会并不是一个划一的社会：不同的国家情况不同；即使是同一个国家内部，情况也不一样。例如，同样是印度尼西亚，在山口洋地区，华人占60%以上，通行客家话，华文教学的基础比较好；而在巴厘岛，华人不到4%，即使是会华语的人群中，也是以印尼话或巴厘话为沟通工具，而且基本上是以当地语言为思维的凭借。对新一代的巴厘岛华人来说，华语既是第二语言，也是一门外语。另一方面，即使是同一国家、同一地方的同一族群，情况也有不同，各自的背景、追求、社会地位等又分化成各种各样的语言群体。例如，新加坡华人中就有华语群体和英语群体，这两个群体在文化认同、语言态度等方面已经出现了明显的差距。据笔者观察，近年来新加坡围绕语言问题产生的语言纷争，几乎都发生在华人内部。这是很值得思考的。

从学习者的角度看，海外华人主要的华语交际圈仍是当地的华人社会，他们同时也需要和当地的主流社会和谐相处。因此，他们很难只把华语作为唯一的交际工具。他们的目标语言应该与未来交际群体相适应。考虑到不同的学习者最大限度地提高学习效果，就应该和当地的实际情况结合起来。

(四) 保护文化多样性理念的广泛认同

上面从客观条件方面对华文教学当地化的必然性进行了简要分析。事实上，还有一个重要的因素需要考虑，这就是20世纪80年代以后保护文化多样性的理念得到了越来越多的认同，人们开始有意识地关注语言多样性的保持和维护。

一个时期以来，由于经济的因素，全球化的势头越来越猛。面对这种势头，人们应该如何应对？英国学者 R. 罗伯逊提出了 glocalization 这一概念。[1] 这个由 globalization（全球化）与 localization（当地化）合并而成的新词意在承认，在不完全丧失自己文化独特性的前提下，自己的文化可以是一个更大的文化的组成成分。这是一个不同文化不断相互抵制、碰撞、磨合和吸收的复合概念，反映出了人们在一体化的进程中保护多样性的理念。在这个概念下，中心与边缘、主流与非主流，构成了一个互动和对话的状态。对于 glocalization 这个概念，人们有各种看法。从语言学的角度来说，这一概念是有价值的。我们对普通话和方言关系的认识也和这个互动机制相应。到目前为止，这个词在汉语中还没有一致认可的对应词。有人把它译为"球土化"，也有人译作"全球化下的本土化"或"全球本土化"等。从这个词的含义出发，译为"当地性全球化"或许不失为一个好译名，[2] 这也意味着，华语在走向全球的同时，应该保持当地特色。

这里显露出当地化在一定程度上的主观的一面。如果说客观上的当地化只能顺应的话，那么，主观上的本地化则面临着不同的选择。从语言规划的角度看，某个国家或地区可以坚持当地化，也可以放弃当地化。这就需要有关语文教学决策机构做出自己的决断。

华文教学当地化也可以从语言学习理论中得到足够的支持。

---

[1] 顾兆禄《略论汉语语境下的英语文化身份》，《扬州大学学报（人文社会科学版）》2006 年第 2 期。

[2] 这是根据陆丙甫教授的建议随文而译的，顾兆禄（2006）用的是"地方全球化"。

尽管近年来华文教学的特殊性已经得到了社会越来越多的承认，许多人也赞成、支持保护多样性的一体化理念，但应该说，华文教学当地化中的一些问题尚未从理论上得到充分认识。例如，在华语的学习问题上，主张以中国的标准为标准，强调说"道地的普通话"的声音仍不绝于耳。在华语传播速度和范围都在发生快速变化的今天，我们有必要重新审视不同背景下华语文教学的各种现象和问题，进一步检讨语言学和语言教学的一些基本理论。语言教学作为语言传播的一种途径，应遵循语言传播、学习和使用的规律。语言事实已经告诉我们，语言存在于语言应用之中，语言学习的最佳方式是言语互动。因此，华文教学当地化有着重要的现实意义和理论意义。它受客观世界的支配，跟整个全球化的进程联系在了一起。从这个意义上说，认识华文教学当地化的理论意义，已经超出了语言教学本身。

二 华文教学当地化过程中的几个具体问题

华文教学本身就是一个非常复杂的概念，它和一般意义上的华语教学有同有异，具体到华文教学当地化，则又和一系列的问题发生关联，显得更为复杂。一般说来，华文教学当地化主要体现在以下几个方面：（1）语言要素的当地化。（2）文化内容的当地化。（3）语料的当地化。（4）教学方式的当地化。（5）教学管理的当地化。（6）师资的当地化。（7）其他。

出于专业背景的考虑，笔者这里只就前三个方面涉及的几个具体问题进行讨论，它们分别是：（1）文本的选取。（2）常用字的确定。（3）常用词的选择。（4）规范标准。（5）华文水平测试。这些也恰恰是一些亟待解决的问题。

（一）文本的选取

中国自古以来一直重视语文学习的文本选择，《昭明文选》《古文观止》等无一不是如此。在今天的社会里，选择什么样的文本进入教材面临不少困难。文本的选取涉及语料和文化内容，它主要包括几个方面：

1. 来源

就理论上说，教学中的文本可以来自所有的华语社会的言语作品，可以来自中国内地（大陆）、香港、澳门和台湾，也可以来自开展华文教学的其他国家或地区。抛开各种社会文化因素，作为华人社会的共同语，可以寻找到有共性的文本作为教学的材料。在这个意义上说，文本所记录的语言应该是地道[①]（或通用）的华语。目前一些地区的语料库建设就充分考虑到了这个问题。

在教学实践上，选择地道（或通用）的华语项目的理念也不难为人接受，在初级阶段的华文教学尤其如此，因为初级阶段的教学文本基本上是专门按照教学需要编写或改写的。对于中高级的华文教学，情况却有所不同。他们需要阅读学习好的作品，在此基础上提高语言素养，学会欣赏和鉴别，学会准确得体地表达自己的思想。

问题也恰恰出在这里。人们素有衡量语言水准的习惯，常抱怨今天的语言水平，也会举出很多实例来说明母语文水平每况愈下；但迄今为止，尚未见到一个可以超越不同时代、不同地区语言诸多差异的衡量标准，而这几乎是不可能的。应该说，在说华

---

① 人们通常使用"标准"一词，我们觉得用"地道"可能更具可操作性。

语人的心中，语言方面是有"好"和"不好"的标准的，人们似乎已经有一种默契；但从实际操作看，有些地区选择好的言语作品相对困难一些。这应该与语料的基数有关，并非基数大言语作品的质量就高，但就一般规律来说，这似乎是一个事实。文本的来源在理论上本来并不成问题：哪一篇好，就选哪一篇，不应有区域上的考量。而事情并非如此简单。华文教学的当地化迫使我们必须有这样的认识：在有的国家或地区不是问题，在另外的地方可能就是问题。因此，在文本来源上，我们要考虑的因素至少要包括社会、教师和学生三个方面，即社会在心理上是否能够承受，教师在教学上是否方便，是否适合学生的语文学习需求。

2. 类型

很长时间以来，我们更多地把汉语看成是一个纯粹的共时体系。然而，就整个华人社会的具体语言使用而言，单一纯粹的汉语并不存在。各地的华语文本所反映的语言是汉语不同发展阶段的叠加。例如，在东南亚一些国家，华语受古白话的影响比较大，无论是在口语还是书面上都有所谓的"古"味，像"而已"一词，在中国极富书面色彩，但在新加坡却频繁地出现在人们的口语中。从这个意义上说，华文教学文本类型的选择也要考虑当地化。

关于文本类型的选择，一直颇具争议。大陆和台湾均如此。即使在今天，大陆仍然在就文言文教学和"读经"问题进行争论。台湾的"国文"教学中原来文言文比例比较高，大陆相对较少；近年来大陆有增加的趋势，而台湾看来正在开始减少。文白相间在大陆受到排斥，而在其他的华人社会情况则各异。此外还有经典和时文、韵文和散文、古诗和现代诗等，情况不一。这些方面内容的教学，也是华文教学和通常所说的汉语作为第二语言教学的不同。华人学习汉语,不仅会用汉语,还要学习历史悠久的华语文化。因此,应该教授不同类型的文本。在这一点上,贾益民主编的《中文》[①]等教材已经进行了一些尝试。类型选择应该结合不同的学习阶段考虑。除此之外,这个问题也可以通过课型来解决。阅读,尤其是精读课,应选择通用性经典文本;口语或听力材料,可以适当补充当地的文本。至于选多少,选哪些,各地可根据自己的具体情况去操作。新加坡中小学目前正在开展所谓"校本"工程,即根据各自学校的特点而编写的补充教材,对于华文教学当地化来说,或许也可以通过它来尝试。

3. 文化内涵

不同的社会政治结构,不同的宗教文化背景,不同的意识形态,不同的自然环境等,直接或间接地影响着华文教学。"文以载道"是中华文化的传统,华文教学自然要"传道授业";同时,既然要当地化,华文教学必然要考虑当地的实际,为当地社会服务。这就涉及各种政治和文化方面的问题。"美文原则"自然是必需的,这是教学文本选取的必要条件之一,也应该上升到原则上来认识;但若考虑到华文教学为当地、为现实服务,应该允许(甚至是必须)变通。文本选择应该考虑到不同地区、不同社会背景中生活的人的心理感受。如果选文不当,很可能会导致政治和文化方面的冲突。

应注意文化的主体性和多样性的统一。这是华文教学当地化过程中不可忽略的方面。这里所说的主体化是指中华文化在教学中应该占主要位置。这一点可能会有人不同意,但笔者认为,中

[①] 贾益民主编《中文(修订版)》,暨南大学出版社,2007年。

华文化主体化是华文教学的前提。强调中华文化主体化不是要和当地化对立起来,它实际上是和华文教学的基本出发点相吻合的,因为华文教学中如果没有中华文化的主体化,可能会使得华文教学"四分五裂",学生学到的华文会成为一种新的"局限语码",这显然有违通过华文教学促进世界华人沟通的初衷。

(二)常用字的确定

汉字是多年来一直困扰汉语教学的老问题,以往的问题主要表现为两个方面:一是汉字难学,二是汉字有繁简之分。随着汉语国际传播中跨国跨境华文教学的开展,如何对待各地汉字的问题又摆在了我们面前。其中主要涉及两个方面:

一是字的种类。各地华人用到的字有所不同,例如"峇、槤、秒"这些是东南亚一些华人社会的常用字,而在中国境内,这些字很少用到,据笔者调查,即便是中文系的人也有不少不认识这些字。

二是字的形体。当前港澳台继续使用繁体字,海外华人社会繁简都有,有的繁体为主,有的简体为主。在马来西亚,一些报纸标题用繁体字,正文用简化字。而且不同社区对繁简字体有不同的看法,至今争议不断,2005年更是在华人社会引起一场繁简字的网上大讨论。此外,在一些地方还有正体和俗体问题。有些字虽然没有简繁或正俗之分,但也有字形上的问题,如因为"录"和"月"的不同字形,就导致了"剥""滑""育""琄"等一系列的不同。

华文教学当地化过程中,当地的专用字是必须教的,但这种字有多少,它和其他华人社会常用字有什么不同,各地有哪些常用字,需要认真研究。王惠利用已建的新加坡华语语料库对新加坡的常用字进行了研究,[①] 这是一个很好的开端。暨南大学海外华语研究中心正在建设海外华语语料库,希望不久的将来,能够在各地的华文教学常用字方面拿出自己的成果,以服务于华文教学的当地化。

跟汉字相关的还有注音问题。台湾采用注音字母,大陆和全世界绝大多数地区使用汉语拼音,此外还有威妥玛式等,近年台湾有关部门又推出了"通用拼音"。或许这个问题可以从当地化的讨论中排除掉。我们相信,各地会根据自己的需要做出利于自己的选择,其成败自由历史做出评判。

(三)常用词的选择

和其他语言相比,在华文教学中,词汇教学的重要性尤为突出。而讨论华文教学的当地化,词汇更是一个重要方面。

词汇和社会的关系最为密切,各种社会变化、文化积淀都通过词汇表现出来。因此,华文教学当地化中,把词汇作为关注点是自然的。

传统上把词汇分为基本词汇和一般词汇。从这个角度看,基本词汇是华文教学的重点。因为华语基本词汇和基本语法结构一起构成的华语的共核是华文教学的中心。基本词汇在华人社会的共通性最强,因此在涉及当地化问题的时候,人们首先会想到一般词汇,例如:从方言来的词(即习惯上的所谓"方言词"[②]);从外语来的词(外来词);各华人社会造的新词,包括所谓"社

[①] 王惠《新加坡常用字词调查研究报告书》,新加坡国立大学,2006年。
[②] 应该把方言来的词和方言词区分开。有人把前者称为"方源词"(盛林,2002),是有道理的,因为这些词进入通用语后就不是方言词了,因此,我们下面谈到的"方言词"是真正的方言词。盛林《词汇分类术语的辨正》,《国际汉语教学研究·高教研究与探索》2002年特刊。

区词"① 或 "区域词"②；等等。人们在谈到地区词的差异时，会举出一些文化词。例如新加坡的"肉骨茶"、马来西亚的"拿督"等等。其实，研究词汇可以从基本词汇和一般词汇出发，但在华文教学中从"常用"和"非常用"来考虑可能更合理、更方便。因此，在我们看来，只要是常用词，不论其"出身"如何，都应是教学的重点。不过，我们觉得在教当地词汇的时候，应该告诉学生这些词在华人社会中的通行用法。例如新加坡的"脚车""巴沙""公公""婆婆"等③就可以在词表后面附上"自行车""市场""爷爷""奶奶"之类。

教常用词一般不会有人反对，问题在于在教学中如何选择常用词。语料库统计不失为一种好的选择，不过，目前的语料库多只在词形方面，语义方面的信息还很少。语料库建设过程中应该把词义考虑进去，各地形同义异的词（如"大衣"在新加坡和马来西亚等地指"西服"，"饭盒"指"盒饭"，"计算机"指"计算器"，"土豆"指"花生"，等等）尤其应该受到重视。另一方面，就理论上来说，基础教育阶段应该多用通用词语；但潜在的问题是，如果片面强调通用，可能会出现脱离实际应用的问题。因为对于一些华人社会，尤其是海外华人社会来说，语言环境的缺乏直接影响到华文学习。这时，最好的方法是要他们利用各种机会去练习语言的使用。如果基础阶段只教通用词汇，可能会导致一些当地常用词不能出现，这就形成一个怪圈：学过的词用不

---

① 田小琳《田小琳语言学论文集》，东北师范大学出版社，2006 年。
② 汪惠迪《新加坡华语词汇的特点》，《语文建设通讯》1990 年第 16 期。
③ 这些都是新加坡《好儿童华文课本》中的词。应该说，新加坡早就已经在本地化上迈开步伐了。新加坡教育部课程发展署《好儿童华文课本》，教育出版社，2000 年。

上,要用的词又没有学过,影响学生基础阶段的华语交际活动的开展。在这方面,新加坡《好儿童华文课本》做了一些有益的尝试。[①] 王惠则通过语料库对新加坡的常用词进行了深入研究,理出了常用词表,这对新加坡华文教学当地化的实施显然具有重要意义。[②]

(四) 规范标准

华文教学当地化中最大的问题恐怕是规范标准的采用了。语言规范标准本身就是一个复杂的问题,它涉及许多方面。长期以来,人们习惯于"对"还是"不对"。20 世纪 60 年代,赵元任曾写《什么是正确的汉语》[③] 一文,对其中许多问题进行了深入的分析,使人们重新认识"正确"和"不正确"的问题。近年的研究表明,"正确"和"不正确"常常是由特定的语言使用领域决定的。在不少情况下,离开使用领域,很难做出恰当的判断。一个比较可行的做法或许是说某个领域、某个言语社区"可接受"或"不可接受",不宜笼统地说"合语法"或"不合语法"。我们这一建议意在说明,语言的可接受性是分层次、分领域、分言语社区的;这种分层既包括规则,也包括对规则的使用。当然,是否认可这一事实,取决于不同的语言观。

如果说词汇、语法规范尚缺乏明确的标准,只能根据实际情况做出取舍的话,那么,一些具体规范的操作问题也值得重视。

---

① 现在,这套教材已经停用。遗憾的是,虽然已经有人把这一教材同中国国内的教材做过比较,但对这一教材使用中的理论和实践问题并未见到有人进行认真的总结。顺便指出,一些地方不停地更换教材,却鲜有相关的考察和总结,值得深思。

② 王惠《新加坡常用字词调查研究报告书》,新加坡国立大学,2006 年。

③ 赵元任《什么是正确的汉语》(1961),《赵元任语言学论文集》,商务印书馆,2002 年。

下面以汉字的读音为例。

字音问题主要体现在海峡两岸,其他华人社会虽然也有,但为数很少。目前,各地华人社会(例如新加坡、马来西亚等)在读音上多以大陆为准,当然,各地也采用了一些变通措施,例如,对轻声和儿化都没有做强制性规定。

李青梅就海峡两岸汉语字音进行了比较。① 李文以 1990 年版的《新华字典》(该字典已根据 1985 年公布的《普通话异读词审音表》对一些字音进行更改)和台湾 1981 年版的《"国语"辞典》② 为材料,比较了大陆公布的《现代汉语常用字表》中的 3500 字和台湾相应字的读音(其中"茬""挎"和"锨"三字《"国语"辞典》未收),发现注音相同的 2711 个,不同的 789 个,约占 23%。下面举若干例子加以说明:

表 4-15 海峡两岸汉字读音差异举例

	癌	吨	击	跌	帆	危	突	蒙(古)	掷	紊	亚	和
大陆	ái	dūn	jī	diē	fān	wēi	tū	měng	zhì	wěn	yà	hé
台湾	yán	dùn	jí	dié	fán	wéi	tú	méng	zhí	wèn	yǎ	hàn

这个局面是继续维持下去,还是设法趋同?恐怕暂时难以有很好的答案。我们的基本想法是,可以提倡不同字形、字音和词形的选择使用在华语传播这个大前提下和谐共存,让它们按照语言的发展规律选择各自的归宿。

(五)华文水平测试

华文水平测试应该和教学分开。语言教学和语言水平测试分

---

① 李青梅《海峡两岸字音比较》,《语言文字应用》1992 年第 3 期。
② 该词典 1991 年出了重订本,后来,中国台湾地区有关部门经常对汉字的字音进行改动,更加剧了读音的混乱。这里仍以李青梅(1992)的资料为基础。

开是国际上通行的做法,华文水平测试也理应如此。由于各地华语的差异和教学上的当地化,华文水平测试应以通行的华语为主体,尽可能回避一些过分地域化的题目。各地自己的华文水平测试则应根据各自的情况分别处理,但以通行华语为主体应该是前提。

在语言规范标准的采用方面,应该尊重语言规范和规则层级性的客观存在。单一规范标准不利于激励不同地区的华语学习者,而多标准又会在教学效果、学生语文水平等绩效评估上产生负面影响,因此,应建立适合多样性的教学或学习绩效评估指标体系,同时也应在教师中树立新的华文教学观。

(六)当地化中的其他问题

当地化中的具体问题还有很多。例如:各种地域性的文本的呈现方式是通过基本教材实现还是通过补充教材方式实现?不同来源文本选择的比重分别是多大?不同类型文本的选择比例是多少?等等,还有待我们努力去探索。我们觉得,在呈现方式上,可以通过不同的课型来体现。例如,就总体而论,通用性的主要在基础教学中呈现;而当地化的内容可以通过不同的教材(比如说补充教材)来体现,比如说,当地文本在补充教材中占的比例可以适当多一些。其中的好处是,学生学习的材料是身边的,通过这些文本的学习,可以和身边的生活实际结合起来,多一些使用学过的语言的机会。这种想法基于一个非常明确的目的:让学生在语言使用中学习和使用语言。

随着华文教学当地化理念的发展,还应该注意以下几个方面的问题:

1. 防止当地化过当

所谓当地化过当,是说把当地化强调到了不恰当的地步。当地化是为了更好地开展华文教学,当地化过当会影响到华语内部一致性的培育,进而影响到华人社会的沟通。

2. 防止简单化

这里说的简单化主要说不应把"方言化"当作当地化,也不应把"罗惹化"(即所谓"杂烩式华语、罗杂华语"等)[①]当作当地化。各地华人社会都存在着方言,方言在许多场合得到了广泛的应用,这样的一个结果是把方言词纳入教学内容。另一方面,因为海外华人社会处在其他语言包围中,在用华语进行交际时夹杂使用其他民族语言一些成分也是自然的。除非已经"汉化",似乎不应该当成华语的成分来教。

3. 不应实行地域排斥

笔者曾就各地华语之间的关系提出协调互动的理念。[②]随着华语的传播,各地华语的互相影响或渗透不断加剧,各地不宜人为地加以排斥,应该坚持求同存异,促进华语的发展。

三 结语

本文讨论的是一个非常宏观而且也非常敏感的问题。有些问题暂时不宜展开,留待以后适当的机会进行进一步的讨论。总的来说,可以得出以下几个主要结论:(1)当地化是华文教学必由之路。(2)华文教学当地化需要学界的积极研究,研究需要

[①] 所谓"罗惹华语""杂烩式华语"等,是东南亚一些华人社会对掺杂不同语言的混合式华语的习惯说法。吴英成《"罗惹华语"——新加坡华语讯码转换分析》,新加坡华文研究会《华文》1988年第2期。

[②] 郭熙《域内外汉语协调问题刍议》,《语言文字应用》2002年第3期。

科学化。(3) 当地化不应和主体化相对立。

我们的基本思路是，有必要构建一种新的语言教学理念或模式：既有助于增强实现华人间的有效沟通，又有利于促进全球华人社会多元和谐的语言生活的形成。而这应该是华文教学当地化的根本目标。

华语文本的选取必须考虑到各方面的平衡，有必要根据各个区域的实际情况，结合社会语言学的领域理论，系统运算，确定相关项目。常用字、常用词的情况也是这样。为实现这一目标，需要建立各地华语的语料库，进行科学的调查和分析。同时，我们相信，华文教学当地化的研究将给语言研究、语言教学研究开辟更广阔的天地。

第六节　对海外华文教学的多样性及其对策的新思考[①]

海外华文教学的多样性问题得到了越来越多的关注。笔者曾就此进行过几次讨论（郭熙，2004、2008、2012[②]），指出海外华文教学在教学对象等多个方面都存在不同程度的差异，其语言

[①] 本节选自郭熙《对海外华文教学的多样性及其对策的新思考》，《语言教学与研究》2013 年第 3 期。

[②] 郭熙《海外华人社会中汉语（华语）教学的若干问题——以新加坡为例》，《世界汉语教学》2004 年第 3 期。郭熙《关于华文教学当地化的若干问题》，《世界汉语教学》2008 年第 2 期。郭熙《论海外华文教学的性质和地位》，《华语研究录》，商务印书馆，2012 年。

教学的性质也各不相同,因此应该采用不同的教学模式、教学大纲、教材、考试方式等等。我们早期的讨论多集中在一些情况熟悉的国家或地区。随着我们对华文教学的进一步关注和各种实地考察机会的增多,发现又有不少新的情况应该介绍和讨论。下面分别以近期对印度尼西亚、泰国、菲律宾、意大利、荷兰、瑞士等国的考察为例进行一些说明。

一 华文教学对象的多样性

华文教学对象的多样性在以往的讨论中已经有所提及,而最近的考察使我们的认识有所加深,看到的情况比我们过去观察的更为复杂。

以印度尼西亚为例。在以往的文献中,凡涉及印度尼西亚的华文教育,首先就会谈到该国禁用华语的历史。的确,华文教学在印度尼西亚曾被禁止了32年,它导致印度尼西亚华语文的断层。这自然会让人想到,在这种环境下生长的新一代印度尼西亚华人的华文学习应该是第二语言学习,在教学上应该采用第二语言的教学方法。然而事实并非完全如此。实地考察发现,一些地方的情况不同于雅加达、万隆、三宝垄等地。处于北苏门答腊省的棉兰、西加里曼丹的坤甸和山口洋地区的学习者分别会说不同的汉语方言,例如棉兰和坤甸使用潮州话(闽南话),而山口洋使用客家话。这是雅加达等地所没有的。笔者2005年1月曾经在山口洋开展华文教师培训工作,发现当地参加培训的年轻学员所占比例相当高,其华语表达能力明显强于印度尼西亚其他一些地方。当然,在雅加达等地新生代学习者中,也有一些程度比较高的,

第六节 对海外华文教学的多样性及其对策的新思考

例如雅加达的陈玉兰,先后在中国获得了学士、硕士和博士学位,现在已经成了雅加达一所中文学校的校长,但这是少数。上述情况表明,从教学性质上看,印度尼西亚的华文教学并非单一的第二语言教学。

接下来的情况更让我们吃惊。暨南大学派赴印度尼西亚的教师发现,印度尼西亚还有一些地方的华文水平更高,我们所提供的教材对那里的学生来说太简单,不适用。2011年7—8月间,笔者利用外出授课的机会,对印度尼西亚巨港和巴淡地区进行了实地考察。考察中看到的情况和上述教师反映的情况一致,这使我们进一步加深了对印度尼西亚华文教学对象多样性的认识。在巨港,老一代的华人说闽南话,新一代的华人通常只会听,不会说;但他们有机会接触华语,因为巨港所处的印度尼西亚南苏门答腊地区华人数量比较大,估计有20多万人。位于廖内群岛(Kepulauan Riau)的巴淡岛及附近一些地方的华语使用情况更是令人振奋。巴淡与新加坡隔海相望,新加坡的高层建筑可以尽收眼底。新加坡的华文电视台几乎是当地华人必看的,当地人戏称这是新加坡为巴淡开的频道。巴淡附近还有华人数量很大的马来西亚的新山,而新山地区的华人是讲华语的。这样,巴淡、新加坡和新山构成了一个华语金三角。有人提出,应把巴淡打造成一个海外中华文化传承和展示的基地。然而,在这样的语言环境中,当地华语学校所使用的教材却并不理想。一些学校使用新加坡的华文教材,也有的使用中国的教材,主要有两种:一是侨办赠送的《汉语》[①],一是《中文》[②]。

[①] 彭俊主编《汉语(第二版)》,暨南大学出版社,2007年。
[②] 贾益民主编《中文(修订版)》,暨南大学出版社,2007年。

但这两套教材对这里的华文教学似乎都不适合。前者虽说是供东南亚使用的教材,但主要针对的是第二语言学习者,后者则主要是根据北美中文学校的情况编写的。

荷兰华语教学的情况也不尽相同。在有 10 多所学校校长参加的华文教学座谈会上,校长们分别介绍了自己学校的情况、经验和困难,使我们对荷兰的华语教学有了更进一步的了解。这些学校学生数量不一,有的多达 600 人以上,如丹华中学,也有的 300 多人,如鹿特丹区中文学校和海牙中文学校,还有的在百人左右。这些学生的语言背景跟过去大不相同,即越来越多的是普通话背景,也还有一些学校的非华人比例不断上升,有的甚至已经达到 80%。各校学生的实际水平也很不一样。不少学校已经开设中学水平的华文教学,如丹华中学和鹿特丹区中文学校,他们使用的教材是《中文(初中版)》[①]。被国务院侨办命名为海外华文示范学校的丹华中学开设有 26 个不同的班级,学生从零起点到高中水平都有。笔者一行对丹华中学进行了实地考察,并选听了几节课,从课堂上可以明显感受到华语学习者语言背景的不同。据介绍,许多学生通过华文的学习爱上了华文。他们在学完初中课程以后,不愿离开,继续学习高中课程。我们参加了学生自己组织的诗歌朗诵会,同学们语言之熟练,感情之充沛,让人感叹不已。在这次调研中,一些学校反映暨南大学华文学院编写的《中文》太简单,学生很快就学完了。任课教师随后还给笔者来信,指出《中文(初中版)》对作文的指导不够,不能满足学生的需求。而以往我们听到的都是《中文》太难了,学生接受不了。

---

① 郭熙主编《中文(初中版)》,暨南大学出版社,2010 年。

这两种相反的说法或许也可以说明海外华文学习者的层次和语言背景差异甚大，他们对教材的需求也很不同。当然，这中间还有另外一种可能，即随着中国的快速发展，大家学习华文的积极性提升了。

二 管理模式的多样性

世界各地华校的管理模式也呈现出多样性。

马来西亚的华文学校由董教总统一管理，人们已经非常熟悉，不需再介绍。而在欧洲等地，如荷兰、意大利和瑞士，更多的是通过中文教育协会来协调。各地中文教育协会的组成并不相同，但总体上都是以一些热心华文教育的华商为主来运作的。许多华商在商业运作上很成功，但他们毕竟不是教育家，甚至也没有教育工作经历，他们凭借自己的激情和热情，投入资金，开展社会宣传，但未能考虑或做到在各校中开展协调工作，未能形成统一的教学管理、质量保证体系。当然，也有一些地方正朝这方面努力，例如荷兰，当地的教育协会就组织各华文学校校长进行华文教学的联谊讨论，介绍经验，分析问题，力求华文教学有更大的发展。

比较起来，菲律宾的管理模式非常有特色。菲律宾的华文教学是通过菲律宾华文教学研究中心来协调的。菲律宾华教中心的领导人都是长期从事华文教育的专家，不仅在教学上有丰富的经验，还有许多研究成果。菲律宾有华校160多所，情况各异。华教中心成立前，教材五花八门：有大陆的，也有台湾的；有简体的，也有繁体的；更没有针对性强的教学大纲。此外，人们对菲律宾华文教学性质的认识也不一致。吕必松把菲律宾的华语教学定性为第二语言教学,① 这在理论上对菲律宾的华语教学产生了积极的影响。但当地华教界并没有简单地把华语教学"二语化"。1991年5月成立的菲律宾华教中心,认识到菲律宾的华校学生既不同于中国本土学生,也不同于欧美等地的外国学生,而是具有菲律宾华社背景的一个特殊群体。这些学生使用的华语教材必须具备菲律宾华社的特别背景。因此,他们主张菲律宾华文教育应该转轨,并强调教材的科学性、实用性和针对性。他们制定了十年制中小学华语教学大纲,对每一级的华语教学都有具体的规定。他们编写了多种华语教材,其中幼儿园教材6册,中小学教材20册。除课本外,还配有录音带、电脑光盘、练习本、写字本、教师手册、教案集等。菲律宾华教界还非常重视教师队伍的建设。据《菲律宾华文教育综合年鉴》,1992—2004年,接受过中国国家汉办培训的菲律宾华语中小学教师达379人、415人次,而接受侨办培训的有222人、245人次。② 笔者的同事近来赴菲律宾进行调查,回来后对菲律宾华文教学的前景充满信心。菲律宾的这些成就,显然是与他们的华文教学研究中心的管理模式分不开的,更是与菲律宾华教界科学地认识菲律宾华语教学的实际分不开的。

还应该说明的是,菲律宾的华文教育还得到了菲律宾政府的支持。例如暨南大学华文学院在菲律宾密三密斯合作建设光华中学就得到了当地政府的大力支持,这一情况的出现或许与当地华社提出的华文教育目标有关。菲律宾华教的目标是培养具有中华文化素质的菲律宾公民。在重视华语教学当地化方面,菲律宾应

---

① 吕必松《华语教学讲习》,北京语言学院出版社,1992年。
② 菲律宾华教中心《菲律宾华文教育综合年鉴(1995—2004)》,菲律宾华教中心,2008年。

该是一个很好的样板。

三 教师队伍和课程设置的多样性

（一）教师队伍

各地华文教师也呈现出多样性。基本上由四部分人员组成：（1）当地教师，以华人居多。（2）旅居当地的华侨、留学生。（3）中国志愿者。（4）其他。

近年来，海外华文教师的组成也发生了一些变化。例如印度尼西亚的华文教师原来以年龄大的教师为主，现在出现了年轻化的趋势。暨南大学华文学院在印度尼西亚开展的远程华文教育课程中，前几届的学员年龄都很大，以至于他们毕业时媒体报道说是"爷爷奶奶大学生毕业"。近年来，雅加达、万隆等地一些年轻的学员陆续加入，但他们的华语基本上都是第二语言，所以在华语的语音、语法学习方面有明显的困难，而巨港等地则呈现出另一种情况。暨南大学华文学院在巨港开办的华文教育远程教育专业的学员84人，其中只有4人是大龄学员。这些年轻的学员中，有的只学习了6个月的汉语，但他们对汉语的理解力并不差，他们的汉字书写能力也令人鼓舞。可以想见，未来这些地方的华文教学将不再为师资问题所困扰。

意大利中文学校的教师多来自中国国内，有志愿者，也有的本来就是国内的中小学教师；泰国的华语教师队伍有泰国华人，有旅居泰国的华侨，还有大量来自中国的志愿者。一个值得关注的情况是，越来越多的原来从事其他专业的高学历的侨民或移民开始进入华文教育领域。

（二）课程设置

海外华文教学中，不同的学校课程设置常常不同。在英国和美国，不少中文学校通常每周只有两节中文课。因此，这些学校常常抱怨国务院侨办赠送的教材内容太多，也有的抱怨练习量太大。这次调查中我们看到，意大利、瑞士等一些地方的课程远远超过了过去的课程设置。意大利是华人移民数量增长较快的国家之一。以佛罗伦萨为例，目前该地区的中国移民已经超过两万人，并以每年18%的速度递增。随着移民的增加，新生子女也越来越多。不少新移民自身教育程度不高，他们的社会交际圈基本上是在华人内部，因此新形成的华人社会是一个相当紧密而且封闭的群体，其子女习得的基本上是父辈的方言或者带有方言色彩的普通话。由于种种原因，这些新移民对下一代的母语教育非常重视。佛罗伦萨华商联中文学校的华文课程达到每周12课时，从周一到周六每天下午2个小时。瑞士的中文学校中很多也是新侨民的子女，他们也非常重视华文教学，每周的华文课程是6小时。他们使用国内的语文课本，用12年的时间教完国内6年12册语文课本。欧美许多中文学校抱怨《中文》太难，但对这些新侨民的子女来说实在太容易，根本无法满足他们的需要。

四　问题讨论

近年来，人们越来越关心海外华文教学质量的提升，其中说得最多的是"三教"（即教师、教材、教法）问题。[1] 人们试图

---

[1] "中国语言生活状况报告"课题组编《中国语言生活状况报告》，商务印书馆，2005—2009年。

通过多种方法解决这些问题。教师方面希望通过培训，颁发资格证书来解决；教材方面通过统编教材来解决（现在也开始提倡"国别化"教材了）；教法方面则强调新的教学方法的采用，尤其是所谓现代化教学手段的采用等等。上述三个问题中，教法问题最具争议性，而且已经有很多的讨论。下面就教师和教材这两个与华文教学多样性有密切关系的问题谈些粗浅的想法。

（一）教师

教师显然是一个大问题。教师的培训自然重要，问题是如何培训。近年来国家汉办、国务院侨办都组织了不少培训，但目前的培训多偏重语言知识和教学方法方面，在教学理念的更新方面还不够，而且缺乏宏观协调，重复培训的现象比较突出。

考察发现，海外一些地方的华文教师师资素质值得担忧。以泰国为例，除了泰国华人、旅居泰国的华侨之外，泰国大量的华文教学任务由中国派出的志愿者来承担。他们分散到各个地区和学校。这些志愿者为汉语国际教育做了大量的工作，也取得了不少的成绩，但他们来自国内高校不同的学科，有的并未受过语言学尤其是语言教学的专业训练，不少只是经过短暂的培训就派出了，而到国外后更是缺乏管理和指导。除了教学经验欠缺、业务不熟之外，还有一个重要问题是一些人缺乏责任心。刚到国外时不适应当地的各种环境，到后期又盼着回国，中间则热衷于旅游。一些学校的师资配置也令人担忧。例如，某高校中文系有中文教师三人，当地教师一人，国内公派一位，由于和专业不对口，难以胜任教学任务；而另一位志愿者，则总在考虑回国后的前程问题。这些都直接影响了教学效果。如何处理这些相关问题，值得深入研究。

另一方面，虽说教师的年轻化趋势越来越明显，专业性也正在增强，但由于经费、人才的缺乏，不少地方不得不靠非专业出身的家长义务任教。而在一些传统华校，尤其是东南亚一些国家的华校，老一代华文教师还在发挥作用。他们有热情和感情，但他们的教学理念可能有些陈旧，教学水平以及与学生的互动能力也可能不是很强。因此，加快培养新一代教师，尤其是培养他们的责任心，迫在眉睫。

（二）教材

统编教材的观念越来越受到挑战，当地化、多样化的理念开始浮现。例如有人提倡"国别化"教材，以解决国别文化差异问题，避免文化和意识形态冲突。但这并不能解决同一国家内部不同语言背景学习者的差异问题。因此，在我们看来，理想的教材应该是在国别化之外，再加上对象化。以意大利为例，这里的教材既要考虑意大利国情的需要，又要考虑意大利的华文学习者并非单一群体。像意大利佛罗伦萨和瑞士的中文学校在教材选用上的困难，靠现有教材是无法解决的：用现有的海外教材显然无法适应需要，而国内的语文教材也同样不合适。我们试想，一个18岁的青年读的是为12岁的孩子编的《语文》，会是什么样的情况呢？

对于教材当地化和多样化，我们也听到一些质疑的声音。例如，说英语教学分布在全世界，并没有人提出选用不同的英语教材，事实上也有其他语言的教材是一本打天下的。我们承认，的确很少看到英语所谓的当地化教材，但是，我们必须认识到华语和英语的地位有着重大的差别。英语是强势语言，各地的英语传人不需要为英语的传承问题而苦恼。尽管华语地位近年来不断提升，人们使用华语的自豪感正在加强，但仍然无法和英语相比，它还需要我们作为传承语言去不断地推进维护工作。

在这种情况下,编写各地适用的教材必须考虑几个不同的方面。一是教材编写队伍深入教材使用国调研,跟当地教师座谈了解学生的状况和实际需求;二是吸收当地有经验的教师进入教材编写队伍;三是教材编好后到适用地试教;四是教材编好后,由教材编写人员和当地教师沟通,阐述编写的理念,以便教师使用。经验证明,这几个方面非常重要。另一方面,鉴于目前的印刷技术,不必急于批量印刷教材,可以仿照国务院侨办处理《中文(初中版)》的方式,把教材上传至网络,供各地使用者下载试用。考虑到一些国家或地区网络不发达或网速限制无法下载,也可以制成光碟,寄送当地。

还应当说明的是,永远没有可以包打天下的教材。现在教材的种类已经很多,所谓的"国别教材"实际上早已出现,例如在泰国的书店,我们可以看到泰国华文工作者编写的大批教材,而新加坡、马来西亚更是有自己的《华文》教材系列,这些教材已经进行了很好的"国别"尝试。事实上,教材不仅在于"国别",更在于学习对象。

另一方面,华文教学的成功与否,教材只是一个因素,更重要的因素是教师。教师应该根据自己的需要进行选择和调整。因此,培养教师如何选择教材应该成为教师培训中的重要一环。

(三)其他问题

教法问题涉及面比较广,如果能够正确认识华文教学的多样性,实施不同的教学方法,问题并不难解决。事实上,海外华文教学还有一些方面值得讨论。以菲律宾为例,很久以来,方言问题一直困扰着菲律宾华语教学界,甚至出现了两种截然对立的观点：一种主张教授他们原来的方言比如闽南话，以保住"根"，一种认为学习者掌握华语已经不易，使用方言必然影响到华语教学，主张杜绝方言教学。我们在这里重新提出这个问题，实际上是想进一步思考菲律宾华语教学的多样性问题。闽南话在菲律宾的一些地区已经逐渐消失，但在南方的棉兰地区的使用仍然非常普遍，当地华文学校教华语以外的科目时，有的就以闽南话为教学媒介语。以密三密斯光华中学所在的城市为例，当地华社领袖中，能使用华语的非常少，以至于我们选派学校负责人的时候，必须考虑其具有英语或闽南话背景。我们相信，在菲律宾的华语教学中，如果能够考虑到方言的作用，会有更好的效果。

再如，语言规范问题是海外华文教师非常关心的。总体而言，我们主张保护各地华语的多样性，但这种多样性与语言规范的关系值得进一步研究。这方面的研究还不够。可喜的是，《全球华语词典》[①]已经出版，《全球华语大词典》也已经列入中国"十二五"规划的重大项目，而《全球华语语法研究》也已经列入中国国家社会科学基金重大攻关项目，这方面研究的深入，会对海外华语文教学的一些具体语言问题有所帮助。

五 结语

海外华文教学质量需要提高，保证教学质量需要多种措施。单靠统编教材，统一培养老师，或单单强调教学方法或模式是无法解决这些问题的。教材国别化可以加强教材的针对性，但并不

---

① 李宇明主编《全球华语词典》，商务印书馆，2010年。

是唯一的途径。做好华文教学，必须从实际出发，鼓励多元发展，差异发展。受到条件限制，教师选派、教材使用等，都不可能简单地靠国别化来解决。提高质量靠管理，但一切都包办，恐怕也是无益的。

第七节 政治、经济、社会与海外汉语教学[①]

一种语言在母语国家以外的地区地位如何，当地人学习和使用该语言的人数有多少，当然同母语国家在世界上的政治、经济、军事和文化地位以及同有关国家之间的历史和文化联系、政经双边关系等等密切相关。不过，一般来说，这些主要都是外在因素。真正对该语言在当地的教学和使用产生决定性影响的，是当地的政治经济形势、社会文化传统、居民人口构成等种种内部因素的交互作用。本文以澳大利亚为例，分析汉语教学在该国的历史与现状以及当前面临的机遇和挑战，重点探讨澳大利亚本国的政治、经济、种族和其他有关因素在其中所起的决定作用。本文所讨论的现象，相信也程度不同地存在于美国、加拿大和新西兰这三个以移民为主体的英语国家。

澳大利亚位于南太平洋，英文名称 Australia 源自拉丁文 terra australis，是"南方陆地"的意思。国土面积约 760 万平方公里，

---

① 本节选自陈平《政治、经济、社会与海外汉语教学——以澳大利亚为例》，《世界汉语教学》2013 年第 3 期。

相当于中国的五分之四,根据最新的2011年人口调查统计,总人口2230万左右,26%出生在海外,另有20%父母双方或一方出生在海外,两类合计占总人口46%,是个十分典型的移民国家。1987年国家语言政策宣布英语是官方语言,而澳大利亚家庭常用语言则共有350种左右。根据2011年人口统计,五岁以上的澳大利亚人80.7%在家中只说英语,而该比例在1996年则为82%,另外,约2%的澳大利亚人完全不会英语。同时使用两种或两种以上语言的家庭,2011年为20.4%,而在2006年为17.7%。这充分反映这十来年间非英语国家外来移民在总人口中所占比例持续增长。尤其值得注意的是,2006年人口调查统计结果,英语以外的其他家庭语言,使用人口最多的前五种分别是意大利语(占总人口1.6%)、希腊语(1.3%)、阿拉伯语(1.2%)、汉语广东话(1.2%)以及汉语北方话(Mandarin)(1.1%)。到了2011年,前五种分别是汉语北方话(1.7%)、意大利语(1.5%)、阿拉伯语(1.4%)、汉语广东话(1.3%)和希腊语(1.3%)。也就是说,过去五年间汉语北方话从排名第五一跃而为排名第一,成了除英语以外,使用人数最多的家庭语言。在澳华人人数高速增长的势头实际上从20世纪90年代就开始了。1996—2006年,汉语北方话人口增长幅度高达138%,2006—2011年又增长了50%以上,达到336 410人。说汉语广东话的人口1996—2006年增长幅度为21%,2006—2011年又增长了约8%,达到263 673人。① 连同其他已经不太会说汉语的华人,目前澳大利亚的华裔人口据估计总

---

① ABS (Australian Bureau of Statistics). *2071.0-Reflecting a Nation: Stories from the 2011 Census, 2012-2013.* Cultural Diversity in Australia, 2012.

数达 100 万以上，约占澳大利亚总人口的 5%。

一 澳大利亚的语言政策与外语教学

一般认为，澳大利亚在语言使用和语言政策问题上，过去两百多年间大致经历了以下三个主要阶段：（1）19 世纪初至 20 世纪初左右：相对而言处于自由放任状态。（2）20 世纪初至 20 世纪 70 年代早期：独尊英语，排斥其他语言。（3）20 世纪 70 年代早期至今：政治上主张多元文化，异中求同，平等对待各族群语言以促进社会公平正义，近 20 年来同时强调语言的经济价值。①

19 世纪初开始往澳大利亚大量移民的国家主要是英国和爱尔兰，其中也有不少说凯尔特诸语言的人。后来，除了英国和爱尔兰之外，又有大批移民从许多非英语国家如德国、法国、意大利、北欧诸国以及中国等来到澳大利亚。19 世纪末以前，澳大利亚各个殖民地的政府组织和社会行业管理相当松散和宽容，对社会上和学校里的语言使用和语言教育问题一般都采取听之任之的态度，很少做硬性规定。1901 年澳大利亚联邦成立前后，各地立法机构和教育部门改变了早期的态度，在公立学校强力推行独用英语的政策，将英语同爱国主义联系在一起，对非英语国家的移民也逐步加以限制。澳大利亚联邦成立后通过的第一批法案中就有

---

① Ozolins, U. *The Politics of Language in Australia*. Cambridge University Press, 1993. Clyne, M. *Community Languages: The Australian Experience*. Cambridge University Press, 1999. Clyne, M. *Australia's Language Potential*. University of New South Wales Press, 2005. Lo Bianco, J. *Second Languages and Australian Schooling*. Australian Council for Educational Research (ACER) Press, 2009.

所谓的《限制移民法案》(Immigration Restriction Act 1901)，采取臭名昭著的"白澳政策"，主要目的是将亚洲和太平洋岛国的移民拦在国门之外。

第二次世界大战之后，出于大力发展经济的需要，澳大利亚开始积极吸纳外来移民。在这之前的40多年中，移民主要来自英国，虽然采取了许多优惠措施，但新增人口还是无法满足经济快速发展的需求。20世纪40年代中期以后，澳大利亚开始逐渐修改移民政策，向英国以外的其他欧洲国家敞开大门，来自南欧诸国如意大利、希腊等国的移民大量来到澳大利亚。对于非英语国家来的移民，政府采取的是同化政策（Assimilation），最突出的体现在语言问题方面。政府要求非英语国家移民尽快掌握英语，逐渐放弃本民族的语言，公共场合说其他语言，家长对孩子说自己的民族语言，往往会受到劝阻。

20世纪60年代中期开始，整个西方世界在社会思潮、主流意识形态和政府内外政策方面经历了自19世纪末以来的最大变化。澳大利亚当然也没有自外于这股席卷整个西方世界的历史潮流，追求更多的社会正义和族群平等渐渐成了社会的主旋律。在国际国内诸多因素的合力下，社会思潮和官方政策在非英语国家移民问题上渐渐有了明显的变化，开始向更多的国家，尤其是亚洲国家，打开了移民大门，对新移民的政策也由同化转为整合（Integration）。到了20世纪70年代初期，多元文化主义日渐深入人心。所谓多元文化主义，其主要原则就是将各族移民及原住民所代表的诸多文化都看成是澳大利亚民族文化的组成部分，无论族群大小，地位一律平等，应该得到同等的尊重、保护和发展，在凝聚和团结国家整体民族的同时保持个体民族的特色（Diversity within National Cohesion and Unity），由此形成新的澳大利亚民族文化。1972年上台的惠特拉姆（Gough Whitlam）工党政府，在内政和外交方面进行了建国以来最为大胆的改革，内政方面将多元文化主义定为政治社会文化政策的主导方针，在移民问题上彻底废除了白澳政策，同时采取一系列促进民族、性别平权的进步措施，对外主张同亚洲国家建立更密切的联系，并于执政当年同中国建立正式外交关系，1973年10月访华。1975年取代工党政府上台的自由党弗莱泽（Malcolm Fraser）政府，并没有在内政和外交基本国策上倒退，而是顺应历史潮流，基本上继承并发展了上届政府一系列旨在推进社会公平和正义的进步政策。多元文化主义成了此后历届政府的官方政策，也为澳大利亚社会大众所广泛接受。澳大利亚与亚太地区其他国家的经贸关系日益密切，日本和中国相继成为澳大利亚的主要贸易伙伴，亚洲也渐渐成了澳大利亚移民的主要来源地区。所有这些，对于澳大利亚的语言政策和外语教育产生了深刻的影响。

1987年，澳大利亚首次制定并公布了国家语言政策（National Policy on Languages），该政策文本由语言政策专家Joseph Lo Bianco起草，后由联邦政府正式批准颁布。主要内容共分四个部分：第一部分首先是确定澳大利亚国内所有语言的地位和功能，宣布英语为澳大利亚的官方语言；同时，澳大利亚原住民和非英语族群使用、学习和传承自己语言的权利应该得到尊重和支持。第二部分是语言教育：（1）人人学习和使用英语。（2）国家对原住民语言的使用和传承采取扶持措施。（3）人人掌握除英语以外的另一种语言，即LOTE（Language Other Than

English)①。该政策报告建议将九种语言定为推广教学的语言，它们是阿拉伯语、汉语、法语、德语、现代希腊语、印度尼西亚/马来语、意大利语、日语和西班牙语。其中因为当前资源不足而尤其需要扶持的语言是汉语、日语、印度尼西亚/马来语、阿拉伯语及西班牙语。② 第三部分是语言服务，要在翻译、媒体、公共图书馆、语言测试等方面为使用本民族语言的土著居民、聋哑人及英语非其母语的其他澳大利亚人广泛提供平等的服务。第四部分是成立澳大利亚语言政策顾问委员会，主要负责协调国家语言政策的执行和调整。

1991 年，联邦政府就业、教育与培训部长 John Dawkins 代表政府发布了《澳大利亚语言与读写政策》(*The Australian Language and Literacy Policy*, *ALLP*) 白皮书，基本精神与 1987 年版的国家语言政策相似，但对所定目标和实施措施表述得更为具体。

---

① 据 Clyne（1999）解释，澳大利亚于 1975 年左右开始用"社区语言"（Community Language）这个词语指澳大利亚除英语以外的其他语言。美国和加拿大一般称之为 Heritage Language。使用"社区语言"这个术语的主要原因是没有其他合适的术语可用。不能用"外语"（Foreign Language），因为这些语言虽然没有英语的官方语言地位，但也是澳大利亚一些族群日常使用的语言；"移民语言"（Migrant Language）这个词语也不合适，因为使用这些语言的许多人在澳大利亚出生长大，另外社区语言也包括原住民语言，而原住民当然不能算作移民；用"少数民族语言"（Ethnic Language）还是欠妥，因为其他民族的人也会用到这些语言。Clyne 认为 Foreign Language、Migrant Language 和 Ethnic Language 这些词语在澳大利亚都带有贬义，所以 20 世纪 80 年代以来最常用的名称是"英语之外的其他语言"（Language Other Than English），LOTE。本文有时也笼统地称其为"外语"，完全为方便起见，不含任何价值判断。Clyne, M. *Community Languages: The Australian Experience*. Cambridge University Press, 1999.

② Lo Bianco, J. *National Policy on Languages*. Australian Government Publishing Services, 1987. MMA (Making Multicultural Australia). *Ministers Announce National Policy on Languages*. 1987.

白皮书提到，1988年澳大利亚中小学所教LOTE一共有59种，其中23种为原住民语言，开设LOTE课程的学校不到总数的四分之一。自20世纪60年代至20世纪90年代初期，学习外语人数急剧下降，小学生中只占13%，中学生占29.5%，高中毕业生学习外语人数从1967年的40%降到1990年的不足11.68%，而且其中还有不少人所学的LOTE是其母语。所学语种很不平衡，选修外语课程的高中毕业生中，24%学习法语。澳大利亚大学一共开设40多门外语课，但在校期间修完一学期外语课的学生人数不足学生总数的1%，学习法语和日语的学生加起来占了其中的45%以上，大多数外语所学人数之少，可想而知。① 除了进一步加强英语教学以外，联邦政府决定加强对LOTE教学和研究的支持力度，鼓励各州和地区在原住民语言、阿拉伯语、汉语、法语、德语、印度尼西亚语、意大利语、日语、韩语、希腊语、俄语、西班牙语、泰语和越南语中间选择八种语言作为本地区的优先语言，联邦政府在经费拨款等方面给予教育部门和其他部门以专项资助，争取2000年高中毕业生学习外语的人数能达到25%。

1987年制定的国家语言政策是落实国家多元文化战略的重要方面，重点考虑的是国内因素。20世纪初至20世纪70年代的70年间，独尊英语、抑制其他语言的单一语言、单一文化政策基本上是澳大利亚政府的主导方针，而1987版国家语言政策则是在语言问题上对早期单一语言政策的全面修正，主要目的是促进社会公平、正义和族群平等，增进族群之间的相互了解与和谐共

---

① ALLP. *Australia's Language: The Australian Language and Literacy Policy*. Australian Government Publishing Service, 1991.

处。相比之下，1991 版的国家语言政策更为强调语言在国家对外经贸关系中的实用价值。考虑到澳大利亚与亚洲日益密切的经贸、外交和文化交往，白皮书将亚洲研究（包括亚洲语言教学和研究）作为重点扶持领域，额外提供专项经费，支持这方面的学术研究及教师培训和课程开发。1994 年，澳大利亚政府批准了一份名为"亚洲语言与澳大利亚的经济前途"的政策报告。该报告将日语、汉语、印度尼西亚语与韩语定为对于澳大利亚具有战略意义的四种语言，随后，联邦和州政府共同制定了"全国中小学亚洲语言及亚洲研究策略"（National Asian Languages and Studies in Australian Schools Strategy，NALSASS），对这四种亚洲语言在中小学中的课程设置和教师培养提供高额资助，从 1995—2002 年分两期一共拨款两亿零六百万澳元。该策略成效显著，实施结果是日语和印度尼西亚语学习人数增长一倍，汉语增长一倍半，韩语略有增长。2004 年，23.4% 的中小学生学习亚洲语言，大都集中在五年级到七年级。[1]自由党和国家党执政的联邦政府于 2002 年 NALSASS 到期后没有续延，也没有制定替代政策。工党政府 2007 年上台以后，决定恢复对亚洲语言教学与研究的支持政策，将 NALSASS 改名为"全国中小学亚洲语言及亚洲研究计划"（National Asian Languages and Studies in Schools Program，NALSSP），于 2008—2012 年间拨款 6240 万澳元。

（一）中小学外语教学现状

澳大利亚开展语言教学的机构主要有三大类：一是正规的中小学，包括公立及获得教育部门认证的私立中小学；二是大学；

---

[1] Lo Bianco, J. *Second Languages and Australian Schooling.* Australian Council for Educational Research (ACER) Press, 2009.

三是课外语言学校、社区学校和远程教育等起补充作用的教育机构。据 2006 年的统计，三类机构所教授的语言加在一起总共有 133 种，其中包括约 50 种原住民语言。①

澳大利亚政体采取联邦制，各级政府的自主权很大。中小学外语课程的开设向来都由全国各个州和地区的教育部门决定，联邦政府起着统筹规划、引导和支持作用，主要通过专项财政拨款来影响州和地区的决策。在开设语种、课时安排、所教内容和方式等方面，各州和地区并不统一，即使是在同一州和地区，各个学校里做法往往也不统一。各中小学校长有一定的自主权，可以根据本地的具体情况规划学校的外语教学。澳大利亚中小学学制一般采取十三年制，预科一年（Preparatory Year），接着是十二年的小学和中学阶段。从外语教学的角度来看，可以把这十三年分成三大段：第一段从预科开始到六年级（Year 6），第二段从七年级开始到九年级，第三段从十年级开始到十二年级，分别大致相当于中国的小学、初中和高中。② 联邦政府以及各州和地区教育主管部门要求校长们让学生从小就开始学习外语，但因为受师资等条件的限制，并不是所有小学都有能力开设外语课

---

① Lo Bianco, J. *Second Languages and Australian Schooling.* Australian Council for Educational Research (ACER) Press, 2009.

② 澳大利亚中小学几个阶段的划分和名称与中国不尽相同，就是各州之间有时也不一样。拿笔者所在的昆士兰州来说，小学一年级到三年级称为初小（Lower Primary），四年级和五年级称为中小（Middle Primary），六年级和七年级称为高小（Upper Primary），八年级到十年级称为初中（Lower Secondary），十一年级和十二年级称为高中（Upper Secondary）。另外，Secondary School 在有的州指七年级到十二年级，有的州指八年级至十二年级，有的学校在中段还会再分出 Middle School，详见 EIA（2012）。EIA. Education in Australia. 2012. http://en.wikipedia.org/wiki/Education_in_Australia.

程。根据2006年的统计,当年学习外语的小学生占学生总人数的48%。少数学校从一年级开到六年级,大多数从四年级开始。授课时间各校不一,一般每个星期35分钟至60分钟。绝大多数学校并不把外语作为专门课程来开设,而是将它作为世界知识或多元文化常识这类课程的一个组成部分来教,一般没有专门的外语教材。教学形式多种多样,绝大多数内容相当浅显。拿汉语教学来说,常常是教一些比如"你好""谢谢"等最简单的日常生活用语,学会从一数到十,再描画几个或十几个汉字而已。除了极少数双语学校,一般小学阶段外语学习所花时间最多总共200个小时。有些州和地区,如昆士兰州、维多利亚州、新南威尔士州和首都地区(Australia Capital Territory),规定外语为必修课,大都是在七年级到十年级要求学生必修两年到三年的外语课程,①每周一般2至3小时,其他州和地区则无此要求。高中阶段,尤其是十一年级和十二年级,外语一般都是选修。整个中学阶段的外语课总时数一般来说可达500小时,但学满这个时数的学生很少,根据2006年的统计数字,初中七年级到九年级修读外语课程的学生比例分别为79.3%、64.1%和30.8%,而高中十年级、十一年级和十二年级三年的比例则骤降到17.6%、10.9%和10.3%。整个中学阶段,学习外语课程的学生人数平均占总人数的35%,学习亚洲语言的学生占学生总人数约18%。②澳大利亚大学录取新生,主要根据高三全年所修课程成绩或毕业会考成

---

① 各州规定不尽相同,昆士兰州大多数学校规定六年级到八年级外语为必修科目。

② Lo Bianco, J. *National Policy on Languages*. Australian Government Publishing Services, 1987.

绩,将哪些课程记入会考总分,学生有一定的选择自由。1968 年以后,大学入学不再要求中学毕业生提供外语课成绩,普遍认为,高中学习外语的人数很少与此有直接关系。最近几年,为了鼓励中学生学习外语,许多州和地区的教育部门和大学都规定,高三毕业生所学课程或者会考课程中如果有外语课,申请大学入学时可得到额外加分。即使这样,90% 的高三学生都不再选修外语。

  至于教学语种,各个州和地区的教育部门制定了从六七种到三十多种语言的教学大纲,供中小学选择。2006 年,中小学生学习人数最多的六种外语依次为日语、意大利语、印度尼西亚语、法语、德语和汉语,占外语学习总人数的 91%。这种情况近几年有了较大的变化,学习印度尼西亚语和意大利语的人数急剧下降,学西班牙语和汉语的人数上升,但准确的数字还没有统计出来。另外,考虑到有些语种学生的实际水平差别很大,大多数州和地区都为汉语、日语、印度尼西亚语和韩语制定了两套或三套不同的教学大纲和会考题目,根据学生的语言程度分班。以维多利亚州为例,完全以英语为母语没有任何汉语基础的学生为一类,汉语对于他们来说完全是外语,一般将这类学生称为 L2 学生(Classroom Second Language Learner);第二类是在汉语国家和地区至少读完小学后来澳的学生,以汉语为第一语言,简称 L1 学生(First Language Learner),又称国际学生;在澳大利亚讲汉语的家庭出生或长大的为第三类,英语是他们的第一语言,但大都同时具备一定程度的汉语听说能力,而读写则因人而异。英语文献中常常出现"背景学生"(Background Student,BS)这种称呼,有广义和狭义两种用法,广义用法合指上述第二类和第三类,狭义用法则专指第三类学生。本文 BS 是狭义用法,又称 Heritage

Speaker。① 没有条件为三类学生单独分班的学校则往往将 BS 学生根据实际水平分别编入低班、中班或高班，与 L2 学生同堂上课。给学生分班，尤其是给在澳大利亚出生或长大的华裔子弟分班，往往是一件很难做到让各方满意的工作。

除了正规中小学之外，澳大利亚政府还开办了四所语言专修学校，提供 50 余种外语的课堂教学或远程教学课程，教学质量很高。所收学生从学前班到高三都有，注册人数 2 万左右。另外，还有遍布全国各地的民族语言文化学校（Ethnic School），又称社区语言学校（Community Language School）或周末语言学校（Week-end Language School）。这类学校有的历史悠久，可以追溯到 19 世纪 50 年代，有的则是最近几年才陆续开办。主事机构大多数都是非英语民族的宗教组织、地方社团、工商企业或是社区家长协会等等，主要目的是传承本民族的语言文化和宗教信仰，也有少数是以营利为目的的商业运作。一般能从各级政府得到一定的资助，学生也要交很低的学费。目前全澳共有 1400 余所这样的民族语言文化学校，所教语言 70 余种，学生 10 万人以上。教学质量参差不齐，学生动机不一。许多是家长坚持，孩子不得不去，希望能提高或至少维持母语能力，有些是在外语课堂教学之外再得到补习辅导，有些则是去学习当地中小学和大学不教的语种，尤其是小语种，许多小语种可以作为中学毕业会考科目，也有人单纯是为了兴趣。这类政府开办的语言专门学校和民族语言文化学校，通常在周末和学校假期间上课，有的也在下午学

---

① Sturak, K. & Naughten, Z. *The Current State of Chinese, Indonesian, Japanese and Korean Language Education in Australian Schools*. Asia Education Foundation, 2010.

生放学后或晚上开课。对于正规学历教育是一种有效的补充和支持，一些办得很好的课程能得到中小学教育部门的承认。

（二）大学外语教学现状

澳大利亚有37所公立大学，2所私立大学。中学生对外语学习兴趣不大，直接反映到大学阶段。澳大利亚人文科学院2007年的一份调查报告指出，根据不完全统计，2005—2007年间，大学一年级新生选修外语课的人数平均不到10%，本科毕业时坚持学完三年外语的又只占其中的四分之一。[①] 也就是说，澳大利亚大学三年的本科毕业生，100人中外语课程学满三年的最多只有2.5人，其中包括所有外语专业的毕业生。澳大利亚39所大学在2007年共开设24门外语，同10年前相比少了一半。随着小语种如俄语等选修人数逐年减少，所开外语的数目还有减少的趋势。学习人数最多的语种依次为日语、汉语、法语、意大利语、德语、印度尼西亚语和西班牙语。同数年前相比，学习欧洲语言的人数上升了12%，学习亚洲语言的人数下降了9%。总的来看，一年级新生选修欧洲语言的人数远远超过亚洲语言，学习亚洲语言的人数加在一起，只比学习西班牙语或法语的新生人数略高一点儿。所有这些数字都明白无误地显示，澳大利亚大学生学习外语的热情不但远远低于亚洲国家和欧洲国家，同美国、加拿大等国相比都有相当大的距离。2007年，澳大利亚最好的八所大学联盟（Group of Eight）就大学外语教学向联邦政府提交一份报告，题目就是"语言处于危机之中"。

---

① AAH (Australian Academy of the Humanities). *Beginners' LOTE (Languages Other Than English) in Australian Universities: An Audit Survey and Analysis.* Australian Academy of the Humanities, 2007.

二 澳大利亚的华人群体与汉语教学

澳大利亚对华人的语言文化并不陌生,因为华人从来就是这个多民族多元文化社会的重要组成部分。殖民地初期就有华人来到澳大利亚,从19世纪40年代开始,当地农场和牧场缺乏劳动力,从中国招来大批所谓契约劳工,大多来自福建和广东,不少是被"卖猪仔"受骗而来。19世纪50年代中期开始,墨尔本附近Ballarat发现金矿,墨尔本因此得名"新金山",对应美国加利福尼亚州的旧金山(San Francisco)。恰好这段时期中国南方连年饥荒,天灾人祸,民不聊生,促使大批华人离乡背井从广东和福建地区来澳淘金。据1861年人口统计,当时中国出生的在澳华人有38 000多人,是人数最多的少数民族(其次是德国人,约27 000人),占总人口3.3%,绝大多数在维多利亚和新南威尔士地区的金矿做工。华人和当地人早期相处还算融洽,但随着金矿资源渐渐枯竭,竞争加剧,华人与西人频起冲突。当地其他居民对华人这个最大移民群体的偏见和歧视日益严重。以墨尔本为首府的维多利亚殖民政府于1857年通过了澳洲第一部歧视华人法案,对新来的华人每人征收10镑的人头税。南澳、新南威尔士、西澳和昆士兰等殖民地政府也随后通过类似法案。淘金热过后,华人渐渐散入其他行业。此后的几十年间,随着其他族裔移民大量入境定居,澳大利亚的总人口增长很快,受歧视性政策影响,华人人数并没有增长,到1891年华人只占总人口的1.1%左右。1901年限制移民法案通过以后的几十年中,移民政策越收越紧。到了1930年左右,只限英国公民可以自由移民澳大利亚,其他欧洲国家的人要已有亲属在澳才为澳洲政府接纳。在这种政治社会环境下，中国出生的在澳华人人数急剧下降，从1901年的29 900跌落到1947年的6400，但在澳本地出生的华人人数却有所增长，从1911年的1456人增加到1947年的3728人。华人在总人口中的比例则从1901年的0.78%降至1947年的0.12%。①1972年白澳政策彻底废除之后，越来越多的亚洲人移居澳大利亚，其中华人占很大比例。开始主要是来自越南和柬埔寨的华裔难民，20世纪80年代以后大量移民来自中国香港、台湾和内地（大陆）。进入21世纪，中国内地（大陆）成了澳大利亚华裔新移民的主要来源地。最近数年，说汉语北方话的移民是所有移民中数量增长最快的群体之一。如前所述，2011年人口调查数据表明，汉语北方话成了澳大利亚除英语之外使用人口最多的家庭语言。

中文正式进入澳大利亚中小学教育体制是从20世纪60年代开始的，起初只有维多利亚州的几个私立中学开始教授汉语，随后其他学校和外州的中小学也渐渐开设汉语课程。汉语教学自20世纪80年代起进入快速发展阶段。1988年，全国中小学修读汉语课程总人数为11 295，到了1991年，跃升至25 500；2006年，全国从学前班到六年级学习汉语的小学生有48 405人，中学生有32 953人，共计81 358人。②根据最新统计数据，2007年全国共有319所中小学教授汉语，占同期中小学校总数9581的3.3%。学习汉语的学生总数约为84 000人，占中小学在校生总数3 441 026的2.4%。同年选修其他五种主要外语的学生人数则分别为：意大利语30万，日语30万，印度尼西亚语20万，法语20万，德语

---

① 张秋生《澳大利亚华侨华人史》，外语教学与研究出版社，1998年。
② Lo Bianco, J. *Second Languages and Australian Schooling*. Australian Council for Educational Research (ACER) Press, 2009.

13万。①

华人社区自发组织的社区语言学校也有很久的历史。1913年之前,有书面记载的汉语语言学校有三所,其后数目稳步增长,到了20世纪30年代末,因为在澳出生的华人人数减少,华语学校数目也随之减少。20世纪70年代白澳政策正式取消之后,汉语周末语言学校又进入一个快速增长期,目前仅在澳大利亚第三大城市昆士兰州首府布里斯班,就有10余所汉语学校,绝大多数学生都是在校的中小学生,有的学校甚至开设学前幼儿班,招收4—6岁的孩子。也有学校开设成人班。20世纪90年代以前,学生中汉语北方话、广东话或其他方言,以及非华人家庭背景的大约各占三分之一。随着过去20多年来中国大陆和台湾地区新移民人数急剧上升,说北方话的学生渐渐占到三分之二以上。另据2006年的统计数字,澳大利亚六个州的民族语言文化学校所有注册学生中,学习汉语的学生人数在四个州占第一,一个州占第二,一个州占第三。② 中国台湾背景的学校一般同时教授简体字和繁体字,少数还教注音符号,其他学校只教简体字和汉语拼音。教师几乎都是兼职,以前大都由学生家长担任,现在也有许多以前在国内中小学有多年教学经验的老师任教,但绝大多数语言学校的汉语老师都没有澳大利亚本地的教师资格证书。

澳大利亚联邦政府自20世纪80年代末起大力扶持亚洲语言

---

① ABS (Australian Bureau of Statistics). *4221.0 — Schools, Australia.* 2007. Orton, J. *Chinese Language Education in Australian Schools.* Melbourne Graduate School of Education, The University of Melbourne, 2008.

② Lo Bianco, J. *Second Languages and Australian Schooling.* Australian Council for Educational Research (ACER) Press, 2009.

的政策,也直接反映到大学汉语教学领域。澳大利亚大学开设中文课有悠久的历史,如悉尼大学早在20世纪初就开设汉语语言文化专业课程。大学里学习汉语的总人数自20世纪80年代起始终呈上升趋势,20世纪80年代末以后发展趋势加快。1988年,13所高等院校开设汉语课程,1992年23所,2009年28所。根据White & Baldauf提供的数据,澳大利亚大学里折合全日制学生数(EFTSU)的汉语学习人数从1990年起稳步增长,1990年为587人,1994年为880人,2001年为1031人,2005年为1663人,从2001—2005年,增长幅度为61%。[①] 另据McLaren报道,在20所澳大利亚大学学习汉语的学生折合全日制学生人数2001年为955人,2009年为1291人,增长幅度为35%。[②] 不过,单看这些统计数字的增长也许并不能说明所有问题。近10年来,尽管社会上对中国的兴趣大增,但据AAH报道,大学新生选修初级汉语的人数仅2005—2007年两年间就下降了11.7%,[③] 这似乎与White & Baldauf和McLaren的调查结果相悖。我们前面提到,澳大利亚学习汉语的学生可以大致分为L2、BS和L1三类。虽然我们还没有系统的统计数字,但据多年从事大学汉语教学的老师们估计,过去10年澳大利亚大学非华裔子弟学习汉语的人数,

---

[①] White, P. & Baldauf, R. B. *Re-examining Australia's Tertiary Language Programs*. Faculty of Arts/Faculty of Social and Behavioural Sciences, The University of Queensland, 2006.

[②] McLaren, A. *Asian Languages Enrolments in Australian Higher Education*. Asian Studies Association of Australia, 2011.

[③] AAH (Australian Academy of the Humanities). *Beginners' LOTE (Languages Other Than English) in Australian Universities: An Audit Survey and Analysis*. Australian Academy of the Humanities, 2007.

即 L2 学生人数，在许多大学里并没有显著增长，反而在一些大学里有所下降。汉语课程学生增长总人数中，大多数是华裔学生，即 BS 和 L1 学生。以 La Trobe 大学的汉语课程为例，学生人数从 2001—2009 年增长了 65%，但学生中 62% 是来自中国以汉语为母语的学生，其他大学也有类似的情况。澳大利亚大学中文系为这些学生所开的课程有英汉翻译，以及类似于中国大学所开的大学语文、中国文学概论等等。

选修汉语课程的大都为 BS 和 L1 学生，这种情形在中学汉语教学中显得尤为突出，并带来一些不良后果。如前所述，澳大利亚包括汉语在内的亚洲语言教学深受政治和经济因素影响，2002 年 NALSASS 结束后，虽然其他亚洲语言学习人数全面下降，但汉语仍然有所增长，主要生源就是来自经济日渐发达、移民来澳和自费留学人数不断增加的中国内地（大陆）和香港、台湾地区。根据 Orton[1] 和澳大利亚统计局[2] 提供的相关数据，2007 年澳大利亚中小学学习汉语的人数共有约 84 000 人，但到了十二年级，只有 4534 名学生选修汉语课程，仅占同年十二年级学生总数 198 216 的 2.3%，其中绝大多数是 BS 和 L1 学生，L2 学生只有不到 300 人，约占总数的 0.15%。这种情形引起教育界的广泛关注。Orton 指出："澳大利亚的汉语教学到了高中阶段，基本上就是华人老师教华人学生学习汉语。"[3] McLaren 则认为："如果这种趋势继续下去，

---

[1] Orton, J. *Chinese Language Education in Australian Schools*. Melbourne Graduate School of Education, The University of Melbourne, 2008.

[2] ABS (Australian Bureau of Statistics). *4221.0 — Schools, Australia*. 2007.

[3] 有新闻报道用"Chinese Teaching Chinese to Chinese"做标题描述当地学校的汉语教学。Orton, J. *Chinese Language Education in Australian Schools*. Melbourne Graduate School of Education, The University of Melbourne, 2008.

汉语面临的危险是成为唐人街语言，只有华人背景的学生才会去学习。"[1]

澳大利亚非华人背景的高中学生绝大多数学习汉语意愿不高，主要有两方面的原因：一是同欧洲语言相比，学习汉语（以及日语和韩语等亚洲语言）的学生需要花费三倍以上的时间和精力才能在听读说写方面达到大致相同的程度，如此高的要求，难免让许多学生视为畏途；二是非华裔学生，除非是特别优秀的，面临汉语课上同班华裔同学的竞争往往很难拿到高分，这对他们的学习积极性是一个很大的打击。

毋庸讳言，对于以英语语言为母语的学生来说，要掌握一门如汉语这样的语言，所花时间精力要比学习另一门欧洲语言多得多。在这个问题上，可以参考美国国务院外交事务学院制定的相关规定。美国国务院向其他国家派遣外交人员时，对他们的语言能力有一定的要求，外交事务学院负责这方面的管理和培训。他们将世界主要语言分为三大类：第一类是拉丁和日耳曼语支的语言，如法语、西班牙语、德语、瑞典语等等；第二类有阿拉伯语、汉语、日语和韩语；其他如东欧、非洲和亚洲的一些语言则归入第三类。要在听读说写方面达到他们规定的第三级水平，学习法语、西班牙等第一类语言的学生需要花费575—600学时，而学习汉语的学生要达到同样的水平，则需要2200学时。[2] 美国国务

---

[1] McLaren, A. *Asian Languages Enrolments in Australian Higher Education*. Asian Studies Association of Australia, 2011.

[2] Jackson, F. H. & Kaplan, M. A. Lessons learned from fifty years of theory and practice in government language teaching. In J. E. Alatis & Ai-Hui Tan (eds.), *Georgetown University Round Table on Language and Linguistics 1999: Language in Our Time*. Georgetown University Press, 2001.

院外交事务学院成立于1947年,这项要求是该学院在长达半个多世纪的外语教学和运用实践基础上制定的,有较高的合理性。受到课时和学分的实际限制,澳大利亚在校中学生和大学生不太可能将太多的时间精力用于外语学习。在汉语学习上花费三倍以上的时间,达到与学习其他欧洲语言相等的实用水平,学生得对汉语有比较强烈的兴趣才能够下这样的决心。这对许多人来说,殊非易事。

将学生根据他们的实际语言程度分别编班教学,是保证语言教学质量的必要措施。区别L1和L2学生比较容易,最难分班的是在澳大利亚出生或长大的华裔学生。他们的实际汉语水平彼此之间可以差异很大,有的听读说写几乎完全没有基础,与其他族裔的孩子站在同一起跑线上。有的不但听说毫无问题,而且读写也有一定基础。大多数介乎两者之间。不少人日常生活用语方面有一定的听说能力,但读写方面基本上是文盲。如何确定他们的实际汉语水平以便分班,是海外中学和大学汉语教学第一线老师最困难的任务之一。因为没有可靠的甄别办法,实际汉语水平相当高的华裔学生同其他L2学生同班上课,参加同样的考试,在澳大利亚的中学和大学里是一种相当普遍的现象。在这种情况下,非华裔学生要在班上拔尖很不容易,拿高分的大都是华裔背景的学生。维多利亚州中学毕业会考,在L2汉语课程考试历年考分最高的前50名学生,全部是华裔子弟。这种现象造成的不良后果之一,是其他族裔的学生绝大多数知难而退,留下来的大都是华裔学生。华裔学生除了在课堂上与其他同学的竞争中占了上风,毕业后在就业市场上也是后者的强劲对手。在澳大利亚出生或很小就移居澳大利亚的华裔子弟,英语是他们的第一语言,从语言能力、文化背景和专业训练等方面来讲，与其他族裔的大学毕业生相比，没有什么差别。但是，由于家庭环境的影响，他们中的许多人同时具备相当强的汉语能力，是真正的双语双文化人才。对大学汉语专业毕业生的跟踪调查显示，相当大的比例学非所用。市场需求本来就不是太大，在申请为数不多需要运用汉语能力的工作时，华裔背景的求职者获胜的概率较高。这样的信息反馈到校园里，显然无助于增强非华裔学生学习汉语的热情和决心。

值得注意的是，这种情况在 20 世纪 90 年代之前并不常见，在其他语种的教学中也很少见到。日语、韩语和越南语等也为 L2 和 BS 学生分班教学和考试，L2 班上也有不少本族背景的学生，欧洲语言则一般不为 BS 学生单独开班，但其他族裔的学生在考试的时候很多能拿到高分。造成这种现象的主要原因显然是从 20 世纪 90 年代初开始，大量新移民从中国内地（大陆）、台湾、香港等地来到澳大利亚，同期日本、韩国和越南移民澳大利亚的人数相比之下数目很少。此外，澳大利亚从 20 世纪 90 年代起每年都吸引大批的中国学生前来留学，目前在校中国留学生有 16 万左右，而且年龄有降低的趋势，以前大多在大学学习，而现在中学阶段出国留学人数逐年增加，他们中的不少人也会选修汉语科目。澳大利亚学习亚洲语言的学生人数过去 10 年总体走低，唯有汉语例外，主要原因就是这两类华人学生大批走进学校的汉语课堂。

上文提供的大量统计数据告诉我们，澳大利亚学生学习外语意愿普遍低落，大多数亚洲语言学习人数同 20 世纪 90 年代相比大幅下降，非华裔学生极少愿意选修汉语，已经是无可争议的事实。如何加强和改善澳大利亚包括汉语在内的亚洲语言教学，以及更广泛的外语教学,是近年来政界、教育界和其他社会各界讨论得非常激烈的问题。联邦政府和州政府应该采取更有效的措施来解决这些问题,近年来已经成为执政党和在野党的共识,但何为有效措施,仍然是众说纷纭。执政的工党联邦政府于2012年10月发布了《亚洲世纪中的澳大利亚》(Australia in the Asian Century,AIAC)白皮书,制定从2012—2025年间的国家战略发展计划。白皮书提到,联邦政府正在主持制定全国通用的中小学教学大纲,其中首先制定的就是汉语教学大纲。现任联邦政府初等和中等教育部长早前说明,教育大纲会分别为L2、BS和L1三类学生设定不同的教学和考试内容。白皮书还表示,政府会努力创造条件,让所有的中小学生都能够学习外语课程。同时,政府将四种亚洲语言——汉语、印地语(Hindi)、印度尼西亚语和日语——定为优先语言,计划在所有的中小学开设,鼓励学生学习至少其中的一种。[①] 在野党教育部长则表示,如将来自由党—国家党联盟执政,她会提议将亚洲语言定为澳大利亚所有中小学生的必修课。

对于汉语教育来说,最迫切的任务是吸引更多的非华裔学生,同时为BS和L1两类学生提供更好的汉语教学课程。要吸引更多的非华裔学生,必须为三类学生制定更严密更合理的甄别方法,以避免不公平竞争。另一方面,少数学校将BS和L1两类学生看作汉语课堂上的干扰因素,这也是完全错误的。这两类学生人数众多,其中许多人将来能成为真正的双语双文化人才,是澳大利

---

① AIAC. *Australia in the Asian Century White Paper*. Australian Government, 2012.

亚多元文化社会的宝贵人才资源，可以在对外经贸、外交和文化交往中发挥独特的重要作用。大中小学校的汉语老师不应该也不可能将华人学生全部拒之门外，亟须做的是精准把握他们的实际需求因材施教，根据他们的特点设计系列课程和教学大纲，编纂适合他们使用的教材和教辅资料，同时研究 L2、BS 和 L1 三类教学大纲之间的关联，以及探索如何建立非华裔学生和华裔学生在课内和课外的良性互动关系。整个对外汉语教学专业在这方面的研究做得不多，应该引起广泛重视和参与。当然，要吸引更多的学生学习汉语，最关键的还是要在更多的学校开设汉语课程。中国是澳大利亚的最大商业伙伴，电视和报纸几乎每天都有关于中国的新闻。尽管从 20 世纪 90 年代初开始，澳大利亚的语言政策文件就将汉语定为对本国具有重要战略意义的语言，但过了 20 年，澳大利亚开设汉语的中小学校和学习汉语的中小学生仍然分别只占总数的 3.3% 和 2.4%，这显然与澳中两国密切的经贸关系和人员往来很不相称，也与汉语是澳大利亚第二大家庭语言的地位很不相称。不过，这同时显示，澳大利亚的汉语教育潜力很大，因为基数小，学校和学生人数翻一番，应该不是太难做到。

没有开设汉语课程的学校要开设汉语课程，开设汉语课程的学校要为三类学生分班教学，对中小学校长们来说，归根结底主要还是经费和其他教学资源问题。联邦政府的 NALSASS 和 NALSSP 这样的项目固然可以提供很大帮助，但校长们对此类专项资助的连续性和稳定性心存疑虑。联邦政府和州政府三年一次大选，换了政府，往往人去政息，政府专项资助也就难以为继。而学校一旦开了一门外语课，往往不是说停就能停掉的。另外，合格汉语教师的数量始终偏低。目前约 90% 的中小学汉语老师是中国大陆和台湾地区来的移民，许多都是兼职。他们的汉语能力不成问题，但能胜任中小学学生事务管理和学校其他行政职务的则不多。英语背景的教师一般有学生管理能力，但汉语水平真正合格的也不太容易找到。调查显示，缺乏必要的启动经费和稳定的后续资助，请不到或请不起合格的汉语老师，是制约中小学汉语课程进一步发展的最重要原因，这在州和地区首府以外的边远乡镇地区尤其如此。[①]

2005年西澳大学建立澳大利亚第一所孔子学院，至今已有六个州和地区的12所大学建立了孔子学院，并在这些孔子学院的主导下，建立了好几个孔子课堂。同时，中国国家汉办与两个州的教育部门建立了直接联系，派出了汉语教学顾问和老师。孔子学院的一项重要任务就是积极扶持当地中小学的汉语教学。澳大利亚的孔子学院许多都积极参与所在地区中小学汉语教师的培训工作，在专业知识和教材教辅资料方面为他们提供帮助，并且定期组织学生和老师去中国参观访问，协助他们与中国学校建立合作联系。澳大利亚中小学校长和汉语老师则希望，孔子学院和中国国家汉办能够更好地针对他们的实际需求，围绕当地所用的汉语教学大纲提供切实有效的帮助。我们有理由相信，假以时日，孔子学院和孔子课堂会在协助当地中小学开展汉语教学方面发挥更大的作用。

[①] Orton, J. *Chinese Language Education in Australian Schools*. Melbourne Graduate School of Education, The University of Melbourne, 2008. Sturak, K. & Naughten, Z. *The Current State of Chinese, Indonesian, Japanese and Korean Language Education in Australian Schools*. Asia Education Foundation, 2010.

三 结语

澳大利亚汉语教学的历史和现状同这个年轻国家的政治和经济形势息息相关。19世纪中叶，大批华工赴澳淘金或从事其他生产活动，使用汉语的华人成了排在澳大利亚主体民族英国和爱尔兰移民后面的最大少数民族群体。此后将近百年的排华政策，使得华人在全国总人口中所占比例从1861年的高峰3.3%跌落到1947年的低谷0.12%。在这样的历史背景下，不难理解为什么20世纪60年代以前没有一所正规中小学校开设汉语课程。不仅如此，19世纪末开始的独尊英语的社会思潮和政策导向，使得法语之外的其他外语也很少有人学习。随着澳大利亚逐渐放弃移民同化政策和白澳政策，转而采取多元文化政策，连同汉语在内的外语教学日益受到政府和社会的重视。

由于种种历史因素的影响，也因为英语实际上成了多数国际场合的通用语言，澳大利亚学生学习外语的意愿普遍低落，这引起了政府、教育界和其他社会各界人士的关注。澳大利亚包括汉语在内的外语教育，除了旨在提高学习者个人的文化教育水平以外，从整个国家和社会的角度来看还有另外两个主要目的：一是促进国内族群之间的相互了解和平等相待，从而增强国家的内聚力，保证澳大利亚这个多元文化、多民族社会的和谐发展；二是有利于国家对外交往，尤其是与本国有密切经贸、外交和人员往来的国家。前者是国内因素，后者主要是国际因素。汉语是澳大利亚除英语以外使用人数最多的家庭语言，中国是澳大利亚最大的贸易伙伴。正是因为这两个因素，汉语教学是澳大利亚官方语言政策强力扶持的对象。也正是因为这些原因，澳大利亚汉语课堂里进来大量的 BS 和 L1 学生，给汉语教学带来其他语种没有的复杂局面，需要我们在课程设置、教材编写、考核评分、师资培训等方面采取相应的办法。只有密切联系澳大利亚的政治、经济和社会环境，才能准确地理解汉语教学在这个国家的历史和现状，从而有效地因应我们面临的机遇和挑战。

第五章

国际汉语教学发展趋势

第一节 教育技术发展趋势对汉语教学的启示[①]

教育技术研究的宗旨在于指导教学,解决教学实践中的具体问题。虽然不同学科对教育技术的应用有其特殊之处,但它离不开教育技术发展变化的大环境和大背景。关注世界教育技术的现状和趋势,开展面向汉语教学的教育技术理论与实践研究,必将促进信息时代汉语教学更好地向前发展,这也是当下汉语国际教育蓬勃发展的需要。魏顺平报告了基于文献分析的国内外教育技术研究的现状和趋势。[②] 我们将以此作为主要参照,分析近年来汉语教育技术研究状况,[③] 探讨未来发展的关键问题。

---

① 本节选自郑艳群《世界教育技术现状和趋势对汉语教学的启示》,《世界汉语教学》2013 年第 2 期。

② 魏顺平《国外教育技术研究现状与趋势——基于国外教育技术研究领域期刊论文的分析》,《开放教育研究》2010 年第 2 期。

③ 在第七届国际汉语电脑教学研讨会上,有学者指出,实际中的教育技术应用要比文献反映出的状况丰富。笔者认为,这是本领域的特点和事实,但文献反映的是在一定认识水平上的产物,教学中起重要作用、有较大影响的技术应用都会在同期较高水平的文献中有所反映。

一 研究过程

本研究首先在规定范围内检索与汉语教学相关的文献,并从中筛选出汉语教育技术的相关文献,然后在文献主题分析的基础上按内容特征标注主题类属,最后通过对主题类属信息整理和汇总所得的敏感词来考察汉语教育技术研究的状况。

(一)制定文献考察方法并拟定汉语教育技术文献筛选词(表)

1. 制定文献考察方法

我们将考察时间确定在 2005 年至 2011 年,[①] 文献来源以 CNKI(China National Knowledge Infrastructure,中国知识基础设施工程)[②] 的中国知识资源总库为基础。

我们知道,论文的关键词是从作者的角度看问题而归纳出的。一种更加客观、准确、规范的文献标注方法是叙词(Descriptors)标注。叙词也称主题词,是经过规范化处理的,以基本概念为基础,表达文献主题的词和词组,是一种受控语言。与关键词相比,叙词的查全率和查准率更高。例如,美国 ERIC(Education Resource Information Center,教育资源信息中心)网站[③],为期刊论文设置了"叙词"一项,叙词项中的叙词均为标准专业词汇。ERIC 数据库自行编制的叙词表(Thesaurus)[④] 是对出现的术语等

[①] 我们曾对之前的相关研究做过汇总和评介,参见:郑艳群主编《对外汉语计算机辅助教学的实践研究》,商务印书馆,2006 年。郑艳群编著《汉语多媒体教学课件设计》,北京语言大学出版社,2009 年。

[②] http://www.cnki.net/。

[③] http://www.eric.ed.gov/。

[④] 也称索引典或类语辞典。

进行分类整理得来的，并用于期刊论文的主题标注。目前，在汉语教学界没有适用于学科发展现状的叙词表或规范的术语表（特别是适合对外汉语教育技术研究）①的情况下，为了能够全面反映汉语教育技术研究领域的面貌，我们将自拟汉语教学及汉语教育技术研究的词和词组，并称之为筛选词（表）。

2. 拟定汉语教育技术文献筛选词（表）

什么样的文献是汉语教育技术的相关文献？以什么标准来判断？这是我们首先要回答的问题。对这两个问题的回答有赖于我们对教育技术，特别是汉语教育技术的理解和认识，以及对其内涵和外延的界定。毋庸置疑，教育技术涉及教学的整个过程，因此凡是利用技术手段对教学和学习过程产生影响的各方面因素、成分都应该纳入其中，包括思想认识层面的、技术层面的、教学和学习应用层面等。

首先，结合汉语教学的特点，我们参考《世界汉语教学主题词表》②拟定了"筛选词表（一）"作为筛选汉语教学相关文献的依据，它应该反映出明显的汉语教学特征，其中既有对外汉语教学学科本身的内容，也有延展到教育学等层面的内容。其次，教育技术在不同阶段有其相应的热点问题，这些热点问题所涉及的概念会以叙词或高频术语反映在期刊论文中，这将成为我们考

---

① 我们可以利用的许维翰和武金香编《世界汉语教学主题词表》（1993）已不能满足研究需要。以范畴索引中的"计算机技术一般概念"为例，其下只有：程序、计算机应用、数据库、文献数据库、语料、语料库，而信息化、数字化、多媒体、网络等均不在列；"课程、教材、教具"下有：唱片、磁带、录像带、录音、录音带，显然也不能反映当今本领域的研究面貌。

② 许维翰、武金香编《世界汉语教学主题词表》，北京语言学院出版社，1993年。

察汉语教育技术研究的方法。参考近年来中外教育技术研究热点和叙词、术语[①]，并参考这些叙词在 ERIC 中的上位、下位和同级的词语/概念，我们拟定了"筛选词表（二）"作为筛选汉语教育技术相关文献的依据，它应反映出明显的教育技术特征，且与汉语教学和研究密切相关。

（二）汉语教育技术敏感词和敏感词数据表的获得

1. 本研究样本期刊的选定步骤

为了保证比较全面地把握汉语教育技术相关文献，我们采用以下四个步骤检索和筛选：

第一步，确定有一定级别[②]且含汉语教学类论文数量较多的期刊。方法是：在 CNKI 期刊检索中，选择检索项为"全文"，匹配条件为"精确"，检索词为"汉语教学"，时间范围为"2005 年到 2011 年"，并在期刊范围中勾选"核心期刊"和"CSSCI"。得出检索结果后，在检索结果页面的"期刊"项中选定含论文数量最多的前 15 本期刊。

第二步，确定有一定级别且含汉语教育技术类论文数量较多的期刊。方法是：在 CNKI 期刊检索中，选择检索项为"全文"，匹配条件为"精确"，检索词为"汉语教学"和"教育技术"（即全文中含"汉语教学"且含"教育技术"的文献），时间范围为"2005

[①] 术语是表示专门概念的专业用语，叙词是文献分类和检索时规定的标志。叙词的条目有的是术语，有的不是术语，只是普通词汇，所以叙词的范围比术语的大。魏顺平《国外教育技术研究现状与趋势——基于国外教育技术研究领域期刊论文的分析》，《开放教育研究》2010 年第 2 期。

[②] 我们将要对照的数据来源是发表教育技术论文数量多且有相当级别的国内外教育技术期刊，故我们也必须选取与之相当的期刊为研究对象，而不是全部。

第一节 教育技术发展趋势对汉语教学的启示

年到 2011 年",并在期刊范围中勾选"核心期刊"和"CSSCI"。得出检索结果后,在检索结果页面的"期刊"项中选定含论文数量最多的前 15 本期刊。

第三步,综合考虑"核心期刊"和"CSSCI"指标,确定本研究考察的样本期刊。方法是:将以上两个步骤检索得出的期刊进行合并,去掉重复的,共得到 24 本备选期刊;以"核心期刊"和"CSSCI"指标综合考虑备选期刊的级别,最终选定了 20 本期刊为本研究的样本期刊。

第四步,以"筛选词表(一)"为依据,筛选出汉语教学相关篇目;再以"筛选词表(二)"为依据,筛选出汉语教育技术相关篇目。

2. 样本期刊中汉语教育技术论文敏感词标引

按照如上步骤,可以得到汉语教育技术相关论文共 74 篇,我们为此建立"汉语教育技术相关论文题录信息数据表"。该数据表中的每篇论文包含如下信息:期刊类别、编号、期刊名、篇名、作者、关键词、期号、敏感词等,其中的"敏感词"项是按照筛选词表(一)和筛选词表(二)标引所得。[①] 例如:

表 5-1 "汉语教育技术相关论文题录信息数据表"中的数据示例

期刊类别	示例 1 (语言学及语言教学类)	示例 2 (语言学及语言教学类)
编号	51	49
期刊名	语言教学与研究	世界汉语教学

---

① "敏感词"项是本数据表的重要特征,为了保证敏感词标注和引用的穷举度和一致性,此项工作概由作者本人完成。

续表

期刊类别	示例 1 （语言学及语言教学类）	示例 2 （语言学及语言教学类）
篇名	边听边记能力训练可行性实验研究	中国文化课的改革与建设——以《中国概况》为例
作者	蒋以亮	祖晓梅；陆平舟
关键词	边听边记；训练；可行性；对外汉语教学	客观文化；主观文化；跨文化能力；人种学方法；多媒体
期号	2008 年第 6 期	2006 年第 3 期
敏感词	听力（教学）/ 教育改革 / 多媒体教学 / 超媒体 / 教学有效性	文化（教学）/ 教育改革 / 多媒体教学 / 课件 / 课件设计

可以看出：我们为每篇论文从汉语教学和教育技术两个角度标引了多个敏感词。与关键词相比，敏感词能更加全面和完整地反映期刊论文所涉及的汉语教育技术研究内容，并准确对应汉语教育技术研究的某个方面，① 切合本研究的具体目标和需要。

---

① 以示例 1 为例，表中"关键词"项显示了作者原文中的关键词为"边听边记；训练；可行性；对外汉语教学"。显然，我们从这篇论文的题目和关键词完全看不出它与教育技术相关，而我们用叙词法，在通篇研读之后为这篇论文标引的敏感词为"听力（教学）/ 教育改革 / 多媒体教学 / 超媒体 / 教学有效性"，体现它是与教育技术相关的，且展现了相关的内容。我们把论文中所谈"教学效果"（不在 ERIC 叙词表中）对应到"教学有效性"，而"图片、表格"（不在 ERIC 叙词表中）等媒体应用对应到"超媒体"，这是因为"教学有效性"和"超媒体"能涵盖要表现的内容，且是教育技术领域的标准术语，也是 ERIC 叙词表中的叙词。

3. "汉语教育技术敏感词数据表（2005—2011）"的建立

在标引的过程中，我们随时对筛选词进行必要的调整，如增加"语料库"等。最终，汇总得到"汉语教育技术敏感词数据表（2005—2011）"（以下简称"敏感词数据表"）。这个数据表包括期刊论文的编号、敏感词（串）[①]、年度以及敏感词的上位、下位和同级词语／概念。

"敏感词数据表"集中反映了2005至2011年间汉语教育技术研究在理论研究、相关技术研究和技术应用方面的重点或热点。对敏感词进一步分析，还可以发现近年来研究热点的变化趋势以及其中相互关联的研究项目[②]等等。分析过程中，对于过于分散的条目我们考察其上位范畴，如听、说、读、写，归为汉语技能类教学课程。

二　研究结果与讨论

我们把汉语教育技术期刊论文的统计结果放在国内和国外大背景下做个比较，可以从中了解到汉语教育技术研究的相对状况。

[①] 从表5-1可以看出，期刊论文的敏感词项一般都不止一个敏感词，这些以"／"分隔的敏感词我们称之为"敏感词串"。在统计敏感词时，实际上要对敏感词串按分隔符进行拆分，形成敏感词关联数据表。

[②] 叙词或术语间的稳定组合代表了较为稳定的研究内容组合，即相互关联的研究项目。由于篇幅所限，本文暂不涉及这方面的研究和对比，另行报告。

(一)与同期国内外教育技术期刊论文数量和年度走势的对比分析

1. 与国内外教育技术期刊论文数量的对比分析

表 5-2　汉语教育技术论文与国内外教育技术论文同期数量对比(单位:篇)①

年度	国外教育技术论文数量	国内教育技术论文数量	汉语教育技术论文数量
2005	170	1324	5
2006	166	1393	6
2007	376	1644	10
2008	484	1777	13
2009	487	1934	13
2010	522	1827	14
2011	461	1558	13

从表 5-2 我们可以看出,国内教育技术论文数量远多于国外同期教育技术论文数量,至于国内教育技术研究是否真的产生了远多于国外教育技术研究的成果,魏顺平发表了自己的看法。② 汉语教育技术论文数量少,也是可以理解的。一方面,它只是某个学科中的某个领域;另一方面,相较于汉语作为第二语言教学的语法研究、教学研究、习得研究等,教育技术研究相对薄弱。

---

① 国内 2005—2007 年及国外 2005—2008 年的统计数字来自魏顺平(2010),国外 2009—2011 年的统计数字来自 ERIC 网站,国内 2008—2011 年的统计数字来自 CNKI 网站。

② 魏顺平《国外教育技术研究现状与趋势——基于国外教育技术研究领域期刊论文的分析》,《开放教育研究》2010 年第 2 期。

2. 汉语教育技术相关论文的期刊类别分布

表 5-3　汉语教育技术论文在不同期刊类别中的分布

期刊类别	涉及的期刊数量（本）[①]	汉语教育技术相关论文数量（篇）
语言学及语言教学类	8	40
教育技术类	5	27
综合教育类	5	3
外语教学类	1	3
综合性社会科学类	1	1
合计	20	74

从表 5-3 我们可以看出，汉语教育技术相关论文发表在语言学及语言教学类期刊上的论文最多，[②] 其次是教育技术类。这从侧面表明，汉语教学工作者更多的是从汉语教学的需要和应用出发来讨论教育技术的相关问题。同时，也在探讨教育技术的过程中，以汉语教学的实际应用进行说明和论述。

[①] "语言学及语言教学类"期刊包括《世界汉语教学》《语言教学与研究》《语言文字应用》《汉语学习》《语言研究》《当代修辞学》《语言科学》《中国语文》；"教育技术类"期刊包括《电化教育研究》《中国电化教育》《中国远程教育》《现代教育技术》《现代远距离教育》；"综合教育类"期刊包括《黑龙江高教研究》《中国高等教育》《中国大学教学》《中国成人教育》《教育与职业》；"外语教学类"期刊包括《外语电化教学》；"综合性社会科学类"期刊包括《西南民族大学学报（人文社科版）》。以上每类中的期刊排列为发表汉语教育技术论文数量由多到少的顺序。

[②] 基于文献分析来研究教育技术发展现状的文章，有时在样本选择和统计方面没有注意到不同的学科类期刊（如汉语教育技术相关文献常发表在语言学及语言教学类期刊），而只关注教育技术类期刊，因此研究常得出学科整合受关注度低的结论（如祝智庭等，2010）。虽然得出的结论可能是一样的，但如此的样本考虑不够全面。祝智庭、黄景碧、王觅《教育技术研究国际动态透视》，《电化教育研究》2010 年第 8 期。

3. 与国内外期刊论文数量年度走势的对比分析

图 5-1 是 2005 年至 2011 年间，汉语教育技术、国内教育技术和国外教育技术论文数量年度走势图（为便于观察年度走势，即曲线的斜率，此处我们把汉语教育技术论文数量放大 100 倍，图 5-1 中用虚线表示）。从图 5-1 我们可以清楚地看到如下三个特点：（1）汉语教育技术发展与国内外教育技术发展走势一样，均呈总体上升态势。（2）汉语教育技术与国内外教育技术发展走势一样，在近期均呈走低状态，进入反思或审视阶段。（3）汉语教育技术发展状况相较于国内和国外走势（从曲线拐点上看），更接近于国外。

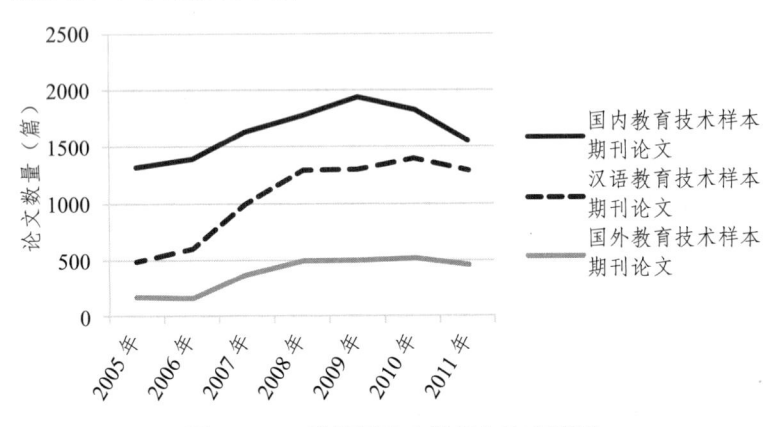

图 5-1　三类期刊论文数量年度走势图

（二）与同期国内外教育技术领域研究内容的对比分析

"敏感词数据表"中的敏感词代表了近年来汉语教育技术研究的各项内容。通过对敏感词的统计分析可以看出汉语教育技术研究的高频范畴，与世界教育技术研究内容进行对比可以看出研究内容趋于一致的方面、不一致的方面和研究欠缺的方面。

1. 汉语教育技术研究的高频范畴及特点

"敏感词数据表"中的敏感词频率信息可以显示出汉语教育技术的研究内容受关注程度的全貌。频率越高,受关注程度越高。为了相对集中地反映这期间汉语教育技术的研究特点,我们对敏感词按类别(范畴)进行由高到低排列后总结为如下两点:

(1)技术应用紧密围绕"语料库""多媒体"和"网络",相关论文数量最多者为语料库,其次是多媒体,再次是网络。样本期刊论文反映出的相关研究细目报告如下:1)"语料库"的相关研究包括的语料(数据、资源)类型有汉语母语语料库、中介语语料库、多语语料库、动态作文语料库、学习者口语语料库、学习者语音语料库、错字别字数据库、教材语料库和教学用字库、词库等教学资源,涉及的研究内容有语料库(数据库、资源库)的建设、加工、工具研发和应用等。这是语言教学中教育技术研究和应用的一大特色。2)"多媒体"的相关研究涉及超媒体中的图片、视频媒体的应用[①],可视化、概念图,编码,多媒体教材和练习,多媒体课件设计,多媒体资源建设、利用和开发,多媒体教学方法,多媒体教学有效性,多媒体环境等。3)"网络"的相关研究包括网络教学/学习环境,网络文化环境,网络虚拟社会,网站建设、网络课程,网络教师培训,网络教学设计、原则,网络平台需求、功能、开发等。

(2)"汉语知识教学"相关论文数量与"汉语技能教学"相关论文数量相比,前者多于后者。样本期刊论文反映出的相关

---

① 以此为例,我们至少可以看出,目前汉语教学中应用声音媒体的研究尚属空缺。

研究细目报告如下：1）信息技术支持的"汉语知识教学"相关研究包括汉字、语音、词汇、语法和中国文化教学等。2）信息技术支持的"汉语技能教学"相关研究包括口语、听力、视听说、视听、阅读、写作教学等。

2. 研究内容趋于一致的方面

（1）包含的研究层面和类型一致

从总体情况看，近年来的汉语教育技术研究包括了三类：理论研究（如教学方法、教学模式、学习策略、自主学习、认知策略、教学环境）、相关技术研究（如多媒体、语音识别、计算机模拟、语料库）和技术在教学中的应用研究（如计算机辅助教学、网络课程、教学和学习资源）。这一结果表明：汉语教育技术的发展在总体上是全面的、积极的，从研究层次和类型来看，与世界教育技术研究是一致的。

另外，世界教育技术研究表明，教育技术研究与科学技术发展水平密切相关，呈现出以技术为特征相继变化的发展历程（电视技术→计算机技术→多媒体和网络技术）。我们的考察结果表明，汉语教学的发展也呈现出同样的格局，并且汉语教育技术还受到一些专门技术发展水平的影响，如汉语语音分析技术、汉语语料库技术等，这些技术的最新发展和应用都被积极引入到了汉语教学中。

（2）紧随新技术创新出教学新方法

关于聊天工具和博客在教学中的应用是目前教育技术讨论和关心的热点问题。在汉语教学中，它的交互性对语言教学无疑是有意义的，符合现代教育倡导的合作学习原则。它通过自发地、积极主动地进行任务或功能教学，开展相互交流，以共同感兴趣的话题驱动，促进学生以文字或语音的形式练习汉语说与写，也在文字或语音的输入过程中习得汉语。此外，过去人们固有认识中不适合于成人学习的游戏软件或游戏方式也受到关注。事实上，正是在现代教育技术发展和应用过程中不断涌现出了一些新课题，寓教于乐又一次成为教育领域研究的热点，探讨如何促进"生活体验、乐趣与学习的目的和手段相结合"等问题，[1] 学者们提出游戏化学习（Game-based Learning）及教育游戏（Education Games）。教育游戏研究可以把传统的游戏软件提高到一个更有利于学习的角度去认识。

值得一提的是，汉语教育技术领域出现了利用新技术、新方法创新汉语教学和学习的报告。涉及三种形式：第一，研究汉语教学中如何运用多种网络聊天形式开展教学的问题，如何敏和张屹（2008）[2]（利用邮件、网络论坛），袁伟和刘娜娜（2010）[3]（利用聊天工具）。第二，研究应用博客、微博，乃至有声博客开展汉语教学的问题，如陈育焕等（2009）[4]（利用有声博客）。第三，研究运用教育游戏开展汉语教学的问题，如蔡莉和刘芳妤（2011）[5]。因此，可以说汉语教育技术在应用新技术创新教学

---

[1] 祝智庭、黄景碧、王觅《教育技术研究国际动态透视》，《电化教育研究》2010年第8期。

[2] 何敏、张屹《网络环境下的学习资源设计研究——基于对外汉语可视化教学平台实证调查》，《现代教育技术》2008年第1期。

[3] 袁伟、刘娜娜《基于网络聊天软件的对外汉语口语辅助性教学》，《现代教育技术》2010年第4期。

[4] 陈育焕、陈成志、张永慧《以元认知为主导、信息科技为辅的口语教学模式探索》，《世界汉语教学》2009年第4期。

[5] 蔡莉、刘芳妤《对外汉语教育游戏设计模型的研究和应用》，《电化教育研究》2011年第4期。

方面，合着时代的脉搏走在形式和方法的前沿。

3. 研究内容不一致但有其合理性的方面

（1）多媒体技术受关注程度未呈现下降趋势

国外教育技术研究在有关技术方面的研究的变化趋势显示，课件（Courseware）和超媒体（Hypermedia）的关注呈下降趋势；有关技术在教学中的应用研究的变化趋势显示，多媒体教学（Multimedia Instruction）呈下降趋势。魏顺平认为，"这应该是受当前网络技术普及的影响，课件和超媒体是单机环境下用来呈现学习内容、开展个别化学习的媒体"，"这同样应该是网络技术普及应用的影响"。[①] 但是，我们对"敏感词数据表"的分析表明，近年来汉语教育技术研究中多媒体技术受关注程度未呈现下降趋势，而是受到持续性的关注（敏感词"多媒体"的年度频率未见明显降低，其频率也没有被"网络"的频率所超越）。

我们认为，这是学科特点使然。"多媒体"这一敏感词在汉语教学论文中的使用频率较高、年度受关注程度较高，显然有其合理的一面。因为汉语计算机辅助教学离不开多媒体技术的支持，各种媒体技术在汉语知识和言语技能教学中有着举足轻重的作用。以汉字教学为例，汉字是形、音、义的结合体，汉字的读音需要声音媒体支持，汉字的笔顺书写作为动作技能的教学理应用动画或影像技术支持，汉字的义项和构词等用法信息离不开文字技术的支持。这些既是汉语教学的客观需要，也是由汉语和汉字本身的特性决定的。"多媒体"受到持续关注，在一定程度上表

---

① 魏顺平《国外教育技术研究现状与趋势——基于国外教育技术研究领域期刊论文的分析》，《开放教育研究》2010年第2期。

明汉语教育技术研究始终脚踏实地,更多地着眼于学科应用的具体问题,而不是单纯地空谈教育技术。

(2)网络技术受重视程度未呈现明显增长趋势

国外教育技术的研究结果表明,"随着网络技术的普及应用,网络课程得到了更多的关注,Internet、信息技术、网络课程和虚拟教室等与网络技术密切相关的研究内容均呈上升趋势"[1],"基于网络的教育技术研究是当前主要研究内容"[2]。但我们对敏感词"网络"(及相关)的考察结果并非如此,而是总体变化不大,按年度在较少的数量间略微波动。

分析其中的原因,有三个。第一,在我们所考察的样本期刊上发表汉语教育技术相关论文的作者大多数为国内学者,他们的教学任务和关注的研究问题主要是针对成人的课堂面授,讨论的内容主要是教育技术应用于课堂教学,且绝大部分为"1+0"模式,而非"1+n"模式;[3]第二,在中国学习汉语的留学生身处优越的目的语(汉语)环境,他们课外利用目的语的社会环境学习远比现在还不甚理想的网络教学或远程辅导的效果更优;第三,由于网络教学受当前技术条件的限制(如面向外国人的汉语语音识别技术、人机对话)和理论研究的限制(如自主语言学习研究),目前尚不能很好地解决听、说这两个语言技能教学的主要问题,

---

[1] 魏顺平《国外教育技术研究现状与趋势——基于国外教育技术研究领域期刊论文的分析》,《开放教育研究》2010年第2期。

[2] 祝智庭、黄景碧、王觅《教育技术研究国际动态透视》,《电化教育研究》2010年第8期。

[3] 郑艳群(2012)把只有教师机,没有学生机的多媒体教学方式称为"1+0"模式;既有教师机,又有学生机的方式称为"1+n"模式。郑艳群《对外汉语教育技术概论》,商务印书馆,2012年。

或者说效果不理想所致。当然,我们完全有理由相信,网络数字环境和生态环境的构建定将为汉语教学提供全方位的支持与服务,也将迎来汉语网络学习的新局面。

4. 应引起重视的方面

(1) 关于信息技术与课程整合

国外教育技术研究的现状和趋势显示,"信息技术与各学科的课程整合是20世纪90年代中期以来,国际教育界非常关注、非常重视的一个研究课题","当前国内对信息技术与课程整合关注程度也高"。[①] 在汉语教学中,由于该项研究与教师们的实际工作密切相关,因此历年来与课程有关的汉语教育技术的应用研究始终受到关注。但遗憾的是,真正以信息技术与课程整合(Technology Integration)为指导思想和理念,深入研究信息技术与汉语课程整合的论文相对匮乏。

也就是说,如果我们仔细考察汉语教育技术的相关论文后就会发现,大多数只是就教学中具体应用问题有感而发的教学体会或经验,这与信息技术与课程整合的终极目标尚有距离,今后应开展更深入的研究和探讨。如从理论上探讨媒体形式与汉语知识和言语技能的相关效应(如什么类型的汉语知识适合或需要用什么样的媒体或它们的组合形式来表现?什么样的汉语技能适合或需要用什么样的媒体或它们的组合形式开展训练?);根据Paivio双编码理论[②],言语能力、言语习惯与偏好、

---

① 魏顺平《国外教育技术研究现状与趋势——基于国外教育技术研究领域期刊论文的分析》,《开放教育研究》2010年第2期。

② Paivio, A. *Mental Representations: A Dual Coding Approach.* Oxford University Press, 1990.

表象能力与偏好间是有一定关系的，那么不同认知风格的学习者对学习材料的结构、内容、呈现方式是有一定偏好的，应研究如何根据学生的认知风格并从汉语学习的角度出发，立足学生自身特点，以信息技术为教学手段来组织教学；从整合的特点、作用和方法等出发进行研究，结合汉语教学的特点和实际需要，逐步形成切实可用的整合操作策略，真正体现 AECT 2004[1] 提出的创新宗旨。

（2）关于教育技术支持下的教学设计

教学设计（Instructional Design）是近年来国外教育技术研究中受关注的重点或热点（魏顺平，2010；祝智庭等，2010[2]），反映出教学设计是教育技术的核心内容。但是，从"敏感词数据表"的年度分析来看，"教学设计"并非实际研究中的重点或热点，也没有被历年来的汉语教学研究所关注。

当前，汉语教学中的教育技术应用已经走过了探索和试验阶段，逐渐趋于成熟。或者说，技术因素已经成为教学的一个有机组成部分，它不再是依附于教学的一种附属品或点缀，也不是游离于教学之外可有可无的调味品。例如，当前大多数情况下的教学和学习环境是在信息技术支持下的，汉语教师备课离不开信息技术，汉语教学和学习资源是数字化的，教学手段和方法离不开信息技术。当信息技术已经潜移默化地全方位融入汉语教学之时，教学设计必然与传统的教学理论和教学观念有所不同。脱离教学

---

[1] AECT 全称：The Association for Educational Communications and Technology。

[2] 魏顺平《国外教育技术研究现状与趋势——基于国外教育技术研究领域期刊论文的分析》，《开放教育研究》2010 年第 2 期。祝智庭、黄景碧、王觅《教育技术研究国际动态透视》，《电化教育研究》2010 年第 8 期。

设计的技术应用，片面强调技术的应用价值的思潮，不仅难以在教学中真正发挥作用，也违背了教育技术的宗旨。因此，重视信息化环境下的教学设计，广泛地开展教育技术支持下的汉语教学设计研究，把基础研究和应用研究有机地结合起来，尤其要注重对教学和学习环境的设计与开发，努力实现教学设计与技术应用的深度整合，对汉语教学具有重要的意义。越来越多的人和组织将会认识到教学设计师这一职位和角色的价值、作用和需求。[①]

（3）关于应用教育技术的教学有效性和教学实验

国外教育技术研究显示，教学有效性（Instructional Effectiveness）是历年关注的重点，它表明教育技术的各项工作最终要落实到对教学效果的改进上。[②]我们通过对"敏感词数据表"年度使用频率的分析发现，在汉语教育技术研究中这个问题已开始得到重视，表现为汉语教师在应用教育技术的同时，能够自觉地对教学效果进行审视的倾向。这种观念可以帮助我们及时发现问题，并寻求解决和改进的方案。然而，关注和重视程度的提高并不能代表研究的深入和研究成果达到了一定的水平。

从近年来汉语教育技术的相关论文来看，对技术影响下的教学效果问题，谈及的多，付诸实际研究的少；在付诸实际的实验研究当中，严格意义上的实验研究并不多。其中的原因，首先是由汉语作为第二语言学习者这个群体的特殊性决定的，他们的学习动机、学习背景的复杂性导致实验研究有一定的难度。其次是

[①] 桑新民《透视美国教育技术学主流学派的发展轨迹——兼评瑞泽〈教学设计和技术的趋势与问题〉》，《现代远程教育研究》2009年第1期。

[②] 魏顺平《国外教育技术研究现状与趋势——基于国外教育技术研究领域期刊论文的分析》，《开放教育研究》2010年第2期。

信息技术下开展的汉语作为第二语言的教学和学习的相关影响因素异常复杂。例如，针对同一语言点，因母语背景不同而导致可能的偏误类型不同，教学的重点、难点和使用的教学手段、教学方法不同，学生的语言不同导致学习效果不同，因此实验变量难以控制；而汉语教学有关心理学的实验研究涉及教育技术的成果目前比较缺乏。祝智庭等指出，教育技术研究方法越来越趋向实证的方法。①因此，这方面的研究应加紧开展。因为基于信息技术，特别是多媒体和语料库技术的语言习得实验研究，可以回答双编码教学是否有助于语言习得的问题，可以揭示基于图形和语言双编码输入条件下的第二语言习得过程和机制。其研究结果可以为建立外国人汉语学习模型而开展计算机模拟，最终为设计出智能化的汉语 CAI 创造条件并奠定坚实的基础。

教学有效性问题应该用系统的方法去思考和解决，它与很多因素相关，如学习成绩、教学管理的有效性、课程评价、教学质量、教学创新、教材评估、教师和教学方法等。郑艳群指出，对汉语教学而言，应该更加重视对语言微教学环节和微技能教学的研究和把握，汉语教学这方面的研究成果必将更好地揭示汉语学习规律，指导和管理汉语教学。②

三 余论：汉语教学叙词研究与学科建设

教育技术应用越来越深入地影响着汉语教学和研究。一方

---

① 祝智庭、黄景碧、王觅《教育技术研究国际动态透视》，《电化教育研究》2010 年第 8 期。
② 郑艳群《对外汉语教育技术概论》，商务印书馆，2012 年。

面,面向国际大视野的汉语教师,对于新技术和新方法等新生事物历来有尝试和探索的热情;另一方面,走向世界的汉语教师和志愿者都将面临各类技术环境支持的汉语教学。因此,在当下这样一个关键时刻讨论汉语教育技术的现状和发展问题是非常必要的。纵观世界教育技术的发展趋势,无论是对教学设计、教学方法和学习方法等理论问题的探讨,还是对教学应用和相关技术等实践问题的研究,近年来的成果都是令人瞩目的。本文以敏感词为特征分析了近年来汉语教育技术相关文献,与世界教育技术现状和趋势对比的研究结果表明:汉语教育技术的发展与世界教育技术发展同样受到科学技术发展的影响,论文数量和总体走势与世界潮流相一致,在理论研究、相关技术和技术应用方面的研究内容基本吻合;汉语教学教育技术研究有强烈的学科特色;汉语教育技术应加强理论研究,以便更好地指导教学实践,特别是站在教学设计的角度统领汉语教育技术向纵深发展,同时大力开展信息技术与汉语教学课程整合策略研究以及教学实验研究。

目前,关于汉语教学主题标引工作,我们所能查阅到的权威参考资料是许维翰和武金香编《世界汉语教学主题词表》[①],显然该资料中反映的汉语教学研究面貌已经不能适应20年之后当今对外汉语学科发展的形势。任立清提出过修订设想,但目前我们没有看到进一步的研究结果。[②] 由于没有可用和适用的汉语

[①] 许维翰、武金香编《世界汉语教学主题词表》,北京语言学院出版社,1993年。

[②] 任立清《对专业叙词表修订的探讨——兼谈〈世界汉语教学主题词表〉的编修问题》,《图书馆工作与研究》2001年第2期。

教学叙词、术语，以及表达相关概念及其相互关系的体系表，本研究只得通过自拟的方式，并称之为"筛选词"，用来开展研究。这样的研究方法对于全面和准确了解更多信息有一定难度，这是我们感到遗憾的事情。但是，我们也认识到通过利用叙词的研究方法进行文献分析，可以从历时的角度了解学科发展的成果和历程，也可以从共时的角度观察相关学科发展的现状、趋势及其对本学科的影响，以帮助我们更客观和清醒地认识到本学科取得的成就，以及发展不足和努力方向。这对学科建设、促进和推动学科的发展有着积极和重要的作用。我们也特别期待汉语教学各领域的专家学者能够尽快开展本领域叙词和词间关系研究，并动态报告研究成果。

第二节 孔子学院语言教育策略[①]

汉语在历史上曾是东亚的"国际语言"，在东亚一些国家的历史发展和文化成长中，发挥过甚至仍在发挥着重大作用。汉语也曾经以书面语的形式传至西洋，形成独特的汉学，历史上的西洋汉学与当今的"新汉学"、中国学结合，在西方乃至世界学坛都有一定的地位，产生了新的活力。汉语也曾随着华人船只游向南洋等地，并在华人华侨聚集地立足发展，成为今天的海外华语。

---

① 本节选自李宇明《孔子学院语言教育一议》，《语言教学与研究》2014年第4期。

语言在非母语人群中传播,似乎从来就与国力密切相关。汉、唐与明朝,国力强盛,文化先进,中土礼制、文物对周边具有巨大魅力,他们纷纷来朝来学,汉语也随之远播。清末以降,国势日衰,周边的国家和地区"淡化汉文"竟成一时之趋。越南废除一度使用的汉字,创制、推行拉丁字母式的越南文;日本虽然仍在假名中夹用汉字,但是减少了汉字字量;朝鲜和韩国用谚文代替了汉字,虽然韩国现今还夹用一些汉字。

20世纪70年代末,中国改革开放,一批批新华人走到世界各地,为世界各地唐人街的汉语注入了新活力,并逐渐使唐人街由汉语方言流变为普通话,同时也有了举办汉语学校或汉语夜校的需要与行动,以期在华人子弟中保存汉语和汉文化之根。与之同时,中国经济以世人始料不及的方式持续发展,汉语对世界重新具有了吸引力,世界对东方巨人刮目而视之时,也在逐渐关注汉语、学习汉语,就连曾经"淡化汉文"的邻国也在重新审视汉语,加强汉语作为外语的学习,日文还增加了使用汉字的数量。关注汉语、学习汉语的世界大潮方兴未艾,就目前趋势看,汉语可能比历史上走得更远,能为世界做出更为重要的贡献。孔子学院(包括孔子课堂)便是这滚滚大潮中的一支洪流。

孔子学院现象,孔子学院事业的发展,可以从多个方面、多种角度进行观察研究,本文只对它的语言教育问题稍做一议。

一 *目的语环境与非目的语环境*

(一)语言学习、语言教育、语言教学

在讨论问题之前,需要对"语言学习、语言教育、语言教学"

三个概念稍加解说。

语言学习与语言教育是大致相近的概念，语言学习侧重于从学习者的角度看，语言教育侧重于从教育者的角度看。角度不同，侧重点不同，但研究对象、研究目的大体相似。研究对象都是与语言学习相关的各种因素，研究目的都是要最大可能提高语言学习质量。它们探索的都是语言学习规律，换言之，语言学习规律是语言学习者、语言教育者应共同遵循的规律，语言教育是以语言学习规律为理论基础的。正因如此，本文在使用语言学习和语言教育这两个概念时，并不做刻意区分。

但是语言教育与语言教学却是不同的概念。语言教学主要是教师、学生、教室、教材、教法、教学评估等若干教学因素的互配互动，当前的语言教学现状，是以课堂教学为主，外加一些课外活动。而语言教育的外延相当宽泛，一切对语言学习能够发生积极影响的人与事，都会纳入语言教育的视野。如此说来，语言教学只是语言教育的一部分，虽然它是重要的甚或是主要的部分。如果教育者把注意力只集中在语言教学上，忽视其他教育因素，那将是狭隘而有害的。故而本文非常注意区分语言教学和语言教育两个概念。语言教学主要指课堂教学。语言教育都包括哪些内容，还需要我们不断探索追究。当今之时，当今之世，教育正在发生革命性的变化，我们必须深入思考：哪里是语言课堂？什么是语言教材？谁是语言学习的帮助者？

（二）第二语言教育的两种类型

不管是自然科学还是社会科学，分类都是学术研究的基础工作。分类是有特定目的、用一定标准操作的。语言教育可以进行多种分类，能够得出各种类型。本文分类的根据是"学习是否在目的语环境中进行",据此可将第二语言教育分为两类:目的语环境下的第二语言教育;非目的语环境下的第二语言教育。

学习是否在目的语环境中进行,对语言教育的影响巨大而深刻。儿童第一语言发展模式公认是人类语言学习中最有效的,当然也是语言科学的难解之谜。儿童心智尚未充分发展,无专门的语言教师和语言教材,语言学习条件远不如成人第二语言学习"科学",但却能够在不长的时间里熟练掌握一门口语,这实在令人不可思议。第一语言发展的内部机理,不同学派有不同解释,相关著述颇丰,然而都难给出令人满意的答案。

儿童是在语言的汪洋大海中习得语言的,父母、幼儿教师等的语言帮助固然有效,但并不起决定性作用。近几十年来,曾经发现多个"狼孩"的案例,这些从小由狼抚养、在狼群中长大的孩子,学会了狼的许多习性,但没能掌握人类的语言。即便后来回到了人类社会,并接受专业人员的语言教育,其语言发育仍不理想,甚至很不理想。有学者曾经幽默地感叹,儿童就是上帝造来专门学习语言的小机器;但是狼孩的事例表明,当这个"小机器"离开了汪洋大海般的语言环境,也难以习得语言。

第二语言学习,学习者的心智都比儿童发达,并有获得一种语言的经验,甚至还掌握了不少语言知识,语言教育的条件都是"科学"配置的,使用着专家编写的教材,教师养之有素,还有辞书、网络等学习工具可以利用。尽管如此,其学习进度和语言水平罕见达到第一语言水平的。其因众多,两种语言学习的环境不同是其要因。

第二语言学习囿于课堂之弊端,业界已有不少讨论。第二语言学习需要课堂,但更需要课堂之外的语言生活,为此不少学者把第二语言学习也径称为第二语言"习得"。中国的外语教育是世界规模最大的外语教育,可谓"社会重视、教师专业、学生努力",但却责难不断,教育投入与产出不成正比,批评所学外语是"哑巴外语、聋子外语"。外语教育的窘况也可做多因分析,但"中国没有外语生活"、中国人是在非目的语环境下学习外语的,这肯定是其中最为重要的一个原因。新加坡、印度、巴基斯坦等近邻的外语教育,可为此佐证。

(三)语言环境对语言获得的影响

语言环境对语言发展的影响为何如此之巨?

第一,语言学习,学习的不是语言学知识,而是语言运用能力。语言不是孤立的存在,它存于语言生活中,用于语言生活中。语言不是词语的堆砌和句子的串合,词语、句子、句群的组合需要在语境中实现,需要依据语境来理解其意思,明确其指称,消解歧义,把握各种言外之意,体会语言之妙之美等。语言研究虽有两千多年的历史,但对于语言的认识,特别是对语言与语境的匹配关系的认识,还相当有限。教科书因各种限制,不仅不能把语言学的已有认识囊收无遗,反而是挂一漏万。因此,语言学习必须依赖语言实践,必须在语言生活中获得语言运用能力。

第二,话语如人,说话都表现出一定的风格。语言风格本无优劣,就看是否与语境匹配。比如"设问句",并非一般教科书所述"无疑而问、自问自答"那么简单,更重要的是它具有社会语言学上称之为"权势关系"的特点,基本上用于"上对下";如果晚辈对长辈、下级对上级使用设问句,就不合适。[1]

---

[1] 李宇明《毛泽东著作设问句研究》,《中国语文》1993年第6期。

语言还是行为，需要遵循语言伦理。比如"谎言"，是语言伦理学的批评对象，但若出自童稚之口，若是医生出于病理需要对绝症病人隐瞒病情，若是军事双方斗智斗勇，谎言则不仅不违背语言伦理学，还会看作是道德的、聪慧的。

语言风格、语言伦理等等，虽然可以通过学习得其大要，但要时时用妥、事事用妥，非得大量的语言实践不可。

第三，语言与文化密如漆胶。语言运用离不开其所依存之文化。举三个方面的例子：

甲、词语构造与组合深蕴着文化，比如可说"上京、下乡、下厨房、南下、北上"，但不说"下京、上乡、上厨房、南上、北下"；"上、下"的使用蕴含着民族文化的"上下观"。

乙、语言中有许多在特定环境中使用的"话套子"，比如见面打招呼、分手告别、节日问候、赔礼道歉等等，都有成套的话语模式。这种话套子是文化长期积淀的结果，是民族风俗的一部分。

丙、语言负载着各种文化信息，不管是口谈还是笔谈，都是为了交流文化信息，传递生活情趣。理解这些信息与情趣，需要了解文化。

所以，学习语言，用好语言，必须在环境中体验文化，把握语言与文化的微妙关系。

第四，语言学习需要足够量的输入和输出。不管何家何派的语言习得学说，都无法否认语言输入、语言输出对语言学习的重要性。输入和输出必须有足够的量，其意并不仅仅是在强调量，而是有了足够的量，才能遇到各种各样的语言交际状况，从而体验、学习到语言交往的各种技艺。

当然，笔者认同的语言学习理论并不是"环境决定论"，但的确应看到语言环境在语言学习中的"不可或缺"性。对于第二语言教育，语言环境就更加重要，重要到怎么强调都不为过的地步。

二 语言学习环境补偿

汉语作为第二语言教育，历史上早就存在，但外国人学习汉语古来就是到中国来，他们是在目的语环境中学习。当然，历史上也有海外教授汉学的，甚至有汉语学校，但为数不多，影响不大。我们关于汉语作为第二语言教育的经验、模式、教材、理论等，基本上都是建立在目的语环境基础上的，适应的是"对外汉语教学"。但是，自从20世纪末21世纪初，国外汉语教学快速发展起来；特别是孔子学院的设立和发展，汉语作为第二语言教育由"对外汉语教学"阶段发展到了"汉语国际教育"的新阶段，非目的语状态下的汉语教育也就提上了事业发展的日程。

孔子学院有诸多文化教务，但语言教育是其基本的教学业务。孔子学院的语言教育，基本上属于非目的语环境下的第二语言教育。因此，教学中首要考虑的，就是千方百计给学习者以目的语环境补偿。语言环境补偿可从三方面考虑。

（一）虚拟语言文化环境

校园、教室、宿舍、饭厅等学生生活之处，尽量设置一些中华文化元素。中华文化元素的设置，既要多用可触可感之实物，还要尽量开发利用视频、网络、智能手机等现代信息技术途径。虚拟环境的设置，要有互动性，强调体验性。若有可能，还要利用周边的中华文化中心、华人社区、华人家庭等，来增加学生对中华文化的切身感受。在课堂教学中，可以通过环境虚拟、角色扮演等方式进行语言教学和语言交流。

（二）教育内容"两贴近"

教育内容也可看作语境的一部分，要首先注意贴近中国当代生活。让学习者更多了解当代中国，多谈论中国的文化、制度、生活、风光等等；鼓励学生通过"中国之声"以及中国的电视、电影、网络、微课来学习语言。这种"贴近"，学生所见之人、所触之物、所听之事都更接近于当代中国；从长远看，学习者一旦来华，就能够情景再现，迅速融入中国生活，参与中国事务。目前的情况是，情景布置和教育内容都较为重视"古代中国"和"民俗中国"，这种情况应逐步改进，增加对"当代中国"的关注。

教育内容的第二个"贴近"，就是贴近学习者的现实生活，帮助学习者用汉语来谈论当地的人人事事及其历史文化。韩国有所孔子学院，指导学生用汉语排演《春香传》，还到中国高校演出，效果很好。澳大利亚的汉语教师，在研究如何让学生用汉语表述澳洲生活。这种贴近，使学生可以学而能用，学而即用，把课堂汉语带入现实，并可能通过有效引导在一些地区形成"汉语生活"，为学习者"新创"目的语环境。英语在世界的传播，其实就是不断在世界各地发展英语生活，比如美国、加拿大、澳大利亚、新西兰、印度、巴基斯坦、新加坡等，都是英语不断"本地化"的结果，也是英语不断世界化的前车之辙。学习内容的这第二个"贴近"，发展下去就要求汉语教科书的"本地化"，进而是汉语生活的"本地化"，这是非常值得探讨和实践的。

（三）重视文化的同与异

世界文化丰富多彩，丰富多彩的文化之间既有同也有异。第二语言教学往往强调异而忽视同，因为文化差异容易产生交际障碍。汉语作为第二语言教育的历史，大约也多在强调文化之异。过分强调异，可能会使外国人觉得中国什么都跟他们不同，长此以往，可能会扩大中外的文化鸿沟。

共同生活在同一星球上的人类，应有很多共同或共通之处。在中国立志走向世界的当今，在讲文化差异的同时，也要重视讲"同"、讲"通"，比如爱好和平、相互帮助、男女平等、公平正义等等。古代儒家的进取精神，老庄的天人一体观念，墨家的"兼爱"思想，都与人类思想有共通之处。特别是《礼记·礼运篇》，主张"天下为公""选贤与能，讲信修睦""人不独亲其亲，不独子其子，使老有所终，壮有所用，幼有所长，矜寡孤独废疾者，皆有所养"，这种"大同"理想，更体现了人类许多共同的追求，应是人类思想史上的重要文献。

第二语言教育中处理好文化的同异关系，能够在更高层面达到"目的语补偿"。同时，这也是"讲好中国故事"的重要课题，是通过孔子学院平台让中华文化"走出去"的重要措施。

在讨论语言学习环境补偿时，人们关注较多的是第一种补偿，其实第二种、第三种补偿，更为深刻，更为长远。这两种补偿所改进的不仅是教学方法，而且涉及汉语国际传播的战略，涉及中国走向世界的战略。

三 激发学习汉语的兴趣

兴趣是最为巨大、最为持久的学习动力。而在非目的语环境下学习汉语，兴趣极易衰减；激发学习兴趣并使之持久不衰，十分重要也十分不易。

（一）把汉语教得有趣

汉语的许多字和词语的背后，都往往有一个有趣的故事。比如"人、言"为"信"，二人相"从"，三人成"众"，"小、土"为"尘"，水（氵）出眼（目）为"泪"等等，都是教字理、教文化之有效方法。但是，也常见不按字理、乱解汉字的，如"自大多点"就是"臭"的说法，便属此类。"臭"乃"嗅"之本字，上为"鼻"之省，狗的嗅觉最为灵敏，故会意成字；"臭"与骄傲自大不沾边。

有些成语典故，也能讲得有趣，传播出文化正能量，如"同舟共济、完璧归赵"和"流水不腐，户枢不蠹"等。不过讲成语典故也要注意文化差异，比如"守株待兔、刻舟求剑、掩耳盗铃"之类，显得蠢笨；"凿壁偷光"本是鼓励人勤奋好学，但外国学生往往会觉得奇怪，他们会认为，为了自己读书而凿穿邻家墙壁，太不道德了。

语言课容易讲得枯燥，汉字常为学习者的"拦路虎"。怎样把汉语讲得有趣，需平时勤奋积累，比如讲送气与不送气在汉语中有别义作用，就可举"肚子饱了"和"兔子跑了"的例子；讲"多少"的歧义，可用"夏天能穿多少穿多少，冬天能穿多少穿多少"的例子。当前的网络、短信、微信中，有所谓的"汉语托福"题，不少例子都可选用。

（二）讲究阳性教育

阳性教育就是使学习者有成就感。西方社会重视个体发展，对待考试成绩的态度也与我们有别。在我们看来，门门90分以上才能满意，而在西方人眼里，只要孩子有进步、有特长就值得称赞。他们的教育，培养出来的多是感觉良好的"成功者"；而我们的教育，常使学生感到"挫败"。在教育理念、教育态度、教育方式等方面，都要用阳性教育的眼光重新审视。

保持学习兴趣，使学生有成就感，与教育难度密切相关。理论上讲，教授知识的难度应在"n+1"的水平上。n 是学生现有的知识水平，n+1 是学生学习上的最新发展区，知识上的最新生长点，因而也是学习的兴趣点。

寻找 n+1，是教师的本事，其实也是人类的"天性"。父母与孩子的交谈称为"儿向言语"，儿向言语基本上都在孩子语言发展水平的 n+1 处。当孩子还不会说话时，父母总爱使用重叠词，如"爸爸、妈妈、糖糖、帽帽、鞋鞋"之类。这些重叠词，有些是成人语言中有的，有些则是自造的。成人的称谓系统有许多重叠词，如"爸爸、妈妈、哥哥、姐姐、弟弟、妹妹、爷爷、奶奶"等，这其实就是儿童期"遗留"给成人的语言财富。成人向牙牙学语的孩子发问，最常用的格式是"名词+呢？"，比如"爸爸呢？妈妈呢？帽帽呢？糖糖呢？"。随着孩子语言的发展，儿向言语的水平随之发展，始终与孩子的语言水平保持着 n+1 的距离。即使没有做过父母的成人，顷刻即可用 n+1 的水平与孩子交谈。儿童能够用五六年的短暂时间习得母语，与成人语言的步步引导应有重要关系。

但是，一进入教学状态，教师就似乎丢失了"天性"，教学的依据主要是语言学和文化学。这些知识结构当然有利于教学，但也可能产生误导，使教师忘记寻找，或是干扰寻找学生 n+1 最新知识发展区。及时寻找学生的最新知识发展区，会使学生学有所得，保持着学习兴趣。这是一种更高水平的阳性教育。

（三）边学边用

学习语言的目的是使用语言，是"以言行事"。儿童学习语言的最大特点之一就是"边学边用"。而外语学习最常见的情况是"学成才用"，甚至学成了也不一定派上多大用场。学好一门语言需要三年五载，甚至是十年八载，若无特定的学习动机，若无巨大的学习动力，实难承受如此之长的时期而不中途辍学。中国是英语学习大国，但却是英语使用小国。中国内地，学校之外几乎没有外语生活，除了升学晋职、出国留学、阅读一些专业文献之外，罕有用到外语的地方。学而无处用，浪费何其大！而中国香港、新加坡、印度等地的英语学习就不同，那里有英语使用环境，可以在学中用，学一点儿就能用一点儿。

汉语作为第二语言教育，能够做到"边学边用"至关重要。比如学了500字，就能阅读一些中国时政要闻；学了1000字，就能阅读不少中国历史文化故事；学了2500字，就能参与一些与中国相关的事务；等等。这需要进行专门研究，需要有专门机构对中文原文献进行改写，需要有关方面通力协作。学多少就能用多少，是保持学习兴趣的最佳途径，也是语言教育效用的提前发挥。

（四）提升汉语的学习价值

语言的学习价值与学习动机、学习兴趣关系密切。外国学生的汉语学习动机千差万别：有理性的，有感性的；有文化的，有经济的；有学术的，有求奇的……这些动机，直接或间接地反映着汉语的学习价值。注意了解学习汉语的动机，善于肯定学生的学习动机，并要不失时机地将学生的汉语学习动机向理性方向转化。

学习一种外语,时间成本、精力成本和经济成本都很大,人们为何要花如此之大的成本来学习汉语?清朝末年,甚至到1949年前后,全世界已少有外国人学习汉语,应当说那时的汉语已不具有太大的学习价值。今天那么多人愿意学习汉语,是汉语有了较高的学习价值。汉语的学习价值是怎么增减的?汉语当今有哪些学习价值?这需要进行调查分析,更需要全面扩大汉语学习价值,设法创造新的汉语学习价值。

任何语言都有价值,即便是今人已经不用的拉丁语,也有研究价值。语言有价值,就有人去学习,于是便产生了学习价值。只具有研究价值的语言,其学习价值是有限的,只有学者去学习它;而社会应用广泛的语言,才具有较大的学习价值。弱国之语言,尽管可能有悠久的文化历史,但学习价值并不大。国家强盛,其语言便具有了潜在学习价值,但要把潜在学习价值开发出来,成为显性的学习价值,则需要有全局性的谋划,需要有与之配套的有效举措。就汉语而言,扩大其学习价值的谋划与举措,还可以举出许多,例如:争取汉语作为更多的国际组织、国际会议的工作语言;签署各种国际协议应要求有效的汉语文本;中国的出口商品要有汉字标示和汉语说明书;多用汉语招待外国记者;外国学生攻读中国学位,应逐渐要求用汉语撰写学位论文和进行答辩;要帮助学习汉语的外国学生寻找较好的就业和发展机会;等等。

不同年龄、不同国度的人,汉语学习动机可能有明显差异。一般来说,成人比较实惠,更关心生活和就业;儿童则天真烂漫,中国文化的神秘、中国教师的漂亮,都会成为儿童学习汉语的动机。有着华人血统的人群,日本、韩国等受汉文化影响较大的国家,对汉语学习有着特殊的兴趣和热情。此外,在扩大汉语学习价值的过程中，舆论也很重要。随着中国的快速发展，不少国家的父母都感到或从舆论中感到，不学汉语，后代就可能减少竞争力，所以汉语逐渐成为很多国家的主要外语之一。

四 结语

孔子学院的汉语教育，是在非目的语环境下进行的第二语言教育，教育难度较大，积累经验较少，理论准备不足。语言学习同其他科学门类的学习有很大不同，它对于目的语环境具有极强的依赖性。所以，要提高孔子学院（孔子课堂）学习者的语言学习效率和水平，进行目的语的语境补偿、激发与保持学习者的学习兴趣，就显得异常重要。

语境补偿、兴趣激发，有微观层面的诸多技巧，但更要重视宏观层面的谋划。比如阳性教育问题，实现汉语教育的"边学边用"问题，处理好中国文化与域外文化的同异问题，教育内容"两贴近"、进而促进汉语教育"本地化"问题，充分提升汉语的学习价值问题等。

当然，学习环境的补偿，还有更重要的一条，那就是鼓励外国学生来华进修或体验，了解真实的中国和真实的汉语生活。

后　记

　　本书内容涉及国内对外汉语教学在教学理论研究方面的新探索，兼及海外汉语教学理论研究的新进展。具体专题包括：教学理论研究成就回顾与展望；国际汉语教学新形势下，教学理论研究的新视角与新观念；对教学理论与实践的新思考与新认识；海外汉语教学研究的新探索与新进展；对国际汉语教学发展趋势的展望。

　　所收文章尽管都与汉语作为第二语言教学的教学理论研究有关，但对相关问题的认识、见解和建议等则不尽一致，这是正常现象。多元化的观点有助于开阔视野、拓宽思路，有助于海内外相互借鉴、各自完善。我们的编选原则是，注重相关文章的创新性、学术性、针对性和导向性。由于本书的容量和编排架构所限，一些同样具有上述特点的文章未能收入本书，对此我们恳请有关作者和读者谅解。此外，因本书体例上的安排，所收文章的摘要、关键词、文后参考文献不再编入本书，原文中的注释和原文中有标记的参考文献一律改为脚注，经核实个别原文中引文疏漏或表述有误之处，编辑过程中进行了订正。

　　感谢商务印书馆总编辑周洪波博士邀约我们参与本书系的编选工作，感谢本书系总主编赵金铭先生在本书编辑过程中给予的有力指导，感谢本书各位作者支持我们将自己的论文编入本书，感谢本书责任编辑刘婷婷女士对本书的悉心编校。

李泉

2019年6月

图书在版编目(CIP)数据

汉语作为第二语言教学的教学理论研究/李泉主编. —北京:商务印书馆,2019
(商务馆对外汉语教学专题研究书系. 第二辑)
ISBN 978-7-100-17741-2

Ⅰ.①汉… Ⅱ.①李… Ⅲ.①汉语—对外汉语教学—教学研究 Ⅳ.①H195.3

中国版本图书馆 CIP 数据核字(2019)第 163045 号

权利保留,侵权必究。

汉语作为第二语言教学的教学理论研究
李泉 主编

商 务 印 书 馆 出 版
(北京王府井大街36号 邮政编码100710)
商 务 印 书 馆 发 行
北京艺辉伊航图文有限公司印刷
ISBN 978-7-100-17741-2

2019年12月第1版　　开本 880×1230　1/32
2019年12月北京第1次印刷　印张 15¾
定价:49.00元